자연적 환경에서의

장애유아 교육방법

Mary Jo Noonan & Linda McCormick 공저
김경숙 · 백유순 · 최민숙 공역

학지사

YOUNG CHILDREN WITH DISABILITIES IN NATURAL ENVIRONMENTS

: Methods and Procedures

by Mary Jo Noonan, Ph.D. and Linda McCormick, Ph.D.

This Korean edition was published by Hakjisa Publisher in **2008**

by arrangement with Paul H. Brookes Publishing Co., Inc., Baltimore, MD

through KCC(Korea Copyright Center Inc.), Seoul

Originally published in the United States of America

by Paul H. Brookes Publishing Co., Inc.

[역자 서문]

최근 유아특수교육서비스를 제공하는 환경이 다양화되고 있다. 전통적으로 유아특수교육서비스를 제공하던 특수학교의 유치부뿐 아니라 일반유치원이나 초등학교에 설치된 유아특수학급이나 일반유아학급도 주요한 유아특수교육서비스 제공 장소가 되어 가고 있다. 이와 더불어 일반유아들에게 보육서비스를 제공하던 어린이 집에서도 장애영유아들을 위한 보육서비스를 제공하는 경우가 증가하고 있다. 이러한 상황에서 교육자들은 다양한 목적과 특성을 가진 환경에서 다양한 연령의 영유아들의 교육적 요구에 부응할 수 있어야 할 것이다.

자연적 교육과정모형은 가정을 포함하여 영유아가 생활하고 교육받는 모든 환경과 모든 연령대의 영유아들에게 융통성 있게 활용할 수 있는 교육과정이다. 이 교육과정을 적용하여 특수교육기관뿐 아니라 일반영유아들에게 자연적이고 전형적인 환경인 가정이나 유아교육기관, 보육기관 또는 다양한 지역사회 기관에서 장애영유아와 가족들이 적극적으로 참여할 수 있도록 지원할 수 있을 것이다. 즉, 자연적 교육과정은 교육대상이 되는 영유아가 처한 대부분의 상황과 맥락 내에서 적합한 교육프로그램을 개발하는 기본적 틀을 제공할 수 있을 것이다.

2007년에 제정된 '장애인 등에 대한 특수교육법' 에서는 만 3세 이상의 취학 전 장애유아들에게 의무교육을 제공해야 하며, 만 3세 이하의 장애영유아들도 국가로부터 교육적 지원을 받을 수 있다는 조항을 두어 출생에서부터 취학 전의 모든 장애영유아들이 무상의 적절한 공교육을 받을 수 있게 되었다. 이는 특수교육기관뿐 아니라 일반유아들을 위한 다양한 교육 및 보육기관에 등록할 장애영유아들의 수가 급격하게 증가할 것이며, 따라서 유아특수교사뿐 아니라 유아교사와 보육교사들도 장애영유아들에게 적합한 교육을 제공해야 할 책무를 지게 된다는 것을 의미한다. 장애영유아를 가르치기 위한 다양한 교수방법 및 절차를 소개하고 있는 이 책은 장애영유아를 교육하거나 보육하는 모든 교사들에게 유용한 지침서가 될 것이다.

2008년 7월

역자 일동

[추천의 글]

1986년 미국 의회에서 '장애인교육법' 수정안(PL 99-457)이 통과됨으로써 3세에서 5세 유아들을 위한 특수교육서비스와 출생에서 2세 영아와 가족들을 위한 조기중재서비스의 제공이 의무화되었다. 이 법률은 또한 특수교육서비스를 제공하는 환경으로 '자연적 환경' 이라는 새로운 개념을 규정하였다. 이 법에서 말하는 유아를 위한 자연적 환경은 가정이나 다른 유아들이 참여하는 환경, 즉 일반유아들에게 자연적이고 전형적인 환경을 의미한다. 자연적 환경은 장애유아와 가족들이 일상적인 가정과 지역사회 활동에 참여하도록 보장할 것이라는 점에서 강조된다. 법의 규정에 따라 조기중재서비스는 장애유아와 가족들을 일상생활에서 고립시키는 장소에서 제공되지 않을 것이다.

1993년 Noonan과 McCormick은 *Early Intervention in Natural Environments: Methods and Procedures*를 출판하였다. 이 책에서 자연적 환경이라는 개념을 중재 실제에 통합하였고 자연적 환경이 어떻게 유아들의 기능적 기술 학습을 위한 맥락이 될 수 있는지 보여줌으로써 조기중재/유아특수교육 분야를 한 단계 발전시켰다. 이 체제는 영유아와 가족들에게 최적의 서비스를 제공하고자 노력하는 실천가들에게 신선한 관점이었다.

13년이 지난 지금, Noonan과 McCormick은 이 책을 통해 자연적 환경에서 장애영유아들에게 서비스를 제공하는 더욱 신선한 관점을 제시하였다. 이 책은 유아의 기능적 학습과 가족과의 협력을 중심으로 조기중재 분야에서 최근 10여 년 동안 발견된 새로운 연구결과들을 종합하고 있다. 협력적 팀 활동이나 문화적 역량과 서비스 제공의 다른 핵심적 요소들 또한 비중 있게 다루고 있다. 자폐아, 긍정적 행동지원, 사회적 능력 그리고 전이를 다루고 있는 개별 장(chapter)들도 있다. 이러한 장들은 정책, 평가, 교육과정, 점검과 사정에 대한 장들에서 제공되는 교수체제를 보완한다. 따라서 이 책은 예비교사교육 프로그램과 현직교사교육 프로그램에서 종합적 자원으로 활용될 수 있다.

이 책은 가족과 유아들의 성취결과 향상에 중점을 둔 증거-중심 전략을 강조하고 있다. 최근 연방정부에서는 출생에서 5세의 장애영유아들에게 서비스를 제공하는 주(州)들에게 유아와 가족들이 보이는 성취결과를 매년 정기적으로 보고할 것을 요구하고 있다. 이 책에 포함된 정보, 내용, 방법 그리고 절차들은 자료를 보고하고 긍정적 성과를 보장하는 전략을 실행하는 데 도움이 될 것이다. 이러한 이유들과 함께 이 책은 매우 잘 조직되어 있고 종합적이고 완벽하게 쓰여 있으므로 유아특수교육 분야에 큰 기여를 하고 있다.

이러한 훌륭한 책에 추천의 글을 쓰는 것은 매우 명예로운 일이다. 근 30년간 유아특수교사를 양성해 온 사람으로서 나의 임무를 수월하게 해 주는 훈련도구가 만들어진다는 것은 기쁜 일이다. 예비교사나 예비 서비스 제공자, 현직교사나 현직 서비스 제공자 그리고 교사양성 분야의 교수들에게 이 책은 크게 도움이 될 것이다. 효율적인 유아특수교육(조기중재) 서비스를 제공하기 위해 Noonan과 McCormick 박사가 기여한 바는 지대하며, 이들의 기여가 이 책에서 명백하게 드러나고 있다. 또한 장기간에 걸쳐 이들이 유아와 가족들과의 활동을 통해 개발하고 정련한 중재 연구와 평가 기술들도 매우 우수하다. 이 책을 통해 서비스 제공자들, 서비스 제공 체제 그리고 궁극적으로 중재를 받는 유아와 가족들을 위해 유아특수교육/조기중재 분야를 중점적으로 향상시킬 기회가 조성될 것이다.

Mary Beth Bruder, Ph.D.
Professor and Director
A. J. Pappanikou Center for
Excellence in Developmental
Disabilities Education, Research and Service
University of Connecticut

:: **참고문헌** ::

Eucation of Handicapped Act Amendemnts of 1986, PL 99-457, 20 U. S. C. §§ 1400 *et seq.*

Noonan, M. J., & McCormick, L. (1993). *Early Intervention in Natural Environments: Methods and procedures.* Pacific Grove, CA: Brooks/Cole Publishing Co.

[저자 서문]

조기중재/유아특수교육 분야는 1990년 중반 이후 급격하게 변화되고 있다. 가족과 협력관계의 형성과 유지, 그리고 통합프로그램에서 장애유아와 일반유아들의 사회적 통합 부분에서 가장 주목할 만한 변화가 일어나고 있다. 이 분야의 교사교육 프로그램들이 여러 개 있지만, 장애영유아와 가족들의 독특한 요구에 부응할 만한 기술과 자질을 가진 전문가는 부족한 실정이다.

기대하는 성과를 산출할 가능성이 높은 절차들이 효과적인 절차들이다. 이 책은 서비스 중재자, 교사, 가족 등 조기중재/유아특수교육 분야의 실천가들에게 효과적인 절차의 실행을 위한 실제적 지침서가 될 수 있다. 이 책은 40년 이상 통합 환경에서 장애영유아들의 발달과 학습을 지원하는 교수전략을 개발할 목적으로 수행된 연구와 노력의 산물이다. 각 장은 장애영유아와 가족들에게 조기중재 실제와 절차를 실행하는 데 필요한 기본 정보와 교수활동을 제공한다. 지침들은 일반적으로 적용되고 있는 것으로 경험적으로 타당하며 기능적이다. 지침들은 통합학급, 가정 그리고 지역사회에서 개별유아나 집단에 적용될 수 있다.

제1장에서는 조기중재의 관점과 정책들, 장애영유아와 가족들을 위한 실제와 서비스에 영향을 준 법률, 그리고 이 분야의 최근 동향을 다루고 있다.

제2장에서는 전문가들 간 그리고 전문가와 가족들 간의 협동과 협력의 중요성을 다루고 있다. 전문가들 간 관계성에서 문화적 다양성의 영향과 함께 특수교육문화가 우리의 신념과 가치에 미친 영향을 고려하는 맥락에서 협력적 팀 활동 기술들이 논의된다.

제3장에서는 '장애인교육법' 의 평가 관련 규정에 주목하여 사정의 유형과 접근법, 개별화가족지원계획과 개별화교육계획의 개발과 실행과 관련한 접근들을 다룬다. 이 장에

서는 또한 목적과 목표 진술방법을 제공할 것이다.

제4장에서는 자연적 교육과정 모형을 다룬다. 특히, 유아의 독특한 자연적 경험에서 최소한으로 간섭적인 교수방법을 적용하여 교육과정을 개발하는 방법을 제시한다.

제5장에서는 프로그램 계획과 점검/평가 절차를 다룬다. 이 장에서는 다음의 내용들을 포함한다. 첫째, 교육내용을 어떻게 선정할 것인가? 둘째, 누가 가르칠 것인가? 셋째, 어디에서 가르칠 것인가 그리고 넷째, 효과가 있을 것인가?

제6장에서는 체계적 교수의 실행 절차에 대해 다룬다. 또한 평가와 교수과정에서 자연적으로 발생하는 촉진과 동기 변인을 확인하고 제공하는 단계들, 즉 촉진 절차에 대해서도 논의한다.

제7장에서는 제2언어로 영어를 배우는 유아들을 지원하기 위해 문화적으로 관련된 교수와 전략의 중요성을 중점적으로 다룬다. 유아의 문화를 이해하는 것이 왜 중요한가에 대해 논의한다. 또한 유아의 학습양식과 선호도를 확인함으로써 효과적 교수가 증진될 가능성에 대해서도 논의된다.

제8장은 자폐아에게 적용되는 진단 준거를 소개하는 것으로 시작된다. 이 장의 나머지 부분에서는 자폐아의 학습특성과 그들의 학습에 영향을 주는 여덟 가지 일반적 교수 절차의 적용방법에 대해 논의한다.

제9장에서는 통합 환경에서 참여, 의사소통, 상호작용 그리고 놀이를 촉진하는 환경의 구조화에 대해 다룬다. 또한 일반학급 절차와 활동을 조정하여 장애유아가 일과 활동에 참여하게 하는 방법을 제공한다.

제10장에서는 민감한 행동문제에 대한 긍정적 행동지원 모형의 수행 방향을 제시한다. 긍정적 행동지원 기법을 수행함으로써 문제 행동을 예방하고 적합한 대체행동을 가르칠 수 있다.

제11장에서는 그룹교수 절차를 다룬다. 특히, 그룹 활동에의 참여를 촉진하는 전략들을 소개한다. 이러한 전략들로 빠른 속도, 선택적 주의집중, 부분적/조정적 참여, 그룹상호작용 그리고 그룹반응을 제안한다. 교수 과정을 지원하기 위해 그룹배치를 적용하는 기법도 소개한다.

제12장에서는 또래 관련 사회성 능력과 친구 만들기, 그리고 통합 환경에서 장애유아의 사회적 의사소통에 대해 다룬다. 이를 위해 유아가 집단의 구성원이 되어 사회적으로 유능하도록 돕는 방법과 또래와의 의사소통을 촉진하고 지원하는 방법을 소개한다.

제13장에서는 자연적 환경에 의미 있게 참여하기 위한 독립성 기술에 대해 논의한다.

자연적 환경에의 참여를 촉진하는 교수 절차를 선정하는 기준은 다음과 같다. 비강제적인가, 자연적인가, 쉽게 일상 활동에 통합되는가, 그리고 일반화를 촉진하는가. 기능적 독립성의 의미와 독립성 촉진 절차에 대해서도 논의된다.

제14장에서는 유아기 전이에 대해 다룬다. 장애인교육법 Part B와 Part C의 전이 관련 조항을 대조하여 설명한다. 또한 특수아동협회 유아기 분과의 전이 관련 추천 실제, 유치원으로 전이를 준비하기, 그리고 공립학교의 계열적 전이(STEP) 모형에 대해서도 논의한다.

각 장은 장의 주요 내용으로 시작하여 학생들이 핵심개념을 이해하도록 준비된 연구문제로 끝맺는다. 이 책은 추천 실제를 실행하기 위한 교수 전략과 기법으로 가득 차 있다. 앞에서 언급했듯이, 자연적이고 통합적 환경에서 장애영유아들에게 적용할 수 있는 경험에 기초한 절차들을 중점적으로 다루고 있다. 이 책을 통해 양질의 통합적인 조기 중재와 유아특수교육이 실행 가능함을 보여 줄 수 있기를 바란다.

[차 례]

C.H.A.P.T.E.R. 01

관점, 정책 그리고 실제

-Linda McCormick-

| 이 장의 주요 내용 |

- 조기중재의 개념과 접근에 영향을 준 사건들
- 조기중재/유아특수교육 분야의 선구자들
- 발달에 대한 상호교류적 관점
- 장애영유아와 가족에게 영향을 준 법률들
- 취학 전 유아에게 최소제한 환경 규정의 적용
- 완전통합교육 모형
- 조기중재와 유아특수교육의 추천 실제

조기발견과 조기중재는 장애유아의 기술을 최대한 발달시켜 학령기에 특수교육서비스를 받을 필요성을 줄이는 데 주요 목적이 있다. 다행히, 조기중재서비스의 증가와 함께 조기중재 및 유아특수교육에 관련된 교육과정과 교수기법을 개발하고 전문가를 양성할 수 있도록 법률들이 제정되었다. 이제는 검증된 실제와 절차들을 적용하고 확산시키는 데 주력해야 한다.

이 책에서는 장애영유아와 가족들에게 조기중재의 실제와 절차를 실행하는 데 필요한 기본적인 정보와 교수전략들을 소개한다. 이 장에서는 조기 중재의 관점, 정책 그리고 영유아와 가족들을 위한 실제와 서비스에 영향을 준 법률의 역사적 배경과 이 분야의 최근 동향을 간략하게 소개하고 있으며, 유아특수교육 분야의 추천 실제를 요약하여 제시하고 있다. 추천 실제는 이 책의 나머지 장들에서 상세하게 다루어질 것이다.

조기중재의 역사

유아특수교육은 상대적으로 신생분야다. 유아특수교육은 일반유아교육, 보상교육 그리고 학령기 특수교육을 근간으로 하여 심리학, 인간발달학, 간호학 그리고 사회학의 이론과 방법론의 영향을 받아 발달되었다(Peterson, 1987). 이 분야의 수많은 사람들이 유아의 발달과정을 이해하고 촉진하기 위해 헌신하였다. 유아특수교육 분야의 발달에 초석이 된 사람들의 업적은 다음과 같다.

1. 선구자

유아특수교육의 기원은 유럽과 미국의 선구자로 거슬러 올라갈 수 있다. 초창기의 선구자들은 주로 유럽인들로, 이들은 대부분 유아의 학습과정을 연구했던 심리학자들이었다. 그 뒤를 이어 미국의 선구자들이 초기 발달에 미치는 환경의 영향에 대해 연구하였다.

1) 유럽의 선구자들

Itard, Montessori 그리고 Piaget는 유아특수교육의 선구자로 널리 알려져 있다. 프랑스인 의사이며 귀 질환의 권위자인 Itard(1775~1838)는 처음으로 조기중재 절차를 개발하여 장애아에게 적용한 사람이다. Itard의 논문은 학습의 잠재 가능성이 환경과 생리적 자극에 영향을 받는다는 내용이었는데 이는 당시에 매우 진보적인 사고였다. 그는 자신의 이론과 감각 훈련 접근법을 프랑스 아비뇽 지방의 떠돌이 소년에게 적용하였다. 당시 나체였던 소년은 얼굴과 목이 심하게 긁혀 있었고 말을 전혀 하지도 못했으며 말에 대해 아무런 반응도 보이지 않았다. 파리의 의사들은 그 소년(후에 빅터라고 명명)이 야생에서 자란 것이 아니라 정신지체아라고 주장하였으나 Itard는 이에 동의하지 않았다(Humphrey, 1962). 의사들은 소년의 상태가 7년 이상 숲 속에서 혼자 살면서 교육을 전혀 받지 못했기 때문이라고 주장했다.

Itard는 5년 동안 강도 높은 일대일 교육 프로그램(현재의 개별화교육계획과 유사한)을 빅터에게 실시하였다. 그가 빅터에게 설정한 목표는 다음과 같다.

- 사회생활에 관심 보이도록 가르치기
- 환경 자극에 대한 인식 증가시키기
- 사고의 범위를 확장시키기(게임, 문화적 활동 등을 소개하기)
- 말하는 것 가르치기
- 그림이나 문자와 같은 상징을 이용한 의사소통 가르치기

빅터는 Itard가 기대한 만큼 진전되지는 않았다. 5년 후 빅터는 단순한 지시를 따를 수 있었고 몇 개의 단어를 읽고 쓸 수 있게 되었다. 그는 양육자에게 애정을 보였지만 행동이 정상적인 수준에는 이르지 못했다. 만약 빅터가 몇 살만 더 어렸어도 감각 훈련 접근법은 효과가 있었을 것이라고 Itard는 주장했다. 한 가지 사례에 불과했지만, 빅터와 관련된 Itard의 글을 읽은 현대의 많은 독자들은 빅터가 정신지체아나 자폐아였을 것이라고 추정하고 있다(French, 2000).

Itard의 노력에서 중요한 점은 최초로 중도 발달지체를 보상하는 자극이 풍부한 환경을 제공했다는 것이다. Itard의 성과는 전문 의료인과 발달지체유아의 교육과 복지를 위해 노력하는 모든 사람들에게 희망을 가져다주었다(Kanner, 1967). Itard의 제자인 Edouard Sequin은 Itard의 감각 훈련 접근법을 개선하고 확장시켰으며, Itard의 연구 결과를 토대로 비언어성 지능검사를 개발하여 유럽 등지에서 명성을 얻었다.

한 세기 후, 이탈리아 의사인 Maria Montessori(1870~1952)가 Itard, Sequin 등의 연구 성과를 이어 나갔다. 그녀는 로마 지역의 시설에서 살고 있던 정신지체 아동들에게 의미 있

는 활동과 자존감을 증진할 기회들을 제공하였다. 이들 중 많은 아동들이 이탈리아 공립학교의 6학년용 표준화 검사를 통과할 수 있었다. 후에 그녀는 로마 지역에 살고 있는 유아들을 위한 '어린이를 위한 집' 이라는 학교를 세웠다.

Montessori의 방법은 주도성과 자기-신뢰의 발달을 강조하는 것이었는데 몬테소리는 이 방법을 준비된 환경이라고 불렀다. 아동들이 흥미 있는 것을 독립적으로 추구하도록 격려하였다. 아동들은 민감기를 거쳐 성장하게 되는데 이 시기에는 특정 측면의 학습이 특히 잘 이루어진다고 몬테소리는 믿었다. 그녀는 민감기에 알맞은 학습활동과 학습 자료를 개발하였다. 몬테소리의 방법은 미국을 비롯한 전 세계의 유아교육 프로그램에서 널리 활용되고 있다.

Jean Piaget(1986~1980)는 스위스의 철학자이며 심리학자다. 그는 아동들의 말을 듣고 그들을 관찰하는 데 많은 시간을 보냈다. 피아제가 수행한 연구의 핵심은 아동들 내부에서 지식이 어떻게 발달되는지 주의 깊게 지켜봄으로써 지식의 본질을 밝힐 수 있다는 것이다. 그의 연구 성과로부터 성장한 학문 분야로는 발달심리학, 인지이론 그리고 발생학적 인식론이 있다. 피아제는 교육자는 아니지만, 그가 교육에 미친 영향은 지대하다.

Piaget의 연구 성과는 아동의 사고 과정과 결과에 대해 새로운 통찰력을 갖게 해 주었다. 그가 남긴 가장 중요한 공헌은 아동의 사고와 추론과정은 어른들의 것과 양적으로 다른 것이 아니라 질적으로 다르다는 개념이다. 영아기에서부터 아동들은 '어린 과학자' 로서 상호작용하면서 세상에 대한 자신의 이론을 끊임없이 창출하고 검증해 간다.

모든 사람들이 인정하는 것은 아니지만 미국의 유아기 프로그램은 Piaget의 이론에서 비롯되었다고 볼 수 있다. Piaget 이론의 가장 중요한 개념은 다음과 같다. ① 시간이 지남에 따라 아동의 사고에 질적 변화가 일어난다. ② 아동들은 연령이 증가함에 따라 점진적으로 더 논리적이고 덜 자기중심적으로 변화한다. ③ 학습은 동화와 조절을 통해 이루어진다. ④ 학습은 적극적이고 활동적인 과정으로 의문을 제기하고 탐색함으로써 이루어진다.

2) 미국의 선구자들

20세기 중반 미국인들은 환경이 아동의 인지발달에 미치는 영향에 대해 생각하기 시작하였으며 이러한 생각은 특수교육요구 아동들을 위한 서비스에 관심을 불러일으켰다. 1930년대에 아이오와에서 행해진 고적적인 연구는 예상하지 못한 결과를 가져왔다(Skeels & Dye, 1939). 심리학자인 Harold Skeels 박사는 한 고아원 원장으로부터 18개월과 22개월

된 두 명의 여아를 배치할 장소를 물색해 줄 것을 요청받았다. 이들은 정신지체인 여자에게서 태어난 사생아들이었는데 그들의 지능지수는 각각 35와 46이었다. 주정부에서는 정신지체를 가진 성인 여자들이 거주하는 주립 기관에 이 영아들의 임시 거처를 마련해 주었다. 그 기관에서의 생활은 고아원에서의 생활과는 판이하게 달랐다. 고아원에서는 아동의 신체적 욕구에 대해서만 최소한의 보살핌을 받았고 어른들과의 접촉은 거의 이루어지지 않았다. 놀랍게도, 2년 후 이들 어린 여아들의 지능지수가 극적으로 증가하였다. 그들의 지적 기능은 거의 정상에 가까웠다. 그들은 후에 가정에 위탁되었다.

Skeels과 그의 동료 Harold Dye는 연구를 계속하였다. 그들은 13명 이상의 유아들을 고아원에서 주립 기관으로 이주시켰다. 이들 유아들은 모두 3세 이하였으며 2명을 제외한 11명은 정신 지체를 가진 것으로 분류되었다(평균 지능지수 64 이하; 당시 분류 준거는 별로 엄격하지 않았다). 각 유아는 청소년기의 정신지체 여성들이 있는 건물에 배치되어 대리모에게 배정되었다. 십대 모들은 유아를 안고 먹이는 방법, 유아와 말하고 놀아 주는 방법, 그리고 유아에게 적합한 장난감이나 교재를 제시하는 방법 등에 대해 훈련을 받았다. 18~36개월 후에 다시 검사하였을 때, 대리모에게 배정된 유아들은 지능지수가 평균 27.5점 증가하였다. 이 유아들은 모두 후에 가정에 입양되었다. 비교집단의 유아 12명은 고아원에 남아 있었다. 이 유아들 중 2명을 제외한 10명의 지능은 정상 범주에 있었다. 유아 두 명의 평균 지능지수는 86이었다. 18~36개월 후에 재검사를 하였을 때, 고아원에 남겨진 유아들의 지능지수는 평균 26.2점이 감소하였다.

이러한 연구결과들이 당시에 매우 심각하게 받아들여졌다면 1940년대에 조기중재 노력이 시작될 수 있었을 것이다. 그러나 당시에는 육성보다 천성이 중요하다고 강하게 믿고 있었으므로 이 발견들은 무시되었다. 아쉽게도, 당시의 가장 영향력 있는 심리학자들도 이 연구를 조롱하며 정신지체와 같은 돌이킬 수 없는 조건을 가진 아동들의 지능을 향상시킬 수 없으며 보고된 자료는 교육적 현상이라기보다는 통계적 현상일 뿐이라고 논박하였다(Goodenough & Maurer, 1961).

25년 뒤에 Skeels의 후속 자료가 수집되었는데 초기의 발견만큼 주목할 만한 것이었다. 실험집단에 속한 13명 중 11명이 결혼했으며 이들 중 1명만 이혼하였다. 10명은 온전한 결혼생활을 통해 9명의 자녀를 두었으며 그들의 지능은 정상이었다. 이 집단의 평균 교육수준은 중학교 졸업이었고 몇몇은 대학에 다녔다. 모두 취업을 하였거나 가정주부였다. 고아원에 남아 있던 유아들 중 한 명은 죽었고 네 명은 여전히 수용 시설에 살고 있었다. 그들의 평균 교육수준은 초등학교 3학년이었다. 일곱 명은 수용 시설 밖에 나와 살았는데 이들 중 한 명을 제외한 나머지는 모두 육체노동자로 일하였다.

1940년대에 자극적인 환경의 중요성을 인식한 다른 미국 연구자들은 Rene Spitz, William Goldfarb, Samuel Kirk, J. McVicker Hunt, Benjamin Bloom이었다. Rene Spitz(1945, 1946a, 1946b)는 고아원에서 자극과 사회적 관심을 거의 받지 못하고 살고 있는 영아들과 비행소녀들을 수용한 소년원의 부속 어린이 집에서 살고 있는 영아들을 비교하였다. 어린이 집의 영아들은 생모의 양육을 받았다. 그들의 생모는 소년원의 기록에 사회부적응자, 정신지체인, 신체장애자, 정신질환자 또는 범죄인으로 등록된 사람들이었다. 고아원에 살았던 영아들은 8~10개월경 발달 능력(발달지수가 131에서 72로)의 퇴보를 보였으며, 체중이 줄고 위축되거나 지나치게 많이 울고 병원균에 매우 잘 감염되었다. 그러나 소년원의 어린이 집에서 살았던 영아들은 Spitz가 설명한 대로 바람직하지 않은 유전적 배경을 가졌음에도 불구하고 평균 발달지수는 거의 동일한 수준을 유지하였다.

William Goldfarb(1945, 1949, 1955)도 생후 수개월 동안만 수용시설에서 성장한 집단과 출생에서 3세까지 수용시설에서 자란 영아 집단을 비교하였다. 생후 첫 3년 동안 수용시설에서 자란 영아들은 실제로 발달의 전 영역에서 지체를 보였다. 그들은 사회적으로 미성숙했으며 또래들 사이에서 인기가 없었다. 또한 그들은 과잉 행동을 하였으며 주의 집중 시간이 짧고 학업 성취 수준이 매우 낮았다. 단 수개월간만 수용시설에서 자랐던 영아들은 정상적인 발달을 하였다.

Samuel Kirk(1958)는 장애유아에게 미치는 조기중재의 영향을 분석한 연구를 하였다. 특히, 그는 2년간의 취학 전 교육 경험이 수용시설에서 자란 아동 43명(이들의 지능지수는 40에서 85 사이였다)의 사회성 발달과 인지발달에 미치는 효과를 측정하였다. 그가 얻은 결과에 의하면 취학 전 프로그램이나 어린이 집을 다닌 유아들의 지능지수는 10점에서 30점가량 상승한 반면 중재를 받지 않았던 통제집단 유아들의 지능지수는 하락하였다. 두 집단 간의 이러한 차이는 몇 년 동안 유지되었다. 통제집단 유아들은 모두 수용시설에 남아 있었던 반면 실험집단 유아들 중 약 절반은 위탁 가정에 배치되었다.

이러한 초기의 연구물들 외에 두 권의 책이 조기 중재의 혜택에 대한 논쟁을 증폭시켰다. Hunt(1961)는 『지능과 경험(*Intelligence and Experience*)』을 발간하였는데, 이 책에서 Spitz, Goldfarb 등의 누적된 연구물들을 심층적이고 밀도 있게 다루었다. Hunt는 두 가지 주요한 제안을 하였는데 이 제안들은 책이 발간될 당시에는 충격적인 것이었지만 지금은 상식으로 받아들여지고 있다. Hunt의 두 가지 제안은 다음과 같다. ① 생의 초기 몇 년간이 후기 발달에 가장 중요한 영향을 주므로 중재의 초점을 유아기에 두어야한다. ② 지적 발달을 촉진하기 위해 유아와 환경 간의 상호작용을 최적화하여야 한다.

Benjamin Bloom(1964)의 책 『인간 특성의 항상성과 변화(*Stability and Change of Human Characteristics*)』에서는 인간 발달에 대한 종단적 연구들을 광범위하게 검토하였다. Bloom은 종단적 연구 자료들을 검토하여 초기 경험의 역할에 관해 몇 가지 제안하면서 Hunt의 견해에 동의하였다. 그가 제안한 초기 경험의 역할은 첫째, 인간의 특성은 초기 경험에 의해 형성된다. 둘째, 인간 발달은 누적적이므로 환경과 초기 경험이 중요하다. 셋째, 한번 학습된 부적합한 행동을 새로운 행동으로 대체하는 것보다 새로운 행동을 새로 학습하는 것이 더 수월하다는 것이다.

3) 상호 교류적 관점

1960년대 이후 등장한 것은 상호 교류적 관점이다. 이 관점에서는 유아-성인 상호작용의 양방향성을 강조한다(Sameroff & Chandler, 1975). 특정 시기에 나타나는 발달적 성과는 유아 행동, 유아 행동에 대한 성인의 반응 그리고 유아와 성인 모두에게 영향을 줄 수 있는 환경의 변인들 간에 일어나는 지속적이고 역동적인 상호교류의 결과로 간주된다. 유아의 변화는 환경의 변화를 유발하고 환경의 변화는 유아에게 영향을 미치게 된다.

발달과정과 발달적 성취는 환경의 특성과 발달하는 유기체 간의 함수 관계에서 결정된다고 주장하는 다른 상호 교류적 관점으로 생태학적 모형(Bronfenbrenner, 1979)을 들 수 있다. Uri Bronfenbrenner의 관점에서 조기중재의 개념은 생태학적 체계를 강조하는 데서 찾을 수 있다. 그는 유아의 삶에서 형식적, 비형식적 사회 체제들(예: 직계 가족, 확대 가족, 친구와 친척, 교회, 기관, 정책 결정 집단)의 상호의존성과 각 체제들이 유아와 나머지 체제들에게 어떻게 영향을 주고받는지에 주목하였다. 유아의 행동과 발달은 다른 하위 체제와 유아가 구성원으로 참여하는 하위 체제들 간의 관계성에 따라 큰 영향을 받는다(Bronfenbrenner, 1992). 생태학 이론은 장애유아뿐 아니라 장애위험 유아를 위한 중재 프로그램의 개발에도 영향을 주었다. 〈표 1-1〉에서 지금까지 언급된 역사적 선구자들에 대해 요약 정리하였다.

〈표 1-1〉 조기중재 개념의 형성에 기여한 역사적 선구자들

시기	공헌자	공헌 내용	의미
1800년대	Jean-Marc Itard	시범: 빅터 중재	최초의 체계적 교수
	Edouard Sequin	시범: Itard의 업적 확장	감각 운동 기술의 훈련을 주장
1900년대 초	Maria Montessori	시범: 준비된 환경	민감기에 적합한 자극/의미 있는 학습 활동과 자료
1900년대 중반	Jean Piaget	이론: 인지이론과 발생학적 인식론	아동의 학습과정과 결과에 대한 통찰
	Harold Skeels	연구: 초기 자극으로 인한 지능지수의 상승	천성과 육성 논쟁에서 육성의 중요성에 주목
	Rene Spitz	연구: 초기 자극의 혜택들—지능 등	신체적 발달과 건강에 미치는 자극 결핍의 영향
	William Goldfarb	연구: 초기 자극의 혜택들—지능 등	사회성과 적응력 발달에 미치는 자극 결핍의 영향
	Samuel Kirk	연구: 유아교육의 제공 대 중재의 비제공	지능에 미치는 취학 전 교육 경험의 효과
	J. McVicker Hunter	책: 지능과 경험	어린 시기와 초기의 적합한 상호작용의 중요성
	Benjamin Bloom	책: 인간 특성의 항상성과 변화	부적합한 행동의 대체 보다 새로운 학습의 수월성
	Arnold Sameroff	연구/이론: 상호교류 모형	양방향적 영향-아동의 변화가 환경의 변화를 유발
1900년대 후반	Urie Bronfenbrenner	이론: 생태학적 모형	아동과 환경에 중재의 초점을 두어야 할 필요성

조기중재의 개념과 접근에 영향을 준 역사적 배경에 대해 간략히 살펴봄으로써 조기중재 분야가 천성과 육성의 효과에 대한 인식을 넘어서서 인간의 학습과 발달 과정에서 천성과 육성이 서로 상호작용한다는 개념을 갖게 된 과정을 파악할 수 있었다. 상호 교류적 관점을 기반으로 뇌 발달에 대한 연구가 진행되어 천성과 육성에 대한 새롭고 자극적인 자료를 제공해 주었다(Shonkoff & Phillips, 2000). 진보된 공학 덕택에 신경과학자들은 영아의 뇌를 볼 수 있게 되었으며 성장하는 유아의 뇌 구조에 경험이 영향을 미친다는 것을 알게 되었다. 이러한 발견으로 조기중재와 더불어 영아와 양육자 지원에 관련된 논쟁이 더욱 격렬해졌다(Siegel, 1999, Shonokoff & Phillips, 2000; Thompson, 2000). 이 장의 앞부분에

서도 언급하였듯이, 유아특수교육 분야는 특수교육, 유아교육 그리고 1960년대에 시작된 보상교육이 합쳐져서 1970년대에 발전하였다. 1973년에는 특수아동협회의 유아기 분과가 구성되었다. 곧이어 *Journal of the Division for Early Childhood*라는 정기간행물이 출판되었는데 나중에 *Journal of Early Intervention*으로 이름이 바뀌었다.

2. 정책의 변화

정부가 주도하는 공공정책은 당대 사람들의 가치관과 관심을 반영하며 법적 활동과 사법 체제를 통해 해석되고 강제적으로 시행된다. 공공 정책은 궁극적으로 서비스를 촉구하고 안내한다. 1970년대 이후 제정된(1972년 수정법안에서부터 시작하여 헤드 스타트 법률까지) 연방 법률에는 아동의 전반적 발달에 미치는 생물학적 요인과 환경적 요인의 효과에 대한 태도 변화와 함께 장애유아에게 미치는 조기 중재의 효과에 대한 누적된 지식이 반영되어 있다. 〈표 1-2〉는 장애유아와 관련된 주요 법들을 요약해서 제시하였다.

〈표 1-2〉 장애유아를 위한 서비스에 영향을 준 주요 법들

1968	PL 90-538 장애유아조기교육지원법은 장애유아의 조기교육 프로그램을 확립하였다.
1972	PL 92-142 경제기회균등법을 수정하였으며 헤드 스타트 서비스를 확대하여 장애유아들이 서비스를 받을 수 있도록 하였다.
1975	PL 94-142 전장애아교육법이 통과됨으로써 3~5세 유아를 위한 취학 전 교육 보조금과 주정부 보조금을 확보하게 되었다.
1986	PL 99-457 PL 94-142를 수정하였다. 이 법은 주정부가 무상의 공교육을 취학 전 유아에게 제공하도록 규정하였으며, 주정부에서 영아와 가족들에게 서비스를 제공할 경우 부가적 혜택을 제공할 수 있도록 하였다.
1990	PL 101-476 전 장애아교육법을 개명하였다.
1990	PL 101-476 미국장애인법은 장애인에게 공 · 사립 서비스에 대한 동등한 접근권을 보장하는 법으로 이를 위해 공 · 사립 서비스는 합당한 조정을 해야 함을 규정하였다.
1991	PL 102-119 장애인교육법의 Part H(영아와 가족을 위한 서비스)와 취학 전 유아를 위한 Part B의 Section 619를 재승인하고 수정하였다.
1997	PL 105-17 장애인교육법을 재승인하고 네 부분으로 재구조화하였다. Part H는 Part C로 재구성하고 취학 전 유아를 위한 서비스를 Part B에 모두 포함시켰다.
2004	PL 108-446 장애인교육법을 재승인하고 지역 교육청에서 장애아로 진단받지는 않았지만 일반학교에서 성공하기 위해 학문적, 행동적 지원이 필요한 학생들을 돕기 위한 지원 서비스 비용으로 장애인교육법 기금의 15%까지 사용할 수 있도록 승인하였다.

1) 장애유아 조기교육지원법(Handicapped Children's Early Education Assistance Act)

많은 부모와 전문가들이 노력한 결과 1968년에 장애유아 조기교육지원법이 통과되었다. 이 법에 따라 조성된 예산으로 장애영유아와 가족들에게 효과적인 절차와 모형을 만드는 데 필요한 자금이 제공되었다. 처음에 이 프로젝트는 장애유아 조기교육프로그램(Handi-capped Children's Early Education Program) 혹은 First Chance Project로 불렸고 지금은 장애유아를 위한 조기교육프로그램(Early Education Programs for Children with Disabilities)으로 불린다. 이 프로젝트를 통해 다양한 중재 절차들이 개발되고 보급됨으로써 장애영유아를 둔 가족들에게 서비스와 실제에 대한 지식 기반을 제공하게 되었다.

2) 헤드 스타트 법률(Head Start Legislation)

앞에서 언급한 연구자들과 저자들의 선구적 노력은 태도 변화와 후속 연구들의 촉매역할을 하였으며 1960년대에 시작된 보상교육 운동의 근원이 되었다. 헤드 스타트는 1965년에 통과된 초중등교육법(Elementary and Secondary Education Act) 하에서 자금지원을 받았다. 이 프로그램은 1960년대 초 케네디와 존슨 행정부가 내건 빈곤과의 전쟁이라는 캠페인의 일부분으로 계획되었다. 헤드 스타트는 유아들에게 자극이 풍부한 교육 프로그램을 제공하여 학교에서의 성공을 준비시키기 위해 개발된 보상교육 프로그램들 중 하나로 유아의 영양, 건강관리 그리고 사회정서적 발달을 촉진하며 교육에 대한 부모의 태도를 개선시키는 것을 목적으로 하였다. 헤드 스타트는 초기에는 여름 프로그램으로 시작하였지만 곧 연중 운영되는 프로그램으로 확대되었다.

처음에 제정된 헤드 스타트 법률에는 장애유아에 대한 조항이 없었다. 그러나 7년 후 1972년 법이 개정되면서 헤드 스타트 프로그램은 정원의 최소 10%를 장애유아들에게 할애해야 한다는 강제규정이 만들어졌다.

3) 전장애아 교육법(Education for All Handicapped Children Act)

1976년에 통과된 전장애아교육법(PL 94-142)에는 전문가와 부모 간에 유례없는 협력 관계가 형성되어야 함을 명시하였다. 이 법의 Part B에는 3~21세의 모든 장애아동에게 무상의 공교육을 제공해야 한다는 조항이 포함되었다. 최소제한환경에서 교육 서비스를 제공해야 하고 모든 대상 아동들에게 개별화교육계획을 작성하여 실행해야 한다. 이 법은 장애아동을 위한 교육사에 중대한 이정표가 되었지만 몇 가지 허점이 있었다. 현재 주정부에서 운영하는 공립학교에서 3~5세의 일반유아들에게 교육을 제공하지 않을 경우, 3~5세의 장애유아들에게 무상의 공교육을 제공하지 않아도 된다는 예외 규정을 두었다. 학교에는 장애가 있는 것으로 의심되는 유아들을 찾아내고 사정할 의무가 주어졌다. 그러나 이러한 서비스의 제공이 취학 전 유아 서비스에 관련된 주정부 법률이나 규정에 상치되면, 학교에서 장애유아들을 위한 서비스를 개발하지 않아도 무방하였다. 많은 주정부들은 이러한 허점을 이용하여 장애유아들에 대한 서비스 제공을 기피하였다.

4) 전장애아교육법 개정안(Education of the Handicapped Act Amendments)

1986년 전장애아교육법 개정안(PL 99-457)의 통과는 유아특수교육의 지지자들에게 매우 중요한 성취였다. 이 법은 전장애아교육법(PL 94-142)의 Part B를 개정하고 확대하여 취학 전 유아들에 관한 불리한 조항들을 수정하였고 새로운 프로그램(Part H)을 설치하여 장애영아와 가족들에게 종합적 서비스를 제공할 수 있도록 하였다. 비록 장애위험영아나 장애영아들을 위한 Part H 프로그램에 참여하는 것이 의무적인 것은 아니지만 금전적 보상이 매우 커서 모든 주에서 조기중재 체제를 개발하겠다는 의사를 표명하였다. 발달지체로 진단된 출생~3세 영유아를 위한 서비스를 계획하고 개발하여 실행하는 데 소요되는 자금이 지원되었다. 발달지체의 판단 기준은 각 주정부에서 규정하도록 하였다.

Part H는 각 유아가 다학문적 평가를 받도록 규정하였다. 유아가 서비스의 적격대상으로 결정되면 유아와 가족이 서비스를 받기 전에 개별화가족지원계획을 수립하도록 규정하였다.

Part B의 신설된 부분에서는 특수교육과 관련 서비스의 대상으로 결정되면 취학 전 유아들도 학령기 아동들에게 보장되는 모든 권리와 보호를 받을 수 있음을 명시하였다. 이러한 권리와 보호 조항으로 무상의 공교육, 최소제한 환경에 배치, 다학문적 사정, 적법절차에 의한 보호, 정보의 비밀 유지가 있다

5) 장애인교육법(Individuals with Disabilities Education Act)

1990년의 장애인교육법(IDEA)은 전장애아교육법을 재승인하였다. 'handicapped' 라는 용어가 'disabilities' 로 바뀌고 '사람 우선' 적인 용어(예: children with disabilities, women with mental retardation)를 사용함으로써 장애인과 가족들을 존중하고 그들에게 민감함을

보여 주었다. 1991년에 재승인된 법(PL 102-119)의 Part B와 Part H에서 적격성, 관련 서비스, 취학 전 유아들을 위한 개별화가족지원계획, 최소제한환경 그리고 자금 조달에 관련된 용어를 변경하였다.

1997년에 장애인교육법은 다시 재승인되어 PL 105-17로 법으로 규정되었다. 이 법은 1975년 이후 가장 실질적으로 개정된 장애인교육법이다. 이 법에서도 일반유아학급에 장애유아들을 완전통합하려는 의회의 강력한 의지가 약화되거나 희석되지는 않았다. 1975년 법의 강제 조항들이 재확인되고 통합교육에 대한 연방 법률의 요건들이 강화되었다. 이제 학교는 통합교육을 효과적으로 제공하기 위해 개별화교육계획을 수행하고 일반학급에 장애유아들을 배치하여 일반학급에서 서비스를 제공할 책임을 져야 한다. 조기중재프로그램에서는 가능한 한 자연적 환경, 즉 일반유아들이 참여하는 가정과 지역사회 환경에서 서비스를 제공해야 한다.

1997년에 법률을 재승인할 때, 의회는 장애인교육법이 무상의 공교육을 보장하고 장애학생들의 교육적 성과를 개선하는 데 성공적이었음을 인정하였다. 몇 가지 영역에서 개선해야 할 필요성 또한 인식되었고 중요한 변화가 다음의 측면에서 이루어졌다.

- 학생들에게 일반교육과정에 접근할 기회 증진
- 부모가 자녀교육에 참여할 역할과 기회 강화
- 일반학급에서 특수교육과 관련 서비스, 지원, 보조를 적합한 수준에서 최대한 제공
- 장애유아로 진단받기 전에 유아를 지원하기 위한 부가적 혜택 제공
- 유아의 일반교사가 개별화교육계획 수립 과정에 핵심 역할 담당
- 교육성과의 개선에 도움이 되지 않는 서류 작업 경감

공적 자금 지원을 받는 거의 모든 프로그램들은 적격자 선발 기준을 가지고 있으며 조기중재프로그램도 예외는 아니다. 장애인교육법은 세 집단의 영유아들이 조기 중재 서비스를 받을 자격을 갖추었다고 생각 한다. ① 발달지체를 가진 아동들, ② 발달지체아가 될 가능성이 높은 신체적, 정신적 조건을 가진 것으로 진단받은 아동들, ③ 조기 중재를 제공하지 않으면 실질적으로 지체를 보일 위험이 있는 아동들.

1997년 장애인교육법개정안에는 적격성의 요건에 속하는 연령 범위에서 괄목할 만한 변화가 있었다. 즉, 9세까지의 아동들에게 구체적 장애유형을 부여하는 대신 발달지체라는 적격성 범주를 적용할 수 있는 여지를 주었다(이전에는 이런 적격성 범주를 3~5세 유아들

에게만 적용할 수 있었다). 그러므로 이제 주정부에서는 6~21세 아동들에게 지정된 장애범주를 계속 적용하거나 아동들을 발달지체로 진단하여 서비스를 제공할 수 있다. 주정부가 발달지체라는 적격성 범주를 선택할 경우 이 범주의 진단 기준을 정하고 적용할 연령 범위를 결정해야 한다(취학 전 유아들에게만 적용 혹은 6, 7, 8, 혹은 9세 아동들에게도 적용). 대부분의 주에서는 표준편차나 지체정도를 나타내는 생활연령의 비율 관점에서 발달지체를 정의하고 있다. 어떤 주에서는 질적 준거와 전문가의 판단을 허용하고 있다.

미국 장애인교육법(PL 108-446)은 2004년에 재승인되었는데, 장애영유아들에게 적용되는 조항들에서 다음과 같은 변화가 있었다.

- 가족의 조기중재프로그램(Part C)의 서비스 조정자(혹은 조기중재프로그램의 다른 대표자)는 개별화교육계획 회의에 참여하여 Part C에서 Part B 서비스로 원만한 전이가 이루어지도록 해야 한다
- 주정부는 조기중재서비스(Part C 하의)를 받는 유아들의 부모들에게 유아가 유치원에 다닐 연령이 될 때까지 조기중재서비스(무상의 공교육을 받지 않고)를 계속 받을 수 있는 선택권을 줄 수 있다.
- 조기중재프로그램에서 유치원으로 전이하는 유아들을 위한 개별화교육계획을 개발할 때 개별화교육계획 팀은 개별화가족지원계획에 진술된 내용들을 고려해야 한다.
- Part B 서비스를 받고 있는 유아의 부모와 교사는 개별화교육계획 팀을 재소집하지 않고서도 그 학년도에 유아의 개별화교육계획을 어느 정도 변경할 수 있다.
- 유아의 개별화교육계획 목적과 목표의 달성 정도와 달성 정도 측정방법에 대해 분기별로 부모에게 보고해야 한다.

6) 미국 장애인법(Americans with Disabilities Act(PL 101-336)

미국 장애인법은 장애인들을 위한 시민 권리법이다. 이 법은 1973년의 재활법 Section 504를 모형으로 만들어졌다. 1990년에 통과된 이 법은 장애인들이 사회에 참여하고 일반인이 이용하는 시설과 정보에 동등하게 접근할 수 있는 권리를 보장한다. 미국 장애인법의 조항들은 장애유아들과 가족들에게 특히 관련되어 있다. 이 법은 장애유아들이 장애 때문에 공공시설을 이용하는 데 배제되지 않도록 보장하고 있다. '공공시설' 은 사립유아교육기관, 어린이 집, 학령기아동 보호프로그램, 방과 후 프로그램 그리고 놀이방을 포함한다.

미국 장애인법은 본질적으로 실질적인 통합교육을 지원하기 위한 강제규정이다. 기본적인 필요조건이 직접적으로 표현되어 있다.

- 어린이 집은 장애유아들을 통합하기 위해 프로그램이 근본적으로 변경되지 않는 범위에서 정책과 실제를 합리적으로 수정해야 한다. 합리적으로 수정한다는 것은 지나치게 무리가 따르거나 비용이 들지 않는 범위에서 최대한 수정한다는 것을 의미한다. 그러한 수정의 예로 정책이나 절차의 변경, 물리적 장벽의 제거, 교직원 훈련, 조정 설비나 기구의 제공 등을 들 수 있다.
- 기관들은 장애유아와 효과적으로 의사소통하기 위해, 과도한 부담이 되지 않는 범위에서 필요한 보조서비스와 지원을 제공해야 한다. 보조서비스와 지원은 유아의 의사소통을 돕는 장비와 서비스를 포함한다(예: 수화, 통역자, 큰 활자체의 책). 과도한 부담은 프로그램에 지나치게 무리를 주거나 비용이 지나치게 많이 소요되는 변화를 의미한다.
- 장애유아의 존재가 다른 사람들의 건강과 안전을 직접적으로 위협하거나 프로그램을 근본적으로 변경시키지 않는 한 장애유아를 프로그램에서 제외시킬 수 없다. 직접적 위협은 유아의 조건이 다른 유아들이나 교직원의 건강과 안전에 중대한 위협을 가한다는 것을 의미한다. 어린이 집 운영자는 개인별로 유아를 평가해야 한다. 그 유아에 대한 사적인 견해를 근거로 위험성을 결정해서는 안 된다.

지역사회 어린이 집이나 여가프로그램의 문을 개방시킴으로써 미국 장애인법은 장애유아들에게 일반유아들이 누리는 기회와 유사한 기회를 제공하였다. 합당한 조정이 이루어져 장애유아들이 참여할 수 있다면 그들의 장애만을 이유로 접근이 거부되지는 않을 것이다.

통합교육 모형

이 부분에서는 미국 장애인교육법에 등장하는 자연적 환경, 최소제한환경, 일반교육과정에 접근이라는 용어가 장애영유아들에게 서비스를 제공하는 과정에서 무엇을 의미하는지 살펴본다. 처음에 많은 교육기관들은 공립학교 기금에서 유아교육을 지원하지 않으면 최소제한 환경 규정이 취학 전 유아들에게는 적용되지 않는다고 생각했다. 어떤 사람들은 일반초등학교에 분리된 유아특수학급을 운영하는 것으로 취학 전 유아들에 대한 최소제한 환경 규정이 충족되었다고 생각했다. 최소제한환경 규정은 PL 94-142에서 처음 확립된 이후 충실하게 개정되고 명료화되었다(Smith & Rapport, 2001). 1997년 장애인교육법개정안은 최소제한환경의 개념을 장애영유아들을 실질적으로 통합하는 방향으로 강제화하였다.

1. 자연적 환경

자연적 환경은 장애인교육법(1997)의 Part C에서 출생에서 3세 유아들을 위한 통합 환경에 대해 언급하면서 사용된 용어다. 장애인교육법은 주정부가 자연적 환경에서 조기중재서비스를 최대한 적절하게 제공할 수 있는 절차와 정책을 개발해야 하며, 자연적 환경에서 서비스가 만족스럽게 실행되지 못할 경우에만 다른 곳에서 서비스를 제공할 수 있다고 규정하였다. 자연적 환경은 "장애유아와 같은 연령의 일반또래들을 위한 자연적이고 전형적인 환경"으로 정의된다(34 C. F. R. 303. 18)(IDEA 1997). 조기중재서비스는 "일반유아가 참여하는 가정이나 지역사회 환경과 같은 자연적 환경에서 최대한 적절하게 제공되는 발달적 서비스"로 정의된다(IDEA 1997, § 1432). 이러한 필수조건들의 운영에 관련된 구체적 지침의 설정은 각 주정부에 일임된다.

자연적 환경의 예로 유아들에게 모래상자에서 놀이하기, 적목으로 울타리 만들기 또는 행진을 지켜보기와 같은 기회들을 제공하는 환경을 들 수 있다. 일반또래가 다니는 유아교육기관이나 어린이 집뿐 아니라 다양한 지역사회 환경에서도 서비스가 제공된다(예: 도서관에서 이야기 듣기, 공원이나 체육관에서 놀이하기). 프로그램은 가족의 문화적 가치관, 유아가 필요로 하는 서비스의 강도 그리고 가족의 접근이 용이한 지리적 여건 등을 고려하여 선택된다.

개별화가족지원계획은 특수교육서비스를 제공할 자연적 환경을 찾아야 하고 자연적 환경에서 서비스가 제공되지 못할 경우, 제공되지 못하는 합당한 범위나 정도를 결정해야 한다. 단 유아의 발달과 관련된 목적과 목표가 같은 연령의 또래들에게 자연적인 환경에서 제공되는 중재를 통해 충분히 달성될 수 없다고 유아의 개별화가족지원계획 팀(부모를 포함하여)이 결정하였을 경우에는 예외로 한다.

2004년 장애인교육법의 Part B는 주로 학령기 아동들에 초점을 두고 있다. 이 부분에서는 통합 환경을 언급하기 위해 '최소제한환경', 일반교육과정에 '참여하고, 성취해 나가는' 이라는 용어를 사용하였다. 연령에 따라 다른 방식으로 법과 규정들이 진술되고 있는데 이는 법과 규정을 만들 때 3~5세 유아를 위한 서비스와 학령기 아동을 위한 서비스간의 차이들을 고려했음을 말해 준다. 개별화교육계획에 관련된 조항들은 개별화교육계획에 "아동의 장애가 일반교육과정에 아동이 참여하고 성취하는 정도에 어떤 영향을 미치는지" 그리고 "취학 전 유아들이 적합한 활동에 참여하는 데 장애가 어떤 영향을 주는지(34 C, F. R. 300-347)" 라고 진술하도록 규정하여 취학 전 유아들에 대해서는 구분하여 다르게 기술하고 있다. 연령에 따른 또 다른 법규의 조정은 전형적으로 발달하는 같은 연령의 또래들이 참여하는 지역사회중심 환경이 취학 전 유아들에게도 유용해야 한다는 요지의 진술이다.

2. 취학 전 교육모형

Guralnick(2001)은 취학 전 유아들을 위한 4가지 유형의 통합교육 모형을 제시하였다. 이 모형들은 Taylor(1988)가 기술했던 최소제한환경의 특수교육서비스의 연계적 배치와 유사하다. 통합교육 모형들에 대해 읽을 때 유념해야 할 점은 비록 각 프로그램 유형이 통합적이라고 표방하고 있지만 장애유아와 일반유아들의 일반교육과정에 접근과 계획된 참여 정도는 프로그램 유형에 따라 다양하다는 사실이다(Guralnick, 2001).

첫 번째 모형은 완전통합모형이다. 이 모형에서 장애유아들은 일반유아학급에 전 시간 참여한다. 그들은 일반또래들과 함께 일반교육과정의 모든 활동에 참여한다. 필요하다면, 장애유아의 참여를 촉진하기 위해 활동들을 조정하고 일반유아교육과정 내에서 목적과 목표가 달성될 수 있는 방식으로 개별화교육계획을 개발한다. 이 모형에서는 관련서비스 전문가와 다른 전문 인력들에 의한 자문이나 팀 활동을 통한 지원이 간헐적 혹은 지속적으로 제공되기 때문에 이 모형을 자문모형 혹은 순회교사모형이라고도 한다. 특수교육과 관련서비스는 진행 중인 교육과정에 완전 통합된다. 유아교사는 전체 프로그램과 학급의 모든 유아들에 대한 책임을 진다.

Guralnick은 두 번째 모형을 집단중첩모형(cluster model)이라고 불렀다. 이 모형은 Friend와 Cook(1996), McCormick, Noonan 그리고 Heck(1998), 그리고 Reinhiller(1996)가 협력교수모형이라고 기술한 모형과 유사하다. 집단중첩 혹은 협력교수모형이 완전통합모형과 다른 점은 일반유아학급에 장애유아 한두 명을 통합하는 것이 아니라 두 학급 유아들(장애유아학급과 일반유아학급)과 각 학급의 교사들이 같은 학급에서 함께 활동한다는 점이다. 이 모형의 특성은 두 명의 교사가 모든 계획수립과 교수활동의 책임을 함께 진다는 것이다.

세 번째 모형은 역통합모형이다. 이 모형에서는 상대적으로 작은 일반유아 집단이 유아특수교사가 운영하는 특수학급에 통합된다. 이 모형을 취하고 있는 프로그램들은 프로그램의 구조, 교육과정, 그리고 교육철학 면에서 매우 다양하다. 모든 유아들을 모든 활동에 통합시키려고 노력한다.

네 번째 모형은 사회적 통합모형이다. 이 모형에서 유아들은 서로에 대해 알 기회를 거의 갖지 못하며 공동 활동에 거의 참여하지 않는다. 같은 일반장소에 있지만, 유아교육프로그램과 유아특수교육프로그램은 다른 교육과정, 다른 프로그램 철학 그리고 다른 교직원으로 구성된 분리된 학급에서 각각 운영된다. 두 학급은 일과 시작 전이나 휴식 시간에 함께 바깥놀이터를 이용할 수 있고 미술활동이나 자유놀이를 함께 하기도 한다.

추천 실제

성공적인 통합은 매우 복잡하다. 가장 중요한 요건은 통합과정에 참여하는 사람들이 통합에 대한 신념을 가져야 한다는 점이다. 연구들은 교사의 신념과 태도가 그들의 수행내용과 수행방식에 영향을 준다고 보고하고 있다(Lieber et al., 1997; Peck, Furman, & Helmstertter, 1993). 참여한 모든 사람들은 통합이 장애유아와 일반유아 모두에게 유익하다고 진심으로 믿어야 한다.

둘째, 교사들은 통합 환경에서 특수교수기법을 제공하는 데 필요한 기술을 가지고 있어야 한다. 즉, 교사들은 통합 환경에서 긍정적인 발달적 성과와 행동적 성과를 이끄는 데 효과가 있다고 검증된 개별화교수기법과 교육과정을 적용하는 기술을 습득해야 한다(Odom, 2000). 조기중재의 중요성에 대한 인식이 확대되고 통합교육프로그램의 유익함에 대한 인식이 고조됨으로써 경험적으로 타당한 실제와 절차를 기술하는 연구기반이 강력해 지고 있다(예: Guralnick, 2001; Odom, 2000; Strain, 1990; Strain, McGee, & Kohler, 2001).

1. 특수교육기법과 교육과정

성공적인 통합교육프로그램에서 유아의 개별화교육계획의 목적을 수행하는 것이 학급

교육과정을 대신하거나 학급활동에 유아의 참여를 제한해서는 안 된다. 특별한 교수기법을 적용하여 의미 있고 흥미로운 활동의 맥락에서 교수활동과 개별화 목적과 목표를 교수한다. 자연적 중재는 자연적으로 일어나는 일과나 활동의 맥락에서 특수교육을 제공하는 것이다. 교수자는 여러 환경에 즉각 적용할 수 있는 기능적 기술의 학습을 촉진하고 숙달시킨다. 대표적인 특수교육기법은 다음과 같다.

- 환경 교수와 강화된 환경 교수(Hemmeter & Kaiser, 1994; Kauser, 1993; Kaiser, 2000; Rogers-Warren & Warren, 1980).
- 활동중심 중재(Losardo & Bricker, 1994)
- 삽입된 분산시간 지연시도(Embedded and distributed time delay trials(Halle, Marshall, & Spradlin, 1979; Wolery, 2001).
- 고확률 절차(Santos, 2001)

이 접근법들이 사용하는 전략들은 다음과 같다. ① 학습기회를 진행 중인 학급활동에 삽입하기; ② 유아의 선호도와 흥미를 세밀하게 파악하여 교수자료와 활동 선정하기; ③ 유아의 참여를 극대화하도록 물리적 공간 배열하기; ④ 또래에게 접근하는 전략 고안하기; ⑤ 복잡한 과제는 과제 분석하여 가르치기; ⑥ 성공할 수 있도록 피드백, 촉진 등의 방법을 사용하여 지원하기; ⑦ 모든 유아들의 참여를 보장하는 데 필요한 조정기구나 보조 공학과 같은 특수 설비 제공하기. 이상의 특별한 교수기법들이 제7장, 제8장, 제9장, 제11장, 제12장, 제13장에서 자세하게 다루어진다.

2. 문화적으로 적합한 교육

문화라는 용어는 우리의 집단 정체성을 형성하는 요소들을 말하는데 이러한 요소들로 인종, 민족, 종교, 지리적 여건, 경제력, 성 그리고 직업을 들 수 있다(McCormick, 2003a). 개개인이 생각하고 느끼고 인식하고 행동하는 방식은 그들이 속한 집단 구성원들의 특성을 반영한다. 아동의 행동에서 문화적 다양성은 보편적인 발달적 성취를 이루는 다른 방식들을 나타낸다. 전형적인 발달지표를 달성해 가는 과정에서 유아들은 배고플 때 울먹이거나 비명을 지르기도 하고 울화를 폭발하거나 소극적으로 저항하는 자율성의 투쟁을 보이기도 하며, 적목이나 인형을 가지고 놀기도 한다. 자신이 속한 사회적 세계에 대한 유아들의 생각은 연령/단계 잠재력과 개인적 특성들에 스며듦으로써 궁극적으로 그들의 발달을 형성한다. 문화는 유아들이 학습하고 문제를 해결하는 방법, 환경을 조직하는 방법, 배우는 언어, 여가시간을 보내는 방법 등에 영향을 준다.

가족의 문화 실제와 모국어는 모든 교사들에게, 특히 자연적 환경에서 장애유아들을 통합하고자 하는 교사들에게 독특한 문제를 유발한다. 문화는 정보를 수집하고 교환하는 가족과 교육자의 역량, 아동에 대한 기대, 장애와 관련된 신념 그리고 교육관에 영향을 미친다. 문화가 가족과 교육자가 아동양육, 학습과 교육 그리고 장애를 보는 관점에 영향을 주는 것과 유사하게 통합을 보는 관점에도 영향을 준다.

각 유아를 독특한 개인으로 보고 모든 가족을 독특한 가족으로 인식하는 것, 즉 다른 언어, 다른 사회계층, 다른 유산, 다른 민족의 기원, 다른 지역적 위치 그리고 다른 종교를 유아와 가족이 가진 다양한 능력과 흥미라고 받아들이고 반응하는 것이 문화적으로 적합한 교육을 실시하기 위한 가장 우선적이고 중요한 필수요건이다(Hanson, Gutierrez, Morgan, Brennan, & Zercher, 1997; Hanson et al., 1998). 문화적으로 적합한 교육은 제7장에서 보다 상세하게 다루어지지만 문화관련 교수의 개념은 교수절차를 논의할 때 이 책 전반에 걸쳐서 언급된다.

3. 학급 밖의 학습

미국 장애인교육법은 장애유아와 그 가족이 주류의 지역사회 생활에서 고립되거나 배제되지 않는 공간, 즉 자연적 환경에서 조기중재서비스를 제공해야 함을 규정하고 있다. 가장 광범위한 수준에서 자연적 환경은 일반유아들을 포함하는 활동이 이루어지는 곳이다. 1997년에 승인된 장애인교육법의 Part C는 단일분야의 전문화된 서비스에서 벗어날 것을 촉구하였다. 자연적 환경에서 장애영유아와 가족들에게 조기중재서비스를 제공할 때 조기중재전문가들(조기중재자, 치료사, 간호사)이 직면했던 가장 어려운 점은 치료실이나 재활기관에서 제공하던 특정학문 관련 평가와 중재를 유아의 자연적 환경 내에서 가족중심의 팀 서비스로 전환하는 것이었다. 서비스 제공자들은 ① 자신의 학문 분야의 서비스가 효과적으로 제공될 수 있도록 부모, 다른 서비스 제공자 그리고 적합한 지역사회기관 대표자와 상담하고; ② 서비스 제공에 관해 부모와 다른 사람들을 훈련시키고; ③ 유아와 유아가족에 대한 팀 평가과정과 개별화가족지원계획 목적과 목표 개발과정에 참여해야 한다(303.12.12([c]).

자연적 환경에서 조기중재는 이전에는 치료실에서 제공했던 같은 유형의 서비스를 가정이나 지역사회에서 제공하는 것과 같이 단순히 서비스의 제공 장소를 바꾸는 것을 의미하지는 않는다(Bruder, 2001; Dunst, 2001). 이것은 환경이 가진 '발달을 증진하는 잠재력' (Bruder, 2001, p. 221)을 활용한다는 것을 의미한다. Dunst(2001)는 참여학습 기회로 활용할 수 있는 유아의 발달을 증진하는 가족, 이웃, 지역사회 활동들을 기술하였다.

같은 상황이 취학 전 유아들에게도 적용된다. 학급과 학교환경 밖에서 일어나는 것들이 그들의 '삶의 질' 에 의미 있는 공헌을 한다. 가족, 이웃, 지역사회 환경에 참여하여 발달시키는 중요하고 지속적인 관계들이 개념습득, 기술발달, 사회적 · 문화적 기대를 위한 맥락을 제공한다. 이 책에서 다루는 모든 중재들은 가정과 지역사회 환경에서 실행될 수 있다.

4. 자폐아를 위한 지원된 통합

Strain, McGee 그리고 Kohler(2001, p. 345)는 자폐아동은 분리교육환경에서 교육받아야 한다는 주장을 영속화시킨 통념에 대해 거론했다. 이 맥락에서 사용된 통념이라는 단어는 자폐아동들을 위한 조기중재와 관련하여 ① 경험적 뒷받침이 없고 ② 자료와 상반되며 ③ 모든 성공 사례(부적합한 실제를 사용한 경우에도)는 실제의 우수성을 보여 준다는 오해에 근거하며 ④ 관련전문가의 글, 기금조달방식 그리고 서비스 전달정책과 실제에 나타나기 때문에 단순히 제도화되고 기억되고 있는 결론들을 언급하는 용어다.

자폐영유아들을 분리된 환경에 수용하기 위해 이용되고 있는 통념은 다음과 같다.

- 자폐유아들은 준비도 훈련이 필요하다. 이 주장은 자폐유아들이 분리된 환경에서 통합 환경으로 이동하기 전에 특정 발달이정표를 달성하고 단순한 동작모방과제 따라하기를 배울 필요가 있다는 것이다.
- 자폐유아들은 일대일 개별 지도를 받아야 중요한 발달 기술들을 습득할 수 있다. 이 주장은 개별지도는 자폐유아들이 필요한 발달적 성과를 이룰 수 있는 유일한 방법이라는 것이다.
- 자폐유아들은 전형적인 일반학급환경에서 지나치게 많은 자극을 받게 된다. 이 주장은 자폐유아들은 받는 자극을 줄일 수 있는 분리된 환경을 필요로 한다는 것이다.
- 자폐유아들은 분리환경에서만 제공될 수 있는 행동통제절차를 필요로 한다. 이 주장은

문제 행동을 줄이는 중재가 전형적인 일반학급환경에서는 수행될 수 없다는 것이다.

기억해야 할 중요한 점은 자폐유아들에게 분리환경이 더 우수하다는 주장을 지지하는 자료가 없다는 것이다.

자폐아들이 '최대한으로 실현가능한 혜택' 을 얻을 수 있을 것으로 간주되는 통합교육 형태는 지원된 통합이다(Strain et al., 2001). 지원된 통합은 "자연적 환경의 맥락에서 최대한의 학습을 하는 데 필요한 자원을 제공하는 것" 으로 정의된다(Strain et al., p. 345). 이들 유아들이 달성하는 긍정적 성과의 성취 정도는 교육환경이나 지역사회환경에서 유아들이 받는 지원의 유형과 강도에 달려 있다. 자폐유아들이 통합을 통해 최대한의 혜택을 보기 위해 가장 중요하고 우선적인 필수요건은 강도 높은 사회적 중재와 의사소통 중재를 계획하여 실행하는 것이며 이 중재 과정에는 자폐유아뿐 아니라 전형적으로 발달하는 또래들이 반드시 포함되어야 한다. 이러한 교수를 수행하는 구체적 절차들이 제8장에서 다루어진다. 제6장, 제9장, 제10장, 제11장, 제12장에서도 자폐유아 지도절차들을 제시한다.

5. 가족 중심 중재

가족체제이론은 단독으로 존재하는 유아에서 가족체제의 한 요소로서의 유아로 관심의 초점을 이동시킨다. Turnbull과 동료들(1983)은 이 개념을 실제로 통합하는 데 기여하였다. 그들은 가족들과 일하는 전문가들이 갖추어야 할 태도를 다음과 같이 제시하였다. ① 각 가족들은 구성원의 특성, 문화 그리고 양식의 면에서 독특하다고 간주한다. ② 가족은 끊임없이 변이하는 구성요소와 범위를 가진 체제임을 인식한다. ③ 가족과 개별 가족구성원은 유아의 지속적인 성장과 발달을 지원하는 많은 기능을 하고 있음을 인식한다. ④ 가족들은 많은 변화를 경험하며 이러한 변화들로 인해 개별 가족구성원들은 각기 다른 양의 스트레스를 받는다는 것을 이해한다.

조기중재전문가들은 1990년대에 가족중심실제의 개념화와 실행과정을 큰 폭으로 진전시켰다(Bailey & McWilliam, 1990; Dunst, Johanson, Trivette, & Hamby, 1991; Turbiville, Turnbull, Garland, & Lee, 1996). 이 실제들은 아동의 복지뿐 아니라 전체로서 가족의 복지를 증진시키는 데 주안점을 둔다. 실제들은 다음과 같다. ① 가족을 존중하고 존경하는 태도로 대한다; ② 가족의 문화와 사회 · 경제적 다양성에 민감하게 반응한다; ③ 가족들에게 그들의 우선관심사를 결정하여 선택할 기회를 준다; ④ 가족들이 의사결정을 하는 데 필요한 정보를 확보하도록 지원한다; ⑤ 양육과 가족지원을 위해 비형식적인 지역사회자원들을 소개한다; ⑥ 가족의 권한을 강화하고 역량을 증진시키는 유익한 실제들을 적용한다(Dunst et al., 1991).

가족 중심 중재의 기본 가정은 가족이 유아들이 어디에 관심이 있는지를 판단해서 결정하는 최종 의사결정자이며 가족이 선정한 목적과 목표가 중재과정을 선도해야 한다는 것이며 이러한 두 가지 기본가정이 조기중재의 기본원리가 된다. 이러한 가정들은 부모-전문가 관계성을 재정의하게 한다. 가족과 협력자가 되기 위해서 조기중재프로그램 전문가들은 문화적 다양성, 인간관계 그리고 의사소통을 이해해야 하며 이러한 이해를 실제에 적용할 수 있어야 한다. 평가를 수행하고 중재를 제공하며 평가하는 기본적 책임 외에 전문가들은 신뢰를 구축하고 갈등을 해결하며 가족과 계획을 수립하는 과정에 적극적으로 참여할 수 있어야 하고 특히, 필요한 서비스를 연결시킬 수 있어야 한다. 가족 중심 중재에 대해 제2장과 제3장에서 상세하게 논의된다.

6. 통합적 치료

통합적 중재라고도 불리는 통합적 치료에서는 특수교수, 촉진 그리고 지원이 자연적 환경에서 진행 중인 일과와 활동의 맥락에서 제공된다. 이 모형은 치료사와 다른 전문가가 유아를 분리된 치료실로 데려와 중재를 제공하는 전통적 치료모형과는 다른 것이다. 1990년대 중반, 연구들은 통합적 치료의 우수성을 보여 주었다(McWilliam, 1996a). 분리치료에서 통합적 치료로 이동하는 데 기여한 다른 요인들로는 ① 분리된 치료환경에서 습득한 기술의 일반화 결여, ② 치료를 하기 위해 아동을 자연적 환경에서 분리시키는 것이 갖는 잠정적 부작용에 대한 인식(예: 이는 진행 중인 활동에서 아동을 배제시키고 또래들에게는 그들이 자신들과 다르다는 인식을 갖게 한다), ③ 서비스의 분할과 중복(예: 치료사, 부모 그리고 교사가 다른 팀 구성원이 아동과 어떤 활동을 했는지 알지 못한다.)을 들 수 있다.

장애유아들을 위한 통합적 서비스는 치료사와 다른 전문가들이 서로 간에 그리고 가족들과 활동을 수행하는 방식에 많은 시사점을 준다. 전문가들은 발달에 적합한 체제 내에서 개별화하고 다른 전문가들뿐 아니라 가족들과 자문하고 협력하고 조정하는 기술을 습득해야 하고 여러 기관과 프로그램에서 제공되는 다양한 지역사회 서비스들을 조정해야 한다. McWilliam(1996b)은 교사들이 통합적 서비스에서 그들의 역할을 충실히 수행하기 위해 어떤 준비가 필요한지 구체적으로 제시하였다. 유아교사와 유아특수교사는 모두 치료사나 다른 전문가들의 제안을 반영하기 위해 학급활동을 조절하는 방법과 개별화된 중재를 학급 일과에 삽입하는 방법을 알아야 한다. 이러한 기술들은 제6장, 제9장, 제12장, 제13장에서 논의된다.

7. 팀 활동과 부모-전문가 협력

장애유아를 위한 법률을 수행하는 매우 초기에서부터, 협력과 의사소통은 효과적 중재와 성공적인 프로그램의 기본이었다. 효과적 서비스의 기본 요건은 협력의 의무라고 말할 수 있다(McCormick, 2003a). 양질의 조기중재서비스를 제공하는 관련인 들을 위한 최상의 조직 구조로 전개되는 팀 접근은 초학문적 팀 모형이다. 초학문적 팀 모형에서 전문가들은 중재를 계획하고 실행하고 평가하기 위해 밀접하게 함께 활동한다.

초학문적 팀 모형의 특성은 함께 기능 수행하기, 지속적인 교직원 연수 제공하기, 역할 양도하기를 포함한다(Lyon & Lyon, 1980). 함께 기능 수행하기는 팀 구성원이 가능한 언제나 필요한 기능을 함께 수행하는 것을 의미한다. 제2장에서 다루어지는 원형(arena) 평가는 함께 기능 수행하기의 대표적 예다. 지속적인 직원 연수는 팀 구성원들이 새로운 기술을 배우도록 서로 서로를 돕는 데 참여함을 의미한다. 역할 양도는 전통적으로 특정 학문분야에 연관된 기능들을 공유하거나 양도하는 것을 포함한다. 한 팀 구성원이 전형적으로 자신의 역할에 속했던 기능을 수행하도록 다른 구성원을 지원할 때 역할 양도가 이루어진다. 예를 들어, 교사가 아동의 자발적 요청행동을 증가시키는 계획을 수립하고 수행할 수 있도록 언어치료사는 교사에게 훈련과 지원을 제공한다. 협력팀을 형성하고 유지하기 위해 효과적인 협동학습 그룹이 필요하다(Thousand & Villa, 2000). 이것은 구성원들이 자주 직접 대면하여 상호작용해야 하며 서로 "우리는 모두 함께 이것을 한다."라는 긍정적인 상호의존적인 정서를 가져야 함을 의미한다. 팀원들은 신뢰구축, 의사소통, 리더십, 창의적 문제해결, 의사결정 그리고 갈등관리와 같은 소집단의 대인간 기술을 발달시키기 위해 노력해야 하고 정기적으로 팀의 기능 수행을 평가하고 논의하며 더욱 효과적으로 관계성을 향상시키고 과제를 달성하기 위한 목적을 설정하기 위해 시간을 따로 마련하는 데 동의해야 한다. 마지막으로, 팀 구성원들은 상호 동의한 책무를 서로에게 부여하는 방법에 동의해야 한다.

가족과 아동을 신뢰하고 존중하는 긍정적인 관계성은 조기중재의 기본요건이다. 가족은 유능하고 친절한 전문가와 일하는 것을 매우 가치 있게 여긴다고 조기중재 관련문헌들이 일관성 있게 보고하고 있다(Dinnebeil, Hale, & Rule, 1996; Park, Turnbull, & Park, 2001). 문제는 부모와 협력하도록 전문가들을 어떻게 준비시키는가이다. 조기중재학문의 예비교사교육프로그램의 학생들은 졸업하기 전에 초학문적 팀에서 가족과 직접 경험할 기회를 가져야 한다. 덧붙여 가족들은 대학교의 유아특수교육과 관련분야 학생들을 교육하는 과정에 참여해야 한다. 가족의 훌륭한 협력자가 되기 위해 전문가들은 인간관계 기술을 갖추어야 하며 다른 세계관과 아동관을 가진 다른 문화권의 가족들에게 신뢰감을 주면서 효과적으로 의사소통할 수 있어야 한다. 또한 앞에서도 지적한 것처럼, 조기중재자는 가족을 제대로 파악할 수 있어야 하며 가족을 지역의 자원과 연계시킬 수 있어야 한다. 제2장에서는 부모와 협력 관계를 발달시키고 유지하게 해 주는 구체적인 실제들을 제시한다.

8. 생태학적 평가

거의 30년 전에 Brown과 동료들(1979)은 중도 중복장애학생들을 위한 기능적 목적과 목표를 설정하기 위해 활용될 수 있는 생태학 이론에 바탕을 둔 절차들을 기술하였다. 그들은 이 평가절차를 생태학적 목록작성이라고 불렀다. 이후 이 절차는 모든 연령의 아동과 모든 장애에 대해 폭넓게 활용되었다. 생태학적 목록작성과정은 기능적 목적과 목표를 개발하고 교수를 개별화하며 필요한 조정을 계획할 때 특히 유용하다. 생태학적 목록은 영아를 중재하기 위한 목적과 목표를 선정할 때는 가족과 함께 사용하고 취학 전 유아들을 위한 목적과 목표 선정을 할 때는 교사와 함께 사용할 수 있다. 생태학적 목록작성은 자연적 환경에서 중재를 계획할 때 유익하다. 팀이 다음과 같은 중요한 중재 결정을 내릴 때 도움이 된다.

- 중재의 목적과 목표는 무엇인가?
- 어디에서 중재를 제공해야 하는가?
- 어떻게 중재를 제공해야 하는가?
- 언제 중재를 제공해야 하는가?
- 어떻게 중재를 평가해야 하는가?

생태학적 평가(생태학적 목록작성과 같은)는 전통적인 평가와 다르다. 생태학적 평가에서는 표준화 검사에서처럼 전체 인구의 성취와 비교하여 유아의 행동을 판단하기보다 환경의 기대와 관련하여 유아의 행동을 고려한다. 유아가 기능하기를 기대하는 환경을 분석하여 유아가 무엇을 배울 필요가 있으며 환경의 일과와 활동에 참여를 촉진하기 위해 어떤 조정이 필요한지 결정한다. 생태학적 평가를 함으로써 유아가 참여하는 환경들(예: 가정, 어린이 집, 지역사회 레크리에이션 센터, 유치원)에 대한 기능적 목적과 목표의 목록을 작성하고 필요한 경우 활동이나 자료들을 조정하는 아이디어를 얻을 수 있다. 최중도 장애유아들을 중재하는 경우, 각 기술 목표들에 대한 과제 분석적 평가를 한다. 과제 분석적 평가를 함으로써 한 기술의 각 구성요소들에 대한 유아의 수행 수준을 사정할 수 있다. 생태학적 평가와 다른 유형의 사실적 평가는 제3장, 제5장, 제10장에서 다루어진다.

9. 긍정적 행동지원

긍정적 행동지원은 문제 행동을 줄이고 사회적으로 적응적인 행동으로 대체하기 위한 것이다. 극도의 자해행동과 공격성을 보이던 학생들에게 사용되었던 혐오적 중재의 대안으로 개발되어 지금은 다양한 맥락에서 많은 학생들에게 활용되고 있다(Sugai, Horner, & Sprague, 1999). 실제로 1997년 개정된 장애인교육법은 장애학생들의 문제 행동을 다루기 위해 긍정적 행동지원전략을 사용하도록 규정하고 있다. 개별화교육계획 팀은 긍정적 행동지원 외의 다른 전략들을 고려할 수 있지만 법률은 유아의 행동문제가 자신과 다른 사람들의 학습을 방해하는 것으로 판단될 때 긍정적 행동지원을 고려해야 한다고 규정하고 있다. 미국특수아동협회의 유아기 분과도 긍정적 행동지원 절차 사용의 중요성에 대해 동의하고 있다(Division for Early Childhood, 1999). 긍정적 행동지원 실제들은 철저하게 연구되었고 타당한 것으로 인정받았다(예: Carr, 1997; Carr & Durand, 1985; Repp & Horner, 1999).

긍정적 행동지원의 실행은 아동의 연령, 중재 맥락, 문제 행동의 성격에 따라 다양해진다. 그러나 모든 경우에 적용되는 공통적인 절차들이 있다. 절차들은 모두 기능적 행동평가로 시작된다. 기능적 행동평가절차(정보제공자 평가, 관찰 그리고 실험분석)의 목적은 문제 행동을 야기하고 유지하는 상황을 확인하고 그 행동의 기능이 무엇인지 결정하는 것이다.

기능적 행동평가 외에 긍정적 행동지원 절차들의 공통점은 다음과 같다. ① 환경배열(문제 행동의 발생을 줄이거나 예방하기 위해 선행 조건의 조작), ② 아동이 원하는 결과를 얻기 위해 문제 행동을 사용할 필요가 없도록 새로운 사회성 기술과 의사소통 기술을 가르치기, 그리고 ③ 문제 행동을 유지시키는 상황을 제거하고 수용 가능한 사회적 행동과 의사소통 행동으로 문제 행동을 대체하기 위해 기존의 후속 사건을 재설계하는 것이다. 이렇듯, 기능적 행동평가의 초점은 사회적 변인과 환경 변인(예: 일과, 반응, 교수)을 조정하고 학습 환경을 개선하는 데 있다. 마지막으로 긍정적 행동지원은 일련의 절차와 다양한 자원을 통해 수집된 자료의 분석에 근거한 의사결정을 강조한다. 관찰가능한 행동의 분석과 함께, 중재를 설계할 때 아동의 현재기능 수행에 영향을 미칠 수 있는 인지적, 생화학적, 발달적, 그리고 물리적/환경적 변인들을 고려한다. 긍정적 행동지원을 수행하는 절차들은 제10장에서 다루어진다.

10. 보조공학

보조공학과 관련된 문제들(예: 무엇을 어디에서 구하고 어떻게 사용하며, 구입비용을 어떻게 조달하고 학교에서의 성공과 일상생활에서의 독립성을 돕는 데 얼마나 유용하고 효율적인지 등)은 장애유아들을 돌보는 사람들과 가족들에게 큰 어려움을 가져다준다. 다행히도, 이러한 문제들은 이전 보다는 훨씬 해결하기 용이해졌다. 1990년대에는 거의 들어볼 수 없었던 보조공학적 선택사항들이 이제는 장애유아들에게 이용 가능해졌다.

특수교육에서 보조공학은 유아가 특수교육과 관련서비스로부터 이득을 얻고 최소제한 환경에서 교육받는 데 필수불가결한 모든 기구나 서비스를 말한다. 제품, 설비의 부품 또는 생산체계를 제작하거나 상품화된 것을 구입하거나 기존의 장비를 수정, 개조할 수도 있다. 보조공학은 펜이나 종이에서부터 보청기, 컴퓨터, 전동 스쿠터, 조정된 식사도구, 맞춤형 휠체어까지 광범위하다. 보조공학이 되기 위한 유일한 필요조건은 이 장비들이 장애유아의 역량을 증가시키고 유지시키거나 개선시켜야 한다는 것이다. 보조공학서비스는 장애유아가 보조공학 기구를 선택하고 습득하거나 사용하도록 직접적으로 지원하는 모든 서비스를 말한다. 이를 위해 유아의 공학적 필요에 대해 ① 보조공학기구를 습득하기 위해 구입, 대여 혹은 제공해야 하는가?, ② 보조공학기구와 함께 이용할 다른 치료나 중재서비스는 무엇인가; 유아를(필요하면 유아의 가족도) 훈련하거나 기법을 지원해야 하는가?, ③ 유아 환경의 어떤 전문가나 다른 사람을 훈련해야 하는가의 측면에서 평가가 필요하다. 조기중재의 대상이 되는 영유아와 특수교육과 관련서비스의 대상이 되는 취학 전 유아들도 보조공학을 받을 권리가 있다.

영아들에게 보조공학을 사용하는 데 있어 특별한 문제가 있다. 유아교육분야의 전문가들은 고도의 첨단기술(high-tech)과 단순기술(low-tech)이 사용 가능한 범위와 다양성에 대해 인식하기 시작하였고 초기 데이터베이스가 누적되기 시작하였다. 공학은 운동발달, 의사소통/언어발달, 사회적 상호작용, 적응행동, 일상생활기술 그리고 발현적 문해영역의 교육과정에 적용하는 데 큰 잠재력을 가지고 있다. 이 영역들에 보조공학을 적용하는 절차는 이 책 전반에 걸쳐 다루어지며 특히 제12장과 제13장에서 자세하게 논의된다.

II. 전이계획수립

변화는 불가피하며 성공적으로 전이할 필요가 있다. 조기중재자들은 특수한 계획을 수립하여 실행함으로써 취학 전 전이 시 불가피하게 가족과 유아들이 겪는 불안감과 단절을 상당히 감소시킬 수 있음을 알았다(Noonan & Kilgo, 1987). 전이 계획의 목적은 ① 서비스의 연속성을 보장하고 ② 가족 체제의 혼란을 최소화하며 ③ 자연적 환경에서 유아의 기능 수행을 촉진하는 것이다(특수아동협회 유아기 분과의 Task Force, 1993). 장애영유아들에게 중요한 전이 시기는 병원(예: 신생아 중환자실)에서 지역사회의 조기중재서비스로; 조기중재서비스에서 취학 전 기관으로; 그리고 취학 전 기관에서 유치원으로 전이다.

조기중재의 주요목적은 서비스의 연속성을 지공하는 것으로 이를 서비스 전달의 단절 없는 체제라고도 한다. 단절 없는 체제를 제공할 때 생길 수 있는 문제는 매우 많다(Sainato & Morrison, 2001). 전이 서비스에 관련된 법 조항들(예: 0~3세 유아를 위한 적격성 기준과 3~6세 유아를 위한 기준이 다름)이 문제이며 관련 프로그램과 서비스들이 규정하고 있는 체제에서도 차이가 난다. 많은 주에서 출생에서 3세 영유아들을 위한 서비스의 책무성과 3~6세 유아들을 위한 서비스의 책무성이 다른 행정 부처에 위임되어 있다. 이것은 한 프로그램에서 다른 프로그램으로 옮길 때 많은 요인들이 관련되기 때문에 가족들에게 전이의 어려움이 여러 차원에서 기인될 수 있음을 의미한다. 전이는 매우 다른 철학과 운영구조를 가진 부처와 기관들이 관련된다. 이와 함께 이론적 성향의 차이, 준비의 차이 그리고 교직원의 경험 차이 등도 문제가 될 수 있다. 취학 전 전이와 관련된 문제들, 전이에 영향을 주는 요소들 그리고 전이 계획과 조정에 필요한 자질이 제14장에서 설명된다.

요 약

이 장에서는 조기중재의 역사와 장애영유아와 가족들을 위한 서비스에 영향을 미친 정책들을 소개하였다. 현재 자연적 환경에서 서비스를 제공하는 효과적인 조기중재프로그램과 팀 중심의 서비스 전달모형의 특성들에 대한 연구는 많지 않다. 과거 수십 년 동안 이루어진 연구결과로부터 알려진 사실은 통합 환경에서 효과적으로 가르칠 수 있기 위해 조기중재 제공자와 유아특수교사가 갖추어야 할 자질들이다(Bruder, 1997, 2000a, 2001; Winton, McColluum, & Cartlett, 1997). 이러한 자질을 구성하는 기술과 지식은 추천 실제라는 제목의 장에서 개괄될 것이다. 이러한 주제들이 모두 나머지 장들에서 자세히 다루어진다.

연/구/문/제

1. 다음의 사람들이 조기중재 분야에 공헌한 점들에 대해 설명하시오. Itard, Sequin, Montessori, Piaget, Skeels, Spitz, Goldfarb, Kirk, Bloom, Sameroff, Brofenbrenner.
2. 장애영유아와 가족들을 위한 서비스에 영향을 미친 법들에 대해 설명하시오.
3. PL 99-457이 공헌한 점들을 설명하시오.
4. 발달지체를 정의하시오.
5. 장애유아의 통합과 미국장애인법의 관련성을 설명하시오.
6. 최소제한환경 조항이 장애영유아와 가족들을 위한 서비스에 미친 영향에 대해 논의하시오.
7. 취학 전 유아들을 위한 통합모형을 나열하고 설명하시오.
8. 특별한 교수기법의 특성을 설명하시오.
9. 문화적으로 관련된 교수에 대해 설명하시오.
10. 영유아를 위한 자연적 환경에 대해 설명하시오.
11. 자폐유아의 통합에 대한 신화들을 설명하시오.
12. 지원된 통합을 설명하시오.
13. 가족체계이론과 가족 중심 중재가 어떻게 관련되는지 설명하시오.
14. 분리치료를 통합적 치료로 바꾸기 위해 필요한 요소들을 설명하시오.

15. 초학문적 팀 모형을 설명하시오.
16. 생태학적 평가에 대해 설명하시오.
17. 긍정적 행동지원의 실행에 대해 설명하시오.
18. 장애영유아들에게 이용할 수 있는 첨단기술(high-tech)과 단순기술(low-tech)을 설명하시오.
19. 장애영유아들을 위한 전이 서비스에 관련된 법 조항들을 설명하시오.

C.H.A.P.T.E.R. 02

전문가와 가족 간 협력

-Linda McCormick-

| 이 장의 주요 내용 |

- 성공적 통합의 특성
- 팀 접근 모형
- 효율적 팀 접근 절차
- 성공적 협력을 위한 의사소통 기술
- 가족과 협력
- 특수교육의 문화
- 부모양육의 문화적 가치
- 문화 상호성

서비스 제공자들이 서로 간에 그리고 가족들과 협동하여 조화롭게 일하는 능력은 조기중재와 유아특수교육 프로그램의 성공을 위해 가장 중요한 요인이며 동시에 커다란 난제이다. Smith와 Rose(1993)가 수행한 전국 단위의 연구에서 유아들을 위한 통합 환경을 개발하는 데 주요한 방해 요인은 다른 사람의 의견에 대한 서비스 제공자들의 존중심 결여와 다른 사람과의 협력에 대한 저항이었음이 보고되었다. 다문화적 능력과 협력은 파트너 관계를 형성하고 유지하는 데 매우 중요하므로 아동 평가, 중재, 교수 그리고 프로그램 평가를 할 수 있는 지식과 기술을 습득하기 위해 노력하는 만큼 다문화적이고 협력적인 태도와 기술을 발달시키기 위해 노력해야 한다. 이 장의 전반부에서는 전문가들 간 그리고 전문가와 가족 간에 협동적이고 조화롭게 일하는 것의 중요성을 다루며, 특히 협력적인 대인 관계와 협력적 팀 접근에 필요한 기술을 집중적으로 다룬다. 이 장의 나머지 부분에서는 전문가와 가족 간의 관계에 영향을 주는 문화적 다양성에 대해 언급하고 특수교육의 문화가 우리의 신념과 가치에 어떻게 영향을 주었는지에 대해 강조한다.

다른 사람들과 함께 일하기

조기중재와 유아특수교육에서 대인관계가 왜 그렇게 중요한가? 대인관계는 협력의 중요성 때문에 중시되며 어느 누구도(영아 전문가, 유아특수교사, 유아교사, 부모, 치료사 혹은 의사) 혼자서 장애영유아와 가족의 복잡한 요구에 대응할 수 없기 때문에 협력이 중요하다.

시간이 경과되면서 도태되었던 통합프로그램은 협력에 어려움을 겪었던 프로그램들로 Peck, Furman 그리고 Helmstetter은 "전문가들 간의 살벌한 관계(1993, p. 105)"와 "개별 아동을 위한 시간, 활동 그리고 프로그램 관리를 위한 분투"(p. 197)라고 표현했다. Lieber 등(1997)도 프로그램 실패의 주요 요인으로 협력의 어려움을 들었다. 협력의 문제는 교직원들 간에 철학적 차이가 존재할 때 그리고 교직원들의 효율적인 타협기술과 협력 기술이 부족할 때 발생했다. 그들의 연구에서 성공적인 프로그램에서 주목할 점은 '주요 참여자들이 모두 동의하는 하나의 철학'과 참여자들의 '행복감'(p. 79)이었다.

한때, 철학적 관점(이론적 신념과 실제)의 차이는 유아교사와 유아특수교육 전문가들 간에 갈등을 일으키는 원인으로 간주되었다(Carta, Schwartz, Atwater, & McConnell, 1991). 두 분야 간에 철학적 기반과 실제 면에서 기본적인 차이가 있기 때문에 이러한 가정을 뒷받침하는 타당한 이유들이 많이 있다. 미국유아교육협회가 제안한 발달에 적합한 실제의 지침에 기술된 대로 유아들은 환경에서 경험하는 것으로부터 원리를 발견하고 지식과 의미를 구성한다고 대부분의 유아교사들은 믿는다. 그들은 유아들의 발견과정과 구성과정을 촉진하고 안내하는 것이 자신들의 역할이라고 생각한다. 대조적으로 유아특수교사들은 유아가 새로 습득한 기술을 연습할 기회를 확보해 주는 환경을 조직한다. 유아가 구체적인 기술의 결함을 가지고 있을 때 유아특수교사는 일반적으로 직접적인 교수를 제공한다.

생각은 변화되어 왔다. 비록 많은 사람들(Minke, Bear, Deemer, & Griffin, 1996)이 관찰된 관계성의 어려움을 설명하기 위해 유아교사와 유아특수교사 간의 철학적 차이를 지속적으로 인용하였지만(Minke et al., 1996) 연구들은 다르게 제안하고 있다. 유아교사와 유아특수교육 전문가들을 대상으로 Kilgo 등(1999)이 행한 조사연구에서 두 집단의 각 추천 실제와 절차에 관련된 신념들이 상당한 정도로 일치한다는 점이 발견되었다.

만약 공유하고 있는 철학적 신념의 부족과 실제에서의 차이가 통합 환경에서 발생하는 갈등과 불만족의 원인이 아니라면, 이것들은 어떤 작용을 하는가? Minke 등은 통합 상황에 있는 교사들을 대상으로 설문조사를 하였다. 교사들은 유사한 철학을 가지면 도움이 되겠지만, 업무 윤리를 공유하는 것이 더 중요하다고 대답하였다. 협력교수 조직에서 필요한 것이 무엇이냐는 질문에 대해 교사들은 상호 간에 신뢰하고 존중하며 협동할 때 '진정한 협력자 관계' 가 이루어진다고 대답하였다(p. 176). 교사들은 협력교수 조직을 결혼과 비교하여 상호 존중과 애정 없이는 운영해 나갈 수 없다고 인식하였다.

교사들 간 관계성을 저해하는 장벽은 교사들이 다른 서비스 제공자들(예: 청각사, 물리치료사, 의사, 사회사업가, 언어 병리사)과 상호작용할 때 분명하게 드러난다. 때때로 상호작용을 할 때 긴장감이 돌고 의사소통이 원활히 이루어지지 않으며 심지어 감정이 격해지기도 한다. 또한 철학적 관점은 비록 관계성에 문제를 야기하지는 않더라도 의사소통을 어렵게 만드는 것은 확실하다. 조기중재 환경에서 대부분의 서비스 제공자들은 의료적인 성향을 가지고 있다. 전통적인 의학적 관점에서 훈련받은 전문가들은 개별 치료를 제공할 때 결함을 교정하는 데 주안점을 둔다. 전문가의 업무는 유아가 지닌 어려움을 찾아서 진단을 내리는 것이다. 그런 다음 문제를 고치기 위해 교정책을 처방하고 적용한다. 대조적으로, 유아특수교사들은 가족의 선호도와 기능적 필요, 그리고 유아에 대한 바람에 관심을 기울이며 이러한 것들은 교육적 모형에 축적되어 있다(Sandall, Hemmester, Smith, & McLean, 2005). 장애영유아가 가진 대부분의 문제가 고쳐질 수 없는 것이기 때문에 이러한 접근이 조기중재프로그램에서는 적합하다. 조기중재프로그램에서는 최적의 성장과 발달 기회를 극대화하고 현존하는 기술과 능력을 유지하는 데 중점을 둔다.

많은 책들과 논문들 외에 미국특수아동협회 유아기 분과의 추천 실제에 포함된 수많은 원리들은 협력과 팀 활동의 중요성을 내포하고 있다(Sandall et al., 2005). 여전히 전문가들 간 협력과 전문가와 가족들 간 협력의 목적은 쉽게 달성되는 것은 아니다. 팀으로 협력하고 기능하는 것을 배우기 위해서는 노력, 기술, 책임감 그리고 인내가 필요하다.

Friend(2000)는 협력과 팀 형성에 관련된 통념과 오해들을 지적하며 함정에 빠지지 않아야 한다고 경고하였다.

통념 1: 모든 사람이 협력한다. 단 1분도 이것을 믿지 말라. 대부분의 학교와 프로그램에서 교직원들이 협력적으로 기능한다고 주장하지만 실제 제대로 협력하고 있는 교직원은 극소수다. 사람들은 어떤 일에서는 공동 노력할지라도 대부분의 경우, 지시하는 리더가 집단의 과제를 규정한다. 대안적으로 동료들은 배정된 업무를 보고하고 자신의 일에 관련된 정보를 공유하기 위해 회의를 한다. 이런 예들(지시하는 리더가 이끄는 집단 혹은 '의견 발표회' 집단)의 어느 것도 진정한 의미에서 협력 팀은 아니다.

통념 2: 많을수록 좋다. 사람들은 좋은 것은 많을수록 좋다고 종종 가정한다. 협력에 관한 많을수록 반드시 더 좋다고 할 수 없으며 더 나쁠 수도 있다. 협력하기 위해 시간이 필요하며 시간은 한정된 자원이다. 만약 협력하는 데 너무 많은 시간을 들이게 되면 프로그램의 전반적인 기능을 훼손하게 된다.

통념 3: 좋은 느낌이 들며 다른 사람들을 연계해 준다. 좋은 느낌을 갖게 되고 다른 사람을 연계해 주는 것은 바람직한 협력을 통해 얻게 되는 이득일 수 있다. 그러나 이러한 보상이 협력을 해야 할 주요한 이유는 아니다. 협력을 통해 더 효과적인 서비스를 제공하는 것이 협력해야 할 이유다.

통념 4: 협력은 자연적으로 일어난다. 많은 전문가들은 자신들은 사회성 기술이 뛰어나고 다른 사람들과 함께 하는 사회적 상황에서의 경험이 풍부하며 가르치는 기술이 있기 때문에 효과적인 협력이 당연히 이루어질 것이라고 가정한다. 불행하게도 그렇지는 않다. 대부분의 경우 성공적인 협력은 특정 기술들을 필요로 한다. 어떤 사람들은 이러한 기술들을 자연적으로 보유하게 되지만 대부분의 사람들은 이러한 기술을 습득하기 위해서 전문적 준비와 연습을 필요로 한다.

효과적인 협력자들은 서로 공유하고 협동함으로써 그 효과가 극대화된다는 것을 진실로 믿는다. 다른 관점들이 많을수록 더 나은 결정을 내릴 수 있다고 협력자들은 믿는다. 즉, 다양한 관점으로 인해 판단과 결정을 하기 위한 자원은 풍성해지고 향상된다. 가장 기본적인 수준에서 협력은 서로 공유하는 것이다. 협력은 ① 정보, 지식 그리고 기술; ② 학급과 기관의 공간; ③ 아이디어와 창의성; ④ 자원(예: 시간, 자료, 장비); 그리고 가장 중요한 ⑤ 책임감을 공유하는 것이다.

1. 팀 모형

팀은 공동의 목적과 목표를 가진 사람들의 작은 모임이다. 팀 접근 모형은 집단이 의사소통하고 결정을 내리는 체제를 제공한다. 세 가지 유형의 팀 접근 모형이 조기중재와 유아특수교육 환경에서 많이 이용된다. 세 가지 유형은 다학문적 모형, 간학문적 모형 그리고 초학문적 모형이다(McCormick & Goldman, 1979). 네 번째 모형인 협력적 팀 모형(혹은 협동적 팀 모형)은 세 가지 모형의 장점들을 결합한 모형이다.

다학문적 모형은 의료적 환경에서 많이 이용된다. 다른 학문 분야의 전문가들이 각자의 기능을 수행하면서 최소한으로 조정, 협력 혹은 의사소통한다. 전문가들은 자신의 학문 분야의 고유 영역(작업치료, 물리치료, 언어병리 등)에 속하는 유아의 필요들을 평가하고 교정한다. 이 모형에서는 개인에게 책무성이 있으며 정보를 공유하고 함께 계획을 수립하거나 팀으로 책임을 지는 경우는 거의 없다.

간학문적 모형은 다학문적 모형으로 팀이 기능할 때 발생했던 문제들, 의사소통의 결여나 단편적이고 분할된 서비스로 인한 불만족에 대한 반응으로 발달되었다. 간학문적 모형에서는 학문 분야들 간에 의사소통이 이루어진다. 전문가들은 보통 함께 중재 목표를 설정하고 단일화된 중재계획을 수립한다. 문제는 추천된 중재안을 실행하는 데 있다. 직접적 서비스를 제공할 책임이 있는 사람들에게 추천된 중재안들이 주어지지만 피드백 체계가 구성되어 있지 않다. 정보가 한 방향으로만 흘러서 중재안들이 실제적이고 효과적이지 못한 경우에도 이를 점검하고 수정할 수 있는 대책이 없다.

초학문적 모형은 간학문적 모형보다 더 선호되는 모형으로 전문가들 간에 그리고 전문가와 가족 간에 서로 정보와 기술을 공유하도록 해 주는 체제를 제공한다(McWilliam, 2000a; Sandall et al., 2005). 제1장에서 논의한 것처럼, 이 모형의 중요한 특성은 함께 기능을 수행하고 연속적인 교직원 훈련이 제공되며 역할양도가 이루어진다는 것이다(Lyon & Lyon, 1980). 함께 기능 수행하기는 가능한 한 팀 구성원들이 필요한 서비스를 함께 수행한다는 것을 의미한다. 원형평가는 함께 기능 수행하기의 한 예다(Wolery & Dyk, 1984). 원형평가에서 평가 촉진자로 지정된 한 사람이 구체적 활동에 아동을 참여시키고 그동안 다른 구성원들은 아동의 수행을 관찰하고 평가 기록한다. 연속적인 교직원 훈련은 팀 구성원들이 서로에게 새로운 기술을 배우도록 돕는 것을 의미한다. 기술을 발달시킬 수 있는 지속적인 기회를 강조하는 것이 특히 중요하다. 이는 팀 구성원들이 항상 새로운 기술을 배운다는 것을 의미한다.

역할 양도는 팀의 전문가들이 직접적 서비스 제공자를 지원하여 이들이 지원하는 전문가가 수행하던 역할의 전형적인 기능을 수행하도록 할 때 발생한다. 예를 들어, 언어치료사는 교사가 이야기 나누기 시간을 진행하면서 유아들의 치료 목적 중 몇 가지(예: 의문사를 이용하여 질문하기, 세 단어 문장 사용하기)를 수행하도록 도울 수 있다. 어떤 시점에서는 대부분의 팀 구성원들이 자신의 직접적 서비스 역할을 양도하고 직접적 서비스 제공자에게 자문가로서 기능한다.

협력적 팀 모형은 다른 모형들의 장점들을 통합하였다(Rainforth, York, & MacDonald, 1992; Thousand & Villa, 2000). 조기중재와 유아특수교육 환경에서 협력팀은 서비스 제공자, 가족구성원 그리고 관련 지역사회기관들을 포함한다.

2. 팀 활동 절차

초학문적 팀이나 협력 팀의 구성원이 효과적으로 함께 일하기 위해 다음의 절차들이 매우 중요하다(Johnson & Johnson, 1989; Napier & Gershenfeld, 1993).

- 그들의 존재 이유, 기본 규칙(예: 장벽과 갈등을 어떻게 다룰 것인지), 회의 시간과 장소의 선정 방법에 대해 토론하고 동의하기
- 팀이 함께 활동해야 달성할 수 있는 명료하고 측정 가능한 목적 설정하기
- 서로를 신뢰하고 개방적으로 의사소통하며 적극적으로 경청하기
- 비판단적이고 수용적인 분위기에서 생각과 느낌을 공유하며 팀의 모든 구성원들이 각자 기여한 바가 가치 있다고 느끼기
- 리더십을 공유하고 합의를 바탕으로 의사 결정하기
- 구성적 갈등해결 기법 사용하기(예: 가치 판단을 하지 않고 가능한 정확하게 서로의 생각과 느낌을 다른 말로 표현해 보기)

- 책임감 공유하기
- 결정과 활동의 효율성을 점검하여 기록해 두기

효율적인 팀에서는 구성원들이 ① 전략 불일치, ② 지나친 충고, ③ 신용 문제 그리고 ④ 문제의 소유권 혼동을 피한다(Johnson, Pugach, & Hammitte, 1988). 전략 불일치는 참여한 전문가들이 그들의 철학적 차이로 인해 매우 다른 문제해결 접근 전략들을 제안할 때 발생한다. 전문가들 간의 철학적 차이에 대해 설명한 이 장의 앞부분을 상기해 보자. 만약 팀의 유아교사와 유아특수교사가 학급 관리에 대해 다른 관점을 가지고 있다면, 학급 규칙을 개발하기 위해 협력하는 과정에 문제가 발생할 수 있다. 교사와 치료사가 관련될 경우, 교사는 교육적 관점에서 문제를 조망하고 치료사는 의료적 관점에서 문제를 볼 때 전략 불일치가 일어날 수 있다. 해결책은 모든 사람이 개방적인 마음을 가지고 서로의 관점을 이해하려고 노력하는 것이다. 궁극적으로 유아와 가족을 가장 잘 지원하는 전략을 채택하는 데 합의해야 한다.

지나친 충고는 자문가나 팀 구성원이 부탁받지 않은 충고를 할 때 시작된다. 지나친 충고를 하게 되는 데는 두 가지 이유가 있다. 어떤 팀 구성원이 자신이 궁극적으로 협력의 방향과 성과에 책임을 지고 있다고 생각하거나 자신이 논의되고 있는 문제에 대해 전문가라고 여길 때 지나친 충고를 하게 된다. 지나친 충고는 협력을 실패하도록 만든다. 만약 충고가 성공적인 성과를 이끌어 냈다면, 충고하는 사람에 의존(또는 이 사람에게 분노)하게 될 수 있다. 만약 충고가 성공적이지 못했다는 것이 판명되면, 불신과 비난이 있게 된다. 지나친 충고는 팀에 의한 문제해결이 아니라 단독으로 결정된 것이므로 문제의 소지가 된다.

신용 문제는 참여자들 간에 신뢰가 형성되지 않을 때 발생한다. 만약 자신을 전문가로 자칭하고 있는 구성원이 추천하는 해결책이 바람직한 성과를 내지 않으면, 다른 구성원들은 더 이상 그 사람을 팀의 목적에 기여하는 전문성을 가진 사람으로 간주하지 않는다. 반대로 전문가가 계획한대로 성과가 산출되지 않을 경우, 그 구성원은 직접적 서비스 제공자가 추천한 전략을 제대로 실행할 기술을 갖추지 못하고 있다고 간주할 수 있다. 전문가들은 서로의 전문성을 인정하고 있다는 것을 분명하게 함으로써 신용 갈등에 대처할 수 있다.

문제의 소유권 혼동은 전문가들이 직접적 서비스 제공자들(보통 유아교사나 유아특수교사)보다 책임감을 더 크게 느낄 때 발생 한다. 직접적 서비스 제공자가 의사결정과정에 책임감을 가지지 않게 될 때, 이들은 다른 문제로 관심을 바꿀 것이다. 해결책이 나오더라도 교사의 참여와 지원 없이는 실패할 것이다. 문제에 대한 공동 소유권뿐 아니라 추천된 해결책에 대한 공동 소유권도 함께 있어야 한다.

1) 의사소통 기술

의사소통 기술은 협력 활동을 할 때 매우 중요하다. 두 가지 유형의 의사소통 기술은 ① 과제 지향적 기술과 ② 관계 지향적 기술이다. 과제 지향적 기술은 다음과 같다.

- 직접 문제를 찾아내어 명료하게 정의내리기
- 처한 상황에서 강점이 될 만한 것을 결정하기
- 대안적 해결책들에 개방적 마음 가지기
- 적합한 목적과 목표를 개발하기
- 다른 근거에서 관련 정보를 탐색하고 분석하기
- 계획과 실행에 관련된 문제들을 해석하고 명료화하기
- 관련 구안과 아이디어들을 결합하고 요약하기
- 다른 사람들의 참여와 동의를 이끌어 내기

과제 지향적 의사소통 기술은 문제해결과 의사결정을 촉진한다. 이 기술들은 문제를 찾아내고 해결책을 생성하는 데 주안점을 둔다. 대조적으로 관계 지향적 기술은 대인 간 의사소통 능력을 포함한다. 이 기술들은 협동과 협력을 지원하며 다음과 같은 능력들을 포함한다.

- 다른 사람들의 참여를 유도하기
- 긍정적 자세로 반대 입장을 조정하기
- 차이를 타협 가능한 것으로 보기
- 도움을 청하고 피드백을 활용하기
- 인식과 감정을 명료화하기
- 다른 사람의 견해를 이해하고 수용한다는 것을 의사소통하기
- 전문적 개념을 이해 가능한 용어로 번역하기
- 접근의 수월성, 반응성 그리고 정직한 관심을 의사소통하기
- 신뢰하고 존경하며 수용하는 분위기를 조성하기

기관이나 프로그램 수준에서 이루어지는 협력의 방해물들도 본질적으로 동일하다. 방해물은 ① 경쟁, ② 관심사의 편협함, ③ 의사소통 기술의 결여, ④ 변화에 저항, ⑤ 비밀유지에 대한 우려, ⑥ 다른 기관이나 프로그램에 대한 잘못된 지식, ⑦ 부정적 태도, ⑧ 정략적인 언동 등이다. '우리가 항상 해 오던 방식' 대로 하는 것은 새로운 해결책을 시도하는 것보다는 수월하다. 그러나 기관 혹은 프로그램 수준의 팀이 이러한 태도 때문에 치러야 하는 대가는 협력의 관점에서 볼 때 매우 크다.

3. 부모와 협력

부모와 협력은 공동의 목적을 추구하기 위해 동의한 역할을 수행하면서 협력적으로 기능하는 가족구성원과 한 명 이상의 전문가 간의 친밀한 관계를 의미한다(Dunst & Paget, 1991). 부모와 협력에 대한 연구는 부모와 서비스 제공자 모두의 관점에서 검토되었다(예: Dinnebeil et al., 1996; Harrison, Lynch, Rosander, & Borton, 1990; Park et al., 2001). 양질의 협력은 우수한 의사소통 기술, 촉진적인 대인간 요소들, 전문 지식 그리고 특정 가치와 태도의 실행을 특성으로 한다.

협력팀 상호작용과 관련하여 위에서 언급한 것과 동일한 의사소통 기술과 집단해결과정 기술들이 부모들과의 협력에도 적용된다. 주목할 것은 훌륭한 청취기술, 다른 사람들의 제안에 대한 개방적 태도 그리고 반응성이다. 성공적인 협력 관계에서 양 쪽은 개방적이고 정직하게 그들의 입장과 감정을 의사소통한다. 그들은 이해하기 위해 귀를 기울이는 것이지 단순히 듣기 위해 귀를 기울이는 것은 아니다. 비판단적이고 수용적인 분위기에서 아이디어와 감정을 공유한다.

Dinnebeil 등(1996)은 '촉진적인 대인 간 요소들' 을 양질의 협력이 가지는 두 번째 주요 특성이라고 정의하였다. 이들 연구자들은 1,400명의 부모와 서비스 조정자들을 설문조사하였다. 그들에게 협력 관계에 있는 상대방이 협력을 증진시키거나 방해하는 변인을 설명해 달라고 요청하였다. 응답자들은 성공적인 협력관계에 기여하는 가장 중요한 변인으로 긍정적 분위기 형성하기와 정직과 재치와 같은 대인 간 실제를 선정하였다. 약속 이행, 시간 엄수, 조직성, 준비성 그리고 완수하기 등과 같은 대인 간 예절이 높은 평가를 받았다.

응답자들은 전문지식을 '전문가의 힘' 이라고 언급하였다. 그들은 전문지식을 한 사람이 과제나 목표 수행에 필요한 전문적 지식을 가지고 있다고 인식되는 정도라고 정의하고 성공적 협력관계에서 가장 중요한 변인으로 선정하였다. 전문가와 한국계 미국인 부모 간의 협력에 대해 Park 등(2001)이 행한 연구에서도 응답자들은 유사한 점들을 보고하였다. 부모들은 훌륭한 교수 기술, 아동의 장래 계획 수립에 대한 지식 그리고 풍부한 자원을 가진 전문가들을 높게 평가하였다. 부모들은 전문가들이 아동의 잠재력을 격려해 주기를 원하였으며 아동이 할 수 없는 것을 강조하지 않기를 원했다. 부모들은 아동에게 학업적인 것을 가르치고 문제 행동을 감소시키는 기술을 가지고 있는 전문가 그리고 아동들이 학업적으로 다른 아동들을 따라갈 수 있도록 돕는 방법을 부모들에게 가르쳐 줄 수 있는 전문가를 원했다. 이렇듯, 서비스 제공자가 아무리 친절하고 노력하며 열성적이더라도 자신의 분야에서 정통하고 유능하다고 부모들이 인식하지 않으면 효과적인 협력자로 간주되지 않는다.

Dinnebeil 등(1996)은 부모들은 서비스 제공자들이 가족 중심 실제의 신념을 갖고 이를 실행하는 것을 중요하게 여기고 있음을 발견하였다. 부모들은 서비스 제공자가 가족 중심 실제와 관련된 지원을 제공하고 책임을 지고 목적을 달성하는 것이 효과적인 협력 관계성에 매우 중요하다고 생각하였다.

이 부분에서는 전문가 협력의 방해요인, 팀 모형, 효과적인 팀 접근 절차(의사소통 기술), 그리고 전문가와 부모 간 협력의 특성에 대해 살펴보았다. 이 장의 나머지 부분에서는 특수교육문화, 부모 양육의 문화적 가치 그리고 문화적 상호성에 대해 다룬다.

문화적 다양성과 문화능력

문화는 광범위하게는 경제적 지위, 성적 취향, 성 그리고 생활 방식에서의 차이 등의 측면에서 정의되고(Hains, Lynch, & Winton, 2000) 협소하게는 민족, 인종 그리고 언어적 차이의 측면에서 정의된다(Nieto, 2000). 사회화를 통해 유아들에게 전수되는 신념, 가치 그리고 태도가 문화의 핵심이다. 사회화 과정은 아동양육 실제, 가족 양식, 사회 · 언어적 양식, 가족의 경제적 지위, 가족이 미국에서 살아 온 기간, 가족 이민의 조건과 같은 다양한 사회문화적 요소들에 따라 달라질 수 있다.

특수한 문화집단의 구성원이라는 사실이 반드시 행동을 결정하지는 않는다. 그러나 어떤 유형의 행동들은 다른 행동들보다 일어날 가능성이 더 높은데, 이는 같은 문화의 구성원들은 유사한 반응을 보이며 유사한 방식으로 사태를 해석하는 경향이 있기 때문이다. 문화적 가치와 개인의 신념은 다른 사람들과의 관계성을 구축하는 배경을 훨씬 넘어서서 우리의 행동을 바꾸고, 실제에 영향을 미치려는 노력보다 더 강력한 영향력을 가진 중심 운영체계다(Harry, 1998). 문화적 요인은 집단에 따라 매우 다양하다. 공통적으로 가진 신념, 가치, 태도는 사람들이 다른 사람의 행동과 태도에 대해 판단하고 비교하는 잣대가 된다.

미국사회는 문화적으로 다양해져 가고 있다(U. S. Bureau of the Census, 1996; Children' s Defense Fund, 1998). 2030년 무렵에는 비스패인계 백인들이 18세 이하의 미국 인구 중 소수자가 될 것이다(U. S. Department of Education, 1999). 행정가와 교사들은 이러한 인구 추이가 시사하는 바를 인식하고 있지만, 이러한 변화에 대처할 준비가 제대로 되어 있지 않다(예: 학교에 언어 통역사 부족, 학생들의 문화적 배경에 교사들이 익숙하지 않음). 1999년도 전국적인 조사 결과, 문화적으로 다양한 학생들을 가르치는 미국인 교사들 중 20% 이하만이 이들 아동들의 요구(예: 새로운 언어를 학습해야 할 필요, 교육적 차이를 가진 채 학교에 입학 등)에 대응할 준비가 충분히 되어 있다고 느끼고 있었다.

문화적, 인종적 다양성은 조기중재서비스, 취학 전 교육 프로그램 그리고 다른 지역사회 프로그램에 다니는 아동들과 그들의 가족들에서 가장 명백하게 드러난다(Christensen, 1992). 그러나 이들 프로그램의 서비스 제공자들이나 관련 예비교사 프로그램에서는 이러한 다양성이 반영되지 않고 있다.

문화적 다양성은 관계성 형성의 어려움과 갈등을 증가시킬 잠재성을 가지고 있으며 전문가와 가족들 간의 협력을 저해한다(Hains et al., 2000). 조기중재와 유아특수교육 환경에서 문화적 다양성은 협력의 어려움을 심화시킨다. 전문가들과 가족 간에 배경, 인종 그리고 민족에서 차이를 좁히는 두 가지 방식이 논의되고 있으며 두 가지 모두가 추구되고 있다. 한 가지 방식은 교직원을 양성하는 직전교육 프로그램에서 다양한 문화와 언어적 배경을 가진 학생들을 모집하는 것이다. 두 번째 방식은 직전교육 프로그램의 학생들과 조기중재/유아특수교육환경의 교직원들의 문화적 능력을 향상시키는 것이다.

다문화능력(혹은 문화능력)은 실질적으로 다른 문화의 신념과 실제를 인식하는 것 이상이다. 그것은 다양성을 인식하고 자신의 민족, 문화, 언어 등의 면에서 공통점이 없는 사람들과 효과적으로 관계를 형성하고 의사소통하는 능력이다(Hains et al., 2000; Hanson, 2004). 문화능력은 아동 양육과 발달에 대한 각 가족의 가치, 전통 그리고 신념, 가족의 의사소통 양식과 의사결정 양식, 그리고 가족 외부로부터 받는 지원을 보는 관점을 존중하는 것이다. 문화능력은 민족, 문화 그리고 언어적 다양성을 자산으로 생각하며 동시에 이민자들이 처한 어려움과 문화적응의 과정을 인식하는 것이다(Lynch & Hanson, 2004). 다문화능력은 존중과 이해를 각 개인의 참여를 지지하는 환경을 창조하고 유지하는 행동으로 나타내는 것이다.

미국특수아동협회의 유아기 분과가 제시하고 있는 교직원 자질에 대한 추천 실제는 문화적으로 다양한 가족들과 효율적으로 일하도록 전문가들을 준비시키기 위해 교수프로그램 내용이나 현장경험을 통해 문화적, 민족적 다양성을 다루는 것이 중요함을 강조하였다(Sandall et al., 2005). 다문화능력을 갖도록 준비된다는 것은 ① 자신들과는 다른 문화와 생활 경험을 가진 가족들과 상호작용하고 그들과 관계성을 형성할 때 편안하고 효율적이라고 느끼고, ② 다른 문화와 생활 경험을 가진 가족들이 중재와 조기중재자에 대해 긍정적으로 느낄 수 있는 방식으로 상호작용하며, ③ 각 가족과 조기중재자가 수립한 목적을 달성하도록 사람들을 지원하는 것이다(Brislin, Cushner, Cherrie, & Yong, 1986).

Harry(2002)는 고정관념이나 상투적인 양식을 피하기 위해 특정문화집단의 요구를 능가하는 광범위한 개념체제를 도입할 것을 권장했다. 광범위한 개념체제를 도입해야 할 다른 이유로는 문화집단들 간의 무한한 차이들을 모두 다루는 것이 불가능하기 때문이다. Lynch(2004)는 '다문화능력'을 준비하기 위한 3가지 핵심적인 구성요소를 제시하였다. ① 자기 검토와 가치 명료화 ② 다문화적 상호작용과정에서 직면할 수 있는 가치, 신념, 그리고 행동에 대한 일반적 지식, 그리고 ③ 효과적인 다문화적인 의사소통(언어적, 비언어적 수준의) 원리를 대인 간 수준과 체제 수준 모두에서 적용하는 능력. Kalyanpur와 Harry(1999)는 미국 특수교육문화의 기반과 가족과의 관계성에 특수교육문화가 가지는 잠재적 효과를 이해하는 것이 중요하다고 강조하였다.

1. 특수교육문화

Banks(1997a, 1997b)는 거시적 수준과 미시적 수준의 다층 구조로 문화를 설명하고 있다. 거시적 수준에서 미국의 국가문화는 아치 모양의 체제로 개념화될 수 있다. 미시적 수준에서는 많은 민족문화, 하위 공동체문화 그리고 사회적 제도들이 있다. 미시문화 집단들은 그들의 독립적인 문화 전통을 다양한 정도로 보유하면서 거시문화에 다양하게 참여한다. 모든 개인들은 그들의 거시문화, 자신의 고유문화나 주요 미시문화, 그들이 속한 다른 미시문화 집단의 특성을 가진다. 인종, 민족, 국가, 언어, 사회계층, 지리적 위치 그리고 전문적 혹은 개인적 흥미 집단과 같은 요소들이 합쳐져서 정체성 양식이 만들어진다(Harry, 2002).

대부분의 사람들은 그들이 속한 거시문화와 주요 미시문화 집단(인종, 민족, 국가, 언어, 사회적 지위, 지리적 위치)을 쉽게 인식하고 언급한다. 그러나 사람들은 종종 자신이 속한 다양한 전문적 혹은 개인적 홍미 집단의 영향을 인식하지는 못한다. 그러한 홍미 집단의 예로 부모, 음악가, 골프선수, 교사, 간호사 등이 있다. 어떤 집단은 잘 정의된 구체적 신념과 실제를 가지고 있고 다른 집단들은 단지 암묵적인 신념이나 가치를 가지고 있다. 우리들 대부분은 이러한 집단들을 문화라고 생각하지는 않는다.

특수교육은 미시문화를 구성하는 전문가 집단들 중 하나다. 특수교육문화의 구성원 자격은 문화적 정체성에 영향을 주며, 이는 다른 사람들과의 상호작용에 영향을 준다(Kalyanpur & Harry, 1999). 집단들 간의 차이가 우리를 어떻게 다른 사람들과 분리시키고 다른 집단의 가치에 개방하는 우리의 능력에 영향을 주는지 알기 위해 미시문화가 각 집단의 구성원에게 영향을 미치는 과정을 이해할 필요가 있다. 『특수교육문화(*Culture in Special Education*)』에서 Kalyanpur와 Harry(1999)는 회원자격을 공유한다는 것이 무슨 의미인지 그리고 회원자격이 다른 전문가들이나 가족들과의 관계성에 어떤 영향을 주는지 등 특수교육문화의 토대에 대해 완벽하고 종합적인 토론을 하였다. 이러한 변인들을 이해함으로써 우리는 전문가 문화에 적응하고 문화적응이 어떻게 일어나며 그것의 잠재적 효과는 무엇인지 인식할 수 있게 된다. 이러한 인식을 통해 우리는 다른 사람들이 가지고 있는 가치기준들에 대해 더 개방적이 된다.

특수교육을 포함한 모든 학문분야의 전문가 준비프로그램에서는 해당 분야의 정책과 실제들을 가르친다(Bowers, 1984; Skrtic, 1991, 1995). 학생들이 이러한 정책과 실제들을 내재화하였다는 것을 보여 줄 때, 고등교육기관의 해당 학과나 협회에서 학생들에게 필요한 능력을 갖추었다는 자격을 부여한다. 특수교육의 경우, 이 시점에서 학생들은 전문가 사회에 입문하게 되고 가르칠 자격증을 취득하게 된다.

이 분야의 정책과 실제들의 기초가 되는 신념과 가치는 교육기간 동안 학생들에게 명료하게 전달되지는 않는다. 그러나 학생들이 읽는 학회지의 논문과 교재, 그리고 매 강의시간이나 토론 속에 내재되어 있다. 전문가 준비과정을 거치면서, 이러한 신념이나 핵심 가치들은 학생들의 의식에 심어지고 당연한 것으로 받아들이게 된다(Bowers, 1984, p. 36). 이 기간과 이후에도 비판적으로 검토되고 반영되는 대신, 이러한 신념과 가치들은 그냥 수용된다.

첫 번째 의문은 특수교육정책과 전문적 지식의 문화적 토대가 되는 핵심가치는 무엇인가이다. Kalyanpur와 Harry(1999)는 핵심 가치는 개인주의, 선택 그리고 공정성이라고 믿는다. 이러한 핵심가치는 미국 장애인교육법의 6가지 기본원리인 배제 금지, 비차별적 평가, 무상의 공교육, 최소제한환경, 적법 절차에 의한 보호 그리고 부모참여에 반영되어 있다. 우리는 다음과 같이 질문해 보아야 한다. 핵심가치의 기초가 되는 신념은 무엇이며 가족들과 활동할 때 핵심가치들은 어떤 영향력을 가지는가?

핵심가치로서 개인주의의 기초가 되는 신념은 모든 유아들이 능력에 적합한 의미 있는 교육을 받을 권리가 있다는 것이다. 각 유아가 직업을 가지고 독립적이고 생산적인 성인이 될 수 있도록 교육은 각 유아의 잠재력을 최대로 계발할 것이라고 가정한다. 이러한 가정은 미국 장애인교육법의 적법 절차 요건에 가장 분명하게 드러나 있다. 장애인교육법에 장애유아들은 법의 보호를 받을 권리가 있다고 규정되어 있다. 장애유아의 부모들은 유아들의 교육과 관련하여 그들이 가진 권리에 대해 알아야 한다. 핵심가치로서 선택은 모든 사람이 행복을 추구할 권리가 있으며 행복을 구하는 방식을 선택할 권리도 있다는 것이다. 선택할 권리는 장애인교육법의 최소제한환경과 부모참여의 원리에 가장 잘 나타나 있다. 핵심 가치인 공정성의 기초가 되는 신념은 장애인교육법의 배제금지, 비차별적 평가, 부모 참여의 세 가지 기본 원리에 반영되어 있다. 신념은 핵심가치를 결정하고 차례로 법률과 실제에 영향을 미친다.

위에서 언급한 것처럼, 핵심가치는 명료하게 진술되지는 않지만 각 교사의 전문가 준비 프로그램의 교육과정에서 반복적으로 가르쳐진다. 시간이 지나면서 그것들은 당연한 것으로 받아들여지고 보편적인 가치로 가정된다. 가족과 전문가들이 이러한 가치를 공유하면 문제는 적어진다. 공통적인 참조준거가 있을 때 관계성은 불협화음을 적게 내며 조화를 이루고 직선적으로 의사소통할 가능성이 높아진다. 그러나 많은 사람들은 핵심 가치—개인주의, 선택 그리고 공정성—가 보편적 가치가 아니라는 것을 깨닫지 못하고 있다. 다문화 사회(학급이나 조기중재프로그램)의 어떤 문화는 자신, 선택, 공정, 지위에 대해 전혀 다른 개념을 가지고 있다.

핵심가치 및 특성 면에서 특수교육과 불일치한 문화의 예를 살펴보는 것은 도움이 된다(Kalyanpur & Harry, 1999). 예를 들어, 개인(사회가 아니라)이 우선이라는 것을 의미하는 개인주의 개념은 대부분의 아시아계 미국인 가족들의 신념과는 상반되는 가치다. 물론 미국 내 28개의 아시아인 집단 간에도 상당한 다양성은 존재하지만(Asian American Heritage, 1995; Chung, 1992), 이러한 다양성을 분석해 보면 아시아계 미국인 사회의 구성원들 대부분은 공통적 가치를 일부 공유하고 있다. 그들은 많은 서구문화, 특히 특수교육 정책과 실제의 기초가 되는 개인의 권리에 대한 신념에 혼란스럽고 당혹해한다. 이는 ① 집단 성향,

② 가족 간 유대, ③ 교육 강조 그리고 ④ 권위와 노인 존중 면에서 그들의 신념과 상반된다. 전통적인 아시아계 가족들은 개인보다는 가족 단위에 더 큰 가치를 둔다. 개인의 요구는 가족과 공동체 사회의 요구에 종속된다고 여긴다. 많은 아시아계 가족들은 가족과 다른 사람들의 평화로운 공존을 위해 조화로운 대인 관계, 상호 의존성 그리고 공동의 책임 혹은 충성심을 본질적인 것이라고 생각한다.

아시아인 공동체 사회에서는 사람들은 권리가 아니라 의무와 책임감을 가진다고 생각한다. 따라서 아시아계통의 가족들, 특히 미국 이민자 가족들이 개인주의 개념에 대해 그리고 그들 아동들이 적절한 교육을 받을 권리가 있음을 주장하는 것이 왜 어려운지 좀 더 쉽게 이해될 것이다. 또한 자신들의 권리를 인식하더라도 그들 아동의 권리가 침해될 때 대항하는 것이 중요하다는 사실을 이해하지 못하거나 필요한 만큼 강력하게 주장하지 못한다(Dentler & Hafner, 1997).

선택의 개념 또한 많은 아시아인들에게 당황스런 가치이다. 어떤 사회에서는 모든 사안에서 개인이 선택할 자유가 허용된다고 믿지 않기 때문에 이 가치는 당황스럽다. 예를 들어, 어떤 문화집단에서는 청소년이 자신의 친구, 직업 혹은 배우자를 선택해야 한다고 믿지 않는다. 이 문화에 속한 가족은 그들이 선택할 수 있는 많은 특수교육프로그램들과 서비스들에 당혹스러워한다.

특수교육정책과 실제의 세 번째 가치인 공정성은 개인주의와 선택만큼이나 미국인의 집단의식에 깊이 배어 있다. 많은 사람들이 이를 수용하고 이해하는 데 어려움을 겪는데 이는 공정성이 보편적 가치가 아니기 때문이다. 어떤 문화에서는 사람은 가문, 사회적 계급, 피부 색깔 그리고 사회경제적 지위로 인해 본질적으로 동등하지 않다고 믿는다(Miles & Miles, 1993). 그들은 배경과 지위(예: 교육, 연령) 때문에 어떤 사람들은 다른 사람을 지배해야 한다는 것을 받아들인다. 이러한 문화들에서는 위계적 구조에서 발생하는 권력의 남용을 막기 위한 전통과 기대가 있다. 특권을 누리는 위치에 있는 사람들은 그렇지 않은 사람들에 대한 특별한 책무를 실행하도록 기대된다. 이러한 문화권의 가족들은 전문가들이 더 우위의 지위에 있기 때문에 고객이나 학생들을 보호하고 지원하고 지지해 주기를 기대한다. 의사결정과정에서 가족들 스스로가 자신이 전문가들과 동등한 파트너라고 생각하기는 매우 어렵다(Kayanpur & Harry, 1999).

다른 가족들(예: 아프리카계 미국인 부모)은 다른 이유로 전문가들과 의사결정과정에 참여하는 것이 불편할 수 있다. 교육 장면에서 자신들이 겪은 부정적인 경험들로 인해 자신과 교육 전문가 간에 존재하는 권력의 역동적 관계를 본질적으로 불평등한 것으로 간주하게 된다. 부모들의 침묵을 동의하는 것으로 받아들여서는 안 된다. 침묵은 수많은 의미를 가질 수 있다. 예를 들어, 침묵은 부모들이 ① 그들의 기여가 존중받으리라고 기대하지 않는다, ② 순응하고 권한을 위임하는 것이 전문가와 잘 지낼 수 있는 유일한 길이라고 생각한다, 또는 ③ 지금 일어나고 있는 상황에 동의하지 않는다는 것을 의미할 수 있다.

특수교육 정책과 실제, 그리고 전문지식의 기저가 되는 가치들을 강조하는 이유는 가족과의 상호작용 과정에 내재하는 어려움들을 지적하기 위한 것이다. 특수교육전문가는 이 분야의 가설들이 자기중심주의를 탈피하고 다문화능력을 달성하려는 신념과 실제에 미치는 영향력을 인식하고 의문을 가질 필요가 있다. 우리는 끊임없이 우리의 가치관과 신념을 반성하고 그들이 우리의 상호작용에 어떻게 영향을 미치는가를 검토하며 우리가 서비스를 제공하는 가족의 가치관, 전통 그리고 신념을 존중해야 한다. 다문화능력, 즉 인종적, 문화적, 언어적 다양성을 인식하고 존중하고 통합하는 방식으로 생각하고 느끼고 행동하기 위한 학습을 전문가 준비기간에서부터 평생의 목표로 삼고 이를 달성하기 위해 노력해야 한다.

2. 부모 양육에서 문화적 가치

유아와 가족들은 그들의 유산, 경험, 인성, 재능, 기술 그리고 가치와 신념을 조기중재/유아특수교육 환경으로 가지고 온다(Hanson & Zercher, 2001). 전문가들에게 힘든 점은 이러한 관점들을 존중하고 지원하는 서비스를 제공하면서 동시에 최상의 추천 실제와 장애인교육법에서 명시하고 있는 조항들을 준수해야 한다는 점이다.

가족 중심 실제는 조기중재/유아특수교육의 추천 실제들 중 가장 핵심적인 것이다. 가족 중심이 되기 위해서 부모의 자녀양육능력을 지원하고 가족의 문화, 종교 또는 전통을 무시하거나 위협하지 않고 유아의 학습을 촉진하는 방식으로 가족 중심 실제를 다양화해야 한다. 가족 중심 실제는 가족을 존경하고 존중하면서 적용되어야 한다. 실제들은 다양한 가족들에 대해 문화적으로 그리고 사회 · 경제적으로 민감하며 가족들에게 그들의 우선순위나 관심사와 관련하여 선택할 기회를 주고, 양육과 가족지원의 원천이 되는 비공식적 지역사회자원에 접근하도록 가족을 지원하며 능력을 배양하고 증진하는 방식으로 가족들에게 도움을 제공해야 한다(Dunst, 1997).

아동의 사회적 진로에 대한 가족의 관점과 견해가 특수교육분야의 상식과 다를 경우 전문가들은 어떻게 반응해야 하는가? 이것이 Harry(1998)가 행한 4년에 걸친 연구의 핵심적 질문이었다. 그녀는 문화적으로 다른 일곱 가족들을 대상으로 가족의 문화와 사회계층이 장애자녀를 위한 사회적 진로 설정에 어떤 역할을 하는지 주목했다. Harry는 연구를 시작할 무렵 자녀의 정상적인 삶을 원한다는 부모들의 말을 듣고 안도했다고 기록하였다. Harry는 부모들이 선택, 우정, 독립성, 기회 균등 등 정상적인 유아들이 살아가는 삶과 같은 삶을 자신의 자녀들도 살아가기를 원한다고 가정했다.

4년간의 연구가 끝난 후 Harry가 저지른 실수가 드러났다. 자녀의 정상적 삶에 대한 부모의 관점과 특수교육분야의 전문가의 관점 간에 큰 차이가 발견되었다. 자녀(장애자녀와 비장애자녀)에 대한 부모의 관점은 그들의 문화적 지위와 사회경제적 지위를 고려해야 이해할 수 있었다. 때때로 장애자녀에 대한 부모의 관점은 다른 자녀들에 대한 관점들과는 다른 가정에 기초하였다. 부모들은 자녀들(장애자녀와 비장애자녀)의 우정이 가족 밖의 또래들보다 가족 내에서 더 발달되는 것으로 보았다(전형적인 미국적 관점). 개인의 선택은 가족구성원을 위한 가치보다 더 우선시되지 않았으며 장애인의 경우에는 더 제한되었다. 부모들은 비장애 자녀들이 기회의 동등성을 가지는 것을 가치 있게 여겼지만 장애자녀를 위해서는 덜 가치 있는 것으로 생각하였다. 독립성은 가족과 따로 떨어져 사는 것을 의미하지 않았으며 이는 비장애 자녀들에게도 마찬가지였고 장애자녀들에게는 더욱 그러하였다.

Harry의 연구에서 아동들의 연령은 8세에서 18세 사이였다. 가족들은 인디언, 코카시안, 아프리카계 캐리비언, 아프리카계 미국인 그리고 미국계 중국인이었다. 두 병원의 신생아 중환자실에 영아들을 입원시켰던 멕시코계 가족들의 신념과 목표에 대한 Denney 등(2001)의 연구결과와 Harry의 연구결과를 비교해 보는 것은 흥미롭다. Denney 등은 특히 미숙아, 출생 시 저체중아 그리고 중환자실의 집중적 치료를 요하는 영아들의 발달과 양육에 대한 가족의 관점에 관심을 가졌다.

멕시코계 가족들은 병원에서 이루어지는 양육실제들이 가족들의 양육실제와 상치되는 경우가 많아 매우 당황스러워했다. 영아의 작은 신체 크기나 의학적으로 집중적 보호가 필요한 출생에 대한 공포로 야기되는 부모의 스트레스는 영아를 돌보는 방법에 대한 정보가 부족할 때 극대화되었다. 의사와 간호사들은 스페인어를 할 줄 몰랐고 통역사도 없었기 때문에 부모들은 병원에서 영아양육에 대한 정보를 쉽게 얻을 수가 없었다. 더구나 멕시코 이민자 가족들의 양육습관은 미국인들의 양육습관과 달랐다. 가족들을 가장 근심하게 만든 병원의 영아 양육 방법은 두 가지였는데, 첫째는 영아의 옷을 완전히 벗겨 놓는 것이었고(의사와 간호사가 정맥관, 인공호흡기와 장비들에 신속하게 접근해야 하기 때문에) 둘째는 산모에게 출산 후 찬 음료와 음식을 제공하는 것이었다. 멕시코 가족의 신념과 전통에 따르면 신생아는 따뜻하게 옷을 입히고 담요로 덮어 주어야 하며 옷을 입히지 않고 신생아를 두면 병에 걸릴 위험이 있다. 그들은 또한 찬 음식과 음료는 산모의 모유 생산력을 감소시킨다고 믿었다.

이 연구를 통해 밝혀진 또 다른 흥미로운 사실은 ① 확대가족을 잠재적 양육자로 간주하고 의료적 시술이나 훈련 기회를 결정할 때 참여시키는 것이 중요하며 ② 부모의 방에서 영아를 재우고 싶어 하는 것은 상호의존성과 정서적 유대라는 더 큰 사회화 목표와 연관되어 있다는 것이었다. 영아를 신체적으로 가까이 두고 양육하는 것이 상호의존성과 정서적 유대형성을 위해 바람직하다는 신념은 영아는 출생 시부터 독립적이 되도록 사회화되어야 한다는 유럽계 미국인들의 신념과 대조된다(Hanson, 2004). 부모들은 영아를 다른 방에 혼자 재움으로써 이러한 사회화를 시작한다.

병원 환경에서 제공되는 이러한 조기중재프로그램의 경험을 통해 우리는 문화적 능력에 대해 무엇을 배울 수 있을까? 첫째, 부모들은 의료적 상황과 영아 양육에 대한 정보를 정기적으로 그들의 모국어로 제공받아야 한다. 두 번째 통찰은 양육 관습에 대한 다른 기대에서 비롯된다. 전문가들은 민족적, 언어적으로 다양한 가족들의 문화적 가치나 사회화 실제와 유사한 방식으로 서비스를 제공해야 한다. 가능하면 양육 실제에서의 차이는 수정되어야 하며 만약 수정이 불가능할 경우, 가족들에게 그러한 실제를 행해야 하는 타당한 이유에 대해 설명해 주어야 한다. 마지막으로, 서비스 제공자는 가정에서 영아 양육 시 행해야 할 의료적 처치나 훈련을 결정할 때 누가 참여하기를 원하는지 가족들이 말할 기회를 주어야 한다. 예를 들어, 그들은 확대가족구성원이 참여하기를 원할 수도 있다.

장애아동을 둔 아시아계 미국인과 라틴계 미국인 가족들의 경험을 검토한 연구들의 주요 권장사항은 서비스 제공자는 건강, 아동양육, 선호하는 의사소통 방식 등에 대한 개별 가족의 신념, 가치 그리고 관습을 인식하고 활동해야 한다는 것이다(예: Denney et al., 2001; Harry, 1998). 가족의 선호도가 장애아동 가족과의 관계형성 과정을 이끌 수 있도록 해야 한다. 각 가족 체제는 독특하다. 어떤 가족들은 확대가족이라는 지원 기반을 가지고 있는 반면 어떤 가족들은 직계 가족들만으로 구성되어 있어서 이웃 등의 외부 지원망에 의존할 것이다. 서비스 제공자가 다양성을 포용하고 다른 견해와 신념을 개방적으로 수용하면 신뢰하는 관계가 형성될 것이다.

3. 문화 상호성

Kalyanpur와 Harry(1999)는 개별적 차이에 대해 인식하는 것이 중요하지만 개별적 차이는 "협력적 관계성을 형성하기 위한 발판일 뿐이다."라고 주장했다(p. 118). 전문가들은 그들 분야의 실제와 가설들에 대한 인식을 넘어서 실제에 대해 반성적으로 생각해 보고 가설들에 대해 질문을 던질 필요가 있다. 특수교육분야의 가설에 대해 질문해야 할 중요성은 다음 부분에서 논의된다. 이 부분에서는 '문화 상호성의 과정', 즉 효율적인 부모-전문가 협력 관계를 형성하는 과정에 대해 설명하고 있다(Kalyanpur & Harry, 1999, p. 115). 이 과정의 핵심적 특성은 자기 인식, 이해와 수용, 내면화, 각 상황을 독특한 것으로 다루기 그리고 권한강화이다.

1) 자기 인식

문화 상호성은 자신의 세계관-신념, 가치 그리고 편견(종교적, 도덕적, 정치적, 사회적 그리고 문화적)과 다른 사람들의 세계관에 대해 부단히 그리고 비판단적으로 인식할 것을 요구한다. Schon(1983)의 연구를 인용하여 Kalyanpur와 Harry(1999)는 오류를 인정하는 반성적 자세가 중요하며 우리 분야에서 전문가가 된다는 것이 모든 질문에 대답할 수 있다는 것을 의미하지 않는다고 주장했다. 우리가 가족들에게 전해야 할 것은 해답을 찾기 위해 가족들과 파트너로 함께 노력하겠다는 것이다.

2) 이해와 수용

문화 상호성은 우리가 가지고 있는 가설의 기반이 되는 문화적 가치와 우리의 가설에 대한 다른 사람들의 반응을 이해하는 것이다. 우리는 우리 자신에게 계속해서 질문할 필요가 있다. 왜 우리는 사람들이나 사건들이 다른 방식이 아니라 이 방식으로 이루어지기를 기대하는가? 사람들이 어떻게 행동해야 하고 사건들이 어떻게 일어나야 하는지에 대한 우리들의 신념은 어디에 근거를 두고 있는가? 이러한 질문들에 대답함으로써 우리는 내재된 가설들을 명료화하고 있다. 궁극적으로 이것은 차이에 대한 인식 수준을 높이는 데 기여한다.

3) 내면화

Kalyanpur와 Harry(1999)는 문화 상호성의 자세가 전문가들의 생활 방식이 되려면 상호성, 존중 그리고 협력의 기본 가치를 내면화해야 한다고 주장하였다(p. 113). 그것은 부모-전문가 상호작용과 같은 구체적 맥락에서만 적용 가능한 전략으로 간주되어서는 안 된다. 그것은 모든 수준의 모든 인간 상호작용에 적용된다.

4) 각 상황을 독특한 것으로 다루기

문화 상호성의 자세를 취할 때 전문가들은 각 가족의 행동에 대한 독특한 이유를 이해하게 된다. 효율적인 부모-전문가 협력관계를 구축하기 위해 장해물을 해결하는 일률적인 해결책은 없다. 모든 사람이 독특한 개인으로 인식될 때 모든 상황과 모든 가족은 독특한 존재로 인식되고 다루어진다.

5) 권한 강화

문화 상호성의 자세를 갖기 위해 당사자들이 대화에 참여하며 이러한 대화를 통해 모든 참여자들이 배워야 한다. 이러한 상호작용을 통해 서비스 제공자들은 그들이 상호작용하는 가족의 문화에 대해 배우게 되며 그들 자신과 자신의 문화에 대해 더욱 많은 것을 배우게 될 것이다.

Kalyanpur와 Harry(1999)는 상호성의 자세를 갈등 시기에 끄집어 내는 요령이나 수단들로 보는 것을 경고했다. 상호성의 자세는 내면화하여 모든 맥락에서 우리의 생활 전반에 적용할 가치가 있다. 또한, 상호성의 자세는 소수 문화권의 전문가들만이 소수 문화권의 가족들과 일할 수 있다는 생각이 잘못된 것임을 일깨워 준다. 전문가들이 다른 문화권의 가족들보다 자신과 동일한 문화권의 가족들과 협력적 관계성을 더 잘 형성한다는 증거는 없다. Harry(1992)와 Ladson-Billings(1994)는 가족의 문화와 거의 혹은 전혀 관련이 없는 전문가와 부모 간에 협력적 관계가 형성되는 이상적인 예를 발견했다.

요 약

이 장에서는 조기중재/유아특수교육 분야의 기본적인 신념과 가치를 포괄하는 세 영역을 소개했다. ① 다른 전문가 및 가족들과 협력적 관계 형성의 중요성, ② 팀 활동 그리고 ③ 문화 상호성. 이러한 개념들과 실제들은 유아특수교육 분야의 추천 실제의 핵심이며 영유아와 가족들에게 양질의 서비스를 제공하는 데 필수적인 것이다. 비록 협력과 팀 활동이 어렵긴 하지만 전문가들은 효과적인 의사소통을 촉진하고 대인 간 유대를 형성하는 기술을 학습할 수 있다. 이 장에서는 또한 가족과 활동하는 관점에서 문화적 다양성과 문화능력을 고려하고 있다. 제7장에서 아동의 관점에서 문화적 다양성에 대해 논의한다. 특히 문화적, 언어적으로 다양한 배경을 가진 아동들을 위한 환경 조직과 교수 접근법에 대해 다룰 것이다. 전문가들이 가족들의 문화적 가치에 대해 배우고 신뢰하는 관계성을 형성하는 전략으로 문화 상호성 모형이 제시될 것이다.

연/구/문/제

1. 통합프로그램에서 협력의 역할에 대해 논의하시오.
2. 협력과 팀 형성에 관련된 네 가지 통념은 무엇인가?
3. 네 가지 팀 모형을 설명하시오.
4. 초학문적 팀 모형과 다른 모형들 간의 차이에 대해 설명하시오.
5. 효과적인 팀 활동에 미치는 전략 불일치, 지나친 충고, 신용 문제 그리고 문제의 소유권 혼동의 영향에 대해 설명하시오.
6. 협력 팀원들 간의 상호작용에 필요한 의사소통 기술의 두 가지 유형과 각 유형의 의사소통 기술들에 대해 설명하시오.
7. 양질의 협력 관계를 위해 부모들이 중요하다고 생각하는 것은 무엇인가?
8. 문화에 대해 정의하시오.
9. 전문가와 가족들 간의 배경, 인종 그리고 민족의 차이점을 다루는 두 가지 방식에 대해 설명하시오.
10. 다문화능력을 가진 교사나 서비스 제공자의 특성에 대해 설명하시오.

11. 특수교육분야의 문화적 핵심 가치와 이들이 전문가와 가족 간의 상호작용에 어떤 영향을 미치는지 논의하시오.
12. 아동에 대한 가족들의 관점과 견해가 특수교육분야의 상식적 절차와 다를 때 전문가들이 어떻게 해야 하는지 논의하시오.
13. 문화 상호성의 핵심적 특성에 대해 논의하시오.

CHAPTER 03

사정과 계획수립:
개별화가족지원계획과 개별화교육계획

-Linda McCormick-

| 이 장의 주요 내용 |

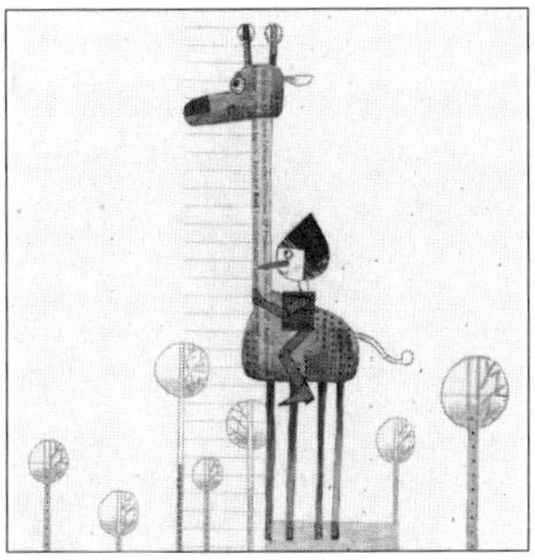

- 장애인교육법의 평가 관련 규정
- 사정의 목적
- 사정의 절차
- 개별화가족지원계획 수립하기
- 개별화교육계획 수립하기
- 목적과 목표 작성하기

제1장에서 미국 장애인교육법의 강제규정에 대해 검토하였다. 이 법의 핵심 규정들은 항상 비차별적 평가와 개별화교육계획을 포함한다. 개별화가족지원계획은 3세 미만 영아를 위한 교육계획이며, 개별화교육계획은 3세 이상의 아동들을 위한 것이다. 이 장에서는 다양한 사정 유형과 절차를 검토하고 개별화가족지원계획과 개별화교육계획의 개발에 관련된 평가 접근법들에 대해 자세히 소개할 것이다. 개별화가족지원계획과 개별화교육계획의 구성요소와 절차에 대해 설명하면서 두 계획 간의 유사성과 차이점들을 논의할 것이다.

1997년에 의회는 장애학생들의 교육기회를 개선하기 위해 장애인교육법(공법 105-17)의 구성요소 몇 가지를 변경하였다. 2004년에 재승인된 장애인교육법에서도 다음과 같은 변경사항은 그대로 유지되었다.

- 학생들이 일반교육과정에 접근할 기회 증진하기
- 아동교육의 참여자로서 부모의 역할과 기회 강화하기
- 적합하다면, 일반학급에서 특수교육과 관련 서비스, 보조 그리고 지원 제공하기
- 양질의 전문가 교육과 현직연수 제공하기
- 장애로 진단받기 전에 아동들을 지원할 동기와 혜택 제공하기
- 교수자원과 학습자원에 중점 두기
- 교육성과의 개선에 불필요한 서류작업 경감하기

2004년 장애인교육법은 9개 부분에서 4개 부분(Part A-Part D)으로 재조직되었다. Part A는 법률의 기반이 되는 목적과 정책에 대해 기술하였다(예: 기회균등, 완전한 참여 혹은 완전통합, 독립적 생활, 경제적 자급자족). Part B는 주정부의 의무, 장애인교육법 실행에 주정부의 필수적 참여, 절차적 보호조항, 중간 점검과 강제적 실행에 대한 규정을 포함한다. Part C는 장애영유아와 가족들을 위한 조기중재서비스의 발견과 제공(그리고 절차적 보호조항)에 대한 규정을 포함한다. Part D는 연구, 교사교육, 자원센터, 부모교육과 정보센터, 그리고 주정부 개선지원금에 대한 규정을 포함한다.

1997년 장애인교육법과 2004년 장애인교육법 수정안에서는 모든 장애아동들은 다학문적 팀에 의해 평가받아야 하고, 이들 아동들을 위한 개별가족지원계획이나 개별화교육계획을 개발해야 하며 최소 제한된 교육환경에서 무상의 적합한 공교육을 받아야 한다는 이전의 규정들을 그대로 유지하고 있다. 모든 연령층의 아동들에게 책무성 체제, 성과의 측

정 그리고 목적이 강조된다.

1997년 법에서 조기중재와 관련된 주요한 법률적 변화는 '자연적 환경' 이라는 용어를 강조한 것이다. Part C에서는 '자연적 환경' , 즉, 일반또래들에게 전형적인 혹은 자연적인 환경에서 영유아를 위한 조기중재서비스를 제공해야 한다고 규정하고 있다(34 C. E. R. 303. 18). 만약 자연적 환경이 아닌 환경에서 서비스를 제공해야 한다면, 그런 결정을 하게 된 정당한 사유를 제시해야 한다.

2세 미만의 영아들을 평가하고 서비스를 제공하는 과정에서 부모의 역할 또한 강화되었다. '부모' 의 정의를 수정하여 입양부모와 친부모의 지위를 같은 수준으로 정의하였다. 또한 위탁부모의 역할을 명료화하였다. 위탁부모는 ① 친부모의 친권이 법적으로 소멸되었을 때 ② 위탁부모가 아동과 장기적이고 지속적인 부모-자녀 관계성을 유지하고 있을 때 ③ 위탁부모가 장애인교육법 하에 부모가 내려야 할 결정을 기꺼이 하고자 할 때 ④ 위탁부모가 아동의 이권에 상충되는 이권을 가지고 있지 않을 때, 위탁부모는 부모로서 활동할 수 있다.

제1장에서 거론했던 것처럼, 2004년 장애인교육법에서 변경된 주요 사항은 ① 가족의 Part C 서비스 조정자(혹은 조기중재프로그램의 다른 대표자)는 개별화교육계획 회의에 초대받아야 한다 ② 개별화가족지원계획에 명시된 정보는 개별화교육계획을 수립할 때 반드시 고려되어야 한다 ③ 취학 전 연령의 유아들이 조기중재서비스를 계속 받을 수 있는 선택권을 부모에게 부여할 수 있다 ④ 부모와 교사의 동의하에 당해 학년 동안 개별화교육계획 팀을 재소집하지 않고 아동의 개별화교육계획을 약간 수정할 수 있다 ⑤ 부모는 분기별로 유아의 개별화교육계획 목적과 목표의 달성 정도에 대해 보고받아야 한다.

사 정

장애인교육법은 모든 장애학생들이 교육적 강점과 필요에 대해 공정한 평가(evaluation)를 받을 권리를 보장한다. 공정한 평가를 통해 장애 여부, 특수교육과 관련 서비스의 필요 여부, 그리고 학생이 받아야 할 특수교육과 관련 서비스의 종류를 결정하게 된다. 장애인교육법은 구체적 지침을 제공하여 사정 절차의 공정하고 비차별적 수행을 보장한다(〈표 3-1〉의 장애인교육법의 적격성 범주 참조).

〈표 3-1〉 장애인교육법의 적격성 범주

• 특정 학습장애	• 정형외과적 장애
• 언어장애	• 건강장애
• 정신지체	• 자폐증
• 심각한 정서장애	• 농맹
• 중복장애	• 외상성 뇌손상
• 청각장애	

I. 사정의 목적

사정의 주요 목적은 선별, 진단, 적격성 결정, 중재계획 그리고 진도 점검과 평가다. 각각의 목적을 달성하기 위해 다른 질문들을 제기한다.

예를 들어, 선별은 '이 유아가 문제를 가질 가능성이 있는가?' 라는 질문을 한다. 선별 프로그램은 간단하고 저렴한 척도를 활용하여 상대적으로 적은 노력과 짧은 시간에 시행된다. 선별의 목적은 종합적인 진단과 중재를 받아야 하는 유아들을 찾아내는 것이다. 장애인교육법은 선별 활동을 '아동 발견(Child Find)' 라고 규정하고 있는데 이는 종합적 평가와 중재를 필요로 하는 유아들을 찾아내기 위한 것이다. 보다 형식적인 선별과정에 참여해야 할 영유아들을 찾아내기 위한 사전 선별활동도 있다.

진단은 '중대한 문제가 있는가?' 그리고 '문제의 성격과 정도는 어떠한가?' 를 질문한다. 영유아의 종합적 진단 평가에는 의료적 문제, 감각운동기능, 인지, 운동, 의사소통, 사회/놀이 그리고 자조/적응발달에 대한 평가를 포함한다. 진단에 사용되는 방법으로 관찰, 면담, 사례 연구, 비형식적 검사 그리고 규준 참조 검사 등이 있다.

적격성 결정은 진단과 연계하여 이루어진다. '유아가 장애인교육법에서 규정하는 서비스의 적격자인가?' 그리고 '어떤 장애범주에 속하며 어디에서 서비스를 받을 것인가?' 를 질문한다. 취학 전 장애유아들도 Part B에 명시된 학령기 아동들에 대한 장애범주들에 해당되면 규정된 서비스(〈표 3-1〉 참조)를 받을 수 있다. 또한, 3세에서 9세 아동들은 발달지체라는 비범주적 진단명으로 서비스를 받을 수 있다.

중재계획은 '무엇' 과 '어떻게' 에 대해 질문한다. 예를 들어, '이 유아를 가르치기 위해 무엇이 필요한가?' '적합한 교수목적과 목표는 무엇인가?' '자연적 환경에서의 요구나 기대와 관련된 유아의 강점은 무엇인가?' '어떻게' 질문의 예로는 '이 유아를 어떻게 가르칠 것인가?' '학습을 촉진하기 위해 환경을 어떻게 조직할 것인가?'를 들 수 있다. 자연적 환경에서 유아 관찰, 가족이나 다른 양육자와 면담 결과, 그리고 유아에 대해 알고 있는 전문가로부터 입수한 정보를 활용하여 중재계획을 수립한다. 중재계획수립을 목적으로 하는 평가는 유아가 다니는 취학 전 프로그램의 실제적 교육과정, 일상 활동 및 일과와 밀접하게 연계하여 이루어진다.

진도 점검(monitoring)은 '유아가 프로그램에서 진전되고 있는가?'와 '프로그램은 효과적인가?'라는 두 가지 중요한 질문에 대답한다. 이 과정의 기본 단계는 ① 어떤 행동을 측정할 것인지 결정하고, ② 관찰 가능한 용어로 행동을 정의하며, ③ 데이터를 기록하고 요약하는 체제를 선택하는 것이다. 평가에는 총괄평가와 형성평가가 있다. 총괄평가는 서비스 제공 후 목적과 목표의 달성 여부를 결정하기 위해 이루어진다. 형성평가는 서비스가 계획대로 제공되고 있는지 그리고 서비스가 효과적인지를 결정하기 위해 교수나 중재가 제공되기 전이나 제공되는 중에 이루어진다. 형성평가의 목적은 중재나 교수과정의 강점과 약점을 확인하는 것이다. 형성평가를 통해 입수한 정보는 프로그램을 계속 제공해야 할지 여부와 중재나 교수과정을 수정 혹은 재조직할 필요가 있는지 여부를 결정하는 데 활용된다.

2. 사정 접근법

두 가지 전통적인 사정 접근법인 규준참조검사와 준거참조검사는 서로 다른 목적과 특성을 가지고 있다.

1) 규준 참조검사

규준참조검사는 유아의 성취를 같은 연령 또래들의 성취와 비교한다. 이 검사는 진단, 적격성, 그리고 배치 결정을 하는 데 주로 사용된다. 규준참조검사에 포함될 문항을 선택하는 준거는 특정 연령에서 특별한 기술을 습득하는 아동들의 비율과 전체검사와 각 문항 간의 상관 여부다. 유아들 간의 검사결과를 비교하기 위해 표준화된 절차에 따라 검사를 실시해야 한다. 즉, 검사대상이 되는 모든 유아들에게 정확하게 같은 정도의 지원, 동일한 지시문 그리고 동일한 채점 기준 등 동일한 절차를 적용하여 검사를 실시해야 한다.

규준참조검사를 실시하는 사람은 표준화된 절차를 엄격하게 준수해야 하며 장애유아들이 직면하는 한계를 인식해야 한다. 표준화된 절차를 엄격하게 준수할 때, 장애유아는 장애로 인해 반응 능력에 영향을 받으므로 검사결과의 타당성이 떨어질 수 있다. 팔 움직임의 조절에 문제가 있는 아동이 인지능력을 측정하는 항목인 모형에 맞는 그림 가리키기나 블록 쌓기를 하는 경우를 생각해 보자. 장애를 가진 어린 유아들(많은 일반유아들)이 겪는 다른 한계들은 주의 집중하거나 지시를 따라야 하는 문제와 관련된다. 유아들은 쉽게 주의가 산만해지고 지시 따르기를 거부한다. 따라서 규준참조검사는 환경 변인이나 교수 전략의 효과를 고려하지 못한다(Losardo & Notari-Syverson, 2001).

Sandall 등(2000)은 규준참조검사를 장애영유아들에게 실시할 때 주의해야 한다고 당부하면서 신뢰도와 타당도가 높은 검사 도구를 사용해야 하며 표준화 전집에서 검사했던 유아들과 유사한 특성을 가진 유아들에게 검사를 실시할 것을 제안하였다.

2) 준거참조검사

준거참조검사는 유아의 특정 기술의 수행수준에 대한 구체적 정보를 제공해 준다. 학교생활이나 일상생활에서의 중요도를 고려하여 특정 기술에 대한 문항이 선정된다. 채점 결과는 특정 영역이나 교과영역의 어떤 부분을 유아가 숙달했는지 알려 준다. 교육과정 중심평가(또는 교육과정 참조평가)는 준거참조평가의 특수한 형태로서 교육과정의 목표로부터 준거를 추출한다는 점에서 다르다. 사전 결정된 교육과정의 계열화된 목표와 관련된 유아의 수행수준은 유아가 배운 것을 얼마나 숙달했는지, 즉 유아가 교수의 혜택을 보고 있는지 여부를 알려 준다. 만약 유아가 학습하지 않았다면 교수활동의 수정이 이루어진다.

발달검사는 준거참조검사의 일종으로 검사 문항들은 많은 유아들을 대상으로 실시한 조사와 정상적 발달에 대한 연구에서 도출된 발달 기술들로 구성된다. 발달지표는 유아의 수행 정도를 측정하는 준거가 된다. 이 평가의 한 가지 제한점은 유아가 실패한 첫 번째 문항을 중재의 목표로 선정한다는 점이다. Wolery(2004)는 이러한 실제를 사용할 때 주의해야 한다고 충고했다. 주의해야 할 이유로는 첫째, 발달검사의 문항들은 교수목표로 개발되거나 의도된 것이 아니며 둘째, 인접한 문항들이 반드시 같은 기술과 관련된다고 가정할 수 없고 셋째, 문항의 계열성이 최상의 교수 순서는 아니며 넷째, 계열성이 문항에 따라 큰 차이가 있기 때문이다. 또한 유아가 실패하는 첫 번째 문항을 중재목표로 설정할 때 선수 기술에 대한 고려를 하지 못할 뿐 아니라 발달영역들에 걸친 기술들의 관련성도 고려되지 않기 때문이다. 중재목표를 개발하는 과정은 검사에서 유아가 실패한 첫 번째 문항을 가르치는 것보다 훨씬 복잡하다.

발달검사의 점수는 발달영역들(인지, 운동, 사회, 언어 등)에서 유아의 발달적 기능수준을 가리킨다. 만약 유아의 기술수준이 발달영역의 전형적 지표에 비해 지체되어 있다면 계열적으로 다음 순서의 기술을 중재목표로 설정하게 된다.

전형적 발달에서 발생하는 순서로 기술들을 목표로 설정하고 가르치는 실제를 발달단계모형이라고 한다. 이 모형은 한 발달영역에서 약간 지체된 유아들에게는 어느 정도 적합하지만 여러 영역에 걸쳐 중증의 지체를 보이는 유아들에게는 최상의 접근법이라고 할 수 없다. 장애유아들에게 발달단계모형을 적용할 때 두 가지 점을 전제로 한다. ① 장애유아의 발달은 일반유아의 발달과 본질적으로 같으며 ② 장애유아들은 발달의 초기단계에서 단순히 기능하고 있다(Goodman, 1992; Goodman & Bond, 1993; Guess & Noonan, 1982). 이러한 전제를 지지할 경험적 증거는 없다.

발달지표에 관한 자료만을 자원으로 하여 교수목적과 목표를 설정할 때 부정적인 결과가 초래될 수 있다(Guess & Noonan, 1982). 서비스 제공자들은 유아의 장애가 전형적 발달지표의 달성을 방해하는 경우에도 발달적 기술을 가르치는 데 너무 많은 시간을 소비하게 된다. 다른 단점으로는 전형적 발달순서에 대한 편견이나 집착으로 인해 일반유아들에게 제공하는 흥미롭고 매력적인 활동들을 장애유아들에게는 제공하지 않음으로써 유아의 경험을 한정시킬 수 있다는 점이다. 실제로 서비스 제공자들은 더 어린 일반유아들에게서 관찰되는 기술들을 가르치는 데 시간과 노력을 너무 많이 들여 결국 장애아동들이 발달에 적합한 학습 기회들을 통해 또래들과 사회화하고 참여하는 데 사용할 수 있는 시간은 매우 적어진다. 준거 혹은 교육과정-참조검사를 악평하려는 의도는 아니다. 다만, 실패한 문항을 중재목적과 목표로 자동적으로 설정하기 전에 팀은 검사 결과를 신중하게 검토해 보아야 한다(Wolery, 2004). 〈표 3-2〉는 검사 문항을 검토하면서 제기해 보아야 할 질문들을 제시하고 있다.

과거 10년 동안 일어난 평가 실제의 변화는 복합적이고 총체적인 발달의 특성과 맥락 및 문화가 학습과정에서 담당하는 역할에 대해 새롭게 습득한 우리의 지식을 반영한다(Barrera, 1996; Greenspan & Meltzer, 1994; Thorp, 1997). 초기 두뇌 발달에 대한 최근의 과학적 연구(Shonkoff & Phillips, 2001)와 초기 발달에 대한 현대적 개념모형(Guralnick, 1997)은 발달과정이 이전에 생각했던 것보다 훨씬 복잡하고 역동적이라는 사실을 강조한다. 상호

〈표 3-2〉 준거/교육과정-참조검사 결과에서 중재목표를 개발할 때 고려해야 할 질문들

1.	유아가 실패한 문항은 무엇을 측정하기 위해 고안되었는가?
2.	유아가 실패한 문항들은 유아가 습득할 필요가 있는 중요한 개념이나 기술들인가?
3.	유아가 실패한 문항들은 중요한 행동 범주들을 대표하는가?
4.	실패한 문항들은 기술영역들에 대한 유아의 전반적 능력에 대해 무엇을 말해 주는가?
5.	왜 이 기술들이 영유아들에게 중요한가?
6.	이것은 현재와 미래 환경에서 영유아가 기능하는 데 중요한 기술인가?
7.	이 기술의 선수기술은 무엇이며 유아는 선수능력을 지니고 있는가?
8.	이 기술의 수행이 이 영역이나 다른 발달 영역의 기술들과 관련이 있는가?
9.	이 기술은 다른 기술의 선수기술인가?
10.	이 기술을 교수하는 초점을 습득, 숙달, 유지 혹은 일반화에 두어야 하는가?

출처: Wolery, 2004.

적 양식으로 지속적으로 상호작용하는 다양한 생물학적 요소와 환경적 요소들이 있다.

요약하면, 전통적 사정접근법의 한계는 ① 발달영역들의 인위적인 분리, ② 행동은 시간의 흐름에 대해 상대적으로 안정되어 있다는 관점 그리고 ③ 검사 문항 범위가 한정되어 있다는 점을 들 수 있다. 마치 각 발달영역이 서로 분리되어 있으며 다른 영역에 영향을 주고받지 않는 것처럼 검사들은 분리된 발달 영역에 초점을 두는 경향이 있었다. 실제로 발달영역들은 서로 관련되어 있으며 상호 의존적이다. 발달은 총체적이고 통합적이다. 전통적 사정접근법은 맥락의 차이와 수행 수준의 변화 간에 존재하는 관련성을 무시하였다. 행동은 일상의 경험, 가족의 영향 그리고 사회 문화적 경험의 맥락과 분리될 수 없다. 평가 결과는 우리에게 아동들이 가장 잘 학습할 수 있는 환경, 과제 그리고 활동들에 대해서는 아무런 정보를 주지 않는다. 마지막으로, 전통적 평가도구는 사회·정서적 행동이나 의사소통과 같은 몇 가지 중요한 행동에 대해 아무런 정보를 제공해 주지 못하고 있다.

3) 대안적 평가접근법

Losardo와 Notari-Syverson(2001)은 세 가지 유형의 대안적 평가 접근법을 제시하였다. 삽입 모형, 사실 모형, 중개 모형. 이러한 접근법들을 적용할 때 다양한 일상 활동 중에 유아와 가족들을 관찰하고 이들과 대화를 나눈다. 삽입적 접근법은 자연적 맥락(다른 사람들과, 다른 자료를 사용할 때 그리고 다양한 환경에서)에서 유아의 행동을 관찰한다. 생태학적 평가(제5장에서 설명된다)는 삽입적 평가접근법의 한 가지 예다.

사실적 평가접근법에서는 유아가 수행한 사례를 보관하고 유아의 능력을 기록해 나간다. 이 접근법은 교수활동을 통해 일어난 변화를 기록하는 데 초점을 둔다. 포트폴리오 평가(제5장에서 설명된다)는 사실적 평가접근법의 한 예다. 중개적 평가접근법은 교수활동에 대한 유아의 반응정보를 수집하기 위해 안내된 교수(비계 설정)를 사용한다. 이러한 접근법은 유아의 학습 잠재력, 즉 유아가 이미 학습한 것보다는 학습할 수 있는 것이 무엇인지를 파악할 목적으로 행해지며 안내된 지원이라는 특징을 가진다(Palincsar, Brown, & Campione, 1994). 숙달보다는 학습과정과 학습 잠재력에 초점을 둔다. 역동적 평가는 중개적 평가의 한 예다. 대안적 평가 접근법들은 중재계획수립과 중재활동을 위해 적절하게 활용될 수 있다.

어떤 대안적 평가접근법들이 중재목적과 목표 선정과정에 활용되든, 중증장애유아들에게 기능성은 중요한 관심사다. 기술의 기능성은 유아가 일상생활과 여가활동에 참여하고 독립적으로 행동하도록 촉진하는 정도의 관점에서 판단된다. 기능적 접근에서 이동하기, 독립적으로 식사하기, 배변하기, 옷단장하기, 또래 모방하기, 지시에 반응하기, 선택하기, 장난감 가지고 놀기 그리고 순서대로 활동하기와 같은 기본 기술들을 중심으로 평가가 이루어진다. 즉시 활용 가능하고 유아에게 유익하며 연령에 적합한 목표를 확인하는 것이 바람직하다. 연령에 적합한 목표는 유아가 활동에 참여하고 일반또래에게 적합한 기술들을 실행하도록 유도한다. 연령 적합성의 원칙에 위배되는 예로 장애를 가진 취학 전 유아에게 영아용 장난감을 가지고 놀게 하거나 짝짜꿍 놀이를 하게 하는 것 등을 들 수 있다. 연령에 적합하지 않은 자료, 장난감 혹은 활동에 참여하게 함으로써 유아를 낙인찍을 수 있다.

4) 아동-중심계획

아동-중심계획은 사실적 평가과정에서 이루어진다. 아동-중심계획은 맥길활동계획(MAPS: McGill Action Planning System; Vandercook, York, & Forest, 1989), 인간-중심계획

(Mount, 1992), 혹은 개인의 장래계획이라고도 불리는데, 정보수집 절차 이상의 의미가 있다. 아동-중심계획은 전통적 평가를 넘어서 유아에게 관심 있는 모든 사람들이 참여하는 종합적 계획수립과정이다. 이 절차의 기본 전제는 ① 유아의 장래 계획은 유아를 사랑하는 사람들의 손으로 수립되어야 하며 ② 서비스를 제공하는 사람들은 서비스를 필요로 하는 유아를 완벽하게 이해해야 한다는 것이다. 전통적 검사결과나 진단명에 대한 관심에서 유아가 일반또래들과 자연적 환경에 참여하도록 촉진하는 것으로 관심의 초점이 바뀌었다. 이 과정을 통해 유아에 대해 긍정적이고 현실적인 그림을 그리고 유아의 독특한 개성을 인정하며 미래에 대한 공동의 비전을 형성하게 된다. 아동-중심계획은 종종 다른 사실적 평가접근법의 일부분으로 통합되어 사용된다.

아동-중심계획과정에서 산출된 목적과 의견들은 사회적 타당도를 측정하는 잣대가 되며 개별화가족지원계획이나 개별화교육계획 목표 추출의 근원이 되는 행동의 객관적 준거들을 확대하고 보완해 준다. 사회적 타당도 개념은 Wolf(1978)가 소개하였는데, 이는 중재목표와 초점이 소비자와 참여자의 가치나 욕구와 같은 선상에 있는지에 대해 말해 준다. 아동-중심계획은 사회적 타당도를 보장하는 것으로 소비자(직계가족과 확대가족, 장애아동의 또래[적합하다면], 가족의 친구와 이웃)와 조기중재과정의 참여자들(관련 서비스 제공자, 지역사회 유치원의 교직원, 조기중재 직원, 특수교육 교직원)의 기여와 관점을 이끌어내는 수단이 된다. 아동-중심계획 과정에서 형성되는 비전은 중재목적과 목표의 타당성, 중재절차 그리고 중재의 성과를 측정하는 기준이 된다.

계획 수립하기

미국 장애인교육법은 두 가지 유형의 개별화 계획을 규정하고 있다. 개별화가족지원계획(Individualized Family Sevice Plan: IFSP)과 개별화교육계획(Individualized Educational Program: IEP). 아동의 연령에 따라 어떤 계획을 수립해야 하는지가 결정된다. 장애인교육법 Part B하에서 특수교육대상으로 적격한 6세까지의 아동은 개별화가족지원계획을 수립하지만(주정부, 가족, 지역의 서비스프로그램에서 원한다면), 대부분의 주에서는 3세 이하의 유아와 가족들에게만 개별화가족지원계획을 제공한다. 유아들이 3세가 되어 취학 전 프로그램으로 전이할 때, 유아들을 재사정하고 개별화교육계획을 개발한다. 〈표 3-3〉은 개별화가족지원계획과 개별화교육계획에 대해 연방 법률에서 규정한 내용을 비교하여 제시하고 있다. 이 장의 나머지 부분에서 장애인교육법에 명시되어 있는 두 유형의 계획, 관련된 의무조항 그리고 의미 있고 기능적인 목적과 목표를 개발하기 위해 개별화가족지원계획과 개별화교육계획 회의에서 수행해야 할 주요 활동들에 대해 설명할 것이다.

1. 개별화가족지원계획

IFSP는 유아의 가족을 중심으로 전개된다는 점에서 IEP와 다르다. IFSP는 결과물이라기보다 생산적이고 지지적인 전문가-가족 관계를 형성하고 유지하기 위한 과정과 맥락에 더 가깝다. 가족들이 원하고 유아와 가족에게 필요한 조기중재서비스를 결정할 때 정보의 수집, 공유, 교환 그리고 확대 활동이 지속적으로 이루어진다. 효과적인 조기중재를 보장하기 위해 이러한 활동들은 법률에서 명시하고 있는 방식으로 중재과정 동안 계속해서 이루어진다. IFSP에는 유아의 발달과 필요를 근거로 설정되는 바람직한 성취목표를 구체적으로 서술하며 가족들에게 기대되는 구체적 성과도 명시한다. 가족들은 유아발달을 증진할 수 있는 그들의 자원, 우선순위, 관심사가 무엇인지 확인하지만, 이는 선택적인 것이다. IFSP가 IEP과 다른 점은 자연적 환경에 대해 강조하고 다양한 지역사회기관의 서비스들을 통합하며 모든 가족에게 서비스 조정자가 배정된다는 점이다(서비스 조정자는 다음에 설명될 것이다).

IFSP 양식은 주 정부나 프로그램에 따라 다양하다. 양식의 구성과 조직은 중요한 것이 아니며 중요한 것은 장애인교육법에서 규정한 모든 정보(〈표 3-3〉 참조)를 포함해야 한다는 것이다.

전이에 대한 규정은 1997년 재승인된 장애인교육법에서 강화되었으며 전이계획을 위한 구체적 지침이 있다. Part C에서 Part B 하의 취학 전 서비스로 유아가 전이할 때 IFSP에 이를 지원하는 단계들을 명시하여야 한다. 유아가 취학 전 특수교육기관으로만 전이할 것이라고 전제하지 않는다(전이에 대해서 제4장에서 자세하게 다루어진다.).

1) 개별화가족지원계획의 개발

IFSP를 개발하는 주요 목적은 필요한 정보에 근거하여 가족들이 원하고 아동과 자신들에게 필요한 서비스를 그들이 선택할 수 있도록 지원하는 것이다. 가족들이 정보에 근거한 선택을 하고 그러한 행위를 할 권한이 있다고 느끼게 하는 것은 무엇인가? 가족들은 조

〈표 3-3〉 IFSP과 IEP에 대한 장애인교육법의 규정 비교

IFSP에 포함되어야 할 내용들	IEP에 포함되어야 할 내용들
신체(시각, 청각, 건강 상태 포함), 인지, 의사소통, 심리사회, 적응행동 영역에서 아동의 현재 발달수준에 대한 기술	아동의 현재 교육적 수행수준. 취학 전 유아들에게는 유아의 장애가 연령에 적합한 활동에 참여하는 데 미치는 영향에 대한 기술
아동의 발달과 관련된 가족의 강점, 자원, 관심사 그리고 우선순위에 대한 기술	
아동과 가족이 성취하기를 기대하는 주요 성취 결과에 대한 기술	아동이 구체적 기간 동안 학습하기를 기대하는 연간 목적 및 목표와 목적 및 목표의 달성 여부를 결정하는 준거
아동과 가족의 바람직한 성취목표를 산출하는 데 필요한 조기중재서비스의 빈도, 강도, 방법에 대한 기술	아동이 목적과 목표를 달성하도록 돕기 위해 제공하는 특수교육과 관련 서비스
서비스가 제공되는 자연적 환경에 대한 기술 혹은 서비스가 자연적 환경에서 제공되지 않는 이유에 대한 설명	아동이 일반교육 환경에서 일반또래들과 참여하는 시간 량, 학생이 일반또래와 참여하지 않는 시간에 대한 설명과 교육청의 평가 결과
서비스의 시작과 종료일	특수교육과 관련 서비스의 시작과 종료일
IFSP의 실행과 다른 기관/전문가들 간의 조정을 책임지는 서비스 조정자의 이름	
공립학교에서 제공되는 취학 전 서비스로 원만한 전이를 보장하기 위해 실행되어야 할 단계들	학생의 필요와 기관의 책무성이 진술된 전환 계획(14세에)
부모나 법적 보호자의 동의서	수행수준의 측정일(최소 매년 검토해야 하며 또는 가능한 일반유아들의 진도보고 횟수만큼 보고한다.)

기중재서비스 제공자와 신뢰관계를 형성하고 명료하게 의사소통해야 한다. 가족과의 첫 번째 접촉(전화를 통해서나 대면하여)에서부터 이러한 관계성을 구축하는 책임은 가족이 아닌 조기중재 전문가들에게 있다.

궁극적으로 IFSP의 우수성은 포함된 정보에 비례한다. 가족구성원과 지원 네트워크는 정보의 주요 원천이다. 조기중재 제공자가 가족의 가치 체계, 관점 그리고 신념을 이해하고 존중할 때 가족으로부터 정보를 효율적으로 수집할 수 있다. 문화적, 환경적 그리고 사회적 요인(배경, 사회경제적 지위, 교육)이 장애, 양육 실제, 부모 역할, 조기중재서비스에 대한 가족의 관점과 신념에 어떤 영향을 미치는지 인식하는 것이 중요하다.

Banks, Santos, 그리고 Roof(2003)는 가족으로부터 정보를 수집하는 데 참고할 만한 몇 가지 제안을 하였다. 먼저 회의에 참석한 사람들에게 경의를 표하고 감사하다는 말로 회

의를 시작한다. 그런 다음 친밀감을 형성하고 가족구성원들이 질문의 취지를 제대로 이해하고 있는지 확인한다. 가족들이 제공하는 정보가 조기중재를 계획할 때 얼마나 소중한 것인지 설명해 주고 IFSP 과정에 대한 가족들의 질문에 대답한다. 가족들이 중요하며 가족들이 알려 주는 정보가 계획과정에 결정적인 역할을 한다는 사실을 전달하는 것이 가장 중요하다.

가족의 관심사, 자원 그리고 우선순위가 무엇인지 파악하기 위해 "아이가 가장 즐기는 것은 무엇입니까?" "현재 가장 걱정되는 것은 무엇입니까?"와 같은 개방형 질문으로 시작한다. 질문이 위협적이거나 너무 많은 것을 요구하거나 가족의 사생활을 침해하는 것으로 생각될 때는 조심스런 태도로 자세한 것을 이야기해 달라고 요청한다. 관찰은 '환경 측정을 위한 가정 관찰(HOME)' (Caldwell & Bradley, 1984)과 같은 도구를 사용하여 관찰할 수 있다. 많은 가족들이나 조기중재 전문가들은 비형식적 보고서를 선호하는데 이는 덜 강요하고 덜 침해하는 것으로 보이기 때문이다. 조기중재 제공자들은 자신의 관점보다 가족의 관점을 먼저 고려해야 한다(Banks et al., 2003).

가족의 필요와 강점을 확인하기 위해 형식적 절차(면담, 관찰, 설문조사)를 계획하여 실시하게 되면 중재서비스의 우선순위를 정하는 데 도움이 된다. 이러한 절차들을 규준-참조 검사로 사용하거나 양적 점수를 산출하는 목적으로 이용해서는 안 된다. 가족으로부터 정보를 수집하는 데 유용한 조사도구로 '가족필요 척도' (Dunst, Cooper, Weeldreyer, Sydney, & Chase, 1988), '가족관심사 조사' (Bricker, 1993), '가족필요 조사' (Bailey & Simeosson, 1990)가 있다. 이들은 매우 주의해서 사용되어야 한다. 어떤 가족들은 형식적 설문조사 도구를 비인간적이고 평가적이라고 생각하는 반면 다른 가족들은 정보를 기록하는 효율적 수단으로 설문조사를 편안하게 생각하여 설문지에 직접 응답하고 기록하는 것을 선호한다. 대부분의 가족들은 계획수립에 필요한 정보를 이끌어 내는 수단으로 대화를 가장 마음 편하게 여긴다.

첫 평가와 사정과정을 마친 후 회의를 개최한다. 이 회의에는 가족, 서비스 조정자, 최소 한 사람 이상의 평가팀원 그리고 가족이나 서비스 제공자가 초대하고 싶은 사람들이 참여해야 한다. 이 회의의 목적은 어떤 서비스가 필요한지 결정하는 것이다. 결정된 서비스는 IFSP에 기록된다. 〈표 3-4〉는 Part C에서 승인하고 있는 조기중재 서비스들을 제시하고 있다. Part C에서 승인하지 않은 서비스가 필요할 경우, IFSP에 그 서비스를 명시하지만 다른 자금원을 구해야 한다. 만약 어떤 서비스(법적으로 허용되는)에 대한 비용을 가족에게 청구할 경우에도 이러한 사실을 IFSP에 기록해야 한다.

〈표 3-4〉 Part C 조기중재서비스들

조기중재서비스는 다음의 서비스들을 포함한다.
• 유아의 강점과 발달적 필요/가족의 관심사, 우선순위 그리고 자원을 확인하는 평가
• 특별하게 고안되거나 수정된 보조 도구, 보조공학
• 청력 검사와 의뢰
• 가족훈련과 상담(필요한 경우)
• 다른 조기중재 서비스의 효과를 극대화해 주는 건강 서비스
• 진단과 사정을 목적으로 하는 의료 서비스-발달수준과 조기중재 서비스의 필요성을 결정하기 위해 자격 있는 의사가 서비스를 제공한다.
• 다른 조기중재 서비스의 효과를 극대화시키는 간호사 서비스
• 영양평가와 유아의 영양 필요에 대한 검토 계획수립과 점검 활동
• 유아가 놀이기술과 일상생활 기술을 배우도록 돕고 보조도구를 제공하는 작업치료 서비스
• 이동의 어려움을 확인하고 이를 예방하거나 완화하기 위한 물리치료
• 유아, 부모 그리고 가족을 대상으로 하는 유아발달, 유아행동, 부모훈련 그리고 교육서비스에 관한 심리평가와 상담
• 지역사회 내에서 획득 가능한 서비스와 자원에 대한 정보를 제공하고 서비스 획득을 지원하는 서비스 조정
• 가정과 가족 환경에 대한 사회복지 평가와 사회적 기술을 개발하기 위해 개인과 가족상담 등의 활동
• 새로운 기술을 학습하도록 유아를 돕는 특수교육
• 언어와 의사소통발달을 지원하는 서비스를 확인하고 의뢰하며 제공하는 언어병리학
• 유아와 가족이 조기중재 서비스를 받는 데 필요한 교통수단 서비스
• 교육과 재활에 필요한 시각평가와 의료적 혹은 다른 전문적 서비스에 의뢰

2) 서비스 조정

의회는 전문적인 서비스 조정자(초기에는 사례 관리자라 불림)라는 역할을 창안했다. 서비스 조정자는 가족이 유아의 권리를 옹호하고 다양한 조기중재 서비스 제공자들의 일정을 계획하고 여러 기관에서 제공하는 서비스들을 조정하는 과정에서 가족들을 지원해야 할 필요성 때문에 만들어진 새로운 직책이다. 서비스 조정자의 선정은 IFSP 과정에서 중추적인 것이다. 서비스 조정자는 가족들이 서비스에 접근하도록 지원하며 주정부의 조기중재 프로그램 하에 보장되는 권리를 누리고 법적 보호 장치를 활용하며 필요한 서비스를 제공받을 수 있도록 활동한다.

Part C는 서비스 조정자의 책무를 매우 구체적으로 설명하고 있다(34 C. F. R. 303. 23). 서비스 조정자는 부모가 여러 기관에서 제공되는 서비스와 지원들을 이용하고 이들을 조정하도록 돕는다. 서비스 조정자가 수행하는 활동은 다음과 같다.

- 평가와 사정 활동을 조정하고 점검하기
- 개별화가족지원계획에 명시된 조기중재 서비스를 적기에 받을 수 있도록 보장하기
- 조기중재와 다른 서비스(예: 의료적 서비스)의 제공을 조정하고 점검하여 서비스들 간의 간극이 생기거나 불필요한 서비스를 중첩하여 받지 않도록 하기
- 개별화가족지원계획의 개발, 검토, 평가활동을 촉진하고 이들 활동에 참여하기
- 권리옹호 서비스의 활용에 대해 가족들에게 알려 주기
- 전이계획 개발 활동을 촉진하기

법률은 서비스 조정체계에 어느 정도 재량권을 부여하고 있으므로 주에 따라 서비스 조정체계에 상당히 큰 차이가 있다. 어떤 주에서는 서비스 조정자가 서비스 조정 외의 다른 업무를 수행하지 않는다. 어떤 주에서는 조기중재 팀에 속한 모든 전문가들이 각자의 전문적 조기중재 기능 외에 서비스 조정의 업무에 책임을 진다. 어떤 전문가가 특정 가족과 일하게 되는가는 유아의 필요와 가족의 요구에 따라 달라진다. 서비스 조정자의 최소 자격 요건은 ① 특수교육대상 영유아와 가족들, ② 조기중재 관련 법률 그리고 ③ 주정부의 조기중재 프로그램 하에 이용 가능한 서비스의 성격과 범위에 대한 지식과 이해를 갖추는 것이다.

3) 기대되는 성취목표

조기중재 서비스 제공자와 가족은 상호 협력을 통해 기대되는 성취목표를 개발한다. 기대되는 성취목표를 개발하는 목적은 유아를 지원하는 가족의 능력강화와 자연적 환경에서 발생하는 가치 있는 활동에 유아의 참여도 증가라는 두 가지로 구분된다. 위에서 지적한 것처럼, 유아를 위한 바람직한 성취목표는 유아의 발달과 필요를 근거로 결정된다. 가족들이 유아의 발달과 관련된 자신의 자원, 우선순위 그리고 관심사를 확인하기로 결정한다면 가족에 대해서도 기대되는 성취목표를 개발할 수 있다.

성취목표 진술문을 전통적 사정활동을 통해 도출된 치료적 목표 진술문과 혼동해서는 안 된다. 성취목표 진술문에는 유아에 대해 팀이 공유하는 비전과 그러한 비전을 달성하

기 위한 계획이 반영되어 있다. 진술문은 가족의 언어로 작성된다. 대부분의 진술문은 유아의 신체적, 발달적 상태나 가족의 선호, 자원, 관심사가 변화됨에 따라 계속해서 수정되거나 확대된다. 따라서 진술문들은 임시적인 것으로 간주된다.

Rosenkoetter와 Squire(2000)는 유아와 가족을 위한 의미 있는 성취목표를 개발하는 과정을 기술했다. 그들은 또한 팀 구성원들이 성취목표를 평가하고 발달에 큰 영향력을 가진 성취목표들을 선택하는 데 도움이 되는 질문 몇 가지를 제시했다. 다음의 설명들은 이들 연구자들의 자료와 경험들을 바탕으로 구성되었다.

팀 구성원들이 서로 친숙해 진 후, 첫 번째 단계에서 ① 유아의 발달적 우선순위, ② 유아발달에 영향을 주는 이슈들과 관련된 가족의 관심사 그리고 ③ 초기 중재활동 선호도에 대해 논의한다. 다음 단계에서 유아와 가족이 시간을 보내는 환경과 그들이 그 환경에서 하고 있거나 하기를 원하는 활동들에 대한 정보를 수집한다. 대부분의 가족들은 매일 혹은 매주 시간을 보내는 장소로 가정의 여러 장소들(예: 부엌, 놀이터, 뒷마당, 침실) 외에 다양한 지역사회 환경(도서관의 책읽기 시간, 가정 놀이방, 친척집, 협동적 놀이 집단)을 언급하였다. 이러한 다양한 장소들에서 실제 일어나는 활동이나 하고 싶은 활동도 논의되어야 한다. 예를 들어, 부모가 부엌에서 아침식사하기를 한 가지 활동으로 언급하면 그 가족의 아침 식사일과와 아침식사 시 유아의 행동에 초점을 맞추어야 한다. 그 다음 부모는 유아가 그 시간에 어떻게 행동하기를 원하는지 설명하고 조기중재 서비스 제공자(예: 작업치료사, 서비스 조정자)는 바람직한 행동을 성취하는 방법을 제안한다.

성취목표 진술문 양식은 직선적이다. 진술문은 유아가 어떤 행동을 하게 될 것인지(중재결과)로 시작하며 이 행동들이 왜 유아와 가족에게 중요한지 당위성을 설명한다. 예를 들어, 3세 된 다운증후군을 가진 제이스는 유아용 의자에 앉아 손가락으로 집어먹을 수 있는 음식(예: 시리얼, 과일 조각)을 스스로 먹을 것이다. 이렇게 함으로써 가족은 아침 식사를 함께 즐길 수 있고 제이스는 더 독립적이 될 것이다.

다음 단계는 어떤 사람들이 성취목표를 달성하기 위해 활동하며 언제, 어디에서 중재를 할 것인지 목록을 작성하는 것이다. 이것은 기본적으로 실행계획이다. 제이스의 경우, 교수활동은 아침식사시간(그리고 부엌에서 이루어지는 다른 식사시간)에 이루어지며 책임자는 식사시간에 함께 있는 가족구성원이다. 조기중재 서비스 제공자는 제이스가 음식물을 손가락으로 집어서 입으로 가져갈 수 있도록 신체적으로 지원하는 방법을 가족구성원들에게 가르쳐준다.

마지막 단계에서는 팀이 각 성취목표의 성취 여부를 확인하는 방법을 결정한다. 평가계획은 환경에 적합해야 하며 의미 있는 문장으로 표현되어야 한다. 제이스의 예를 적용하면, 식탁에 놓여진 패드나 달력에 간략하게 기록함으로써 간단하게 자료 수집을 할 수 있다. 부모는 제이스가 독립적으로 먹은 아침식사의 비율을 계산하거나 스스로 씹은 횟수를 헤아릴 수도 있다.

Rosenkoetter와 Squire는 각 성취목표를 개발하는 과정을 재점검하기 위해 다음과 같은 질문을 하라고 제안하였다.

- 이 성취목표는 가족이 생각하는 유아에 대한 장기적 목표와 가족지원 계획에 중요한 것인가?
- 이 성취목표는 가족의 일상 일과에서 실행가능하며 가족이 수행해야 할 다른 책무나 과제를 고려하고 있는가?
- 이 성취목표를 달성하는 전략은 최소한으로 개입적이고 최대한으로 자연스러운 전략인가?
- 누가 중재 비용을 부담하며 자금원을 확보하고 다른 사람들의 지원을 얻기 위해 어떤 계획된 활동이 필요한가?
- 성취목표는 가족이 사용하는 언어로 작성되었는가?

일상 활동에서 유아에 초점을 두어 개발되는 성취목표뿐 아니라, 가족의 기능에 중요하다고 가족구성원이 판단한 활동들에 초점을 맞춘 다른 유형의 성취목표들도 개발될 수 있다. 이 성취목표에는 의사결정과 예산 수립에 필요한 정보 입수나 지역사회의 자원을 발견하고 관계성을 구축하는 것이 포함된다. 가족의 건강과 안녕이나 삶의 질을 개선하는 데 중점을 둔 성취목표(예: 쾌적한 주거지로 이사하기와 고등학교 졸업장 취득하기)도 개발될 수 있다. 마지막으로, 기관의 활동이나 행정적 활동을 명시하는 성취목표도 개발된다. 이러한 성취목표들로 부가적 평가, 설비와 자료(확보와 사용법 훈련), 교통수단 그리고 교육과 공학적 지원에 대한 필요를 확인하는 것을 들 수 있다.

유아와 가족의 필요에 부응하고 있는지 확인하기 위해 최소 6개월마다 개별화가족지원계획을 검토해야 한다. 부모들은 최소 1년에 한 번 회의에 참석하여 유아의 성취목표와 조기중재 서비스를 검토하고 변화가 필요한지 결정해야 한다. 〈표 3-5〉는 Bruder(2000b)의 연구를 기초로 작성된 것으로 이 장에서 설명한 IFSP를 개발하기 위한 지침을 요약해서 제시하고 있다.

〈표 3-5〉 IFSP 개발 지침

가족에 초점을 맞춘다.
관계성을 형성하는 초기 단계에서는 두 가지 점을 강조한다. ① 중재 팀과 가족은 협력적 파트너다. ② 가족의 관심사, 우선순위 그리고 자원이 개별화가족지원계획 과정을 안내한다.
가족의 환경을 파악한다.
가족의 환경과 이들 환경에 있는 사람들, 활동들 그리고 일과에 대해 물어본다. 가족 활동과 일과 중에 발생할 수 있는 교수/학습 가능성을 분석한다(생태학적 평가는 제5장에서 설명된다.).
기능적 평가를 실시한다.
유아의 강점, 선호도, 흥미 그리고 필요에 대해 정확히 파악하도록 노력한다. 자연적 환경에서 유아를 관찰하여 유아에 대한 이미지를 검증하고 완성한다.
기대되는 성취목표를 결정한다.
유아를 지원하는 가족의 역량과 자연적 환경 내에서 가치 있는 활동에 유아의 참여를 증진시키는 활동에 대한 진술문을 협력을 통해 개발한다.
성취목표를 산출하기 위해 사람과 전략을 배정한다.
팀(가족을 포함한)은 상호 동의한 성취목표를 달성하기 위한 중재서비스의 책임을 질 구성원을 결정하고 배정한다. 팀 구성원의 책임은 특정학문과 연관된 전통적 기능이 아니라 상황적 필요를 감안해서 결정해야 한다.
실행 계획을 결정한다.
바람직한 성취목표를 가져올 구체적 중재와 전략을 결정하기 위해 협력한다. 성취목표의 일반화를 촉진하고 한 활동을 하는 동안 여러 기술들을 표적으로 하며 독립성을 촉진하고 전형적인 상호작용과 유사한 중재방법을 선택한다.
지속적이고 정기적인 평가를 계획한다.
기대되는 성취목표의 달성 비율과 질을 평가해야 한다. 중재전략이 발달적 성취를 가져오는지 그리고 자연적 환경에의 참여를 증가시키는지 살펴보는 것이 중요하다.

출처: Bruder, 2000b.

2. 개별화교육계획

IEP의 목적은 3세에서 21세의 특수교육대상 학생들이 적합하고 개별화된 특수교육과 관련 서비스를 제공받도록 하는 것이다. 기본적으로 IEP는 부모와 학교 간의 계약서로서 아동의 필요가 무엇이며 학교 체제가 그러한 필요에 대응하기 위해 무엇을 할 것인지를 명시한다. 학생의 IEP 팀에는 전문가들(예: 교사, 행정가, 언어치료사, 학교심리학사, 물리치료사 또는 작업치료사), 지역사회 구성원들(예: 보육제공자, 사회복지사) 그리고 가족구성원(예: 부모, 조부모, 형제, 숙모, 삼촌)이 포함된다.

IEP의 주요 구성요소는 ① 학생의 장애 여부와 특수교육서비스와 관련 서비스의 필요 여부를 말해 주는 평가정보; ② 연간목적과 단기목표, 목표 달성 여부를 결정하는 데 사용되는 준거, 절차, 일정; ③ 적합한 특수교육 배치와 학생이 받게 되는 관련 서비스에 대한 진술; 그리고 ④ 학생이 부가적 도움과 지원을 받으면서 일반학급에 머무르는 시간 량에 대한 진술이다. 개별화가족지원계획과 비교하여 개별화교육계획에 포함되어야 하는 정보는 〈표 3-3〉의 두 번째 난에 제시되어 있다. IEP는 다음의 정보를 포함해야 한다.

- 학생의 현재 교육적 수행수준에 대한 진술: ① 장애가 학생(6세에서 21세)의 일반교육과정 참여와 진도에 어떤 영향을 미치는지; ② 장애가 유아(3~5세)의 적합한 활동참여에 어떤 영향을 미치는지에 대해 진술
- 측정 가능한 연간목적 및 단기목표의 진술, ① 일반교육과정의 진도를 따라가는 과정에서 장애로 인해 발생하는 요구와 ② 학생의 장애와 관련하여 수반되는 다른 요구에 대응할 수 있는 목적 및 목표에 대한 진술
- 제공해야 할 특수교육과 관련 서비스, 부가적 서비스와 지원, 프로그램 수정이나 교직원을 위한 지원에 대한 진술: 이는 학생이 ① 연간목적을 달성하기 위해 적합하게 진전할 수 있고, ② 일반교육과정에 참여하거나 진도를 따라가고 특별교육과정 활동에 참여할 수 있으며 ③ 특별교육과정과 비학업적 활동에서 다른 학생들(장애학생과 일반학생)과 함께 교육받고 참여할 수 있도록 지원하기 위한 것이다.
- 학생이 일반교육과정과 특별교육과정에서 일반학생들과 참여하지 않는 정도에 대한 설명
- 교육청 단위의 학생 성취도 평가에 아동이 참여하기 위해 필요한 개인적 수정에 대한 진술
- 서비스 시작일과 프로그램 수정일, 각 서비스의 빈도, 장소, 지속기간
- 전환 계획: ① 전환 서비스(14세에 시작하여 이후 매년)와 관련된 학생의 필요에 대한 진술, ② 필요한 전환 서비스와 필요한 연계(16세에 시작)가 이루어질 수 있도록 기관들이 담당해야 할 책무에 대한 진술 그리고 ③ 학생이 18세가 될 때 부모에게서 학생에게 이전되는 권리를 학생에게 통보한다는 진술.

• 연간목적의 달성정도를 측정하는 방법과 부모에게 학생의 진도를 정기적으로 알리는 방법에 대한 진술

위에 언급된 IEP의 필수조항들은 의미 있게 연결되어야 한다. 예를 들어, 연간목적과 관련 서비스는 아동의 현재 수행수준과 관련하여 선정해야 한다. 또한 개별화교육계획을 개발할 때 고려해야 할 특별한 요소들도 있다. 이러한 요소들은 다음과 같다.

• 아동의 행동이 자신의 학습과 다른 아동의 학습을 방해할 경우 취할 수 있는 긍정적 행동중재, 전략 그리고 지원
• IEP와 관련한 아동의 언어적 요구(영어 유창성이 제한될 때)
• 맹아동이나 시각장애아동에게 점자 사용법을 교수(점자가 아동에게 적합하지 않다고 팀에서 결정되지 않았다면)
• 농아동이나 청각장애아동에게 언어나 의사소통 요구, 아동의 의사소통 양식으로 교수활동을 제공하고 그 양식을 이용하여 또래나 전문가와 의사소통할 기회를 포함한다.
• 보조공학 기기와 서비스 요구

실제 배치되기 이전에 IEP를 완성해야 한다는 규정은 취학 전 유아들에게는 문제가 된다. 배치하기로 결정된 환경에서 유아가 생활해 본 적이 없다면(취학 전 유아들의 경우 이런 일이 종종 발생한다), IEP 팀 구성원들은 취학 전 교육 환경의 기대와 관련하여 유아의 강점과 요구가 무엇인지 파악하지 못하게 된다. Bateman 등(1992)은 이 문제와 관련하여 IEP가 적절하지 못한 시기에 그리고 적절하지 않은 목적으로 작성되고 있음을 지적했다. 따라서 유아의 첫 IEP에 명시된 목적과 목표의 타당성과 적합성은 다음의 측면에서 의문시된다. ① 서비스의 적격성과 필요한 서비스 유형(유아의 구체적 교수나 지원 요구가 아니라)을 확립하는 것에만 초점을 둔 평가가 이루어지고, ② 자연적 환경에서 유아의 일상적 기능을 잘 알지 못하는 사람이 목적과 목표를 개발하며, ③ 유아의 일상적 교수활동에 책임이 없는 사람이 목적과 목표를 개발했을 수 있다.

이상 세 가지 조건 중 한 가지 이상이 실제 일어났으면, 배치 후 몇 주 내에 목적과 목표를 재작성하기 위한 두 번째 IEP 회의가 소집되어야 한다. 취학 전 프로그램에서 일하는 모든 서비스 제공자가 이 회의에 참석할 수 있다. 중재목적 및 목표의 개발과 중재계획 수립에 관련된 의사결정 절차는 제5장에서 설명된다. 이 과정을 생태학적 평가와 계획이라

고 한다(Grisham-Brown & Hemmeter, 1998; McCormick & Noonan, 1996; 2002).

1) 개별화교육계획 개발하기

장애인교육법은 ① IEP 목적과 지원(조정과 필요한 수정)의 연계, ② IEP 팀에 일반교사의 참여 ③ 부모참여가 증진되어야 할 필요성을 강조한다. IEP는 정기적으로 점검하기 위해 정리해 두는 서류가 아니라, 교수활동을 위한 안내서 역할을 해야 한다. IEP는 각 유아에게 기능적이며 개별화되어야 한다. 또한 발달에 적합한 활동과 일과들의 맥락에서 목적과 목표로 확인된 기술들을 가르치고 평가해야 한다.

체계적이고 조직적인 사정 과정을 통해 개발되는 최종 산물은 IEP 목적과 목표이며 목적과 목표는 직접적으로 학습과 발달에 연계되는 기능적이고 연령에 적합한 기술들로 구성된다. 이상적으로 모든 서비스 제공자들(교사, 보조자, 치료사, 가족구성원)이 IEP를 매일의 일과 내에서 쉽게 이해하고 실행할 수 있어야 한다는 의미에서 IEP는 특정 학문이나 전문용어에서 자유롭다(Capone & Hull, 1994). 중재영역은 학문에 따라 배정되지 않는다. 사회적 기술, 인지적 기술 혹은 학문적 기술이 각기 특정 서비스 제공자에게 속한다는 것은 잘못된 개념이다(McCormick, 2003b). 말, 언어 그리고 의사소통은 언어치료사의 영역이고, 운동기술은 작업치료사나 물리치료사의 영역이며 사회성이나 인지기술은 교사의 영역이라고 생각하는 것은 잘못된 것이다. 그러한 책무 배정은 각 학문들이 완벽하게 분리된 별개의 지식 기반을 가지고 있다는 잘못된 인상을 주게 된다. 현실적으로, 많은 학문들의 연구와 실제들에서 중복 현상이 수없이 나타난다. 더욱이 한 전문가가 한 영역에서의 유아 진보만을 책임을 진다는 것은 타당하지 않다. 유아에 대한 총체적 관점과 중재의 필요성을 팀 전체가 동의하고 이러한 동의하에서 전문가들이 함께 IEP 목적을 설정하고 관리해야 한다.

다른 목적들과 함께, 팀은 장기적인 건강관련 목적과 목표를 선정하고 만성적 건강장애를 가진 유아들에게 필요한 서비스를 지원할 보조교직원(예: 간호사)을 배정한다. '만성적 건강장애' 범주에는 천식, 당뇨 혹은 낭포성 섬유증을 앓고 있는 유아나 위관섭식, 호흡보조처치, 산소공급 그리고 기관절개 흡입과 같은 건강관련 절차를 필요로 하는 유아들이 포함된다(Presler & Routt, 1997). 생존을 위해 지속적인 지원과 보조공학뿐 아니라 장비나 교직원 훈련이 필요한 유아의 IEP에는 건강관련 요구를 구체적으로 기술해야 한다.

1975년 첫 번째 장애인교육법이 통과된 후, 지방교육기관에 어떤 관련 서비스나 부가적 지원과 서비스들을 제공할 책임이 있는지에 대한 논쟁이 있었다. 쟁점은 특정 서비스가 '관련 서비스' 인지 혹은 '의료적 서비스' 인지 결정하는 방법이었다. 1984년에 대법원에서는 학교가 책임져야 할 의료적 관리에 대해 명확히 하였다(Irving Independence School District 대 Tatro, 1984). 이 판결에 근거한 지침에 따르면, 학교에서는 의사가 아닌 사람들(예: 학교간호사, 다른 자격소지자나 일반인)이 수행할 수 있는 모든 서비스(아동이 또래와 학교에 다닐 수 있게 해 주는)를 유아에게 제공해야 한다(Greismann, 1990). 보통, 건강 관련 절차를 시행하는 학교간호사나 개인간호사가 배치된다. 간호사가 배치되지 않을 경우 유아특수교사나 보조교사가 전문건강요원에게 연수를 받아 지속적 지원을 하는 일차적 책임을 져야 한다.

개별화교육계획의 목적과 목표 작성하기

목적은 중재나 교수활동의 결과로 기대되는 바람직한 성취목표를 나타내는 짧은 진술문이다(Wolery, 2004). 유아가 12개월 이내에 성취할 수 있을 것으로 기대되는 행동들을 목적으로 기술한다. 유아통합교육프로그램에 대한 생태학적 평가과정을 통해 작성된 목적들로 "제이스는 아침 이야기 나누기 시간에 참여할 것이다." "애니샤는 간식과 점심식사 시간에 스스로 먹고 마실 것이다." "안소니는 바퀴 달린 장난감과 실외놀이 기구를 가지고 놀 것이다." 등을 들 수 있다. 목적은 부정적이거나(예: 사라는 또래에게 장남감이나 다른 물건들을 뺏지 않을 것이다) 수동적(예: 브라이언은 조용히 줄을 서서 기다릴 것이다.)으로 진술하기보다 긍정적이고 활동적으로 진술해야 한다.

목표는 무엇을 어디에서 어떻게 가르치며, 가르친 것을 유아가 학습했는지를 어떻게 판단할 것인지에 대한 정보를 제공한다. 목표는 ① 행동, ② 행동을 가르치는 조건 그리고 ③ 행동이 학습되었는지 판단하는 준거의 세 가지 요소로 구성된다. 즉, 목표 진술에는 유아가 학습해야 할 행동, 유아가 그 행동을 학습하거나 시연하는 동안 참여하는 활동 그리고 학습의 달성준거가 포함되어야 한다.

어떤 학자들은 중재나 교수활동에 대한 정보를 포함하여 보다 확장된 방식의 목표를 진술할 것을 제안하였다. Grisham-Brown과 Hemmeter(1998)는 전통적인 목표 진술문에 교수 맥락이 되는 환경에서 발생하는 활동 목록과 적용 가능한 조정전략이나 교수전략 목록을 추가할 것을 제안한다. 그들이 제안한 확장된 목표 진술문을 예로 들면 다음과 같다.

(다음에 기술하는)활동에 참여하여 두 가지 사물 중 하나를 선택해야 할 때, 켄달은 3일 동안 세 가지 활동들에서 원하는 사물을 5초 동안 쳐다봄으로써 자신의 선호를 나타낼 것이다.
세 가지 활동들은

가정: 식사시간(두 가지 스낵 중 한 가지 선택), 잠자는 시간(두 가지 책 중 한 가지 선택)
학교: 자유선택시간(두 영역 중 한 가지 선택), 간식 시간(크래커와 바나나 중 한 가지 선택),
지역사회: 놀이터(두 가지 놀이기구 중 한 가지 선택), 오리에게 먹이 주기(빵과 크래커 중 한 가지 선택)를 포함한다(pp. 6-7).

적용 가능한 조정전략은 ① 유아에게 선택을 요구하기 전에 다감각적인 단서 제공하기(예: 시각, 구어, 촉각), ② 활동을 명확하게 나타내는 구체물 사용하기 그리고 ③ 검정색 바탕에 빨간색 사물과 같이 선명한 색깔 대조가 되는 물건 사용하기를 들 수 있다.

위의 예에서 목표 기술은 '선택하기' 다. 유아의 환경(집, 학교, 지역사회) 내에서 다양한 선택하기 활동을 하는 것은 두 가지 점에서 유익하다. 첫째, 연습할 기회가 많다. 둘째, 일반화 계획이 교수활동에 내재되어 있다.

추천 실제는 유아에게 기능적인 기술을 확인하여 발달에 적합한 일과 활동의 맥락 속에서 가르치고 평가할 것을 제안한다(Wolery, 2000). 이것은 조건적 진술이다. 첫 번째 조건이 충족되지 않으면—만약 확인된 기술이 기능적이지 않으면—발달에 적합한 일과와 활동의 맥락 속에서 그런 기술을 가르치고 평가하기가 매우 어렵다. 이것이 적합한 목적과 목표 설정이 중요한 이유이다. 첫 번째 조건이 위배될 때—목적과 목표가 고립되거나 비기능적인 기술을 대상으로 할 때—교사는 유아를 또래와 분리시켜 교수해야 하고 때때로 유아를 다른 장소나 영역으로 데리고 가서 교수해야 한다. 이것은 훈련(집중적이고 반복적 시도)이다. 이러한 교수는 유아를 또래로부터 고립시키고 유아교육의 맥락과 교육과정인 일과와 활동에서 분리하여 고립시키게 된다. 발달에 적합한 학급활동들은 한 가지 기술(예: 색깔 알기)만을 염두에 두고 계획되지는 않는다. 활동들은 다양한 학습 성취를 할 다양한 기회를 제공하도록 고안된다.

1. 양질의 목적과 목표 지표

Notari-Syverson와 Shuster(1995)는 양질의 목적과 목표 지표 다섯 가지를 확인했다. 기능성, 일반성, 통합 용이성, 목적과 목표 간의 위계적 관계성, 측정 가능성. 〈표 3-6〉은 다섯 가지 지표를 검토하는 질문들을 제시하고 있다. IEP 회의에서 이러한 질문들을 제기하고 논의함으로써 서비스 제공자와 부모는 중재와 교수의 당위성을 명료화할 기회를 가질 수 있다. 다섯 가지 영역에 부합되지 않는 목적과 목표는 재작성되거나 재진술되어야 한다.

〈표 3-6〉 목적과 목표의 질 평정하기

기능성
• 자연적 환경에서 독립적으로 참여하는 유아의 능력을 증진하는 기술인가? • 자연적 환경에서 또래나 사물과 적합한 상호작용을 증진하는 기술인가?
일반성
• 다양한 사람, 활동, 자료, 그리고 상황에서 가르칠 수 있고 일반화될 수 있는 기술인가?
통합성
• 일반또래들이 다양한 일상 활동과 일과 중에 수행하는 기술인가? • 일상 활동과 일과에서 그 기술을 사용할 자연스런 선행사건과 수반되는 후속 결과가 있는가? • 다양한 활동과 상황에서 쉽게 유발될 수 있는 기술인가?
위계적 관계성
• 목적 달성을 위해 필요한 목표인가?
측정가능성
• 셀 수 있도록 보이거나 들리는 기술인가? • 기술의 산출물이 기록될 수 있는가?

출처: Wolery, 2004.

기능성은 일상생활의 어려움을 극복하고 일상 활동에 참여할 때 특정 기술의 활용 가능성을 의미한다. 또래나 사물과의 상호작용 또한 기능성의 범주에 포함된다. 이 기술이 일상 환경에서 사람, 활동 그리고 사물과 참여하는 유아의 능력을 증진시키는가? 라는 질문을 할 수 있다. 기술은 여러 환경에서 수행되어야 하며(예: 도움 요청하기, 활동 후 사물이나 재료를 제자리에 정리하기) 일상적 일과를 완수하는 데 필수적이어야 한다. 편협하게 정의된 기술 유형의 예로 '1에서 10까지 말하기' 나 '블록 쌓기' 를 들 수 있다. 이러한 기술들은 독립성을 성취하고 다른 사람들과 잘 지내는 데 필요한 기술만큼 중요하거나 의미 있지 않다.

일반성은 이월 가능성으로 교수 대상을 선정할 때 매우 중요하게 고려되어야 한다. 여러 사람, 여러 활동, 여러 자료 그리고 여러 상황에서 수행될 수 있는 반응이나 기술들의 일반적 개념 혹은 부류를 대표하는 기술이 이 범주에 해당된다. 위에 언급된 기술들(도움 요청하기, 활동 후 사물이나 재료를 제자리에 정리하기)은 기능성뿐 아니라 일반성의 준거도 충족시킨다.

통합성은 자연적 환경의 일상적 일과의 맥락에서 기술을 가르치기 용이함을 말한다. 장애유아들을 통합 환경에서 교육하기 위해 특수한 교수가 필요하다. 유아의 개별화교육계획의 목적과 목표에 프로그램의 철학과 실제가 반영될 때 이 과정이 촉진된다. 교수는 자연적으로 발생하는 선행사건과 논리적으로 수반되는 후속결과의 장점을 취하게 된다. 예를 들어, 도움 요청하기와 활동 후 사물이나 재료를 제자리에 정리하기는 많은 활동과 다양한 환경에서 필요하기 때문에 수많은 활동들과 많은 일상 환경(예: 유치원, 놀이방, 가정)에서 가르칠 수 있다. 따라서 이러한 기술들은 기능성과 일반성뿐 아니라 통합성도 충족된다. 개별화교육계획의 목적과 목표는 유아들이 학급 유아들과 다른 존재가 아니라 학급의 구성원으로 간주되는 데 도움이 되어야 한다.

위계적 관계성은 목적과 목적의 달성을 가능하게 하는 목표들 간의 연관성을 말한다. 유아가 목적에 수반된 모든 목표들을 달성했을 때 그 목적이 성취되었다고 확신을 갖고 말할 수 있어야 한다. 예를 들어, '제이스는 이야기 나누기 시간에 참여할 것이다' 라는 목적 하에 제이스가 또래들과 이야기 나누기 활동에 참여하기 위해 학습해야 할 구체적 행동들에 초점을 맞춘 두 가지 목표가 설정되었다. "이야기 나누기 시간에 제이스는 자신의 이름이 호명되면 3일 연속해서 '저 여기 있어요.' 라고 말할 것이다." "이야기 나누기 시간에 제이스는 그 날의 이야기에 대한 최소 한 가지 질문에 대해 3일 연속해서 반응할 것이다." 그가 이 두 가지 행동을 학습했을 때 목적인 '이야기 나누기 시간에 참여하기' 가 달성되었다고 확실하게 말할 수 있다.

측정 가능성은 어떤 자료를 기록하고 어떻게 수집할 것인지에 대한 결정을 말한다. 많은 경우 기술의 산출물을 측정할 수 있다. 예를 들어, 유아가 질문이나 지시에 반응하여 가위로 자르기, 풀칠하기, 찰흙으로 만들기, 색칠하기 혹은 종이에 그리기에 성공하는 지 여부를 간단하게 알아보는 것이다. 영구적 산출물에 대한 대안으로 유아가 목표 기술에 참여하는 동안 유아의 행동을 관찰하고 기록하는 것이다. 행동들을 관찰하고 측정하는 차원은 다음과 같다.

- 빈도나 수–주어진 기회나 시간 동안 행동이 얼마나 자주 발생하는가
- 비율–특정 시간 단위에 비례하여 얼마나 자주 행동이 발생하는가
- 지속시간–행동이 얼마나 오랫동안 지속되는가
- 반응지연시간–지시나 단서가 제시된 후 유아가 행동을 시작하기까지 얼마나 오래 걸리는가
- 형태–유아 반응의 형태(유아가 행동을 어떻게 수행하는가)
- 크기–유아 반응의 강도

관찰하고 측정하는 차원은 목표 행동에 따라 다르다. 구체적으로 행동의 어떤 측면이 가르쳐지고 변화되는가에 따라 달라진다. 빈도나 수는 가장 일반적으로 사용되는 척도이다. 관찰 기간이 회기마다 같을 때 혹은 유아가 각 회기 동안 반응할 수 있는 기회의 수가 같을 때는 빈도나 수를 기록하는 것이 적합하다. 유아에게 매일 이야기 나누기 시간에 반응할 기회가 세 번씩 주어지면, 3일 연속해서 유아가 반응한 수를 준거로 사용할 수 있다(예: "제이스는 3일 연속해서 이야기 나누기 시간에 최소 두 번의 교수나 지시에 반응할 것이다".). 반응 기회를 직접적으로 통제할 수 없는 상황에서 관찰기간이 매일 일정할 때에는 빈도를 사용할 수 있다. 자유놀이시간 20분 내내 항상 같은 장난감을 가지고 노는 조이의 목표를 예로 들어보자. "조이는 자유 놀이시간 동안 최소 세 가지 다른 장난감을 선택해서 놀이할 것이다."

비율은 유창성과 정확성의 척도로써 관찰 기간이 일정하지 않을 때 특히 유용한 척도이다. 비율 계산은 행동의 횟수를 시간 단위로 나누면 된다. 예를 들어, 어비의 목표는 직접 음식을 숟가락으로 떠먹는 횟수 늘리기다. 간식시간과 점심시간의 길이가 매일 달라지기 때문에 비율이 가장 적합한 척도다. 기초선 동안 어비의 첫 측정 결과는 20분 동안 8회, 1분에 0.4회였다.

지속시간은 행동을 얼마나 오래 했는지가 관심사일 때 적합한 준거다. 두 가지 유형의 지속시간은 총 지속시간과 1회 발생 시 지속시간이다. 예를 들어, 목표가 아침 자유 놀이시간과 휴식시간동안 또래와의 놀이를 증가시키는 것이라면, 각 사회적 놀이에피소드의 시간을 기록할지, 지정된 기간 동안 사회적 놀이의 지속시간을 기록할지 혹은 둘 다 기록할 것인지 결정해야 한다. 각 놀이 에피소드의 지속시간을 기록하면 놀이 에피소드의 빈도도 기록해야 한다. 이 자료를 이용하여 각 놀이 에피소드의 빈도와 함께 행동 지속시간의 평균, 중앙값 그리고 최빈치도 계산할 수 있다.

형태는 수행의 정확성과 적합성을 말한다. 형태 측정을 위해 먼저 특정 행동의 정확하고 수용 가능한 예와 부정확한 예를 묘사해야 한다. 형태는 반응의 빈도, 비율, 백분율 또는 지속시간으로 보고될 수 있다. 예를 들어, 형태는 1~5점 척도로 평정될 수 있다. 정확한 형태(4 내지 5로 평정)를 관찰한 빈도를 총 기회수와 비교한다. 형태가 관심의 대상이 아닌 경우도 많이 있다. 글자 쓰기의 정확성을 판단할 때는 영구적 산출물이 있으면 직접 측정할 수도 있다.

크기는 반응의 길이, 힘 그리고 강도다. 강도를 정밀하게 측정하기 위해 몇 가지 유형의 자동화된 기계가 필요하다. 그러나 어떤 경우에는 주관적이긴 하나 환경에 미치는 반응의 영향을 평가함으로써 행동의 크기를 결정할 수도 있다. 반응의 힘은 행동의 조작적 정의에 포함된 준거에 따라 수용가능한지 혹은 불가능한지 결정된다. 예를 들어, 수용 가능한 구어는 150cm 떨어진 거리에서 들을 수 있는 말로 정의된다.

어떤 기술들은 다른 기술들에 비해 상대적으로 측정하기 쉽다(예: 유아가 이야기에 반응하여 던지는 질문의 수). 그러나 궁극적으로 모든 행동은 측정가능하다. 다음의 것들은 행동이 아니므로 측정할 수 없다. 감정(예: 향상된 자아개념), 감각적 경험(예: 자신의 이름을 듣다) 그리고 일반적 개념(예: 증진된 수용언어기술). 만약 행동으로 재진술하면, 감정, 감각적 경험 그리고 일반적 개념도 측정할 수 있다. 예를 들어, 휴식 시간 동안 또래의 놀이 요청에 대해 더 잘 반응하고 또래와 놀이를 주도하는 경우가 증가할 때 제이스의 자아개념이 향상되었음을 알 수 있다. 이러한 행동은 측정될 수 있다. 감각적 경험, '듣기' '보기' '느끼기' '미소 짓기' 는 자연적 환경에서 측정할 수 없다. 그러나 이러한 경험에 대한 유아의 반응을 기록하는 것은 가능하다. 예를 들어, 제이스가 그의 이름을 부르는 사람을 쳐다보는지 혹은 이름을 부르면 다가오는지를 확인할 수 있다. 일반적 개념은 범주를 구성하는 구체적인 기술들로 진술되어야 한다. 예를 들어, 수용언어의 증거가 되는 관찰 가능한 행동을 수없이 많이 진술할 수 있다(예: '한 단계 지시 따르기' '이야기에 대한 질문에 대답하기').

2. 측정 가능성에 대한 쟁점들

Notari-Syverson과 Shuster(1995)가 제시한 측정 가능성 지표에 대한 다음의 4가지 질문은 일과와 활동의 맥락에서 가르칠 수 없고 측정할 수 없는 목표를 골라내는 데 도움이 된다.

목표가 표적 행동의 적합한 차원을 측정하는 데 목적을 두고 있는가? 부적절한 준거의 예를 들어 보자. "제이스는 이야기 나누기 시간에 일과적인 세 가지 질문(호명, 날씨, 날짜)에 대해 한 주에 시간의 80% 동안 보완의사소통 체계의 적합한 그림을 지적함으로써 반응할 것이다." '지적하기'는 빈도로 측정해야 한다. '시간의 80%'라는 것이 애매모호하다. '80%'는 기회의 백분율을 측정해야 함을 의미하고 '시간의'는 행동의 지속시간이라는 시간적 차원을 측정해야 함을 의미한다. 측정가능하기 위해 목표를 다시 진술해야 한다. "제이스는 이야기 나누기 시간에 일과적인 세 가지 질문(호명, 날씨, 날짜)에 대해 일주일 동안 매일 보완의사소통 체계의 적합한 그림을 지적함으로써 반응할(촉진 없이) 것이다." 백분율을 측정 차원으로 이용하는 것(예: '시간의 80%')은 적합하지 않으며 자료 기록 요건을 복잡하게 한다(보다 상세한 것은 백분율 사용에 대한 부분을 참조할 것).

목표는 행동(유아의 환경에 있는 성인이 가치 있다고 생각하는 수행)의 의미 있는 차원을 측정하는 데 목적을 두고 있는가? 다음의 예를 생각해 보자. "사라는 원형 탁자에서 화장실 입구까지 그리고 원형 탁자에서 출입문까지 5일 중 4일 동안 줄을 서기 위해 걸어 갈 것이다." 여기에서 문제가 되는 것은 부모나 교사의 관심은 걷는 행동이 아니라는 점이다. 사라는 이미 보행 보조기 사용법을 학습했다. 사라가 한 장소에서 다른 장소로 이동하는 데 너무 오래 걸리기 때문에 그들이 원하는 것은 사라가 더 빠른 속도로 일관성 있게 이동하는 것이다. 부모와 교사는 사라가 4분 이내에 그 거리를 걸어갈 수 있어야 하며 매일 그렇게 해야 한다고 생각한다. 목표는 다음과 같이 수정되어야 한다. "사라는 원형 탁자에서 화장실 입구까지 그리고 원형 탁자에서 출입문까지 5일 연속해서 4분 이내에 줄을 서기 위해 걸어 갈 것이다(보행보조기를 이용해서)."

바람직한 수행을 어떻게 유도하는지 명확하게 기술되어 있는가? 다음의 목표를 생각해 보자. "두 가지 문자나 두 가지 작은 그림을 보여 주면서 '같은지 혹은 다른지' 물어보면, 제시는 10번 중 9번을 정확하게 반응할 것이다." 이 자극조건은 명확하지 않다. 교사가 평가를 준비하고 이 행동을 가르칠 때, 문자들이나 그림들 간에 어느 정도의 불일치가 있어야 하는지 그리고 10번의 시도에서 10가지 다른 문자 세트나 그림 세트가 필요한지 혹은 각 한 세트가 필요한지 파악하기 어렵다. 이 목표는 다음과 같이 수정되어야 한다. "약간 다른 5cm 크기의 문자들 혹은 작은 그림들 10세트를 보여 주면서 '같은지 혹은 다른지' 물어보면, 제시는 10번 중 9번을 정확하게 반응할 것이다.

행동 수행을 일상 일과와 활동 중에 측정할 수 있는가? 앞서 언급한 목표 예들도 자극 조건을 명확하게 하기 위해 다시 진술하였지만, 훌륭한 목표는 아니다. 제시의 수행을 일상 일과나 활동의 맥락 속에서 측정할 수 없다. 교사는 집중적 시도 양식(massed trial format)으로 10회에서 20회 시도해야 할 것이다. 이것은 교수와 평가를 기존 학급 활동과 일과에 삽입할 가능성을 제한하는 목표 진술의 예다. 이론적으로, 특정 기술이 측정이 용이하다는 이유로 교수대상이 되어서는 안 된다. 그러나 취학 전 학급에는 다른 것은 하지 않고 오직 행동을 관찰하고 기록하는 역할에만 한 사람을 배정할 만큼 충분한 수의 교직원이 없기 때문에 자연적 환경에서는 측정 용이성이 고려되어야 한다. 따라서 일상 활동과 일과를 진행하면서 동시에 측정할 수 있는 목표 행동이 바람직하다. 일상 일과와 활동의 맥락에서 수행을 측정할 수 있도록 목표를 다시 작성하면 다음과 같다. "색깔, 모양, 크기 그리고 기능면에서 약간 다른 작은 물건들을 보여 주고(진행 중인 활동에서 하루에 3~5회) '같은지 혹은 다른지' 물어보면, 제시는 10번 중 9번을 정확하게 반응할 것이다."

Bateman과 Linden(1998)은 측정 가능성과 관련된 문제는 개별화교육계획의 목적과 목표에서 드러나는 다섯 가지 가장 일반적 문제들 중 하나라고 지적하였다. Bateman과 Linden은 백분율의 사용에 대해 관심을 보였는데, 사람들은 백분율을 지나치게 추앙한다고 말하면서 목표에 숫자(보통 백분율)를 붙임으로써 목표를 측정가능하게 만들었다고 생각하는 것 같다고 지적했다. Bateman과 Linden이 소위 '그렇게 훌륭하지 못한 목적'이라고 부르는 예들 중 하나를 들어 보자. "카렌은 80%까지 필기를 개선할 것이다." 이 목적의 문제점은 분명하게 드러난다. 만약 작문에서 단어의 단지 80%만 판독 가능하다면, 다섯 단어 중 한 단어는 판독되지 않는다. 진술된 준거 수준(80%)에서 이 행동의 수행을 수용할 수는 없을 것이다.

사회적 행동에 관련될 때 백분율의 사용 오류는 더욱더 심각하다(Bateman & Linden, 1998). 목적 한 가지를 예로 들어 보자. "레비는 시간의 80% 동안 수용 가능한 행동을 할 것이다." 시간의 20% 동안 수용할 수 없는 행동을 하는 유아가 어떠할지 상상해 보라. 만약 10번 중 8번만 보인다면 수용 가능한 사회적 행동은 학습되지 않은 것이다. 어떻게 시간의 80%가 목적이 될 수 있는가? 다시 말해 주어진 준거 수준에서 행동의 수행을 받아들일 수는 없을 것이다.

마지막으로, 이 목적 진술문은 백분율 사용의 오류에 대한 세 번째 예를 보여 준다. "짧은 문장이 주어지면, 제임스는 95%의 정확도로 주요 주제를 확인할 수 있을 것이다." 이것은 위에 언급된 세 번째 측정 가능성의 질문에 대한 예다. 자극조건이 명확하지 않기 때문에 수용 가능한 행동 수행이 어떠한 지가 분명하지 않다. 제임스에게 100가지 짧은 문장을 주고 이 문장들 중 95가지 다른 문장의 주제를 확인해야 하는가? 혹은 한 문장을 주고 주요 주제를 거의 정확하게 확인할 것을 기대해야 하는가?

Bateman과 Linden이 제공한 목표의 예들은 학령기 아동들에게 해당되는 것들이다. 그러나 취학 전 유아들을 위해 개발된 많은 목적과 목표들도 그렇게 훌륭하지 않으며 다른 문제점들을 갖고 있다. Michnowicz, McConnell, Peterson, 그리고 Odom(1995)은 유아 163명의 IEP 목적과 목표를 분석하였다. 거의 50%의 IEP들에 사회성 목적이나 목표가 설정되어 있지 않았다. 진술된 사회성 목적과 목표들 중 68%는 준거가 제시되어 있지 않았으며 45%는 기술된 방식으로는 측정할 수 없는 것으로 판단되었다.

목표를 작성할 때, '백분율' 은 총 기회 수 대비 발생행동 수에 100을 곱한 것을 말한다. '시간의 80%' 라고 말할 때, 발생할 수 있는 총 행동 발생기회 수가 구체화되어 있지 않다. 백분율은 철자 시험이나 덧셈 문제풀기에서와 같이 정확도가 관심 대상이고 영구적인 산출물이 나올 때 유용한 척도다. 백분율 자료는 구간 기록체계에 기록된 반응을 요약하는 데도 사용될 수 있지만 이 기록체계를 사용하기 위해 관찰자는 전 시간동안 집중해야 하기 때문에 대부분의 교실에서는 잘 사용되지 않는다. 교사는 이러한 유형의 자료를 수집할 시간이 거의 없다. 더구나, 백분율은 반응할 총 기회수가 20보다 적을 경우 한 수치의 변화가 50% 이상의 변화를 가져올 수 있기 때문에 이 경우에는 백분율 척도를 사용해서는 안 된다.

목표에 준거요소를 포함시킴으로써 가르친 것을 유아가 실제로 학습했는지 판단하기 위해 어떤 측정체계를 개발해야 할 지 교사들은 알 수 있게 된다. 위에 언급한 것처럼, 준거 구성요소는 측정 절차(어떻게), 일정(언제 그리고 얼마나 자주 측정할 것인지), 얼마나 잘 학생이 행동을 수행해야 만족스러운 것으로 간주되는지 보여 주는 지표를 포함하거나 적어도 시사해 주어야 한다. 준거요소가 가능하고 적합한 준거체계를 포함하거나 시사하지 않으면 교사는 유아가 행동을 수행할 수 있는지 평가할 수 없다. 이는 유아가 이미 습득한 행동을 가르치도록 유도한다.

요 약

장애인교육법은 장애영유아와 가족들을 사정하고 이들을 위한 계획을 수립하는 데 필요한 상세한 지침을 제공한다. 사정은 선별, 진단, 적격성 결정, 중재 계획, 진도 점검 그리고 평가와 같이 여러 가지 목적들을 가지고 있다. 사정의 목적을 고려하여 적합한 사정 전략과 교수를 선정해야 한다. 중재계획을 수립(예: IFSP와 IEP 개발)할 목적으로 하는 평가에는 규준참조검사나 준거참조검사(평가 도구는 연령에 적합한 기능적 기술들을 제공하고 아동은 필요한 반응 요건들을 보여 줄 수 있다)를 사용하거나 보다 현대적인 평가접근들(예: 사실적 평가, 아동-중심계획)을 사용할 수도 있다. 최근의 방법들은 가정이나 어린이 집과 같은 자연적 환경에서 나타나는 유아의 수행을 고려하는 경향이 있다. 평가결과는 IFSP/IEP목적과 목표를 개발하는 데 정보를 제공해 주어야 한다. 비록 평가에서 실패한 문항을 적합한 성취목표 진술문이나 목표로 반드시 설정할 필요는 없지만 실패한 문항들은 필요 영역이 무엇인지 알려주고 유아의 수행수준에 대한 정보를 제공해 준다. 자연적 환경에 참여와 관련된 부모의 우선순위와 필요 또한 목적과 목표개발에 의미 있는 영향력을 가진다. 마지막으로, 목적과 목표는 발달에 적합한 일과와 활동들의 맥락에서 가능적이어야 하고 평가될 수 있어야 한다.

연/구/문/제

1. 1997년 미국 장애인교육법과 2004년에 재승인된 장애인교육법의 주요한 차이점은 무엇인지 설명하시오.
2. 사정과 관련된 장애인교육법의 지침을 설명하시오.
3. 사정의 당위성과 목적 그리고 각 사정 유형에서 논의하는 핵심적 질문에 대해 설명하시오.
4. 규준참조평가와 준거참조평가를 구별하고 두 평가가 최근의 대안적 평가접근들과 어떻게 다른지 설명하시오.
5. 사실적 평가를 설명하고 예를 드시오.
6. 아동-중심계획을 수립하는 절차와 목적을 설명하시오.
7. 장애인교육법의 개별화가족지원계획과 개별화교육계획 규정에서 주요 차이점들이 무엇인

지 설명하시오.

8. 개별화가족지원계획의 개발에 대해 설명하시오.
9. 서비스 조정자의 역할에 대해 설명하시오.
10. 취학 전 유아를 위한 개별화교육계획의 개발에 대해 설명하시오.
11. 개발, 목적 그리고 형태의 관점에서 목적과 목표의 차이를 설명하시오.
12. 양질의 목적과 목표 지표에 대해 설명하시오.
13. 행동을 관찰하고 측정하는 측면에 대해 설명하시오.
14. 어떤 행동 측면을 측정할 것지를 어떻게 결정해야 할 지 설명하시오.
15. 일과 활동의 맥락에서 측정할 수 있는 혹은 측정할 수 없는 목표들을 골라 낼 수 있는 질문들을 설명하시오.
16. 목표에 준거요소를 포함시키는 목적은 무엇이며 백분율을 사용할 때 문제가 되는 이유를 설명하시오.

C.H.A.P.T.E.R. 04

자연적 교육과정 모형

-Mary Jo Noonan-

| 이 장의 주요 내용 |

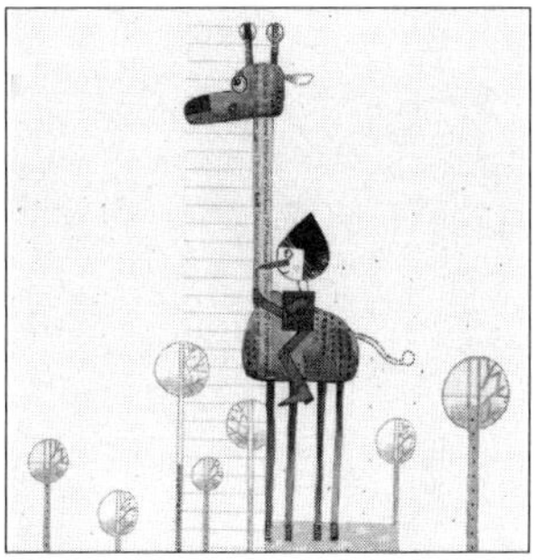

- 조기중재와 유아특수교육의 교육과정 모형들
- 조기중재 교육과정에서 자연적 접근들
- 자연적 교육과정 모형의 내용, 교수접근 그리고 평가방법
- 연령에 적합하고 발달에 적합한 실제를 위한 고려사항들
- 자연적 교육과정 모형의 실시단계

교육과정은 가르칠 내용을 조직적이고 계열적으로 배열한 세트라고 종종 정의된다. 즉, '무엇을 가르칠 것인가' 를 말한다(Bailey, Jens, & Johnson, 1983). 더 일반적이고 폭넓게는 내용과 교수기법('무엇을 어떻게 가르치는가')으로 교육과정을 정의한다. 때때로 내용을 구체적으로 명시하지 않고 내용을 이끌어 내고 교수를 계획하는 과정으로 교육과정을 정의하기도 한다. 이 장에서는 내용, 기법, 내용추론과 교수계획 과정을 포괄하는 것으로 교육과정을 정의한다.

교육과정 모형들

다음에 제시된 세 가지 교육과정 모형은 특수교육요구를 가진 영유아들을 위한 조기중재 모형이다. ① 발달적 모형, ② 발달-인지적 모형 그리고 ③ 행동주의적 모형(Bailey et al., 1983; Hanson & Lynch, 1989). 이 모형들은 유아와 가족의 필요에 보다 즉각적으로 적용될 수 있도록 계속 수정되어 왔다. 가장 최근에 이루어진 수정은 자연주의적 고려로서 사회적, 물리적 환경과 유아 간의 상호작용에 초점을 맞추고 있다. 이 장에서는 전통적 교육과정 모형과 이 모형이 자연적 고려를 반영하여 이뤄진 수정에 대해 간략히 검토할 것이다. 모형들의 자연적 요소들은 조기중재를 위한 자연적 교육과정으로 통합되었다. 마지막으로 이 장에서는 자연적 교육과정을 실행하는 단계들을 소개한다.

1. 발달적 모형

발달적 교육과정 모형은 장애영유아를 위한 초기의 조기중재 접근모형으로 1960년대 빈곤가정의 유아들을 위한 보상프로그램(예: 헤드 스타트)에서 차용된 것이다. 유아기 보상프로그램은 빈곤상황에서 사는 유아들에게 경제적으로 풍족한 가정의 또래들과 유사한 경험을 제공함으로써의 이들의 경험을 증진하고 강화하려고 하였기 때문에 강화모형이라고도 불린다.

발달적 모형의 목적은 전형적 발달순서대로 유아가 성장할 수 있도록 영유아를 지원하는 것이다. 이 모형은 본래 내용모형으로 신체 발달(대소근육 운동), 적응행동 발달(자조 기술과 일상생활 기술), 사회성 발달 그리고 의사소통 발달영역에서의 발달 순서로 구성되어 있다. 교수전략은 일반영유아가 참여하는 활동들을 하게 하는 것이다. 따라서 목표로 하는 발달적 행동을 시연하거나 격려하는 기회들을 제공한다. 활동중심 중재와 같은 발달적 교육과정에 대한 최근의 접근에서는 자연적으로 발생하는 활동과 일과 속에 발달적 기술들을 삽입할 것을 권장한다(Pretti-Frontczak & Bricker, 2004; Horn, Lieber, Li, Sandall, & Schwartz, 2000).

발달적 교육과정 모형에 대한 최근의 시사점은 유아와 양육자 간의 상호작용을 강조하는 것이다. 상호작용은 순환적 과정이기 때문에 상호작용을 하는 두 사람을 한 단위로 간주하고 이 단위에 초점을 두어 평가와 교수를 진행해야 한다. 한 쌍에서 한 구성원의 행동은 다른 구성원의 행동에 영향을 준다. 보다 자연적 관점을 포함하는 방향(유아와 양육자 간 상호작용)으로 발달적 모형이 변화됨에 따라 '가족 중심이라는 조기중재 철학과 양립하게 된다. 조기중재는 장애영유아뿐 아니라 가족체제의 모든 구성원을 참여시킨다.

2. 발달-인지적 모형

발달-인지적 모형은 Jean Piaget(1952, 1954)의 연구에 기반을 두고 있다. Piaget는 생리적 성장 그리고 환경과 아동 간 상호작용의 결과로 인지 발달이 이루어진다고 하였다. 이 모형은 내용과 교수기법으로 정의되는 교육과정 모형으로 구성주의 혹은 상호작용주의 접근으로 간주된다. 내용은 발달적 모형과 유사하나 인지발달의 감각운동기(출생에서 2세) 기술의 발달순서들을 강조한다. 초기 학습에서 인지 기술의 발달은 보통 다섯 가지 영역에서 이루어진다. 대상영속성(눈앞에 보이지 않을 때도 사물이 여전히 존재함을 이해하기), 환경적 목적을 획득하기 위한 수단(목적 달성을 위한 수단으로 사물 이용하기), 인과관계(어떤 것이 일어나도록 사람이나 사물을 이용하기), 모방(구어적 행동과 제스처를 따라하기) 그리고 도식(사물의 성격에 적합하게 그 사물을 조작하거나 상호작용하기). 어떤 교육과정은 인지발달의 전조작기(2세에서 7세) 기술들을 포함한다.

발달-인지적 모형에서 교수기법은 도전적인 과제를 유아에게 제시하여 인지적 '불균형' 상태를 야기 시키는 것으로 Piaget의 상호작용주의 이론을 반영한다. 유아가 도전적인 과제를 해결하려고 시도할 때, 유아는 새로운 정보를 지적으로 조직해야 하고 새로운 정보의 관점에서 이전에 배운 정보를 조정해야 한다. 조직화와 조정의 인지적 과정을 '평형화' 라고 한다. 1970년대에 이 모형은 구성적 상호작용 조정모형(Bricker, Bricker, Iacino, & Dennison, 1976)과 보상교육과정 모형(Weikart, Rogers, Adcock, & McClelland, 1971)으로 조기중재에 적용되었다.

발달-인지적 모형을 조기중재에 적용하였을 때, 어떤 연구자들은 사회성 발달요소를 첨가하였다. 이러한 자연적 관점은 언어심리학자인 Jerome Bruner의 연구(Bruner, 1975, 1977)에 주로 기반을 두고 있다. Bruner는 초기의 사회성 기술을 초기 의사소통(혹은 전 언어적) 목적에 기여하는 사회-인지적 행동으로 설명한다. 그러한 기술은 성인의 시선 따르기(성인이 보고 있는 곳을 보기 위해 영아의 시선이 이동), 같은 곳에 주의 기울이기(성인과 영아가 같은 사물이나 활동에 동시에 지속적인 주의를 기울인다) 그리고 교대로 하기다.

덧붙여, 발달-인지적 모형은 환경통제에 대한 자연적 요소를 포함한다(Dunst et al., 1987; McCollum & Stayton, 1985). 영유아들은 자신의 행동이 사회적 · 물리적 환경에 예측 가능한 영향력을 가질 때 환경통제를 학습하게 된다. 유아가 자신의 욕구를 확인하거나 충족시키기 위해 성인에게 의존하는 정도를 줄여 주므로 환경통제는 중요하다. 환경통제 기술을 가르치기 위해 유아가 환경의 자극에 반응하고 필요나 욕구를 의사소통하는 미묘한 행동 방식에 주의를 기울여야 한다. 예를 들어, 영아가 음식이 담긴 숟가락을 보고 얼굴을 찡그린다면, 부모는 "그래, 지금은 더 먹고 싶지 않구나."라고 말하면서 음식을 물리고 유아에게 대신 우유를 줄 것이다. 일종의 의사소통으로 영아의 얼굴 찡그림에 대해 반응함으로써 얼굴표정 짓기를 사용하여 환경을 통제하도록(이 경우 얼마나 그리고 언제 영아에게 음식이 먹여지는지) 유아를 가르치게 된다.

3. 행동주의적 모형

행동주의적 교육과정 모형은 행동주의 심리학에 기반을 둔 교수기법 모형이다. B. F. Skinner, Sidney Bijou 그리고 Donald Baer와 같은 행동주의자들에 의하면, 인간 행동과 학습은 개인이 자극, 행위 그리고 행위의 결과간의 관계성(강화와 처벌)을 경험하게 되는 환경적 상호작용에서 비롯된다. 교육과정 접근으로서, 중재자나 교사는 유아에게 보다 의미 있고 유아의 주목을 끌 수 있도록 자극을 수정하고 유아가 정확한 반응을 하여 결과를 경험하도록 도우며 보다 개별화되고 강력한 강화를 제공하여 결과를 확실한 것으로 만들어 준다. 이런 기법들을 직접적 교수라고 하며 촉진하기, 형성하기 그리고 강화하기와 같은 전략들이 포함된다. 직접적 교수는 정교하고 일관된 양식으로 실시된다. 빈번한 자료 수집을 통해 학습 진도를 점검하고 자료 평가를 근거로 교수계획을 수정한다.

행동주의적 모형에서, 자연적 요소는 목적의 선정과 교수기법에 반영된다. 목적을 선정할 때 환경의 요구나 기대를 참조한다. 환경적 필요를 결정하는 한 가지 방법은 부모, 양육자, 또는 다른 가족구성원에게 그들의 일과, 일과에 유아 참여 그리고 유아가 일과에 참여하기 위해 배우기를 원하는 것을 말해 보도록 권하는 것이다(Mullis, 2002; Wolery, 1996).

행동주의적 모형에서 교수기법은 교사 중심의 교수기법에서 보다 자연적 절차로 바뀌었다. 예를 들어, 유아에게 두 단어 문장을 가르치기 위해 그림카드('큰 트럭')를 보여 주고 설명하는 대신, 유아가 주도적으로 말을 하는 자유놀이, 간식, 서클 그리고 이야기 시간 등 하루 일과 내내 두 단어 문장을 가르친다. 자연적 기법들은 다른 기술과 연계하여 특정 기술을 가르치는 방법들로 그 기술들이 전형적으로 수행될 때(Sailor & Guess, 1983), 그 기술들이 필요한 시간에(Hart & Risely, 1968), 자연적 자극과 결과를 이용하여(Falvery, Brown, Lyon, Baumgart, & Schroeder, 1980), 그리고 독립성과 유아 주도적 행동을 촉진하는 전략과 함께(Halle, 1982) 교수를 제공한다.

행동주의적 모형에서 새로 습득한 기술의 일반화에 대한 자연적 관심은 기술을 처음 가르칠 때부터 일반화를 계획함으로써 다루어진다. '일반화 사례' 방법이라고 불리는 교수절차를 통해 분리된 기술(예: 건포도 쥐기)보다 일반적 기술(예: 작은 물건 쥐기)을 교수목표로 선정하고 그 기술이 필요한 다양한 상황에서 교수를 제공함으로써 일반화를 촉진한다(Horner & McDonald, 1982). 예를 들어, 지체된 소근육 운동기술 때문에 손가락으로 음식 집어먹기가 어려운 걸음마기 유아에게 쥐기 기술(음식뿐 아니라)을 향상시키는 목표를 설정하고 하루 내내 다양한 무게와 모양의 작은 사물을 쥐도록 가르친다.

발달적, 발달-인지적, 행동주의적 모형은 각각 자연적 전략과 관점을 통합하였다(〈표 4-1〉에 모형들과 각 모형의 자연적 요소를 요약하였다.). 각 모형이 자연적 사항들을 강조함에 따라 모형들을 구분하는 경계선이 희미해지고 있다. 조기중재/유아특수교육의 추천 실제(Sandall, McLean, & Smith, 2000)에서는 자연적 교육과정 절차를 더욱 강조하는 평가 및 교수 실제를 다음과 같이 권장하고 있다.

1. 전문가들은 일과 상황에서의 유아의 실제적 행동에 근거한 평가 자료에 의지한다.
2. 전문가들은 유아에게 친숙한 맥락에서 유아를 평가한다.
3. 전문가들은 기술의 직접적 숙달뿐 아니라 유아가 여러 상황이나 여러 사람들에게 일관성 있게 그 기술을 사용할 수 있는지 평가한다.
4. 유아의 학습과 발달을 촉진하기 위해 다양한 상황과 자연적으로 발생하는 활동들을 활용한다.
5. 서비스는 자연적 학습 환경에서 적절하게 제공된다. 자연적 학습 환경으로는 일반유

아가 참여하는 가정이나 지역사회기관과 같은 장소를 들 수 있다.
6. 또래-또래, 부모/양육자-유아 그리고 부모-양육자 간의 긍정적 관계 형성을 촉진하는 환경을 제공한다.
7. 특수한 절차(예: 자연적 전략과 촉진/촉진 감소 전략)를 활동 중에 그리고 활동들 간에 삽입하고 분산하여 실행한다(pp. 24-25, pp. 34-35, p. 37).

평가에서 교육과정의 내용(중재 목적)을 다루므로 평가의 실제들은 자연적 교육과정 모형의 일부분으로 간주된다. 자연적 모형에서 장애유아는 일반또래들이 전형적으로 참여하는 자연적 환경에서 평가된다. 이러한 평가 전략을 사용함으로써 유아와 가족에게 중요하고 즉각적으로 유용한 기술들을 중재목적으로 설정하게 된다. 또한 자연적 조건에서 평가함으로써 평가결과가 정확하게 유아의 능력과 필요를 반영할 가능성이 증대된다. 기술의 수행이 실제로 필요한 자연적 환경(장애유아들만을 위한 특수교육 환경과 대조되는)에서 중재를 하게 된다. 자연적 환경은 사회적 상황뿐 아니라 물리적 상황도 고려한다는 점을 주목해야 한다. 다음 부분에서는 자연적 모형에 대해 설명한다.

〈표 4-1〉 조기중재와 유아특수교육에서 전통적 교육과정 모형

교육과정 모형	교육과정 유형	주요 특징	자연적 요소
발달적	내용	발달적 기술순서	-영유아와 양육자 상호작용의 순서
발달-인지적	내용과 교수기법	발달적 기술순서 인지적 기술순서	-사회성 · 인지발달의 순서 -환경통제 기술의 순서
행동주의적	교수기법	직접교수	-기술 계열화 -우발적 교수기법과 환경 교수기법 -일반화 기술

자연적 모형

자연적 교육과정 모형의 주요 목적은 가족의 문화적 가치나 기대와 일치하는 자연적 경험을 제공하여 유아의 환경통제, 참여 그리고 상호작용을 증진하는 것이다. 자연적 모형

은 교육과정의 과정모형으로 환경평가를 통해 내용을 추출하고 자연적 행동기법을 적용한 교수를 제공한다. 자연적 환경은 중재의 '원천이며 맥락'이다(Dunst, Hamby, Trivette, Raab, & Bruder, 2000, p. 151). 이 모형은 자폐유아를 포함한 모든 장애영유아들에게 적합한 중재모형이다(Schwartz, Billingsley, & McBride, 1998; Strain, Wolery, & Izelman, 1998). 이 장에서는 자연적 교육과정 모형의 주요 특성들: 내용, 맥락, 방법, 문화적 관련성 그리고 평가에 대해 설명한다. 상황적, 문화적 사상들이 모형 전체에 내재되어 있다.

I. 교수 내용

자연적 교육과정에서는 유아의 자연적 환경과 연령에 적합한 환경을 고려하여 각 유아의 교육 목적을 개별적으로 개발한다. 교육과정의 내용은 '유아와 함께 성장'한다. 연령이 증가함에 따라 유아가 참여하는 환경의 수도 증가하기 때문에 교육과정 내용도 다양해진 환경의 요구에 따라 달라진다. 제5장에서는 목적을 확인하는 과정에 대해 설명한다.

1) 연령에 적합한 기술들

연령에 적합한 내용은 일반영유아들에게 전형적인 기술과 활동들이다. 자연적 모형은 가족 일과와 활동의 전 범위에 걸쳐 유아가 참여하고 상호작용하도록 격려한다. 가족 일과와 활동 그리고 영유아의 연령 관련 기대는 가족의 문화와 가치에 영향을 받는다. 예를 들어, 양육자가 영아의 울음에 즉각 반응하는지 여부는 가족의 문화와 양육관에 영향을 받는다. 유사하게, 걸음마기 유아의 가사 돕기에 대한 기대(예: 유아가 개수대에 자신의 그릇을 가져다 놓는지 여부)는 문화나 가족의 가치에 거의 전적으로 영향을 받는다. 그러므로 자연적 교육과정 모형에는 가족의 일과, 활동 그리고 유아의 참여에 대한 기대 등에 대한 정보를 가족이나 양육자로부터 입수하는 전략도 포함된다.

신생아들에게 가장 중요한 환경은 부모-영아 상호작용이다. 영아는 들어오는 자극의 양과 질에 영향을 미치는 행동을 하여 환경을 통제한다. 이것은 영아가 환경에 영향을 주는 것을 학습하는 첫 번째 방법이다.

Brazelton의 연구는 영아의 환경통제를 촉진하는 중재를 이해하고 고안하는 데 특히 영향을 주었다(Als, Lester, & Brazelton, 1979; Brazelton, 1982). Brazelton에 의하면 신생아는 상호작용, 무질서, 재조직화 그리고 상호작용으로 복귀하는 신경학적이고 생리적 체제에 참여한다. 영아는 환경에 참여하고 상호작용하다가 결국에는 과잉자극을 받게 된다. 이러한 과잉자극은 신경운동과 생리적 무질서를 유발한다. 무질서가 발생하면 영아는 보채고 다른 곳을 쳐다보거나 잠을 잠으로써 그 환경에서 물러난다. 그 환경에서 물러남으로써 영아는 신경학적이고 생리적으로 재조직되어 항상성(생체 내의 균형을 유지하려는 경향)을 회복하고 환경으로부터 정보를 받아들이려는 동기나 에너지를 회복하게 된다.

부모들은 보통 영아의 신호를 인식하고 언제 상호작용 하는 것이 적합한지 결정하는 것을 배워야 한다. 그들은 영아가 언제 충분한 자극을 받았는지, 언제 휴식이 필요한지를 알아야 한다. 부모와 영아간의 성공적인 상호작용은 부모와 영아가 모두 상대방의 신호에 따라 반응하는 상호 반응적인 특성을 갖고 있다. 예를 들어, 부모가 멈추었다 다시 이야기하면 영아는 흥미 있게 부모를 쳐다본다. 이 사이클이 수차례 반복된 후 영아는 다른 곳을 쳐다본다. 부모는 이것을 아기가 피곤하며 휴식을 필요로 한다는 신호로 인식하여 게임을 중단하고 아기를 안아서 부드럽게 흔들어 준다.

영아가 장애를 가지면 영아의 신호를 쉽게 인식하거나 해석하기 어려울 수 있다. 영아 전문가는 영아-양육자 쌍을 관찰하여 양육자가 영아의 행동에 민감성을 보이고 영아의 주의를 효과적으로 획득, 유지, 종결하면 피드백이나 강화를 제공한다. 이런 방식으로 부모는 영아에게 반응적으로 대하기를 배우고 영아는 연령에 적합한 사회적 상호작용 기술을 배우게 된다. 영아-양육자 상호작용을 증진시키는 Brazelton(1982)의 전략은 양육자가 영아의 행동에 대해 적합한 민감성과 반응성을 보일 때 피드백이나 강화를 제공하는 것이었다. 중재자는 상호작용 기술을 시연하기 위해 양육자에게서 영아를 떼어 놓지 않는다. 대신, 중재자는 적합하게 반응하는 행동이 관찰되면 이를 강화해 줌으로써 부모 능력과 자신감을 촉진한다. 양육자의 상호작용 양식을 관찰함으로써 중재자는 자신의 양식과 다른 문화적 양식과 대인 간 양식도 배우게 된다. Cripe와 Venn(1997)은 양육자가 사용한 효과적인 전략을 중심으로 이러한 접근을 확대하여 취학 전 영유아의 가족들을 중재하였다.

영아가 성장함에 따라 물리적 환경과의 상호작용이 증가된다. 사회적 환경은 부모를 넘어서 형제, 친척 그리고 가족의 친구들까지로 확대된다. 자연적 교육과정에는 환경적 상호작용과 통제를 성취하는 더 광범위한 행동들, 특히, 사회적, 인지적 그리고 의사소통 기술들이 포함된다. 예를 들어, 형제가 장난감을 빼앗아 갈 때 영아가 울면 부모는 영아에게 장난감을 되돌려주게 함으로써 환경통제를 보여 준다.

생후 첫해 동안 영아는 사회적 상호작용과 의사소통적 상호작용의 기본을 형성하는 교대로 하기와 신호 보내기 기술을 학습한다. 피아제 모형의 감각 운동기 행동들과 같이, 사회-인지 기술들은 정신적 표상과 상징적 사고, 즉 사고와 행위를 대변하기 위해 단어를 사용하는 능력을 발달시키게 된다(Seiebert, Hogan, & Mundy, 1982, 1987). 부모가 장난을 반복하기를 요청하는 영아의 옹알거림에 반응할 때, 영아에게 옹알거림이 "다시 해 보세요."라는 의사소통 신호라는 것을 가르치고 있다. 예를 들어, 부모가 한 번 장난친 후 멈추고 영아가 의사소통 신호를 보내면 다시 놀이를 반복하는 것은 교대로 하기의 일과로서 대화할 때의 교대로 하기와 매우 유사하다.

걸음마기 동안 유아의 놀이는 정교해지고 유아는 다른 유아와 놀이하는 것에 관심을 보인다. 걸음마기 유아는 때때로 놀이로서(예: 아빠가 부엌 바닥을 쓸 때 함께 장난감 빗자루로 쓸기) 그리고 가족의 구성원으로서 다른 가족구성원의 일과(예: 식탁에 그릇 놓기, 형제와 공 주고받기)에 점차 참여하게 된다. 유아가 가족의 일과와 활동에 참여하는 대부분의 활동은 옷 입기나 목욕하기와 같은 일상생활 활동들이다. 처음에 유아의 참여는 기저귀를 갈 때 가만히 누워 있기나 셔츠를 벗을 때 팔 올리기와 같은 협동의 형태를 취한다. 걸음마기 유아는 취학 전 프로그램에 참여하는 기술들도 배우기 시작한다. 이 기술들은 대부분 집단에 참여하는 기술들(단순한 지시 따르기, 공유하기 그리고 과제나 화자에 주의 기울이기)이다. 마지막으로 유치원 시기 동안 놀이기술, 자조기술 그리고 학교관련기술은 점차 더 중요하게 된다. 사회적 상호작용 일과의 경우처럼, 문화적 선호와 양육자의 선호가 가족의 일상생활 일과와 유아의 활동 참여에 대한 기대에 영향을 준다.

유아교육과정에서 최근에 강조되고 있는 것은 발달에 적합한 실제로 언급되는 모형이다(Bredekamp & Copple, 1997). 발달에 적합한 실제는 연령 적합성과 발달 적합성이라는 두 가지 구성요소를 포함한다. 발달에 적합한 실제를 따르는 유아교육프로그램은 개별적으로 선택하기와 탐색적 놀이를 특성으로 하는 아동중심 교육과정을 강조하는 프로그램으로서 모든 유아들에게 같은 목표들을 설정하고 교사 주도적인 구조화된 교육과정을 운영하는 프로그램들과는 다르다. 발달에 적합한 실제모형은 각자의 흥미대로 탐색하도록 허용해 주면 유아들은 자신의 관심과 흥미에 따라 자신이 발달적으로 학습할 준비가 된 내용을 선택해서 학습할 것이라는 가정을 기반으로 한다.

그러나 중증장애를 가진 영유아들은 경도장애나 일반또래들과 같은 활동을 할 준비가 되어 있지 않다. 장애영유아들과 일반영유아들의 통합을 지원하기 위해 교육과정의 활동들은 각 유아의 준비도에는 맞지 않더라도 유아의 연령에는 적합해야 한다. 활동은 교수의 맥락이 된다. 구체적 목표 혹은 장애유아가 활동에 참여하는 방법은 유아의 독특한 필요를 다루기 위해 개별화된다. 유아교육과정에서 다른 참여유형과 수준을 허용하는 것은 교육과정이 연령에 적합하고 개별화되어야 한다는 발달에 적합한 실제의 기본 방향과 일치한다. 예를 들어, 장애유아는 아침 자유놀이시간에 퍼즐을 선택할 수 있고 퍼즐을 맞추기 위해 또래에게 한 번에 한 조각씩 건네줄 수 있다. 비록 퍼즐을 직접 맞추지는 못하지만 장애유아는 퍼즐 조각을 선택하고 또래와 협동적으로 놀 수 있다. 제12장과 제13장에서는 연령에 적합한 활동과 통합 상황에서 또래 상호작용과 독립성을 촉진하는 전략과 사례들을 제공한다.

자연적 교육과정 모형에서 연령에 적합한 내용은 자연적, 사회적 그리고 물리적 환경에 참여하기 위해 유아들에게 필요한 기술들을 포함한다. 각 가족의 사회적 · 물리적 환경은 독특하며 문화, 개인적 선호 그리고 대인 간 양식에 영향을 받는다. 환경은 영아가 성장하고 발달함에 따라 확대된다. 통제, 참여 그리고 상호작용에 필요한 행동의 범위가 증가함에 따라 자연적 교육과정 모형의 내용도 확대된다. 연령 적합성과 유아의 준비도가 일치하지 않으면 유아의 능력과 요구에 맞게 연령에 적합한 내용을 조정한다.

2) 현재 환경과 장래 환경에 참여하기 위한 기술들

자연적 교육과정 모형에서는 자연적 환경의 일과와 활동을 확인하고 분석하여 교육과정내용을 선정한다. 일과와 활동을 확인하고 분석하는 방법들이 많이 있다. 한 가지 방법은 부모나 양육자와 면담하는 것으로 그들의 일과와 활동 그리고 그 일과와 활동에 영유아의 현재 참여 정도에 대해 물어본다. 각 일과와 활동에 대해 논의하면서 잠정적 목적과 목표를 조직화한다(Cripe & Venn, 1997; McWilliam, 1992). 생태학적 평가에서 확인된 일과와 활동은 유아의 능력, 흥미 그리고 기질을 반영할 것이다. 예를 들어, 병원에 입원한 유아는 한두 명의 다른 유아들과 거친 놀이를 피하면서 잠깐씩 놀 것이다. 대조적으로 다른 유아는 거친 놀이를 즐기며 대집단 유아들과 함께 하는 시간이 많을 것이다.

각 가족의 독특성은 가정의 생태학적 평가에 반영된다. 각 가족의 일과와 활동은 가족구성원, 직장이나 학교에서의 역할 책임, 여가생활의 흥미와 선호 그리고 대인 간 필요와 강점과 같은 요인들에 따라 다르다. 문화는 가족의 생활방식에 반영되어 있고 교육과정 내용이 추출되는 일상 일과와 활동에도 반영된다. 예를 들어, 문화는 가족구성원의 역할(누가 잔심부름을 할 것인가), 식사시간과 잠자리 배열 그리고 사회적, 종교적 활동에 참여하는 정도와 성격에 영향을 준다.

장래의 환경에 필요한 기술들에 초점을 둔 생태학적 평가 전략은 생존기술모형이다. 생존기술은 어린이 집과 유치원에서 유아들에게 기대하거나 필요하다고 유아교사가 생각하는 행동들이다(McCormick & Kawate, 1982; Murphy & Vincent, 1989; Noonan et al., 1992; Vincent et al., 1980). 중요한 기술 목록이 유아교사들을 대상으로 실시한 설문조사를 통해 추출되었다. 생존기술평가와 교수 접근은 제14장에서 설명된다.

자연적 모형에는 발달적 모형과 발달-인지적 모형에서 파생된 조기중재 목적들도 포함된다. 이 모형들에서 중재목적은 장애유아의 기술수준과 전형적 발달순서를 비교함으로써 확인된다. 유아가 계열적 발달평가에서 실패하는 기술에서 교수활동을 시작한다. 발달평가에는 보통 사회성, 의사소통, 일상생활, 소근육 운동, 대근육 운동, 식사 그리고 인지 기술의 발달순서들이 포함된다.

발달적 목적들은 적합한 평가도구로 사용되어 의미 있고 연령에 적합한 목표들을 이끌어내는 데 기여하므로 이들은 유아기 평가와 교육과정 개발에 포함된다. 이러한 접근은 조기중재 프로그램에 다니는 대다수의 유아들인 장애위험 유아나 경도지체유아 및 장애유아에게 서비스를 제공하는 데 적합할 것이다. 발달평가는 중증중복장애 유아들의 평가도구나 교육과정평가로는 적합하지 않다. 유아의 수행에 변화가 있다고 해도 이 변화가 발달 이정표상의 기술 달성에는 미치지 못하므로 발달순서가 가장 효과적인 교수순서라고 할 수 없다(Baer, 1970). 대신, 이 유아들이 연령에 적합한 기술과 기능적 기술들을 성취하도록 기술을 조정해 주는 것이 더 실제적일 것이다.

2. 교수 맥락

맥락은 다른 조기중재 교육과정 모형들과 구분되는 자연적 모형의 특성이다. 자연적 모형에서는 교수내용을 결정하고 교수방법을 실행하며 유아의 진보를 평가하기 위해 자연적 경험(사회적, 비사회적 학습 기회)에 초점을 둔다. 교수는 가족이 안내하는 일과의 맥락에서 일어나는(Cripe & Venn, 1997) '상황에 적합한 학습' 으로 실행된다(Dunst et al., 2001). 자연적 교육과정 모형에서 일상적 경험의 중요성을 보여 주는 예로 매주 1회 지역사회 놀이집단에 참여하는 미시라는 2세 여아를 생각해 보자. 놀이집단은 보통 5명의 2~3세 유아들로 구성되며 유아들은 노래 부르기, 신체발달 활동 그리고 간식시간에 함께 참여한다. 미시는 다른 아동들과 놀이하면서 장난감을 전달하고 교대로 활동하기와 같은 단순한 규칙을 따른다. 그러나 가정에서의 관찰과 가족들의 보고에 따르면 미시는 보통 두 언니들(4세와 5세)의 놀이를 옆에서 지켜보기만 한다. 미시의 부모는 미시가 언니들과 함께 놀이하기를 원했다. 집에서의 경험은 미시의 사회성 기술과 놀이 기술에 대해 놀이 집단과는 매우 다른 정보를 제공한다. 교수계획은 가정환경의 특성을 반영하여 수립된다. 가정환경에 미시의 두 언니들이 포함되므로 미시뿐 아니라 자매들의 놀이 행동에 대한 교수계획도 수립한다. 미시가 게임을 어떻게 하는지 모를 때도 미시를 그들의 놀이에 초대하고 미시가 참여할 수 있는 다양한 방법을 보여 주도록 미시의 언니들을 가르친다. 또한 언니와 놀고 싶을 때 언니들 가까이로 기어가도록 미시를 가르친다. 교수의 성공여부는 가정에서 언니들이 전형적으로 함께 놀이를 하는 시간인 방과 후와 주말 동안 평가된다. 이 교수의 모든 단계—목적 선정, 교수 그리고 평가—에서 맥락이 중요한 영향력을 가진다.

신생아에게 가장 중요한 환경은 가정으로서 가정은 대부분의 사회적 경험이 발생하는 환경이다. 생후 첫 수개월을 지나 영아가 성장하면서 가족의 사회적 상호작용 맥락은 확장되어 확대가족과 친구들을 포함하기 시작한다. 게다가, 영아들은 점차 사물들을 포함하여 환경적 자극에 더 많은 주의를 기울인다. 걸음마기와 취학 전 유아들의 물리적 환경은 이웃, 놀이터, 공원 그리고 백화점과 같이 가정 바깥의 환경들로 확대된다. 유아들은 환경의 사물들과 폭넓게 상호작용하고 점점 더 독립적이 되어 간다. 그들의 사회적 영역은 이제 또래, 이웃 그리고 가족구성원들을 포함하게 된다.

모든 연령에서 문화, 개인의 생활방식, 가족의 선호는 유아가 다양한 환경에서 보내는 시간의 비율과 양에 영향을 준다. 예를 들어, 어떤 가족은 필요할 때 아동양육을 부탁할 수 있는 확대가족이 있다. 그들은 유아를 유치원에 보내지 않기로 결정할 수 있다. 주말의 사회적 활동은 주로 가족모임과 교회활동이다. 대조적으로 어떤 가족은 근처에 확대가족이 살고 있지 않아서 지역사회 어린이 집이나 놀이방에 의지한다. 그들은 몇 명의 친구나 동료로 구성된 더 작은 사회적 네트워크를 가진다. 그들은 정기적으로 박물관의 아동 활동이나 레크리에이션 센터의 스포츠와 같은 지역사회의 주말 가족활동에 참여한다.

자연적 교육과정 모형에서 교수의 맥락은 자연적 경험들이다. 자연적 경험은 교육과정 내용의 원천이며 교수환경이다. 자연적 경험의 수와 다양성은 영유아가 성장함에 따라 확대되고 각 가족의 독특한 경험들을 포함한다.

3. 교수 방법

자연적 모형은 최소한으로 개입하는 교수방법을 사용한다. 즉, 자연적으로 발생하는 사건과 유사하게 보이는 교수를 한다. 게다가, 교수방법과 유아의 '기질 간 적합성' 이 있어야 한다. 기질은 개인의 행동양식으로 활동 수준, 강도, 기분상태, 지속성 그리고 새로운 경험에 대한 반응 차원들을 포함한다. 기질은 유아가 무엇을 하는가가 아니라 유아가 어떻게 하는가에 큰 영향을 미친다(Pelco & Reed-Victor, 2003). 교사는 기질에 대해 관심을 가지고 교수방법에 대한 유아의 반응에 세심하게 주의를 기울여야 한다. 예를 들어, 유아가 신체적 촉진에 저항하면 교사는 다른 유형의 촉진(예: 시범)을 시도해야 한다.

1) 신생아와 영아를 위한 교수절차

신생아기 동안 교육과정 내용은 부모-영아 상호작용에 주안점을 두며 주요 교수절차는 부모-영아 상호작용을 관찰하고 부모가 영아의 신호에 반응할 때 긍정적이고 설명적인 피드백을 제공하는 Brazelton의 접근법이다(Als et al., 1979; Brazeton et al., 1982). 조기중재자들은 생후 몇 개월이 지난 영아들에게도 Brazeton의 접근법과 유사한 교수법을 사용해 왔지만 이제는 사회적 경험을 확장시키는 더 다양한 상호작용 유형들에 초점을 두어 교수해야 할 것이다(Dust et al., 1987; McCollum & Stayton, 1985). 예를 들어, 환경통제를 하도록 영아를 지원하고 사회적 상호작용에 더 효과적으로 참여하도록 부모를 가르치기 위해 Dunst와 동료들(1987)은 다음과 같은 상호작용 접근들을 추천하였다.

- 유아의 행동에 민감할 것
- 유아의 행동을 상호작용하려는 의도로 해석할 것
- 유아의 주도적 행동에 반응 할 것
- 지속적인 주도성을 격려할 것
- 능력을 지원하고 격려할 것

이러한 상호작용 접근은 안내된 학습, 기대 위반, 신기성의 도입(Dunst, 1981) 그리고 우발적 교수(Hart & Risley, 1968)를 통해 실시될 수 있다. 어떤 문화적 배경을 가진 가족들은 부모-영아 상호작용을 우선순위에 두지 않는다(Chen & McCollum, 2001).

안내된 학습에서는 영아의 관심을 끌고 높은 동기를 유발하며 적절한 난이도를 형성하여 도전하기에 최적이 되도록 놀이 혹은 교수 상황을 신중하게 조직한다. 안내된 학습을 이해하기 위해 다양한 물건(예: 나무 숟가락, 금속 숟가락, 먼지털이)을 다양한 바닥(예: 알루미늄 쿠키판, 나무 들통 혹은 잡지)에 두드려 봄으로써 사물을 탐색하는 10개월 된 영아의 경우를 살펴보자. 이 영아는 물건 두드리기를 즐기며 사용 가능한 여러 가지 물건이나 바닥들이 흥미를 끌므로 상황이 영아를 유혹하고 있다. 과제의 환경적 조직이 학습을 안내한다. 또한 환경의 이러한 조직은 영아의 현재 수행수준에 대한 민감성을 반영하며 성인의 교수 없이도 영아가 활동에 참여하도록 격려하며 능력을 지원하고 격려한다.

기대 위반 절차를 위해 예측가능하고 반복적 놀이순서를 형성해야 한다. 그런 다음 예고 없이 순서를 바꾼다. 기대 위반은 영아를 놀라게 하고 영아의 관심과 호기심을 증진시키며 마치 "무슨 일이 일어났지?"라고 말하는 것처럼 의사소통적인 반응(어리둥절한 눈빛으로 성인을 쳐다보기, 옹알거리기 혹은 웃기)을 자극한다. 천으로 웃는 얼굴을 가렸다가 다시 웃는 얼굴을 내보이는 행동이 반복되는 까꿍 놀이를 하면서 성인이 얼굴을 보이고 갑자기 웃지 않거나 눈을 감아 버리면 영아의 기대를 위반하게 된다. 영아는 보통 그러한 위반에 의사소통적인 반응을 할 것이다. 기대되는 순서대로 다시 행동하라고 요청하는 것 같은 영아의 어떠한 의사소통에도 성인은 반응해야 한다.

신기성의 사용은 최소한으로 개입적인 기법으로 탐색적 행동을 동기화할 수 있다. 예를 들어, 모든 장난감을 한꺼번에 영아 주위에 놓아두지 말고 하루에 한두 가지씩만 준다. 매일 장난감이 바뀌고 바뀐 장난감들은 흥미롭기 때문에 놀이를 격려하게 된다. 이 기법은 영아 주도적 행동을 격려한다.

강화된 환경교수(enhanced milieu teaching)는 유아의 사전 결정된 행동이 교수 기회를 확인하는 데 이용되는 교수기법들이다. 예를 들어, 손이 닿지 않는 위치에 놓여 있는 장난감에 영아가 손을 뻗치면(사전 결정된 행동), 발달적으로 보다 정교한 행동을 격려하기 위해 교수(바람직한 반응을 시범 보이거나 촉진한다. "무엇을 원하는지 말해 보렴.")를 실시한다. 강화된 환경교수는 상호작용하려는 의도로 영아의 행동을 해석하고 반응하여 사회적 상호작용 행동을 조성하는 전략이다. 강화된 환경교수는 제9장에서 자세하게 설명된다.

2) 2~6세 유아들을 위한 교수 절차

강화된 환경교수방법들은 2~6세 유아들을 위한 중요한 교수절차다. 이 방법들은 독립적 행동과 주도적 행동을 촉진하는 데 매우 효과적이다. 보다 통제적이고 성인 주도적인 교수를 포함하는 체계적 교수절차들도 자연적 교육과정 모형에 포함되지만 이 절차들은 일반화를 촉진하는 특수교수기법과 병행하여 사용된다. 예를 들어, 일반화 사례 교수절차(Horner & McDonald, 1982)는 우발적 교수보다 더 교사 주도적이며 더 정확하게 구조화되어 있지만 일반화를 촉진하는 데 효과적이다.

일반화 사례교수는 두 가지 전략을 사용한다. 목표는 분리된 기술이 아니라 일반화된 기술로 작성된다(예: "유아는 건포도를 집을 것이다." 보다는 "유아는 건포도, 작은 물건, 단추, 또는 컵을 쥘 것이다."). 일반화된 기술은 다양한 상황에서 다양한 자료들(예: 아침식사시간에, 아침에 옷을 입을 때 그리고 휴식시간 동안)을 이용하여 가르친다. 상황과 자료를 선정할 때, 기술이 일반화되기를 기대하는 상황이나 자료의 특성들을 대표하는 상황이나 자료들을 선택한다. 이러한 기법들 모두가 일반화 사례 교수의 일부분이다.

자연적 모형에서 교수절차는 효과적이지만 알아채기 어렵고 일반화를 촉진하며 유아와 가족의 자연적 장면, 일과 그리고 활동에 적합한 교수를 강조한다. 교수가 자연스러울수록 학습된 새로운 기술이 일반화되어 자연적 상황에서 사용될 가능성이 높아진다.

3. 문화적 적합성

연구들에 의하면 주로 학습양식과 대인간 의사소통을 통해 문화가 학습에 영향을 미치는 것으로 나타났다(Tharp, 1989). 자연적 교육과정 모형에서는 많은 심리 · 사회적 변인들이 내재되어 있어 교수가 유아의 학습양식과 의사소통양식에 반응적이 될 수 있도록 해준다. 이러한 변인들은 다음을 포함하며 제시된 것들에만 국한되는 것은 아니다.

- 교수 조직(개별 활동, 집단 활동, 구어적 발표 등)
- 가르치는 절차(유아 경험과의 연관성, 교수 속도 등)
- 의사소통양식(시선 맞추기, 직접 촉진하기, 질문하기, 유아 이름 부르기 등)
- 강화 전략(여러 사람들 앞에서 인정해 주기, 보상 유형 등)
- 수행 기대(앉아 있기, 말로 반응하기, 자발적으로 반응하기 등)

이러한 변인들이 학습에 지대한 영향을 미치지만 개개인은 보통 그것을 인식하지 못한다. 그래서 유아의 부모나 양육자는 유아의 학습양식과 선호하는 의사소통에 대해 중재자에게 말해 주지 않을 수도 있다. 유아의 학습양식과 선호하는 의사소통을 파악하기 위하여 교사는 장애유아와 가족 그리고 가족구성원들 간의 상호작용을 관찰할 필요가 있다. 확인이 되면 교수전략에 포함시켜야 한다. 예를 들어, 어떤 부모는 유아가 직접적 질문에 반응하는 데 시간이 더 필요한 듯하면 기다려 준다. 유아가 반응할 동안 충분히 기다리는 것은 많은 인디언들의 특성이다(Yamauchi & Tharp, 1995). 교수계획을 수립할 때 유아를 기다려줄 충분한 시간을 고려하지 못하면 비효과적인 교수가 된다. 이것은 부모와 유아 간의 전형적인 주고받기 게임과 같이 더 느린 속도로 교수를 하는 것을 의미한다. 제7장에서는 교수과정에 문화적 적합성을 다루는 전략들을 소개한다.

4. 평가 방법

자연적 교육과정 모형에서 평가의 주요 초점은 자연적 장면에서 일반화된 성취 목표다. 일반화는 일반화 사례교수를 통해 촉진되며(제6장 참조) 교수 상황과 비슷하지만 교수가 제공되지 않은 장면에서 평가된다. 예를 들어, 언니나 이웃집 유아에게서 물건을 빼앗지 말고 놀이에서 차례를 지킬 것을 요청하라고 4세 유아에게 가르친다. 일반화는 어린이 집이나 토요일 공원과 같은 자연적이면서 비교수적 장면에서 평가된다. 평가는 전통적 평가에서처럼 전형적인 임상적 혹은 인위적 환경이 아니라 기술 수행이 기대되는 자연적 조건에서 실행된다. 제5장과 제6장에서는 유아의 교수 진도를 평가하는 전략들을 검토한다.

자연적 교육과정의 실시

다음의 일곱 단계는 자연적 교육과정을 실시하는 안내서다. 각 단계들은 전통적 모형과 관련 서비스로부터 나온 내용과 전략이 어떻게 자연적 교육과정 모형으로 포함될 수 있는지를 보여 준다.

1단계: 아동-중심계획을 수립한다.

제5장에서 상세히 설명한 것처럼 자연적 교육과정 모형에서 첫 번째 과제는 유아와 가족에 대해 파악하는 것이다. 아동-중심계획을 수립(Mount, 1994; Vandercook et al., 1989)하기 위해 조기중재/유아특수교육 팀은 유아가 어떤 사람이며 유아의 희망적 미래상에 대해 토론할 기회를 가진다. 아동-중심계획을 수립하는 목적은 다음과 같다.

- 유아의 가정과 학교 환경에 있는 현재의 자원, 잠재적인 자원 그리고 자연적 지원들을 확인한다.

- 유아의 생활에서 중요한 사람들이 유아의 강점을 제대로 파악하도록 해 준다.
- 자연적 환경에 유아를 참여시키는 공동의 비전을 개발한다(McCormick, 2003b, p. 245).

유아의 필요와 가족의 관심사에 대해 아는 것이 중요하지만, 인간-중심계획은 가족과 지역사회의 자원과 지원, 유아의 재능과 강점 그리고 유아의 장래에 대한 긍정적인 꿈과 비전과 같은 긍정적인 면들을 강조한다. 즉, 유아의 장애에 고착되기보다 이러한 계획을 세우고 꿈이 실현될 수 있도록 중재 노력을 이끄는 데 그 목적이 있다.

2단계: 생태학적 평가를 실시한다.

1단계에서 비전과 유아의 이상적인 날들에 대해 이야기하면서 팀은 유아의 매일 매일을 구성하는 일과와 활동들의 목록을 만든다. 어떤 일과와 활동들은 이미 가정이나 학급에서 일어나고 있는 것들이며 어떤 일과나 활동들은 인간 중심계획 수립을 위해 논의하는 과정에서 새롭게 만들어진다. 유아의 현재 수행수준과 교수 필요를 결정하기 위해 이러한 일과와 활동들에 대한 유아의 참여도를 평가한다. 생태학적 평가를 실시하는 상세한 절차는 제5장에서 설명된다.

3단계: 교수목표를 개발한다.

생태학적 평가에서 획득된 정보는 교수목표를 작성하는 데 활용된다. 일과나 활동에서 유아의 수행수준과 팀이 판단한 기대수준과 수행수준 간의 불일치를 다루어야 할 중요도에 따라 각 일과나 활동마다 한 가지 이상의 교수 목표가 작성된다. 예를 들어, 유아는 하루 내내 많은 활동들에 적용할 수 있는 기술(예: 또래나 성인의 질문에 반응하기)을 필요로 할 수 있다. 자연적 모형에서 교수목표는 다음과 같은 특성을 지닌다.

- 교수목표는 자연적으로 발생하는 일과와 활동들에 참여하도록 지원한다.
- 교수맥락을 구체적으로 명시한다.
- 교수목표는 일반화 기술들을 다룬다.
- 기능적 준거가 포함된다.

다음의 교수목표는 이러한 네 가지 특성을 모두 갖추고 있다.

유치원에서 간식과 점심식사, 집에서 저녁식사시간(자연적으로 발생하는 일과, 일반화된 장면과 성인들)에 보조 손잡이가 부착된 작은 숟가락을 주면, 요니타는 숟가락을 쥐고 으깬 감자, 야채 죽, 또는 푸딩과 같은 걸쭉한 음식이나 말랑 말랑한 음식(일반화된 음식유형)을 떠서 숟가락에 음식이 절반 이상 담긴 상태에서 음식이 입에 들어올 때까지(기능적 준거) 숟가락을 쥐고 들어 올릴 것이다. 5번의 식사시간에 연속해서 식사 때마다 다섯 내지 여섯 번 이러한 행동을 할 것이다.

개별화가족지원계획과 개별화교육계획의 교수목표 개발에 대해 제3장에서 논의하였다.

4단계: 교수계획을 수립한다.

각 목표에 대해 개별화교수계획을 수립한다. 날짜, 유아 이름, 목표 외에 교수계획에는 여섯 가지 구성요소를 포함해야 한다([그림 4-1] 참조).

- 교수맥락과 기회: 언제, 어떤 상황에서 교수 계획을 실시할 것인가? 누가 교수를 제공할 것인가?
- 신체자세나 자료의 배열: 유아가 목표 기술을 수행하기 위해 특수한 자세 잡기를 필요로 하는가? 어떻게, 어디에서 자료들을 제시할 것인가? 특수한 자료가 필요한가?
- 교수기법: 기술을 가르치고 유아가 기술을 정확하게 수행하도록 하기 위해 어떤 교수기법을 사용할 것인가? 유아가 정확한 반응을 하도록 동기를 부여하고 지원하기 위해 어떤 논리적 선행 사건(Pretti-Frontczak & Bricker, 2004)을 제공할 것인가?
- 유아의 반응: 기대되는 구체적 반응은 어떤 것인가? 유사한 기술이나 변형된 기술을 정확한 반응으로 수용할 것인가?
- 정확한 반응의 결과: 유아가 정확한 반응을 하면 유아를 어떻게 강화하는가? 자연적 강화물은 명확한 것인가? 명확하지 않으면 더 명확하게 만들 수 있는가? 유아가 정확하게 반응하면 추가적 교수를 제공하는가?
- 부정확한 반응의 교정: 유아가 반응하지 않거나 부정확하게 반응할 경우 어떤 교수기법을 실시하는가? 교정 절차 이후 유아가 정확하게 반응하면 강화물을 제공하는가?

대부분의 교수는 한 가지 이상의 상황에서 실시되고 목표들은 일반화 사례목표로 개발되기 때문에 교수계획은 일반화 사례계획으로 작성된다(Horner, Sprague, & Wilcox, 1982). 제6장에서는 교수계획의 개발에 초점을 두며 교수의 구성요소들을 자세하게 설명할 것이다.

| 일반화 사례 계획 |

유아: 피아 **날짜:** 2005. 04. 02.

목표: 아침과 오후 낮잠에서 깨어나면, 12번의 연속적 기회 중 8번 피아는 잠자고 있는 방 바깥에서도 들을 수 있는 소리를 낼 것이다.

중재의 맥락/기회: 아침에 그리고 집이나 유치원에서 낮잠을 잔 후, 피아가 깼다는 것을 알았을 때	**유아 반응:** 피아는 침실 밖에서 들을 수 있는 소리를 낼 것이다.	**정확한 반응의 결과:** 피아를 즉시 안아서 올리고 "일어날 준비가 되었구나!" 라고 말하면서 침실 밖으로 데리고 나온다.
신체적 자세 잡기와 자료: 오른쪽 방향으로 피아의 무릎 사이와 머리 아래에 베개를 하나씩 놓아 주고, 왼쪽 무릎과 엉덩이를 구부려 준다.		
중재 기법: 1. 피아에게 다가가서 그녀가 소리를 낼 때까지 혹은 3분 동안 말을 건넨다(5일 동안 이렇게 한다). 2. 방에 들어가 피아가 볼 수 있는 위치에서 그녀가 말을 하기 전에 6초간 기다린다. 6초 동안 정확한 반응(6초-지연)을 기다린 후, 3단계로 이동한다. 3. 10초 동안 방 밖에서 기다린다.	**과제 분석(적용 가능하면):** 해당 사항 없음	**부정확한 반응이나 무반응의 결과:** 피아에게 다가가서 "일어날 준비가 되었니?" 라고 말한다. 6초간 기다린다. 그녀가 소리를 내면 정확한 반응을 한 것처럼 반응한다. 그녀가 소리를 내지 않으면 정확히 6초간 방을 떠나 있는다. 그녀가 그 시간 내에 소리를 내면 정확한 반응을 한 것처럼 반응한다. 그녀가 소리를 내지 않으면 그녀를 안아 주고 다음에 다시 시도한다.

[그림 4-1] 고수계획안

교수의 효과성을 점검하기 위해 자료수집체계를 개발해야 한다. 수집할 자료유형은 목적에 명시된 준거수준에 상응해야 한다. 예를 들어, 유아가 세 번 연속해서 놀이 시간에 최소 3회 이상 자료를 함께 사용해야 한다면, 유아가 또래에게 자료를 주는 횟수를 기록

해야 한다. 진도를 점검할 수 있도록 자료를 수집한다. 진전이 없거나 지나치게 느리게 진전되면 교수계획을 수정해야 한다. 제5장에서는 측정, 자료 수집 그리고 평가 방법을 설명할 것이다.

5단계: 교수일정을 준비한다.

교수목표와 교수계획이 개발되었으면 교수기회를 확인하여 일정을 짜야 한다. 일정표 매트릭스([그림 4-2])는 개별 일정을 작성하는 데 유용하다. 일정표 매트릭스를 완성하는 첫 단계는 가장 왼쪽 칸에 활동의 일과들을 기입하는 것이다. 유아가 매주 1~2시간 동안 기관 중심 혹은 가정 중심 영아프로그램에 다니면, 영아프로그램을 위한 일정표와 영아프로그램에 가지 않는 날의 일정표, 두 가지 일정표를 개발한다. 유아가 어린이 집이나 유치원에 다니면 하루에 일어나는 활동을 매일의 프로그램 일정에 기입한다.

두 번째 단계는 유아의 교수목표를 일정표의 상단에 기입하는 것이다. 세 번째 단계에서 각 교수목표와 관련 활동이 교차되는 칸에 ∨표를 하여 그 시간 동안 해당 목표를 가르친다는 것을 표시한다. 팀은 전체 일정표를 검토하여 각 활동들이 교수하기에 적합한 시간인지 결정한다. 예를 들어, 유아가 이웃 또래와 놀이할 때 자료를 함께 사용하는 것이 목표라면 함께 사용하기 목표 아래쪽과 이웃 또래와 놀이 시간 옆으로 만나는 칸에 ∨표를 한다. 팀은 또한 유치원에서의 아침 자유시간과 오후에 형제들과 놀이시간 난의 옆으로 만나는 칸에도 ∨표시를 한다.

모든 교수목표를 다루는 것이 불가능하면, 팀(가족을 포함하여)은 우선순위를 정하여 어떤 목표들에 가장 관심을 기울일 것인지 결정해야 한다. 특정 교수목표들을 가르칠 충분한 자연적 기회가 없으면 자연적 기회를 새로 만든다. 예를 들어, 옷 입기를 연습할 교수기회가 더 많이 필요하면 유아가 낮잠을 잔 후에 셔츠를 갈아입는 기회를 제공한다.

자연적 학습기회를 강조하면 많은 교수활동들이 가정에서도 이루어진다. 따라서 조기중재 교사는 유아를 가르치는 데서 유아의 학습을 증진하도록 가족/양육자를 지원하는 것으로 초점을 바꾸어야 한다(Jung, 2002; Mullis, 2002). 가족/양육자는 교수계획을 언제 가장 잘 실시할 수 있는지 결정해야 한다. 직장 출근이나 학교 등교를 준비해야 하는 아침 시간에 독립적으로 식사하기 계획을 실시하려면 가족은 지나친 압박감을 가질 수 있지만 저녁식사 시간이나 주말의 점심식사 시간에 교수를 실시하면 더 편안함을 느낄 것이다. 유아가 어린이 집이나 유치원에 다니면 다른 유아들의 교수 필요와 개별 일정 그리고 교

| 일정표 |

아동: 피아 날짜: 2005. 04. 02.

목표 하루 일과	앉기	손 뻗기	독립적으로 식사하기	옷 입기	장난감을 가지고 놀기	교대로 하기	선택 또는 요청하기 위해 손으로 가리키기	소리내기
오전 6:30~6:45 씻기 기저귀 갈기 옷 입기								
6:45~7:15 아침식사								
7:15~9:00 놀이상자(엄마는 집안일) 기저귀 갈기								
9:00~9:30 엄마와 놀기								
9:30~11:00 낮잠 기저귀 갈기								
11:00~11:30 독립적으로 점심 먹기								
11:00~12:00 부엌에 엄마와 있기								
오후 12:00~1:30 엄마와 외출, 공원, 산책								
1:30~2:00 기저귀 갈기 청소/ 휴식								
2:00~3:00 낮잠								
3:00~5:30 형제와 교대로 하기 놀이								

[그림 4-2] 일정표 예시

직원 비율을 고려하여 전체 유아집단의 일정을 완성해야 한다.

6단계: 교수를 실시한다.

교수계획이 개발되고 일정이 짜이면 교수를 시작한다. 가능한 계획대로 교수를 정확하게 실시해야 교수의 효과를 판단할 수 있다. 동일한 교수계획을 실시하는 교직원과 가족구성원은 정기적으로 서로를 관찰하여 그들이 같은 방식으로 교수를 실시하고 있다는 것을 확인해야 한다.

7단계: 진도를 점검한다.

교수계획안의 진도를 정기적으로 점검해야 한다. 자료를 수집하는 간격과 빈도는 변할 수 있다. 어떤 교수계획의 경우, 매주 1회 아기가 영아 프로그램에 올 때 영아 전문가는 매우 정밀한 자료를 수집한다. 가족들은 그들이 어느 요일에 교수를 실시하였으며 유아가 기술을 독립적으로 혹은 도움을 받아서 수행했는지를 기록한 간단한 자료(체크리스트)를 보관한다. 유아가 유치원에 다니면, 우선순위가 높게 책정된 교수계획에 대해서는 매일 자료를 수집하고 우선순위가 낮은 목적은 덜 빈번하게 점검한다.

대부분의 교수목표는 일반화 사례목표로 작성되므로 일반화가 일어났는지 평가할 필요가 있다. 기술을 교수하지는 않았지만 그 기술의 사용이 기대되는 상황에서 영유아를 관찰함으로써 일반화를 평가한다. 사촌과 가족 소풍을 가서 혹은 위탁양육자의 집에서 또래와 함께 있는 유아를 관찰함으로써 일반화를 평가한다. 새로운(비교수적) 상황에서 일반화가 나타나면 일반화 목표가 숙달된 것이다.

자료를 자주 수집할수록 더 정확하게 진도를 점검할 수 있다. 충분한 자료를 수집하여 수행상황을 명확하게 파악하기 위해 그래프(보통 5~6개의 자료 점)를 그려서 자료를 검토하면 교수계획을 계속 실시할지 혹은 변경할지 결정할 수 있다. 진도가 기대한 대로 진전되지 않으면 교수계획의 일부분을 수정하여 실시한 후 수정한 교수계획의 효과를 평가한다(다시, 5~6회의 자료점을 수집한다.). 자주 진도를 점검함으로써 개인차와 필요의 변화에 반응적이고 역동적인 교수계획을 수립할 수 있다.

이상의 일곱 단계를 통해 영유아와 가족의 독특한 생태학에 기반을 둔 개별화교육과정을 만들 수 있다. 개별화교육과정은 사정과정으로 시작하여 개발, 실시 그리고 교수계획의 계속적 평가로 진행된다. 앞서 지적한 것처럼, 제5장에서 교수계획의 개발과 점검에 대해 자세하게 설명할 것이다.

자연적 교육과정 모형은 발달적, 발달-인지적 그리고 행동주의적 교육과정 모형의 자연적 경향에서 나온 것이다. 가정, 이웃, 어린이 집 그리고 학교 환경을 포함하는 자연적 환경에의 참여를 증진하고 상호작용을 촉진함으로써 각 가족의 독특한 문화, 선호도 그리고 생활양식을 존중한다. 생태학적 평가절차를 통해 목적이 수립되며 부모, 형제 그리고 다른 중요한 사람들과의 사회적 상호작용뿐 아니라 연령에 적합한 활동과 관련된 기술들이 목적으로 다뤄진다. 목적이 설정되면 체계적 교수절차를 이용하여 교수계획을 수립한다. 빈번한 자료 수집을 통해 유아의 진도를 점검하고 프로그램의 효과를 검증한다. 기대한 대로 진도가 나가지 않으면 교수계획을 수정한다.

요 약

이 장에서는 영유아를 위한 자연적 교육과정 모형에 대해 설명하였다. 이 모형의 목적은 가정, 학교 그리고 지역사회 환경에서 유아의 독특한 필요를 다루는 개별화 중재계획을 수립하는 것이다. 나머지 장에서는 자연적 환경에서 평가와 중재절차 실시(제5장과 제6장)와 신체적 장애유아를 위한 조정전략, 행동문제를 다루는 전략 그리고 독립성과 사회적 상호작용을 촉진하는 접근들(제7장에서 제14장)과 같은 특수교수절차들에 대해 자세하게 설명할 것이다.

연/구/문/제

1. 조기중재와 유아특수교육에 관련된 세 가지 전통적 교육과정 모형을 확인하고 설명하시오.
2. 전통적 교육과정 모형 각각에 관련된 자연적 경향성에 대해 설명하시오.
3. 자연적 교육과정의 목적을 설명하시오.
4. 자연적 교육과정 모형의 내용에 대해 설명하시오. 자연적 교육과정 모형에서 목적을 개발하는 전략 두 가지를 설명하시오.
5. 다음의 문장을 설명하시오. 자연적 교육과정 모형에서 연령에 적합한 활동이 교수의 맥락이 된다.

6. 1세아, 2세아, 3세아 그리고 5세아들이 경험하는 자연적 환경을 설명하시오. 자연적 환경에서 유아의 경험과 필요는 유아의 연령(1~5세)에 따라 어떻게 다른가?
7. 최소한으로 개입적인 교수절차를 사용한다는 것은 어떤 의미인지 논의하시오.
8. 1개월에서 5개월 된 영아를 위한 자연적 교육과정의 초점에 대해 논의하시오.
9. 2세에서 5세 유아에게 적합한 자연적 교육과정 모형에서 두 가지 교수접근법을 확인하고 간략하게 정의하시오.
10. 자연적 환경에서 실시되는 교수가 어떻게 일반화를 촉진하는지 논의하시오.
11. 자연적 교육과정 모형을 실시하는 일곱 단계를 나열하고 간단히 설명하시오.

C.H.A.P.T.E.R. 05

계획수립과 평가/점검하기

-Linda McCormick-

| 이 장의 주요 내용 |

- 사정, 계획, 평가/점검 구조
- 아동-중심계획 수립 절차
- 생태학 이론
- 생태학적 평가 절차
- 포트폴리오 평가 절차

통합 환경에서의 교육경험이 효과가 있으려면 장애유아에게 직접적, 체계적 그리고 개별화된 교수를 실시해야 한다. 이러한 교수는 유아의 일상 일과에 삽입되어 수행되어야 한다. 즉, 유아를 가르칠 때 ① 연령에 적합한 활동과 일과들(예: 방에서 이리 저리 움직이기, 활동과 자료 선택하기, 혼자 놀기와 또래와 놀기, 또래와 성인의 주도에 반응하기, 대화에 참여하기)에 참여하도록 하고 ② 유아의 개별화교육계획에 명시된 발달기술(예: 원하는 물건 요청하기, 복수형 사용하기, 세 단어 문장 말하기, 질문을 하거나 대답하기, 모양과 색을 인식하고 명명하기)을 달성하도록 돕는 데 초점을 두어야 한다.

세심한 계획수립이 중요하며 다음의 문제들에 대처해야 한다.

1. 유아가 환경에서의 일과와 활동에서 가능한 독립적이고 또래와 함께 참여하기를 배우기 위해 무엇을 필요로 하는가? 목적과 목표는 유아와 환경에 있는 성인의 기대에 따라 다르다. 즉시 유용하고 현재 환경과 장래 환경(예: 초등학교)에서 유아에게 유익한 행동들이 무엇인지 확인하는 데 초점을 두어야 한다.
2. 유아를 어떻게 가르쳐야 하는가? 가장 일반적으로 사용되는 특수교수 절차는 환경 교수, 활동중심 중재, 삽입된 분산시도, 고확률 절차와 같은 자연적 접근법들이다. 이 절차들은 환경배열, 조정 그리고 촉진과 촉진 감소하기 절차들이 통합된 것이다. 그 외 특수교수들로는 보조공학 장비, 또래 중재전략, 체계적 교수가 있다.
3. 누가, 언제 그리고 어디에서 유아를 가르쳐야 하는가? 자연적 교수접근법은 짧은 교수적 시도를 하루 내내 연령에 적합한 활동과 일과 속에 분산하여 실시한다. 하루의 특정 시점에서 제공해야 할 교수를 누가 책임지고 실시할 것인지 결정할 필요가 있다.
4. 유아가 학습을 했는지 여부와 얼마나 학습했는지를 어떻게 알 수 있는가? 교수가 효과적임을 증명하는 유일한 방법은 교수하는 동안과 교수가 끝난 후에 유아의 행동에 대한 자료를 수집하는 것이다.

이 장에서 설명되는 절차들—아동-중심계획, 생태학적 평가/계획 그리고 포트폴리오 평가—은 첫 번째 질문(무엇을 가르칠 것인가), 세 번째 질문(누가, 어디에서, 언제 가르칠 것인가), 그리고 네 번째 질문(교수가 효과적인가?)에 대해 검토한다. 두 번째 질문(어떻게 가르칠 것인가)을 다루는 특수교수절차와 전략들은 다음 장들에서 다루어진다.

이러한 절차들을 보다 큰 그림 속에서 고찰하기 위하여 사정의 목적을 선별, 진단과 적격성 판정, 중재계획 그리고 진단 점검/평가의 네 가지라고 설명했던 제3장을 기억해 보

자. 유아-중심 계획 수립과 생태학적 평가/계획은 중재-계획 절차다. 포트폴리오는 진도 점검/평가 절차다. 제3장에서는 또한 중증 장애유아들을 위한 계획을 수립할 때 기능성과 연령 적합성을 고려해야 함을 강조하였다. 기능성과 연령 적합성은 이 장에서 설명되는 세 가지 계획과 평가절차 모두에서 고려되어야 한다.

아동-중심계획은 유아의 가족과 유아에게 관심 있는 사람들로부터 정보를 수집하는 절차이며 모든 평가절차에 통합되어 사용될 수 있다. 이 절차를 통해 개발된 목적과 아이디어들은 개관적인 행동측정(예: 표준화 검사와 준거-참조 검사)을 통해 수집된 정보를 확장하고 보완한다. 생태학적 평가는 목적과 목표를 일반화하고 교수전략을 확인하며 자료수집 방법을 고안해 내는 과정이다. 제3장에서 언급한 것처럼 생태학적 평가는 세 가지 대안적 평가 접근들 중 한 가지인 삽입된 평가모형이다(Losardo & Notari-Syverson, 2001). 이 범주에 속하는 평가는 자연적 맥락(다른 사람들, 다른 자료들을 이용하여, 여러 환경에서)에서 유아의 행동을 관찰하므로 삽입된 접근이라고 한다. 때로 활동중심 중재 혹은 일과중심 계획이라고도 하는 매트릭스 계획수립은 생태학적 평가와 밀접하게 연계된다. 매트릭스 계획양식을 사용함으로써 목표들은 일상 일과와 활동의 맥락에서 가르칠 수 있다. 마지막으로, 포트폴리오 평가는 생태학적 평가과정으로 개별화교육계획의 목적과 목표에서 대상으로 하는 기술들에 대한 유아의 진도를 기록하고 평가하는 과정이다. 구체적으로, 포트폴리오는 교수가 효과적인지 혹은 비효과적인지 여부와 그 이유에 대한 증거를 제공한다. 포트폴리오 평가는 세 가지 대안적 평가 접근들 중 사실적 평가에 속한다.

아동-중심계획

아동-중심계획은 유아와 친근한 사람들이 유아에 대한 이해와 비전을 함께 나눌 수 있는 절차이다. 아동-중심 계획은 생태학적 평가과정이나 다른 평가절차의 일부분으로 포함되어 활용될 수 있다. 아동-중심 계획이 생태학적 평가의 일부분으로 포함될 수 있는 이유는 아동-중심 계획을 하는 동안 첫째, 유아를 사랑하고 유아의 장래에도 유아를 위해 노력할 사람들(직계 가족과 방계 가족, 장애유아의 또래[가능하면], 가족의 친구와 이웃, 관련서비스 제공자, 지역사회 유아교육기관 교직원, 조기 중재자, 특수교육기관 교직원)이 유아에 대해 어떤 생각을 하고 있는지 알 수 있고 둘째, 사정과 계획과정의 성취목표를 평가하는 데 이용될 수 있는 사회적 타당도 평가를 가능하게 하기 때문이다.

1. 사회적 타당도

사회적 타당도에 대한 아이디어는 응용행동분석 분야에서 적합한 중재목표의 선정에 대해 고민하는 과정에서 자라났다. 응용행동분석에 관련된 문헌들에 정의된 것처럼, 사회적 타당도는 행동과 행동변화를 위한 노력의 결과 및 효과를 소비자가 가치 있게 생각하는 정도다(Kazdin, 1977; Schwartz & Bare, 1991; Wolf, 1978). 조기중재에서 가족은 서비스의 소비자로서 사회적 타당도는 가족이나 유아의 삶에서 중요한 사람들이 목적, 목표 그리고 중재를 바람직하며 가치 있다고 생각하는 정도를 말한다.

아동-중심계획은 유아를 위해 노력하는 가족과 다른 중요한 사람들이 전통적 검사 도구를 사용하는 형식적 평가뿐 아니라 계획수립에도 참여할 수 있는 기회를 제공한다. 사회적 타당도에서 제기할 수 있는 질문은 다음과 같은 것이다. 평가와 계획의 결과들(목적과 목표, 중재 절차)은 가족과 유아의 삶에서 중요한 사람들이 유아를 위해 원하는 것들인가? 아동-중심계획의 성취목표는 비전으로서 이 비전은 유아를 위한 목적과 목표, 중재계획 그리고 평가에 대한 사회적 타당도의 준거가 된다.

2. 계획수립 회의

아동-중심계획 수립의 첫 단계는 유아에게 중요한 영향을 미치는 사람들이 모여서 함께 유아의 강점, 재능 그리고 유아의 장래에 대한 희망을 명료하게 체계화하는 것이다. 이러한 계획수립 회의는 1~3시간가량 소요된다(때때로, 추가 회의가 필요하다.). 회의 진행자(보통 교사나 다른 서비스 제공자)는 참여자의 생각과 정서를 이끌어 내기 위해 다음과 같은 질문을 한다.

- 유아(이름)의 생육사는 어떠한가?
- 유아(이름)의 강점과 재능은 무엇인가?
- 유아(이름)의 필요는 무엇인가?
- 유아(이름)의 장래에 대해 당신이 가지고 있는 꿈은 무엇인가?
- 유아(이름)에게 가장 염려되는 것은 어떠한 것인가?

아동-중심계획 수립회의의 지침은 다음과 같다. 질문에 대한 반응들을 기록하기 위해 이젤, 칠판 또는 벽면에 부착된 큰 종이 위에 그래프를 그린다. 종이나 칠판에 각 질문을 기록할 구역을 정한다. 모든 참여자가 자신들의 생각을 표현할 기회를 가지며 진행자는 반응을 계속 기록한다. 때때로, 회의가 끝난 후 종이나 칠판에 적은 정보를 규격용지에 옮겨 적고 참여자들의 비평과 추가 의견을 듣기 위해 기록지를 회람한다. 마지막으로, 모든 정보를 압축하여 유아에 대한 비전을 만들고 유아파일(유아의 포트폴리오, 교사가 포트폴리오 평가를 할 경우)을 조직한다. 〈표 5-1〉은 아동-중심계획수립을 통해 개발된 중증장애를 가진 3세 유아에 대한 공동의 비전을 보여 주고 있다.

〈표 5-1〉 캐이틀린의 아동-중심계획 수립을 통해 형성된 비전

캐이틀린은	
• 계속해서 건강하고 행복할 것이다. • 스스로 이동할 수 있을 것이다. • 장난감을 가지고 놀며 오빠와 게임을 즐길 것이다. • 이야기책을 읽어 주면 좋아할 것이다. • 스스로 음식을 먹을 것이다.	• 보행보조기구를 이용해서 걸을 것이다. • 도움을 받지 않고 똑바로 앉을 것이다. • 친구를 사귈 것이다. • 일반또래와 같은 학급에 다닐 것이다.

아동-중심계획 수립에서 나온 유아의 장래에 대한 공동의 비전은 생태학적 평가와 계획의 성취목표(사회적 타당도)를 판단할 준거를 제공한다. 목적 및 목표와 중재가 계획 수립에 참여한 가족이나 다른 사람들이 중요하게 생각하는 것과 동일 선상에 있다면 이들은 사회적으로 타당한 것이다.

생태학적 평가

생태학 이론은 인류학에 근원을 두고 있다. 저명한 인류학자인 Ruth Benedict는 1934년 인간과 사회·문화적 환경 간의 관계에 대한 생각들을 담아 발행한 책에서 문화 상대성이라는 용어를 사용하였다. 이 용어를 통해 그녀는 광범위한 문화적 맥락 내에서 해석하지 않으면 인간행동을 적절하게 이해할 수 없다는 개념을 설명하였다. 간단히 말해서, 한 문화권에서 적합한 행동(예: 영유아를 부모와 딴방에서 재우기)이 다른 문화권에서는 적합하지 않은 것으로 간주될 수 있다. 최근에는 생물학의 한 분야인 생태학은 살아 있는 유기체와 물리적 환경 간의 관계성에 대해서도 연구하고 있다.

Benedict의 연구 이후 수십 년 동안 심리학자들은 인간의 사회적 행동에 미치는 물리적 환경의 영향과 그 반대로, 사회적 행동이 물리적 환경에 미치는 영향에 대한 연구를 하면서 생태학의 원리를 심리학 영역에 끌어들였다(Baker, 1968; Barker & Gump, 1964; Bronfenbrenner, 1977, 1979; Wicker, 1979). 생태심리학자들은 유아의 기능을 완전하게 이해하기 위해서는 정상적으로 일어나는 일과와 친숙한 장면에서 유아의 행동을 관찰해야 한다고 주장하였다.

가장 잘 알려진 생태심리학자인 Bronfenbrenner는 일련의 상호 관련된 구조에 내포되어 있는 존재로 유아를 묘사하면서 각 구조들 간 그리고 구조와 유아 간에 이루어지는 상호작용이 유아의 발달에 영향을 미친다고 하였다. 겹구조로 이루어진 이 구조는 유아에게 영향을 주고 동시에 발달하는 유아의 영향을 받는다. 그는 직접적 환경에서 유아와 가장 밀접한 구조를 소구조(가족, 어린이 집, 학교)라고 하였다. 소구조는 중간구조, 외부구조 대구조라는 더 원거리의 세 가지 구조 속에 내포되어 있다. 유아는 이러한 원거리 구조들에 직접 참여하지는 않지만, 이러한 구조들(예: 부모의 직장)에서 일어나는 사건들은 간접적으로 유아에게 영향을 미친다. 가장 멀리 있으며 가장 포괄적인 구조인 대구조는 사회-문화적 맥락(문화적 신념, 사회 구조)이다.

생태학 이론에 기반을 둔 평가는 1970년대 말 Brown 등(1979)에 의해 처음 적용되었는데 이들은 이러한 평가방법을 이용하여 중증중복 장애청소년을 위한 목적과 목표를 개발하였다. 이제 생태학 이론에 기반을 둔 평가는 통합유치원과 어린이 집을 포함하여 다양한 환경에서 살고 있는 모든 연령대의 유아들과 모든 장애유형을 지닌 유아들에게도 폭넓게 사용된다(Edmiaston, Dolezal, Doolittle, Erickson, & Merritt, 2000; Grisham-Brown & Hemmeter, 1998; Haney & Cavallaro, 1996; McCormick & Noonan, 1996, 2002).

생태학적 평가는 ① IFSP나 IEP 목적과 목표를 확인하고 ② 조정과 지원 그리고 목적과 목표를 어떻게 일상 일과와 활동에 삽입할 것인지(IFSP나 IEP 목적과 목표가 이미 개발되어 있는 경우)를 결정하고 계획하기 위해 사용된다. 생태학적 평가과정은 장면에 관계없이 기본적으로 동일하다. 학급장면, 가정, 어린이 집 또는 지역사회 장면(예: 장난감 가게의 놀이 공간) 등 장애유아가 그 장면에 배치되기 전이나 배치되고 난 직후에 생태학적 평가과정을 실시한다.

이 장에서는 미국유아교육협회에서 추천하는 발달에 적합한 실제 모형을 기반으로 하는 이상적 프로그램인 유아통합교육프로그램에서 생태학적 평가를 실시하는 과정을 설명한다. 이 모형에서 유아가 어디에 관심이 있으며 무엇을 즐기는지를 고려하여 일상 활동과 일과를 선택하며 교육과정은 유아의 문화적 가치, 신념 그리고 양식에 민감하고 학급유아들의 발달수준의 차이에도 민감하다. 발달에 적합한 실제 모형에 기초한 프로그램에서, 교사들은 학습과 발달을 증진하는 방식으로 유아가 환경과 상호작용하고 이를 통해 개념을 구성하고 이해할 수 있도록 중재한다. 모든 유아들을 위한 일반적 목적은 ① 사회적, 물리적 환경과의 상호작용을 적극적으로 주도하고 참여하기, ② 선택하는 방법을 학습하기, ③ 사회적 관계성을 발달시키기, ④ 독립심, 안전감, 안정감 그리고 수용감을 느끼기다.

1. 평가 과정

[그림 5-1]은 3세 된 다운 증후군을 가진 유아인 제이스의 생태학적 평가양식을 보여 준다. 제이스는 이번 주부터 유치원에 다니기 시작했다(이 사례는 네 페이지 양식 중 첫 두 페이지만을 제시한다.). 다음은 팀이 평가과정에서 거쳤던 단계들이다(McCormick & Noonan, 2002).

1단계: 일상 활동과 일과를 순서대로 적는다.

양식의 첫 번째 칸('활동/일과' 칸)에 전형적인 날의 일반적 교실 활동과 일과를 일어나는 순서대로 적는다. 전이할 때 교수기회가 많이 있기 때문에 어떤 교사들은 전이를 별개의 활동으로 적는다. 예를 들어, 등원에서 서클시간으로 전이는 별개의 일과로 간주하여 '등원' 다음 칸에 적는다. 서클시간에서 조형 활동시간으로 전이는 '서클시간' 후에 별개의 활동으로 적으며, 조형 활동에서 간식으로 전이는 '조형 활동' 다음 일과로 적는다.

2단계: 주요한 행동기대를 적는다.

이 단계를 완성하기 위해 반성적 사고와 토론이 필요하다. 첫 번째 칸에 적힌 활동이나 일과 명 아래에 전체 학급유아들에 대한 일반적 기대를 적는다. 하루 동안에 일어나는 다른 활동과 일과에서 기대되는 것과는 구별되는 일반적 기대들을 해당 활동과 일과에 적는다. 학급의 각 유아는 특정 시점에서 이러한 기술들을 수행하도록 기대된다.

팀 구성원은 목표행동을 너무 구체화시키지 않도록 해야 한다(예: 이야기에 대한 세 가지 질문에 대답한다.). 유아의 수행수준이 이야기의 구성(각 유아에게 세 가지 질문을 할 만큼 이야기가 길지 않을 수 있다.)이나 개별 유아에 따라 달라질 수 있으므로 "이야기에 대한 질문에 대답한다."라고 단순하게 말하는 것이 더 바람직하다. 기대는 긍정적이어야 하며 환경에 적극적으로 참여하는 것과 관련되어야 한다. '조용히 앉아서 또래들을 괴롭히지 않기'는 이러한 제안에 위배되는 기대다. 유아들은 '줄서서 기다리기' 혹은 '조용히 앉아 있기'에서 기능적이고 발달적 가치를 가지는 어떤 것도 배우지 않는다는 것을 명심해야 한다. 뇌와 신체가 성장하기 위해서는 환경에 적극적이고 긍정적으로 참여해야 한다(Bredekamp & Copple, 1997).

전형적인 날에 이루어지는 모든 활동들에 대한 기대를 적는 데 시간이 상당히 걸린다. 그러나 한번 완성해 놓으면 교육과정(활동과 일과)이 그대로 유지되는 한 이 목록을 모든 유아들에게 적용할 수 있다. 1학기 초에 유아들을 위해 설정한 기대는 2학기의 기대보다는 발달적으로 덜 진전된 것들일 것이다. 생태학적 평가를 사용하는 어떤 교사들은 서너 가지 다른 기대 목록을 가지고 시기에 따라 적절히 사용하기도 한다.

3단계: '할 수 있다' 혹은 '학습할 필요가 있다' 칸에 기록한다.

팀 논의는 이제 학급 전체에 대한 활동, 일과, 기대에서 장애유아의 강점과 교수 필요로 옮겨간다. 이 단계에서 평정하는 두 가지 방법이 있다. 팀 구성원들이 유아에 대해 충분히 잘 알고 있다고 생각되면 관찰을 하지 않고 평정할 수 있다. 한 행동씩 차례로 점검하면서 팀원들의 동의하에 유아가 그 행동을 수행할 수 있는지 여부를 체크한다. 그런 다음 확인된 행동을 수행하라고 요청했을 때 실제 유아가 어떻게 하는지에 대한 의견을 기록한다. 팀원들이 유아의 행동 수행 가능 여부에 대해 동의하지 않으면 하루나 이틀 동안 유아를 관찰하고 기대 행동과 관련된 유아의 강점과 교수 필요를 결정한다.

4단계: 목적과 목표를 작성한다.

목적은 중재나 교수의 바람직한 성취목표를 확인하는 짧은 문장이다. 목적은 유아가 12개월 동안 달성할 것이라고 기대하는 행동을 말한다. 이 평가과정에서는 활동과 일과 참여를 목적으로 진술하였다. 유아가 각 활동과 일과에서 아직 수행할 수 없는 기대를 목표로 진술한다. 제이스의 목표는 생태학적 평가양식([그림 5-1])의 다섯 번째 칸에 진술되어 있다. 하루의 첫 세 가지 활동에서 도출된 제이스의 목적과 목표는 〈표 5-2〉에 목록화되어 다시 진술되어 있다. 이러한 목표는 의미성과 기능성의 준거에 부합된다. 즉, 이러한 목적과 목표들은 유아가 학급의 활동과 일과에 완전히 참여하도록 촉진한다.

〈표 5-2〉 제이스의 목적과 목표

목적: 제이스는 등원과 자유놀이 일과에 참여할 것이다
• 제이스는 매일 아침 도착하면 교사와 시선을 맞추고 말(인사 혹은 비슷한 것)을 할 것이다. • 제이스는 매일 아침 교실에 들어와서 장난감을 선택하여 놀이 테이블로 가지고 가거나 활동 영역으로 갈 것이다. • 제이스는 매일 자유놀이 동안 또래와 장난감을 공유하고 교대로 사용할 것이다. • 제이스는 매일 신호가 울리면 장난감을 교구장의 제자리에 갖다 놓을 것이다.
목적: 제이스는 아침 이야기 나누기 시간에 참여할 것이다.
• 제이스는 매일 출석 부르기 시간에 자신의 사진을 보여 주면 손을 들어(촉진 없이) "저요" 혹은 "저"와 유사한 말을 할 것이다. • 제이스는 매일 이야기 내용에 대한 최소 한 가지 질문에 반응(가리키거나 말을 함으로서)할 것이다.
목적: 제이스는 조형 활동에 참여할 것이다.
• 제이스는 매일 조형 활동을 하기 위해 앞치마를 스스로 입고 벨크로를 부착할 것이다. • 제이스는 지시가 주어지면 조형 자료를 상자에서 가져올 것이다. • 제이스는 매일 조형 활동에서 종이를(조정 가위를 이용하여) 자를 것이다. • 제이스는 매일 조형 활동에서 지시한 대로 풀통을 짜서 풀칠을 할 것이다. • 제이스는 매일 이젤에 부착된 시각적 지시대로 단계들을 따를 것이다. • 제이스는 매일 조형 자료들을 정리해서 자료 테이블에 도로 가져다 놓는 활동에 참여할 것이다.

다음에 설명되는 삽입하기는 자연적으로 발생하는 활동과 일과의 맥락에서 교수시도를 제공함을 의미한다. 교수목적과 목표를 확인하기 위해 생태학적 평가를 사용할 때 얻을 수 있는 중요한 이점은 목표행동이 이미 일상 활동과 일과에 삽입되어 있다는 것이다. 다른 평가절차에서 나온 목표들을 삽입하는 절차에 대해서는 다음 부분에서 설명한다.

5단계: 교수를 계획한다.

[그림 5-2]의 교수계획 양식은 보다 상세한 교수계획안을 준비하는 데 활용될 수 있는 계획양식이다. 첫 번째 칸에 적힌 간략화된 목표는 생태학적 평가 양식의 마지막 칸에서 가져온 것이다. 다른 네 개의 칸에는 목표를 수행하는 데 필요한 기술(교수내용), 교

수절차(교수방법), 조정과 지원 그리고 책임을 맡는 사람을 상세히 기록한다.

교수내용 칸에는 제이스가 목표를 달성하도록 돕기 위해 가르치는 구체적 기술들(제이스는 교사를 쳐다보기와 교사의 인사에 반응하여 말하기를 학습할 필요가 있다)을 적는다. 세 번째 칸, 교수방법에는 확인된 기술들을 가르치는 데 사용할 구체적 교수절차를 적어 넣는다.

| 생태학적 평가 |

팀 구성원: 다야나, 맬리사, 브랜디, 유송, 안드레

아동: 제이스 **날짜:** 2003. 02. 02.

활동/일과와 기대	할 수 있다	학습의 필요성	의견	목표
활동/일과: 등원/자유놀이				
• "안녕"이라고 말하고 "잘 지냈니?"에 반응한다.		V	무반응-교사를 쳐다보지 않고 들어가 버린다.	교사에게 인사한다(문에서 시선을 맞추고 말하면서).
• 사물함에 소지품을 넣어 둔다.	V		자신의 사진을 보고 가방을 사물함 속에 넣는다.	
• 장난감이나 놀이 테이블, 활동영역을 선택한다.		V	방 안을 배회한다.	장난감이나 활동영역을 선택한다.
• 또래와 장난감을 함께 가지고 놀거나 공유한다.		V	의자에 앉히거나 영역으로 데리고 가면, 혼자 놀이한다.	또래와 협동적으로 놀이한다.
• 신호가 울리면 장난감을 치운다.		V	놀이를 멈추려 하지 않는다. 정리정돈하기를 거절한다.	장난감을 교구장의 제자리에 둔다.
활동/일과: 서클				
• 음악이 시작되면 카펫 영역으로 가서 서클에 앉는다.	V		다른 유아들을 따라 앉는다. 다리 모양을 잡는 데 도움이 필요하다.	
• 자신의 사진이 제시되면 손을 들어 "저요."라고 말한다.		V	손을 들지만(촉진을 주면) 소리는 내지 않는다.	촉진 없이 출석사진에 반응하고 소리를 낸다.
• 노래를 부르고 손 유희를 하거나 리듬악기를 연주한다.		V	때때로 손모양을 모방하지만 노래를 부르지는 않는다.	
• 이야기에 대해 질문하면 대답한다.		V	무반응	이야기에 대한 한 가지 질문에 반응한다(그림을 가리키거나 말을 함으로써).
활동/일과: 조형				
• 앞치마를 입는다.		V	신체적 도움이 필요하다.	독립적으로 앞치마를 입고 밸크로를 붙인다.
• 지시한 대로 자료 테이블에서 자료를 가져온다.		V	신체적 · 언어적 촉진이 필요하다.	독립적으로 자료 테이블에서 조형자료들을 가져온다.
• 자료를 적절하게 사용한다.		V	종이를 자르거나 풀통을 짜지 못한다. 크레용은 잘 사용한다.	자르기와 풀칠하기 기술을 수행한다.
• 언어적 · 시각적 활동 지시를 따른다.		V	시각적 지시를 점검하기 위해 또래를 쳐다보지 않는다.	조형 활동을 하기 위해 언어적 · 시각적 지시를 따른다.

• 정리하고 앞치마를 벗는다.		V	중단하려 하지 않는다. 정리정돈 신호를 무시한다.	활동이 끝나면 자료들을 정리한다.
활동/일과: 간식				
• 손을 씻고 닦는다. 종이수건을 버린다.	V		손 씻고 닦기는 할 수 있지만 물을 가지고 놀고 싶어 한다.	
• 의자를 찾아서 앉는다.	V		또래를 따라한다.	
• 접시와 냅킨을 전달한다.	V		또래의 도움으로 해 낸다.	
• 독립적으로 먹고 마신다. • 휴지통에 쓰레기를 버린다.	V V		위부분이 잘려진 모양의 컵으로 잘 마신다. 제공되는 음식을 잘 먹는다. 또래를 모방한다.	

출처: McCormick & Noonan, 2002.

[그림 5-1] 교수계획안

여러 가지 측면에서 세 번째 칸의 계획수립이 가장 중요하다. 장애유아들은 구체적 기술을 가르치기 위해 제공되는 개별화 교수인 특수교수를 필요로 한다. 특수교수는 장애영유아들을 위한 서비스 제공의 기본이다. 일대일 교수가 통합학급에서도 간혹 일어나긴 하지만(장애유아뿐 아니라 일반유아들에게도), 이 맥락에서 개별화 교수를 일대일 교수로 정의해서는 안 된다. 특수한 혹은 개별화 교수에서는 유아의 학습기회를 극대화하기 위하여 환경적 지원, 성인과 또래 지원(격려, 피드백, 촉진), 조정, 특수 장비나 공학을 제공한다.

〈표 5-3〉 자연적 교수 절차들

이 자연적 교수절차들은 환경배열, 조정 그리고 촉진과 촉진감소 절차를 통합한다.	
강화된 환경교수	환경배열과 성인주도의 상호작용을 포함하여 확대된 우발적 교수(Hart & Rogers-Warren, 1978; Kaise, 2000)
활동중심 중재	환경교수와 우발적 교수와 같은 특수중재접근들로 진행 중인 활동에 통합됨(Bricker & Cripe, 1992)
삽입되고 분산된 시간 지연 시도	기존 활동과 일과 속에서 제공되는 짧은 교수적 상호작용(Wolery, 2001)
고확률 절차	유아가 일관성 있게 반응하지 않는 요청을 하기 전에 먼저 유아가 즉각적이고 일관성 있게 반응하는 요청들을 하는 전략(Santos, 2001)

특수교수가 유아들의 상호작용과 학급참여를 저해해서는 안 된다는 신념으로 인해 발달에 적합한 실제 모형에 기초한 유아교육프로그램에서 일반유아들에게 사용하는 방법과 유사한 교수 접근법이 개발되었다. 자연적 접근으로 불리는 접근법들에서는 연령에 적합한 활동과 일과에 온종일 분산된 짧은 교수 시도를 제공한다. 교수 시도를 제공하는 시기뿐 아니라 제공하는 방법도 다양하다. 계획수립이 필수적으로 요구된다. 〈표 5-3〉은 제9장에서 자세하게 설명될 자연적 교수절차들을 간략하게 제시하고 있다.

조정과 지원은 [그림 5-2]의 네 번째 칸에 적혀 있다. 조정과 지원도 팀 협력과 신중한 계획수립을 필요로 한다. 독립적으로 기능하기 라는 일반적 목적이 가장 우선시된다. 조정과 지원은 참여를 촉진하는 데 충분한 만큼만 필요할 때 제공한다. 〈표 5-4〉는 과제 조정과 교수하는 동안 지원을 제공하는 방법을 설명한다. 마지막으로, 팀은 누가 각 목표를 위한 교수와 지원을 제공할지 논의하여 결정하고 교수계획 양식의 마지막 난에 책임자의 이름을 적는다.

〈표 5-4〉 조정과 지원

비계설정 제공하기	유아가 새로운 기술을 독립적으로 수행할 수 있거나 새로운 개념을 이해했다는 증거를 보여 줄 때까지 지원, 도움 그리고 격려를 제공한다.
연습기회 제공하기	유아에게 과제와 일과를 반복하도록 많은 기회를 제공하고 격려한다.
과제 변경하기	유아가 성공하기 위해 필요한 만큼의 과제를 준다. 혹은 같은 기능을 성취하는 다른 과제를 준다.
자료 변경하기	과제를 달성하기 위한 대안적 자료(예: 다른 크기나 재질)를 제공한다.
지시표시를 확대하여 제시하기	활동과 일과의 순서를 나타내는 시각적 자료를 제공하고 이 자료를 이용하도록 유아에게 단서를 준다.
반응 요건 변경하기	덜 정교한 반응(예: 정확한 단어가 아니라 유사한 단어)이나 다른 양식의 반응(말하기가 아니라 가리키기)을 요구한다.
파트너 배정하기	모델이나 도우미 역할을 하는 또래에게 시범을 보여 주라고 요구한다.
조정 장비 제공하기	의미 있는 참여와 과제완성에 필요한 도구들(예: 스위치, 환경 조절 기구)을 제공한다.

6단계: 자료수집을 계획한다.

생태학적 평가과정의 마지막 단계는 종합적 평가/점검 계획을 세우는 것이다. 팀은 교수를 통해 바람직한 성취목표가 달성되었는지 여부를 결정하기 위해 의미 있는 자료

아동: 제이스

목표(간략하게)	교수 내용	교수 방법	조정과 지원	책임자
교사에게 인사한다. • 아침 • 휴식시간	• 교사를 쳐다본다. • 교사의 인사에 반응하여 말한다.	• 제이스의 눈높이에 얼굴을 둔다. • 그가 등원하면 인사를 한다. • 점진적 시간지연과 함께 요구모형("안녕" 이라고 말해 보자.)을 사용한다.	• 눈높이를 제이스의 눈높이에 맞춘다.	다이아나 브랜디 혹은 유종
장난감과 활동을 선택한다.	• 독립적으로 교구장에 다가간다. • 장난감을 선택한다. • 앉아서(테이블이나 바닥에) 장난감을 조작한다. 혹은 • 한 영역으로 가서 영역 활동에 참여한다.	• 제이스를 교구장이나 활동 영역에 신체적으로 안내한다. • 선호하는 장난감과 선호하지 않는 장난감을 보여 준다. • "무엇을 원하니?" 라고 말하고 선호하는 장난감을 선택하도록 제이스를 촉진한다(점진적 시간지연). • 활동 영역에서 같은 절차를 사용한다. "어디에서 놀고 싶니?" 라고 말한다. • 영역으로 제이스를 안내한다(신체적 촉진-점진적 시간지연).	• 제이스가 좋아하는 장난감과 좋아하지 않는 장난감을 눈높이의 선반에 둔다.	다이아나 브랜디 혹은 유종

[그림 5-2] 교수 계획 양식

를 수집할 필요가 있다. 제이스의 자료 수집표가 [그림 5-3]에 제시되어 있다. 이 양식은 '등원/자유놀이' 에서 자료를 수집하기 위한 것이다. 교실의 출입문 근처에 부착된 고리의 플라스틱판에 이 양식을 걸어둔다. 유아가 참여하는 다른 활동들에 대해서도 유사한 양식을 사용한다. 활동이 일어나는 근처에 종이끼우개 판이나 교사의 책상 한편에도 이러한 양식을 붙여 둔다.

첫 번째 칸에는 활동에 대한 목표를 적고 두 번째 칸에는 수집할 자료의 유형을 적는다. 기록하는 자료 유형과 측정되는 행동 차원은 목표 행동에 따라 다르다. 제3장에서 논의한 것처럼, 가장 일반적인 양적 자료는 빈도/횟수, 비율, 지속시간, 반응지연시간, 형태 그리고 크기다.

아동: 제이스 활동: 등원/자유놀이 주: 4/11~4/15

목표	자료 유형	월요일	화요일	수요일	목요일	금요일
교사에게 인사하기	빈도 촉진유형 명시					
장난감이나 활동 선택하기 테이블이나 활동 영역 정리하기	빈도 촉진유형 명시					
공유하고 교대로 하기	일화 기록 또래 명시					
장난감을 제자리에 갖다 놓기	빈도 촉진유형 명시					

[그림 5-3] 자료 수집표

2. 방법론

행동 변화를 기록하는 방법의 선택은 평가 질문의 성격에 따라 달라진다. 이 책에서 설명된 대부분의 절차들은 양적 자료를 생성한다. 양적 자료의 중요성을 강조하는 데는 지나침이 없다. 그러나 양적 자료는 단지 특정 행동의 성취목표에 대한 중재 효과를 물어보는 구체적 질문에만 답할 수 있다. 상황이나 활동 과정에서 의사소통, 사회적 상호작용, 다른 사람들과 상호작용하는 방식, 일반적인 안락함과 복지 등과 같이 폭넓게 정의되는 삶의 질과 관련된 성취목표의 효율성을 묻는 질문에 답하기 위해서는 다른 유형의 자료수집 절차가 필요하다. 양적 자료 절차를 이용하여 목표행동을 관찰할 수는 있지만 이러한 질문에는 질적 자료수집 절차가 더 적합하다.

질적 자료수집 절차는 기술적이고 해석적이다. 그들은 보다 광범위하고 복잡한 행동에 대한 질문에 대답하는 데 적합하다. 질적 자료와 양적 자료의 주요 차이점은 질적 자료는 수집하기 전에 행동의 구체적 차원에 대해 정의할 필요가 없다는 점이다. 질적 자료로 대답될 수 있는 질문의 예는 다음과 같다. "아니샤는 언제, 누구와 의사소통을 시도하는가?" "아니샤는 무엇에 대해 의사소통하는가?" "누가 소꿉놀이 영역에서 놀이를 주도하는가?"

양적 자료와 질적 자료의 수집 절차는 모두 가치 있고 의미 있는 정보를 산출하며 양쪽 모두 상당한 시간과 에너지를 필요로 한다(Schwartz & Olswang, 1996). 양적 자료수집과 질적 자료수집 모두 다 실제 기록과 자료 분석은 체계적이고 엄격한 방식으로 실시되어야 한다. 질문에 적합한 자료수집 절차를 선택하고 가능한 다양한 자원을 이용하여 자료를 수집해야 한다.

주말에 협력 팀은 진도가 만족스런 수준으로 나가고 있는지 혹은 프로그램을 수정하고 교수를 계속해야 할지 결정하기 위해 제이스의 활동계획표에서 도출되는 자료들을 그래프로 그리거나 요약하고 분석한다. 영구적인 산출물 견본과 일화 기록들도 매주 검토하여 제이스의 포트폴리오에 보관할 견본과 일화를 선택한다. 포트폴리오 평가는 다음 부분에서 논의된다. 양적 자료 수집과 보고 그리고 분석에 대해서 제6장에서 설명된다.

포트폴리오 평가

포트폴리오 평가는 정해진 기간(보통 1년에 걸친) 동안 목적과 목표를 향한 유아의 진도를 총괄적으로 파악하기 위해 유아의 작품이나 다른 산출물을 체계적으로 수집한 자료를 근거로 수행하는 하는 형성평가다. 이것은 이 장의 앞부분에 언급된 네 번째 질문에 대한 응답이다. 유아가 학습했는지 어떻게 알 수 있는가?

삼각 검증법은 질적 연구에서 나온 개념으로 가능한 여러 가지 방법과 다양한 원천에서 자료를 수집하는 것을 의미한다. 잘 개발된 포트폴리오는 발달적, 학업적, 사회적 영역에서 의미 있고 중요한 행동 변화들을 기록하는 삼각 검증법을 이용함으로써 광범위한 범주들의 대표적인 행동표본을 제공한다. 형식적 검사상황에서 나타나는 수행행동의 묘사를 포함하여 다양한 상황에서 관찰된 유아 행동에 대한 사례를 반복적으로 제공함으로써 삼각 검증이 될 수 있도록 한다. 자료의 다양성 정도가 클수록 전체적인 그림을 파악하기 수월해진다. 예를 들어, 취학 전 유아의 포트폴리오에는 유아의 향상된 구어 기술을 기록한 녹음테이프, 교사나 관찰자의 관찰노트, 또래와 놀이하고 있는 유아의 사진, 가정에서 유아의 행동 개선에 대한 부모의 보고서 또는 독립적 배변기술의 향상을 보여 주는 체크리스트가 포함될 수 있다.

포트폴리오는 전통적 평가나 자료수집 절차로는 대답할 수 없는 질문에 대답할 수 있다(Schwartz & Olswang, 1996). 예를 들어, "제이스는 조형 활동에 얼마나 잘 참여하고 있는가?" "제이스는 간식 일과를 얼마나 잘 학습하고 있는가?" 또는 "제이스는 학교에서 또래들과 얼마나 잘 의사소통하고 있는가?"와 같은 질문에 답할 수 있다. 수집해야 할 자료의 유형이 명확하지 않기 때문에 교사나 다른 서비스 제공자들은 종종 유아행동이 구체적인 맥락 변인에 관련되는 이러한 질문들을 회피한다. 이러한 질문들은 "언어적 촉구가 자유놀이 시간에 제이스의 적목 놀이 시작행동을 증가시켰는가?"와 같은 객관적인 양적 자료를 요구하는 질문과는 전혀 다르다. 이러한 질문들은 다차원적 정보들을 필요로 한다.

질문 유형들 간의 우열을 가리려는 의도는 아니다. 두 유형 모두 중요하며 강점과 단점을 가지고 있다. 둘 다 평가과정에 기여하는 의미 있고 가치 있는 정보를 제공한다. 매우 분리된 행동(IEP에 종종 정의되는 행동 유형)에 초점을 둔 구체적 질문은 객관적인 양적 자료를 제공한다. 그러나 취학 전 수준에서 제공되는 중재는 우정, 또래와의 성공과 안락함, 집단 활동에 참여, 일상 일과에 참여하기 등과 같은 광범위하게 정의된 목표들도 추구한다. 기능적 목표에 초점을 두는 광범위한 질문은 주관적인 질적 자료를 산출한다(Schwartz & Olswang, 1996). 질문의 유형에 따라 적합한 방법을 사용하는 것이 이상적이다. 질적 자료수집 절차와 양적 자료수집 절차 모두를 체계적으로 적용하면, 새로운 기술의 습득과 자연적 환경에서 새로운 기술의 기능적 사용을 평가할 수 있다.

포트폴리오의 목적은 유아의 진도를 점검하고 평가하는 데 필요한 정보와 장래 프로그램 계획을 수립할 때 자료에 근거한 결정을 하는 데 필요한 정보를 제공하는 것이다. 질적 자료는 면담(유아나 유아에게 중요한 사람과), 관찰(기술적 그리고 해석적), 사진, 녹음테이프, 비디오테이프, 일화기록, 반성적 일지를 통해 수집된다. 이러한 자료들은 맥락 내에서 유아를 전체적으로 파악하는 데 유용하다. 양적 자료는 중재의 초점이 되는 구체적 행동에 대한 정보를 제공한다. 양적 자료의 수집은 목표행동의 수행 변화를 조작적으로 정의하고 측정하는 데 달려 있다. 양적 자료수집 절차는 제6장에 상세하게 소개된다.

1. 계획과 구성

Lynch와 Struewing(2002)은 포트폴리오 구성을 준비하기 위해 고려해야 할 사안들을 다음과 같이 제안했다.

- 무엇을 평가할 것인가? 선택한 변인을 평가해야 할 분명한 이유가 있는가? 개별화교육계획의 목적달성에 대한 정보를 수집하는 데 관심이 있는가? 혹은 발달적 진보에 대한 더 일반적인 정보를 수집하는 데 관심이 있는가? 교수 효과를 사정하고 미래의 교수를 계획하는 데 정보를 이용할 것인가?

- 다른 평가 전략들과 포트폴리오 과정을 어떻게 통합할 것인가? 이미 사용하고 있는 평가 절차가 있다면 이 절차와 포트폴리오 과정을 서로 보완해야 한다. 유아의 발달과 성취를 기록하는 데 가장 유용한 기록 유형과 활동 표본을 결정한다.
- 팀 구성원의 지원과 협력을 어떻게 얻을 것인가? 모든 교직원(예: 보조교사, 지원자, 치료사, 자원봉사자)이 포트폴리오 과정의 초기 계획수립 회의와 후속적으로 열리는 정기 회의에 참석해야 한다. 초기 회의에서는 포트폴리오의 표본들을 검토하고 내용 체크리스트를 개발하며 구체적 자료 수집절차를 결정하는 데 중점을 둔다.
- 부모에게 어떻게 알릴 것인가? Lynch와 Struewing(2002)은 부모에게 포트폴리오의 목적, 포트폴리오 과정 그리고 포트폴리오가 어떻게 조직되는지에 대해 설명하는 편지를 보내라고 제안하였다. 편지는 부모가 학급을 방문하여 유아와 함께 포트폴리오를 검토하도록 격려한다. 부모는 활동에 대해 유아가 말한 것을 간단히 적어 둔다. 이런 목적으로 날짜 도장과 부착용 메모지를 포트폴리오 근처에 놓아둔다.

포트폴리오에 포함되는 재료와 정보는 평가 목적에 따라 신중하게 선택되고 조직되어야 한다. 각 자료함에는 날짜, 자료 제공자, 이 자료의 중요성에 대한 기록을 표시하는 라벨을 붙여 둔다. 가능한 각 자료함에는 관찰자료, 활동 견본의 요약, 사전-사후 체크리스트, 일정표, 수행의 요약, 일화기록의 요약, 그래프, 평정척도, 언어 표본, 좋아하는 활동에 대해서 유아와 면담한 기록, 비디오테이프와 녹음테이프를 넣어둔다(Lynch & Struewing, 2002). 유아들은 이 과정에서 적극적인 파트너다. 그들은 자신의 포트폴리오에 포함될 자료를 선정하고 개발하는 과정에 적극적으로 참여한다. 각 자료 보관함에는 구체적 목적이 있어야 한다. 유아의 글쓰기, 색칠하기, 자르기, 콜라주 구성, 그리기, 수학, 받아쓰기, 학년 초와 학기 말에 받은 평가문의 견본들을 각 영역에서의 진도를 보기 위해 포함시킨다. 유아에게 읽어 줄 만한 책의 목록도 포함될 수 있다. 정기적으로 일지 작성하기가 학교 일과의 일부분이라면 쓰기 기술의 발달과 인지 과정에 대한 통찰을 얻을 수 있도록 유아가 작성한 저널 복사본도 포함시킨다.

집단 프로젝트(예: 요리하기, 특수학교 행사, 견학)를 하는 사진은 유아의 활동 참여와 노력의 결과에 대한 기록이다. 사진에 활동을 설명하기 위한 공간을 만들어 활동이나 작품에 대한 유아의 비평이나 사진에 나타난 관련 기술과 개념에 대해 적어 두어야 한다. 사진은 특히 중증 장애유아의 수행과 산출물을 기록하는 데 유익하다. 예를 들어, 포트폴리오에는 유아가 적목을 쌓고 있는 사진, 휴식시간에 자전거를 타는 사진, 또래와 상호작용하는 사진, 간식 시간에 주스를 따르는 사진, 모래상자에서 컵을 쌓는 사진이 포함될 수 있다. 사진은 또한 다음의 면에서 유아의 성장을 보여 준다.

자신감

- 유아가 자유놀이 시간에 휠체어를 타고 한 활동 영역을 향해 이동하는 사진
- 휠체어를 탄 유아가 교실에서 복도를 따라 내려가 버스를 기다리기 위해 인도에 있는 사진

사회적인 의사소통적 상호작용

- 유아가 또래와 함께 만들고 있는 콜라주에 종이를 붙이는 사진
- 유아가 또래에게 장난감을 바꾸자고 그림의사소통 카드를 내미는 사진
- 유아가 장난감을 나누어 가지자는 또래의 요청에 반응하는 사진

이러한 사진들은 또한 유아가 학급의 활동적 구성원이라는 것을 부모에게 보여 준다.

일화 기록은 학급 일과와 활동에서 유아의 진보를 기록하는 짧고 사실적이며 비판단적인 기록이다. 일화기록 양식은 학급의 성인들에게 이용 가능한 형태로 개발되거나 작성될 수 있다. 또는 일화 기록은 색인 카드에 기록될 수도 있다. '일화 기록지'가 제공된다면, 기록지에는 유아의 이름, 날짜와 시간, 활동 맥락, 기록자의 이름 그리고 유아의 특정 행동(예: 개별화교육계획의 목적 관련 기술)을 기록할 공간이 있어야 한다.

2. 조직

정보를 조직하고 저장하는 방법이 많이 있다. 포트폴리오는 확대 가능한 서류집, 종이 상자나 플라스틱 상자, 뺐다 끼웠다 할 수 있는 대형 노트, 또는 다른 보관함의 형태다. 포트폴리오의 유일한 필수 요건은 쉽게 철하고 검색할 수 있도록 표시 라벨을 만들어 내용을 영역별로 구분하는 것이다. 포트폴리오는 내용영역, 시간대(월, 분기, 학기), IEP 목적, 발달영역, 활동 또는 주제단위에 따라 조직될 수 있다. 각 부분의 첫 페이지에 그 부분의 내용이 무엇인지 설명을 적어둔다.

포트폴리오의 첫 부분에는 유아의 IEP 목적과 목표들(장애유아의 경우), 일반교육철학과

목적을 가진 학급에 대한 설명, 내용 표 그리고 부모에게 보내는 위의 사항들을 언급한 편지 사본을 포함시킨다. 구체적 관심사에 대한 교사–부모 계획 수립과 추후 활동을 기록하기 위해 부모 면담에서 언급된 유아의 진도에 대한 부모의 비평과 기록들도 도입 부분에 포함시킨다(Lynch & Struewing, 2002).

매일 갱신할 수 있도록 교사와 유아가 쉽게 접근할 수 있는 위치에 포트폴리오를 두어야 한다. 포트폴리오 구성에 필요한 물품들(예: 빈 양식, 구멍 뚫는 기계, 비닐봉지, 테이프나 물건 담는 봉지, 필기구)과 카메라는 근처의 상자나 서랍에 보관해 둔다. 유아가 귀가한 후, 10~15분가량 시간을 할애해서 자료를 선정하여 유아포트폴리오의 적합한 부분에 넣고 포트폴리오에 넣어 두기에 너무 큰 자료는 사진을 찍어서 현상해 둔다(디지털카메라 이용 가능). 교사는 보통 포트폴리오의 각 부분에 매주 두세 가지 이상의 자료를 포함시키지는 않는다.

포트폴리오의 목적은 협력 팀이 현재의 실제와 장래의 프로그램을 이해하고 기록하며 개선시키기 위한 것이다. 팀의 모든 구성원은 자료 수집을 도와야 하며 정기적인 포트폴리오 검토 회의에 참석하여 유아 행동의 패턴과 바람직한 속도로 유아가 진보하는지 검토해야 한다. 장애유아들을 위한 팀의 초점은 포트폴리오 정보를 평가하여 유아의 행동, 지식, 그리고 성취 정도를 결정하는 것이다. 시간에 따른 유아의 성장과 개별화교육계획의 목적 달성을 향한 진보의 질은 팀이 현재의 포트폴리오 조직을 수정되거나 확대할 필요가 있는지를 결정하는 데 도움이 된다.

활동 표본을 수집하고 선택하며 검토하고 평가하는 데 필요한 시간을 확보하는 것이 포트폴리오 평가에서 가장 어려운 일일 것이다. 그러나 포트폴리오 평가는 유아의 성장과 발달에 관련된 정보를 제공하고 유아에 대한 존중심을 보여 주며 전통적 평가절차에서 생성되는 점수보다는 부모와 행정가들에게 훨씬 의미 있기 때문에 대부분의 교사들은 노력할 만한 가치가 있다고 생각한다. 부모는 유치원의 일상 일과와 활동의 맥락에서 유아의 흥미와 발달과 성취를 이해할 수 있게 된다.

모든 유아들이 포트폴리오 평가의 혜택을 볼 수 있지만, 특히 전통적 평가 전략으로는 진도를 측정하기 어려운 중증장애유아와 문화적, 언어적으로 다양한 배경을 가진 유아들에게 유용하다. 포트폴리오 평가는 학습의 결과뿐 아니라 학습의 과정에 대한 정보를 제공한다. 자연적 맥락에서 기능적 행동을 기록함으로써, 평가와 교수 간의 중요한 연계를 구축한다. 교사와 팀 구성원은 교수절차를 반영하여 적기에 적합한 교수적 결정을 할 수 있게 된다.

요 약

이 장에서는 아동-중심계획, 생태학적 평가 그리고 포트폴리오 평가의 세 가지 계획 수립과 평가/점검 과정을 설명하였다. 아동-중심계획에서는 유아를 위한 비전이 만들어지며 비전은 목적과 목표 그리고 중재 절차에 대한 사회적 타당도의 준거로 사용된다. 생태학적 평가는 유아가 통합 환경(유아학급, 어린이 집, 방과 후 기관)과 자연적 환경(가정, 확대가족의 가정)에서 전형적으로 발달하는 또래들과 완전하게 참여할 수 있게 해 주는 행동을 확인한다. 포트폴리오 평가는 교수를 계획하고 수정하며 진도를 점검할 목적으로 자료를 수집하는 방법이다. 이 절차는 다차원적이라는 점에서 전통적 평가 도구나 절차와 다르다. 자연적 환경의 실제 활동에서 유아의 능력을 총체적으로 파악하기 위해 다양한 맥락과 사람에 걸쳐 수많은 방법을 사용한다.

연/구/문/제

1. 교사들이 교수를 계획할 때 제기해야 할 네 가지 질문은 무엇인가?
2. 네 가지 평가목적의 맥락에서 유아-중심계획 수립, 생태학적 평가/계획 그리고 포트폴리오 평가의 역할을 논의하시오.
3. 아동-중심계획 수립을 위한 구체적 목적과 절차를 설명하시오.
4. 아동-중심계획의 바람직한 성취목표를 설명하시오.
5. 사회적 타당도의 개념과 사회적 타당도가 평가 및 계획수립과 어떻게 관련되는지에 대해 설명하시오.
6. 생태학 이론과 생태학적 평가의 기원에 대해 설명하시오.
7. 생태학적 평가를 통해 생성된 정보를 어떻게 사용할 수 있는가?
8. 생태학적 평가과정을 설명하시오.
9. 프로그램 점검을 계획하는 절차를 설명하시오.
10. 포트폴리오 평가의 목적을 설명하시오.
11. 삼각검증을 하는 이유와 절차에 대해 논의하시오.
12. 포트폴리오를 준비할 때 고려해야 할 사안들을 설명하시오.
13. 포트폴리오에 포함되어야 할 재료와 정보들을 설명하시오.

C.H.A.P.T.E.R. 06

교수 절차

-Mary Jo Noonan-

| 이 장의 주요 내용 |

- 자연적 상황에서 체계적 교수
- 효과적 촉진과 격려
- 일반화 사례 교수
- 일반화 절차
- 교수계획 고안하기
- 체계적 교수의 점검

체계적 교수는 개별화 계획에 따라 수행되는 일관된 교수다. 체계적 교수의 목적은 장애 영유아가 현재와 미래의 자연적 경험들에 참여하는 데 필요한 기술을 학습할 수 있도록 지원하고 격려하는 것이다. 지원과 격려는 유아의 학습, 발달 특성, 기질 특성을 고려하여 개별화되어야 한다. 지원의 유형은 자료의 배치에서부터 기억 회상하기나 신체적 안내까지 다양하다. 모든 유형의 지원은 장애유아가 기술을 수행하도록 돕는 효과가 있다. 격려 절차는 동기부여를 의미하는데 흥미를 유발시키고 바람직한 반응을 강화하기 위해 교수에 포함된다. 지원과 격려절차는 그 기능들이 중복되는 경우가 많다. 예를 들어, 장난감을 좀 더 가까운 곳으로 옮겨 주면 영아는 손을 뻗어 좀 더 쉽게 장난감에 닿을 수 있게 될 것이다(지원). 그리고 이러한 이동은 유아의 주의를 끌고(지원) 흥미를 유발시킬 것이다(동기부여). 이 장에서는 자연적 교육과정 모형에 대한 체계적 교수절차를 설명한다.

자연적 교수와 체계적 교수는 서로 모순되는 개념이 아니다. 체계적 교수가 일관된 교수를 강조하지만, 비자연적이고 기계적인 교수일 필요는 없다. 더욱이, 체계적 교수는 유아의 흥미나 자발적 행동을 고려하지 않은 채 교사가 반응해야 하는 융통성 없는 교수계획을 필요로 하지도 않는다. 일관성은 교수의 효과성 면에서는 중요하지만 유아에 대한 민감성이나 반응성과 균형을 이루어야 한다.

체계적 교수접근법은 프로그램에 성실성과 책무성을 제공한다. 이 접근법에서는 전략들을 상세하게 작성하고 항상 비슷한 방법으로 교수를 실행한다. 또한 교사나 영아 전문가가 팀의 다른 전문가들과 교수계획을 공유하면, 문서화된 계획은 실제로 무엇이 실행될지를 보여 줄 것이다. 체계적 교수계획이 교사 주도적이고 구조화되는 정도는 유아의 요구에 따라 달라진다. 새로운 기술의 학습이 어려울 때는 교사의 주도가 강해지고, 기술을 거의 성취했을 때는 덜 구조화되며 교사의 주도도 약해진다. 마지막으로, 일관된 교수는 프로그램의 효과를 객관적으로 평가할 수 있게 해 준다. 계획을 평가하는 것은 매우 중요하다. 만약 진도가 기대한 만큼 이루어지지 않고 있다고 평가되면, 교수계획을 수정할 수 있다. 효과적인 절차를 기록하는 것은 조기중재에서도 역시 중요하다.

맥락 내에서 가르치기

이전에 언급한 것처럼, 교수 상황은 자연적 교육과정 모형과 다른 교육과정 모형을 구분하는 주요 특성이다. 특히, 교수는 자연적으로 일어나는 일과와 활동 동안에 수행된다.

가장 바람직한 자연적 학습기회는 관심, 참여, 능력, 숙달의 네 가지 질적 특성을 거쳐서 진행되는 발달과 학습을 촉진하는 기회들이다(Dunst, Bruder, Trivette, Raab, & McLean, 2001). 유아의 흥미를 불러일으키고 높은 수준의 참여를 이끄는 학습기회는 유아가 시도하고 계속 추구할 것처럼 보이는 기회들이다. 또한, 유아의 능력과 숙달을 증가시키는 학습기회는 높은 강화 효과를 보일 것이다.

자연적으로 일어나는 일과와 활동 중에 교수를 제공하는 것은 자연적 교육과정 모형의 성공에 중요하다. 왜냐하면 자연적 일과와 활동 중에는 교수가 제공되지 않더라도 유아들은 자연적으로 일어나는 촉진(지원)과 동기 변인을 이용할 수 있고 따라서 새로운 기술을 유지할 수 있기 때문이다. 평가 또는 교수계획을 수립하는 동안 자연적으로 일어나는 촉진(지원)과 동기 변인을 확인하여 교수계획에 통합시켜야 한다. 촉진과 동기 변인을 교수계획에 통합시키는 전략들은 앞으로 보다 자세히 논의될 것이다.

1. 분산시도(distributed trial) 형식

하루 내내 자연적으로 일어나는 일과와 활동 중에 교수를 제공하기 위해서는 분산시도 형식을 사용한다(Mulligan, Guess, Hovoet, & Brown, 1980, Wolery, 1994). 분산시도에서는 교수시도들이 제공되는 사이사이에 유아는 다른 행동을 수행한다. 교수시도는 하루에 걸쳐 분산되어 일어난다. 이런 방식으로 교수를 조직함으로써 교수하는 동안 다양한 자연적 자극, 촉진, 교정을 제공할 수 있다. 대부분의 영유아들에게 있어 이러한 교수조직은 일반화를 촉진하는 데 도움이 되는 효과적인 교수다. 그러나 어떤 유아에게는 분산시도가 비효과적일 수 있는데 분산시도 방식은 다양한 자극이 혼란을 불러일으키고 비체계적인 교수 접근을 유도할 수 있기 때문이다. 또한 분산교수에만 의존할 경우에는 하루에 필요한 교수활동을 충분히 제공하는 것이 어려울 수도 있다.

2. 집중시도(discrete trial) 형식

자폐유아를 가르치는 한 접근법에서는 집중시도 형식(또는 집단시도 교수)만을 거의 사용한다(McEachin, Smith, & Lovaas, 1993). 집중시도 형식에서는 한 유형의 교수시도(촉진, 아동의 반응, 교정 또는 강화)를 여러 번(10 또는 15회)에 걸쳐 반복적으로 제공한다. 예를 들어, 유아에게 의사소통 판의 사진 가리키기를 가르치는 중이라면 교사는 유아와 같이 앉아

5~10분 동안 유아의 손을 그림에서 6cm 정도 가까이까지 반복해서 이끌어 준다. 유아가 그림을 가리키면, 사진에 있는 좋아하는 장난감을 주어서 유아를 강화한다. 만약 유아가 그림을 가리키지 못하면, 교정활동으로 유아의 손을 이끌어서 그림을 만지도록 해 준다.

교수는 자연적이기보다 인위적이지만 Bambara와 Warren(1993)은 집중시도 교수를 제공하기에 적합한 네 가지 상황을 제시하였다. 첫째, 영아기 게임(까꿍 놀이)이나 스스로 먹기(숟가락으로 밥 뜨기)와 같은 기술들은 자연적 상황에서 반복적으로 나타난다. 둘째, 유아가 기술 연쇄의 특정 단계를 학습하는 것이 어렵다면, 그 어려운 단계를 연습할 수 있는 교수시도를 몇 차례 제공함으로써 유아가 행동 연쇄를 전체적으로 수행할 때 성공할 확률을 높일 수 있다. 셋째, 연습 회기를 제공함으로써 유아가 옷의 앞뒤 면과 같이 구별하기 어렵거나 복잡한 과제를 해결하도록 도울 수 있다. 유아가 옷을 갈아입기 전에 셔츠나 바지의 뒷면을 나타내는 식별 특성을 지적하도록 반복해서 요구함으로써 옷의 앞뒤 면 구별하기 기술을 몇 번 연습할 수 있도록 해 준다. 마찬가지로, (대개 복잡한 변별을 요하는) 기능적인 학업(예: 시간 말하기)은 집중시도 형식을 이용하여 가장 효율적으로 가르칠 수 있다. 넷째, 어떤 유아는 주의를 산만하게 하는 자극 때문에 자연적 환경에서 특정 기술을 습득하는 것이 어려울 수 있다. 집중시도 형식을 사용하여 자연적 환경에서 기술 사용하기를 배우기 전에 먼저 유아가 기술을 습득하도록 도울 수 있다. 그러나 Bambara와 Warren은 집중시도 훈련은 자연적 교수의 보조수단으로 사용되어야 한다고 주의를 주었다. 집중시도 훈련은 일반화를 방해하기 때문에 유일한 교수 수단이 되어서는 안 된다. 또한 집중시도 훈련 기간에 일반화를 촉진하는 구체적 전략들(아래의 일반화 사례 교수를 참고하기 바람)을 포함시키는 것이 매우 중요하다(Strain, Wolery, & Izeman, 1998). 마지막으로, 교사는 집중시도 훈련 중에 유아의 흥미와 반응성에 민감해야 한다. 만약 유아가 집중시도 훈련 시, 쉽게 흥미를 잃거나 협조적이지 않으면 이는 자연적 교수 상황이 더 효과적일 수 있음을 시사하는 것일 수 있다.

지원 제공하기

체계적 교수의 지원요소는 유아가 반응하기 전에 실행된다. 지원 없이 반응하기를 요구하는 것은 시행착오적 방법을 사용하는 것이다. 새로운 반응을 학습할 때, 시행착오적 학습은 실수의 반복과 혼란을 야기한다(Bereiter & Englemann, 1966). 이것이 지원을 제공하는 이유다. 지원 전략에는 촉진, 단서, 형성법, 용암법이 있다.

지원 절차는 유아가 목표행동을 시도한 후에도 제공된다. 유아가 반응하지 않거나 요구하는 대로 반응하지 않을 때 제공되는 지원을 교정이라고 한다. 교정 절차는 처음에 제공되는 지원과는 구별되어야 하는데 이는 비효과적인 절차를 반복하지 않아야 하기 때문이다. 교정 절차는 기대하는 반응을 이끌어 낼 가능성이 높기 때문에 두 번째 실수가 일어나지 않는다. 또한 바람직한 반응을 부각시키기 위해서 유아가 정확한 반응을 한 후에도 지원을 제공할 수 있다. 예를 들어, 유아가 '인형' 이라고 말하면 부모가 "인형. 그래, 그건 네 인형이야." 라고 말해 준다.

1. 촉진

유아가 기대하는 반응을 할 수 있도록 돕는 모든 것을 촉진이라고 한다. 촉진은 자연적 촉진과 교수적 촉진, 두 가지가 있다. 자연적 촉진은 '반응을 일으키는' 환경적 자극이다(Holland & Skinner, 1961). 촉진이 반응의 원인이 되거나 반응을 유도하지는 않지만 대신 반응하도록 신호를 보낸다. 적합한 반응이 일어났을 때 강화되기 때문에 촉진이 반응하라는 신호가 될 수 있다. 예를 들어, 아빠가 "만화영화 보자."(촉진) 라고 말할 때 유아가 TV를 켜면(반응) 아빠는 만화영화를 보면서 자신과 놀 것이다(결과)라는 것을 유아는 재빨리 배운다. 촉진-반응-결과의 관계성에 대해 예측할 수 있으면 자연적 촉진이 제공될 때 적합한 반응이 일어날 가능성이 증가된다.

교수적 촉진은 새로운 기술을 가르치기에 자연적 촉진이 부적절하거나 비효과적일 때 제공된다. 교수적 촉진은 눈짓과 같이 포착하기 어렵거나 신체적 안내와 같이 개입적이다. 촉진으로 제공되는 지원의 양은 지원의 강도뿐 아니라 지원을 사용하는 유아의 능력에 따라 달라진다. 영유아가 말을 이해하지 못할 경우에 구어적 지시는 지원을 제공하지 못한다. 마찬가지로, 만약 유아가 모방하지 못하면 모델은 촉진으로서의 역할을 하지 못한다. 어떤 영유아에게는 구어적 지시나 모델이 효과적이다. 좋은 촉진은 유아가 실수를 거의 하지 않고 반응하게 하는 것으로 효과적이면서도 가능한 덜 개입적이어야 한다(Dunst et al., 1987).

촉진은 제공하는 지원의 유형에 따라 구별될 수 있다. 일반적인 촉진은 다음과 같다.

간접적 구어: 무엇이 필요한지를 시사하는 질문을 하거나 문장 말하기. 예를 들어, "집에

오면 무엇을 해야 하니?" ("방에 가서 낮잠을 자야 해."를 의미함) 또는 "아침식사시간이야." ("손을 들어. 그러면 너를 안아서 부엌에 데리고 갈게."를 의미함)

직접적 구어: 무엇을 해야 할 지를 유아에게 알려 주는 구체적 문장 말하기. "안녕이라고 말하렴." 또는 "팔을 소매에 집어넣어."라고 말하는 것은 직접적 구어다.

몸짓: 비구어적 촉진으로서 손이나 신체의 일부를 움직이기. 가리키기와 같이 사람들에게 익숙한 관습적인 몸짓 또는 동생이 달려오도록 촉진하기 위해 형제가 발을 구르는 것과 같은 유아나 가족에게만 알려진 비관습적인 몸짓.

시범: 기대하는 반응을 시범 보여 주기. 구어나 몸짓으로 시연할 수 있다. 구어적 시범은 유아가 사물의 이름을 부르도록 격려할 수 있다. 몸짓을 이용한 시범은 유아가 사물을 가지고 다양한 행동을 하도록 촉진한다(예: 작은 공을 어떻게 굴리고 튀기고 흔드는지 시연해 주기).

촉각적 촉진: 유아를 만지기. 촉각적 촉진은 유아의 주의를 끌거나 반응을 이끌어내기 위해 신체의 특정부위를 움직여야 한다는 것을 상기시키는 데 사용된다. 예를 들어, 유아의 턱을 만져서 먹을 수 있게 입을 벌리도록 촉진할 수 있다.

부분적 신체 촉진: 신체의 일부를 만지거나 다루어서 유아를 안내하기. 이 촉진은 완전한 안내를 제공하는 것이 아니라 부분적 안내를 제공한다. 유아는 기대하는 반응을 어느 정도 할 수 있어야 한다. 유아의 팔꿈치를 잡아 안내하거나 영아가 사물을 들려고 할 때 물건의 무게를 지지해 주는 것 등은 부분적 신체 촉진의 예다.

완전한 신체 촉진: 신체의 일부를 만지거나 다루어서 완전한 안내 제공하기. 영아의 손을 안내하여 손가락으로 버튼을 누르도록 도와주는 것은 완전한 신체지원 촉진이다.

공간적 촉진: 정반응을 증가시킬 가능성이 있는 장소에 자극물을 배치하기. 대상 유아의 칫솔을 다른 유아의 칫솔들 앞에 놓아두는 것은 공간적 촉진이다.

움직임: 주의를 끌기 위해 자극의 위치 바꾸기. 부모는 두 장의 셔츠를 들고 유아에게 빨간 셔츠와 파란 셔츠 중 어떤 것을 입고 싶은지 물어보면서 셔츠를 흔든다. 움직임 촉진은 유아가 선택하기 전에 두 셔츠를 모두 쳐다보도록 돕는다.

시각적/그림 촉진: 그림(그림이나 사진), 색깔, 그래픽 등을 통해 지원 제공하기. 옷의 목둘레, 허리띠, 옷의 상표 안쪽에 빨간 표시를 해두는 것은 시각적 촉진의 예다.

청각적 촉진: 원하는 반응을 이끌어 내기 위해 (말 대신) 소리 이용하기. 사물을 두드리는 것은 청각적 촉진이다.

체계적 교수를 작성할 때 촉진 유형을 단순히 언급하는 데 그치지 않고 제시할 촉진을 조작적으로 정의해 두어야 한다. 예를 들어, 유아에게 장난감을 가리키고 선택하기를 가르치는 교수계획에서 부분적 신체 촉진은 "앞을 향한 편안한 자세를 유지시키기 위해 유아의 어깨를 잡아 준다."로 정의된다. 명확한 정의는 일관된 적용과 실행을 위해 꼭 필요하다.

촉진은 하나씩, 다른 촉진과 결합해서, 혹은 순서적으로 사용될 수 있다(Snell & Brown, 2006a). 촉진을 하나씩 사용할 때는 촉진을 한 번만 준다. 다른 촉진들과 함께 사용할 때에는 두 가지 이상의 촉진을 동시에 준다. 촉진들을 결합해서 사용하면 촉진의 강도가 높아지고(Skinner, 1938) 따라서 교수 효과도 증가된다. 예를 들어, 유아가 선 자세로 이동하는 것을 돕는 데 여러 촉진을 결합하여 사용할 수 있다. 형제가 ① 유아의 손을 잡고 팔꿈치로 쿡쿡 찌르고, 부모는 ② 유아의 엉덩이를 지지해 주고 ③ "일어서, 서 봐." 하고 말한다.

자연적 촉진을 인식하도록 가르치기 위해 자연적 촉진과 인위적 촉진을 짝지어서 사용할 수 있다. 예를 들어, 유아에게 "~주세요."라는 것을 가르치기 위해, "~가질래?"라는 자연적 촉진을 '주'(주세요의 첫 번째 음)라고 말하는 교수적 촉진과 짝지어 함께 사용할 수 있다. 자연적 촉진과 교수적 촉진을 결합하는 것은 교수적 촉진이 없어도 자연적 촉진은 항상 있기 때문에 자연적 상황에서 특히 가치 있는 전략이다.

촉진 연속성(sequence)은 두 가지 이상의 촉진들을 연속적으로 주는 것이다. 예를 들어, 구어적 지시, 시범 그리고 신체적 안내로 구성된 세 단계 촉진 연속성을 걸음마기 유아에게 티셔츠를 입는 첫 단계를 가르칠 때 사용할 수 있다. 교사가 "티셔츠 아랫부분을 잡으세요."라고 말하는 것으로 촉진 연속성이 시작된다. 두 번째 촉진은 티셔츠를 어떻게 잡는지 시범을 보여 줌으로써 제공된다. 만약 유아가 바람직한 반응을 시연하는 사람을 모방하지 못하면, 유아가 손으로 티셔츠를 잡도록 안내해 줌으로써 세 번째 촉진이 교정으로서 주어진다. 반응을 하기 전에 제공된 구어 지시와 시범은 두 단계 촉진 연속성이고, 교정 절차로서 신체적 촉진은 세 단계 촉진 연속성을 만든다. 촉진 연속성은 항상 같은 방식으로 실행되어야 한다.

2. 촉진체계

촉진체계(Prompt hierarchy)는 제공되는 지원의 양에 따라 순서가 정해지는 촉진의 연속성을 말한다. 이 체계는 점진적 증가형 촉진(지원을 증가시킴)에서부터 점진적 감소형 촉진(지원을 감소시킴)까지 될 수 있다. 4단계 촉진체계의 예를 제시하면 다음과 같다.

1. 구어
2. 몸짓
3. 부분적 신체 촉진
4. 완전한 신체 촉진

만약 촉진체계가 구어 촉진에서부터 시작되면 이는 점진적 증가형 촉진이고, 완전한 신체 촉진에서부터 시작되면 점진적 감소형 촉진이다.

점진적 증가형 촉진체계를 적용할 때는, 첫 번째 촉진 또는 첫 번째 '지원의 수준'이 제공된다. 만약 유아가 일정 시간(예: 5초) 내에 기대하는 반응을 하지 않으면, 교사나 양육자는 촉진 체계의 순서에 따라 다음 촉진을 제공하고 일정시간 동안 기다린다. 기대하는 반응을 하면 유아는 강화를 받는다. 점진적 증가형 촉진은 유아가 필요로 하는 지원만큼만 제공해야 한다. 유아가 덜 개입적인 촉진에 반응을 보이면 더 개입적인 촉진은 자동적으로 제거되어야 한다. 따라서 점진적 증가형 촉진은 최소 개입적이다.

그러나 어떤 유아들은 점진적 증가형 촉진에 의존적이 된다. 이 유아들은 촉진이 주어질 것이라는 것을 학습했기 때문에 더 많은 지원이 제공되는 촉진을 기다린다(Glendenning, Adams, & Sternberg, 1983). 점진적 증가형 촉진의 또 다른 문제점은 최소한의 지원을 제공하는 촉진은 실수를 허용한다는 점이다(Csapo, 1981; Day, 1987).

점진적 감소형 촉진체계는 점진적 증가형 촉진체계에서 나타나는 촉진 의존성과 높은 실수 발생률을 없앨 수 있다. 점진적 감소형 촉진은 가장 많은 지원을 제공하는 촉진이 먼저 사용된다. 유아가 준거 수준(예: 일정한 횟수)에서 반응을 보이면, 교수는 다음 수준으로 진행된다. 실수를 하게 되면 전단계의 촉진 수준이 교정으로써 제공된다. 각 단계를 통과하는 준거가 필요 이상으로 엄격하면, 교수는 비효율적이 될 수 있으나 실수는 최소한으로 줄어든다.

앞에서 언급한 바와 같이, 모든 촉진이 모든 영유아에게 똑같이 효과적인 것은 아니다. 어떤 유아에게는 특정 촉진이 사용되지 않을 수 있다. 그러므로 촉진체계는 각 유아에 따라 적절히 고안되어야 한다. 예를 들어, 신체적 접촉에 짜증을 내는 유아는 신체 촉진에 잘 반응하지 않을 것이다. 신체 촉진은 그 유아의 촉진체계에는 포함시키지 말아야 한다. 어떤 유아들에게는 구어 촉진이 많은 도움이 되지만 약한 몸짓 촉진은 거의 도움이 되지 않는다.

3. 점진적 보조

점진적 보조는 덜 구조화되어 있지만 매일 매일의 수행에 반응적인 촉진전략이다. 점진적 보조에서 교사 또는 부모/양육자는 유아가 기술을 시도하는 것을 관찰하고 어느 정도의 지원이 필요한지를 판단한다. 처음에는 성공할 수 있도록 많은 지원을 제공한다. 유아가 점차 기술을 습득해 감에 따라 지원의 양을 줄여나간다. 이 절차는 지원의 양이 점차 줄어든다는 점에서 점진적 감소형 촉진과 비슷하다. 그러나 지원의 실제 양과 유형은 점진적 감소형 촉진과 다른데 왜냐하면 지원의 양이 어떤 때는 증가하기도 하기 때문이다. 더욱이, 지원의 양이나 유형이 사전에 정해지는 것이 아니라 유아가 반응을 시도하는 동안 정해진다(Snell & Brown, 2006a). 영아가 상자에 장난감을 넣도록 돕기 위해 점진적 보조를 사용하는 영아 전문가를 예로 들어 보자. 전문가는 영아 가까이에 앉아 관찰한다. 영아가 장난감을 놓칠 것 같으면 영아의 손을 상자로 안내한다. 영아가 장난감을 떨어뜨릴 것 같으면 좀 더 많은 지원을 제공한다. 점진적 보조를 적절히 적용하면 실수는 거의 일어나지 않으며 필요한 최소한의 지원만 제공할 수 있게 된다.

4. 단서

단서는 자극이나 과제의 특정한 영역에 주의를 기울이도록 안내해 주는 촉진이다. 예를 들어, 수저를 가리키며 "수저 들어."라고 말하는 것은 유아로 하여금 특정 사물에 주의를 기울이게 하므로 단서가 된다. 가장 효과적인 단서는 자극의 가장 중요한 측면에 주의를 기울이게 하는 것이다. 수저의 우묵한 곳보다 수저 손잡이를 가리키는 것은 좀 더 상세한 단서로서 유아에게 손을 어디에 두어야 할지 가르쳐 주기 때문에 보다 효과적일 수 있다. 숙련된 교사는 유아를 예리하게 관찰하여 중요한 자극 특성에 주의를 기울이도록 하기 위해 언제 단서가 필요함을 알아채야 한다. 촉진과 마찬가지로, 단서의 형태도 다양하다. 구어적 단서, 촉각적 단서, 신체적 단서, 움직임, 공간적 단서 등이 그 예다.

5. 무실수 절차

앞에서 언급한 바와 같이, 가장 바람직한 지원 절차는 실수를 최소화하는 것이다. 어떤 교수 절차를 이용하면 실제로 실수가 전혀 발생하지 않는다. 시간지연(Snell & Gast, 1981;

Touchette, 1971)은 일종의 무실수 절차로서 교수적 촉진을 자연적 촉진과 짝 지어 사용한다. 연속적인 시도를 통해 유아가 자연적 촉진에 반응할 때까지 자연적 촉진과 교수적 촉진 간의 시간 간격을 점차적으로 증가시킨다. 예를 들어, 엄마가 안아 주기를 원할 때에는 팔을 들으라고 영아를 가르치기 위해 시간 지연을 사용할 수 있다. 영아가 떼를 쓰면서 안아 주기를 원하면, 엄마는 "엄마가 안아 줘?"(자연적 촉진)라고 말하고 팔을 들라고 안내한다(교수적 촉진). 엄마는 영아가 안아 주기를 원할 때, 0초의 시간지연 절차를 2일 동안 여러 번 반복한다. 4일째에 영아가 떼를 쓸 때, 엄마는 안아 주길 원하는지 묻고 2초간 기다린다. 이 시간은 지원을 받지 않고 팔을 들 기회를 영아에게 주는 것이다. 영아가 팔을 들면, 엄마는 즉시 영아를 안아 준다. 영아가 팔을 들지 않으면, 엄마는 팔을 들도록 안내하고 영아를 안아 준다. 엄마는 2초-시간지연 절차를 다음 2일 동안 사용한다. 2일 간격으로 시간 간격을 2초씩 증가시킨다. 마침내 영아는 촉진을 하기 전에 팔을 들어서 "안아 줘?"라는 자연적 촉진에 스스로 반응하게 된다.

다양한 유형의 시간지연 일정계획이 효과적인 것으로 나타났다(Snell & Brown, 2006a). 점진적 일정계획은 0초 지연(자연적 촉진과 교수적 촉진이 연합된다)부터 시작하고 각 시도별로 정해진 간격만큼 지연시간을 증가시킨다(0초, 1초, 2초, 3초 등, 또는 0초 2초, 4초, 등). 구간 일정계획에서는 첫 시도는 0초에, 그 다음 시도들은 고정된 간격(0초, 0초, 0초, 0초, 4초, 4초, 4초, 4초, 4초 등)으로 제공된다. 이 계획은 점진적 일정계획보다 적용하기 더 쉽다. 세 번째 대안은 구간 점진적 일정계획으로 0초 시간지연에서 여러 번의 시도를 하는 것으로 시작하여 점차 지연시간 간격을 증가시켜서 각 지연시간 수준에서 여러 번의 시도를 한다(0초, 0초, 0초, 2초, 2초, 2초, 4초, 4초, 4초 등). 점진적 지연 일정계획은 지연 순서에 따라 매우 빨리 진행되므로 중증 장애유아나 이 전략을 이해하지 못하는 유아들은 실수를 할 수 있다. 구간 일정계획 또는 구간 점진적 일정계획은 정반응을 어떻게 해야 할지 모를 때 촉진을 기다리는 것을 배울 기회를 더 오래 제공하여 실수를 최소화한다.

시간지연절차에서는 교수적 촉진 후에 나타난 정반응은 대기된 교정(waited corrects)이고 자연적 촉진 후에 나타난 정반응은 기대된 교정(anticipated corrects)이다. 이 두 가지 유형의 정반응은 강화를 받는다. 이것은 지연시간 동안 유아가 오반응을 할 가능성을 감소시킨다. 만약 유아가 정반응을 모른다면, 유아는 교수적 촉진을 기다리고 강화를 받기위해 정확하게 반응할 것이다.

만약 실수가 발생하면, 교정 절차가 실행된다. 시간지연에서 전형적인 교정절차는 정반응을 안내하고 이전의 시간지연 수준에서 여러 번 시도하는 것이다. 여러 번의 실수가 발생하면, 교수 계획을 평가하고 점검해야 한다. 교수적 촉진 전에 실수가 발생하면(비대기성 실수), 강화가 효과적이지 않으며 보다 강력한 다른 강화가 필요함을 의미한다. 가끔 유아는 자기가 기다려야 한다는 것을 깨닫지 못해서 비대기성 실수를 할 수 있으며, 이때는 촉진을 제공하여 도와줄 수 있다. 대기된 실수는 교수적 촉진이 효과적이지 않으며 다른 촉진이 필요하다는 것을 말해 준다.

자극 형성법과 용암법은 쉽게 인식되던 촉진을 외형상 자연적 촉진과 일치할 때까지 점진적으로 바꾸거나(자극 형성법) 감소시키는(자극 용암법) 촉진전략이다. 그림과 같은 자료를 사용할 경우, 절차를 실행하기 전에 각 자극을 약간씩 수정한 일련의 촉진들을 준비해야 한다. 한 자극을 다른 자극으로 표시가 거의 나지 않을 정도로 매우 약하게 수정하여 촉진이 점점 자연적 촉진과 비슷해질 때까지 유아는 정확하게 반응할 것이다. [그림 6-1]은 자극 용암법과 자극 형성법을 보여 주는 자료들이다.

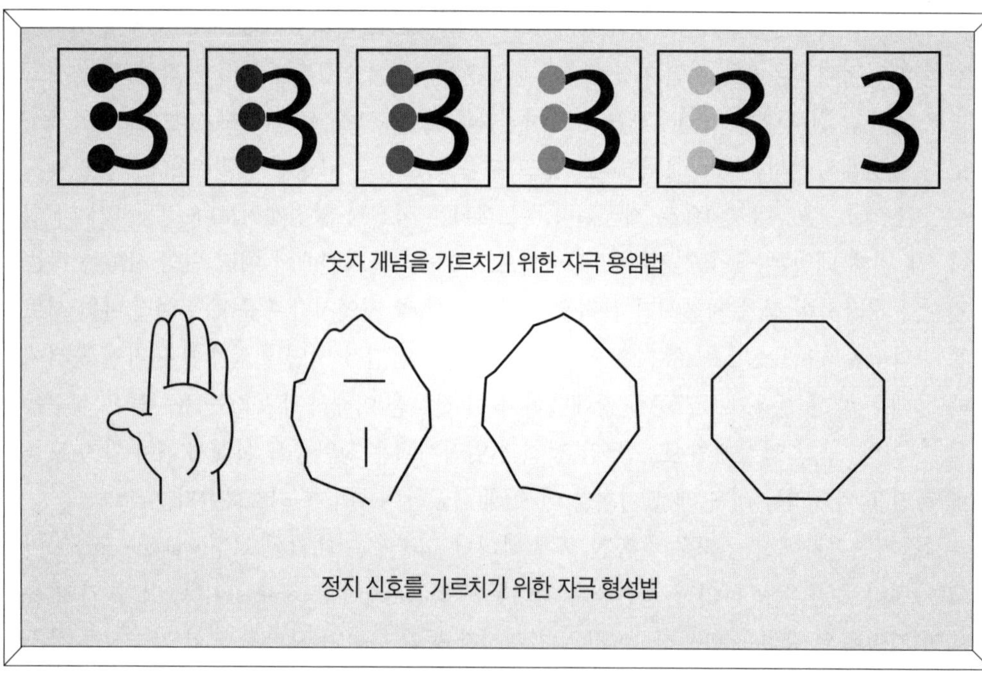

[그림 6-1] 자극 용암법과 자극 형성법 자료들

6. 촉진을 효과적으로 제공하는 지침

위에서 언급한 바와 같이, 체계적 교수는 어떤 촉진이 사용되든지 정확하고 일관되게 실행되어야 한다. 교수 계획에서 촉진을 한 번만 사용하라고 명시하였음에도 불구하고 종종 촉진을 반복하는 경우가 있다. 유아가 반응하지 않거나 오반응을 하면 교수 계획에 명시된 교정 절차를 실행해야 하며 교정 절차가 아니라면 촉진을 반복해서 주지 않는다. 반복적 촉진은 촉진 의존적 상황을 만들 수 있다. 즉, 촉진을 반복해서 주게 되면 유아는 더 많은 도움이 제공될 것이라고 기대하여 주의를 기울이지 않거나 반응하지 않게 된다. 촉진에 대한 지침은 다음과 같다.

① 교수계획에 명시한 대로 촉진절차를 실행한다. 계획에 명시되어 있지 않으면 촉진절차를 반복하지 않는다.
② 촉진을 실행하기 전에 유아가 교사나 관련 자극(예: 과제 자료)에 주의를 기울이고 있는지 확인한다.
③ 촉진이 명확하고 쉽게 인식될 수 있도록 제공한다.
④ 가장 덜 간섭적이고 실수를 최소화할 수 있는 효과적인 촉진을 선택한다.
⑤ 촉진이 효과적이지 않으면(유아가 여러 번의 실수를 한다면) 촉진을 바꾼다.
⑥ 유아가 자연적으로 발생하는 촉진을 인식하도록 돕는 촉진이나 단서를 사용한다. 자연적 촉진과 교수적 촉진은 함께 사용될 수 있다.
⑦ 자극의 가장 중요한 특성에 주의를 기울일 수 있도록 단서를 사용한다.

7. 촉진의 용암 절차와 단서

교수적 촉진은 유아가 자연적 상황에서 반응할 수 있도록 제거되어야 한다. 좋은 교수계획은 정반응을 위해 필요한 지원을 제공하고 정반응을 유지하는 동안 지원을 점차 제거하는 것이다. 촉진 제거 계획은 체계적 교수의 일부다.

모든 촉진의 용암 절차들에는 한 가지 공통점이 있다. 그것은 교수적 촉진을 점차 인식할 수 없게 한다는 것이다. 용암의 한 가지 방법은 강도를 줄이는 것이다. 구어적 촉진은 말을 점점 더 부드럽게 함으로써 없앨 수 있을 것이다. 신체적 지원은 점차 지원을 제거함으로써 없앨 수 있다(유아가 크레용을 잡을 수 있도록 손 위에 손을 얹어 돕는 지원은 손에서 손목, 앞 팔, 팔꿈치 등으로 지원을 옮겨 감으로서 없앨 수 있다). 또한 신체적 촉진은 압력을 줄이거나(손 위에 손을 얹는 지원에서 지원이 제거될 때까지 접촉할 때의 압력을 점차 약화시킨다), 시간을 줄여 나가면서(처음에는 유아가 색칠하기를 하는 시간 내내 유아의 손위에 교사의 손을 얹고 도와주다가, 그 다음엔 시간의 90%, 그 다음엔 시간의 80% 동안에만 손을 얹는다) 제거할 수 있다.

촉진의 용암 전략은 촉진의 유형과 관련 있다. 청각적 촉진은 점점 더 조용하게, 공간적 촉진과 운동적 촉진은 점점 더 작게, 시각적 촉진은 점점 더 흐리게 준다. 핵심은 촉진을 점차 이목을 덜 끌도록 점점 더 약하게 만드는 것으로 이러한 절차를 사용하면 결국 유아는 처음에 주어진 촉진에 반응했던 대로 정반응을 하게 된다. 촉진 체계 내에서 가장 덜 간섭적 촉진이 자연적 촉진일 때 점진적 감소형 촉진체계와 점진적 증가형 촉진체계는 완벽한 촉진의 용암전략이다.

무실수 촉진기법들(시간지연, 자극 형성법, 자극 용암법)은 적용할 때 촉진의 용암절차를 전략의 일부로 통합한다. 시간지연 절차를 사용할 때 교수적 촉진은 시간이 지남에 따라 점차 약해진다. 자극 형성법과 자극 용암법 절차를 사용할 때 자연적 촉진만 남을 때까지 과제자료나 자극의 특성은 점진적으로 변화되거나 감소된다.

격려 제공하기

체계적 교수의 동기 요소인 격려는 유아가 바람직한 반응을 보인 후에 강화 절차로 제공된다. 반응을 기대하기 전에 먼저 흥미롭고 매력적인 자료, 환경, 상황적 배치 등을 사용하여 동기를 부여한다. 유아에게 도전이 되는 목표나 기술 단계를 선택하는 것 역시 반응 이전에 동기를 부여한다. 잘 고안된 체계적 교수에는 유아의 반응 전후에 지원과 격려를 제공하는 절차가 포함되어 있다.

반응을 보인 후 격려의 제공은 긍정적 강화다. 또한 형성법이나 기준변동설계를 이용하여 반응에 근접한 행동을 선택적으로 강화해 줌으로써 바람직한 반응을 격려할 수 있다. 반응 전에 실행되는 동기절차는 주로 환경을 배열하는 것으로서 환경의 배열을 통해 매력적인 자료를 선택하거나 놀이 상황에서 기본적인 기술을 가르치는 것과 같이 좀 더 흥미롭고 도전이 되는 과제를 창출해 낼 수 있다.

1. 정적 강화

정적 강화는 반응이 반복될 가능성을 높이는 후속결과다. 정적 강화는 강화의 효과에 의해 정의된다. 어떤 유아나 상황에 강화가 되는 것이 다른 유아나 상황에서는 강화가 되지 않을 수 있다. 대부분의 유아는 '강화가 풍부한 환경' 속에서 산다. 부모는 유아가 시도하거나 성취하는 거의 모든 것에 대해 미소, 칭찬, 잦은 신체적 접촉 혹은 관심을 가짐으로써 유아를 강화한다. 그러나 그런 자연적으로 일어나는 격려가 장애유아에게는 적절하지 않다. 그들은 격려를 인식하지 못하거나 기술 수행의 어려움으로 인해 격려가 유아에게 충분히 강력하지 못할 수도 있다. 격려가 효과적이지 않을 때 유아는 정적 강화를 받지 않는다(정적 강화는 그 효과에 의해서 정의된다는 사실을 기억하기 바람).

새로운 기술을 습득하는 데 어려움이 있거나 자연적으로 일어나는 격려를 인식하지 못하는 특수교육 요구 유아에게는 교수적 정적 강화를 제공해야 한다. 교수적 정적 강화는 인위적 강화로서 전형적인 상황은 아니다. 이는 특정 기술의 필요를 다루기 위해 체계적 교수의 일부로 제공된다. 교수적 정적 강화는 구어적 칭찬("잘했어. 장난감 가져.")이나 안아 주기, 미소, 등 쓰다듬어 주기 등과 같은 비구어적 칭찬이나 원하던 물건이나 행동(좋아하는 장난감이나 음식, 박수)을 포함한다. 이상적으로 교수적 정적 강화는 유아가 자연적으로 일어나는 강화를 인식하도록 돕기 위해 자연적으로 일어나는 강화와 함께 사용될 수 있다. 예를 들어, 영아가 사물 쥐기를 학습할 때 자연적 강화는 사물을 쥐고 놀이에 사용할 수 있는 것이다. 교수적 정적 강화로 구어적 칭찬("와! 장난감을 잡았구나!")과 미소와 장난감을 흔들고 함께 놀아 주는 지원을 들 수 있다.

유아가.어떤 기술을 처음 배울 때에는, 반응이 일어날 때마다 교수적 정적 강화를 제공해야 한다. 이것을 지속적 강화계획(Continuous Schedule of Reinforcement: CRF) 이라고 한다. 유아가 그 기술을 학습해 감에 따라, 교수적 정적 강화는 점차 드물게 제공된다(예: 두 번째 혹은 세 번째 반응마다[고정비율계획], 매 30초마다 혹은 매분마다[고정간격계획]). 유아가 기술을 능숙하게 수행하게 되면 교수적 정적 강화는 사라지고 인식할 수 없게 된다. 이것은 변동간격 계획으로 제공된다(약 2분마다).

체계적 교수의 동기요소에서 교수적 정적 강화는 자연적으로 발생하는 강화를 부각시키고 점차 사라진다. 교수적 정적 강화를 제거하면 자연적 강화가 행동을 유지시킨다. 강화 계획을 변경함으로써 강화는 서서히 사라진다. 또한 강도나 양을 줄이고 제공되는 시간을 지연시킴으로써 강화는 덜 눈에 띄게 된다.

2. 강화 형성법과 선택적 강화

바람직한 반응의 유사성에 따라 제공되는 정적 강화를 형성법이라고 한다. 예를 들어, 'ㅂ' 로 시작되는 모든 발음은 '병' 의 발음과 유사하므로 강화를 받는다. 유아가 이에 성공하면, '버' 와 유사한 발음만 강화를 받고 'ㅂ' 로 시작되는 다른 발음은 무시된다. 이러한 격려 전략을 연속적 유사성의 강화 혹은 선택적 강화라고 한다.

형성법이나 연속적 유사성의 강화는 기준변동설계를 적용하여 체계적으로 실행될 수 있다. 기준변동설계에서는 특정 기준을 충족시키면 강화를 받는다. 기대되는 기준이 성취될 때까지 기준은 점진적으로 변한다(증가하거나 감소). 예를 들어, 유아가 30초 동안 독립적으로 놀면 강화를 받는다. 유아가 세 번에 걸쳐 30초간 독립적으로 놀면, 기준을 45초로 올린다. 5분간 독립적으로 놀기 목표를 성취할 때까지 유아가 세 번에 걸쳐 기준을 충족시킬 때마다 기준을 15초씩 올린다. 기준변동설계는 강화 계획이 불규칙하지만 예측가능하기 때문에 효과적이다. 더욱이, 유아가 기능적인 행동을 학습하고 교수적 강화가 지연됨에 따라 자연적 강화는 더욱 강력해진다(예: 유아가 놀이하는 것을 학습함에 따라 놀이의 자연적 즐거움으로 강화를 받게 된다).

앞에서 강화 받던 행동을 강화하지 않게 되면, 그 행동은 마침내 제거된다. 이것을 소거라고 한다. 기준변동설계의 기준이 너무 과감하고 급격하게 변하면, 유아가 강화를 기대하지 않기 때문에 부주의하게 소거가 생길 수 있다. 유아가 놀이를 배우는 예로 돌아가 보자. 만약 30초간 놀이하기라는 처음의 기준이 배로 증가되어 1분간(45초가 아닌) 놀이하기로 상향되었다면 유아는 강화를 받을 수 있는 기회가 아직 있음을 알지 못한 채 45초 정도 놀다가 포기할 수도 있다. 짧은 시간 동안 몇 차례 혼자 놀이를 한 후 강화를 받지 못하면 유아의 독립적 놀이는 소거된다.

3. 환경배열

앞에서 말한 바와 같이, 환경배열은 격려를 제공한다. 학습을 격려하기 위해 수정될 수 있는 환경배열로 교수 상황, 자료, 제시 방법 등을 들 수 있다. 교수 상황은 어디서, 언제, 왜, 누구와 함께 등을 포함하는 교수 맥락이다. 언제와 어디서는 교수의 장소와 시간이다. 자연적 장소와 시간에서는 기술의 실제적인 요구가 어떠한지 확실하게 알 수 있고, 자연적 강화를 이용할 수 있다. 예를 들어, 매주 수영장에서 유아에게 옷 입기 기술을 가르치는 것은 동기를 유발하는 매우 적합한 시간과 장소이다. 교수를 하는 이유를 설명하기 위해 교수에 이용되는 활동을 언급한다. 의미 있는 활동은 기술의 목적을 알려 주고 따라서 동기를 부여한다. 옷 입기와 같은 기능적 기술은 기술이 발휘되어야 하는 활동에서 가르친다. 옷 입기의 예를 들어보자. 옷 입기를 가르칠 기회를 생각할 필요가 없다. 아침저녁의 일과나 수영과 같은 활동은 교수를 위한 자연적이고 동기를 부여하는 시간이다. 발성, 앉기, 손 뻗기 등과 같은 기본적 기술은 의미 있는 활동 속에서 가르쳐야 한다. 가르칠 때 교사, 부모/양육자뿐만 아니라 다른 사람들도 포함시킨다. 교수 상황에 부모, 조부모, 형제, 또래 등과 같이 유아가 좋아하는 사람들을 포함시키면 더욱 더 동기가 유발된다. 예를 들어, 걸음마기 유아는 '자기 형처럼 되는 것' 에 동기가 유발되고 형과 놀이하는 동안 앉기 기술을 습득하는 데 더욱 노력을 기울이게 된다.

자료는 동기유발을 증진시키는 다른 기회를 제공한다. 매력적이고 연령에 적합하며 흥미로운 자료는 단조로운 자료보다 훨씬 더 마음에 들 것이다. 새롭고 색다른 자료들은 그 새로움 때문에 동기를 증가시킨다(Dunst, 1981). 유아의 신체적 · 인지적 능력에 부합되는 자료는 과제나 활동 수행 능력에 도움이 되므로 유아의 주의를 끈다.

제시 방법은 교수의 정서적 특성을 포함한다. 영유아가 하는 대부분의 것은 재미있어야 하고 열정적이며 즐겁고 교수 활동에 적합한 교수 방식을 필요로 한다. 교수가 재미있기 위해서 과제의 난이도가 유아의 현재 수행수준에 적절해야 한다. 과제 난이도의 적절한 수준은 과제가 유아의 수준보다 약간 높아 유아에게 도전이 되는 것이어야 한다. 과제는 너무 쉬워서 지루하거나 너무 어려워서 극복할 수 없는 것이어서는 안 된다.

과제가 너무 어려우면, 과제 분석을 통해 작은 단계들로 나눌 수 있다. 과제 분석은 과제의 단계들을 생각해 보거나 과제를 직접해 보거나, 능숙한 성인이나 유아가 과제를 수행하는 것을 관찰함으로써 구성된다. 〈표 6-1〉은 2세 유아가 능숙하게 과제를 수행하는 것을 관찰하여 구성한 과제 분석을 보여 준다. 과제 분석은 각 유아에게 맞게 개별화해야 하며, 어려운 과제나 과제의 어려운 부분은 좀 더 작은 여러 단계로 나누어야 하고, 쉬운 과제나 과제의 쉬운 부분은 큰 몇 개의 단계만으로 나누어야 한다(Gold, 1980).

과제 분석된 기술을 각 단계가 능숙해질 때까지 한 번에 한 단계씩 또는 모든 단계를 동시에(전체과제) 가르친다. 전체과제 접근법은 한 번에 한 단계씩을 가르치는 것보다 효율적이다(Snell & Brown, 2006a). 그러나 기술이 전체과제 접근을 하기에 너무 어렵거나 복잡하면, 한 번에 한 단계씩 가르쳐야 한다. 또한 순연쇄 단계나 역연쇄 단계 중 선택할 수 있다. 순연쇄는 첫 번째 단계가 학습될 때까지 첫 단계를 가르치고, 다음에 두 번째 단계가

〈표 6-1〉 반바지 입기의 과제분석 예 (2세 아동이 능숙하게 과제를 수행하는 장면을 관찰하여 구성)

1.	양손으로 바지허리 양쪽을 잡는다.
2.	바지허리 안쪽에 있는 라벨을 찾는다. 필요하면 바지를 돌려 라벨이 뒤로 가게 한다.
3.	바닥 가까이 쪼그리고 앉아 바지를 잡는다.
4.	왼쪽 다리를 왼쪽 바짓가랑이에 넣는다.
5.	오른쪽 다리를 오른쪽 바짓가랑이에 넣는다.
6.	한 번에 한쪽을 끌어올려 엉덩이까지 닿을 때까지 바지를 엉덩이까지 끌어올린다.
7.	바지허리의 뒤쪽을 잡고 엉덩이 위로 끌어올린다.
8.	바지의 앞쪽을 잡고 허리까지 끌어올린다.

학습될 때까지 첫 단계와 함께 두 번째 단계를 가르치는 등 전체 순서를 다 가르칠 때까지 계속된다. 역연쇄는 과제 분석의 마지막 단계를 먼저 가르친다. 마지막 단계가 학습되면 마지막 단계와 함께 마지막에서 두 번째 단계를 가르쳐 과제 분석이 완성될 때까지 한다. 순연쇄 또는 역연쇄가 사용될 때 유아는 교수되고 있는 단계뿐 아니라 모든 단계를 완수하기 위해 도움을 받거나 다른 사람이 대신 그 단계들을 완수할 수 있다.

순연쇄와 역연쇄 중 어느 것을 이용할지는 유아의 현재 수행수준을 바탕으로 결정한다. 유아가 부분적으로 습득한 단계에서부터(쉬워서 더욱 동기를 부여할 단계) 과제 분석을 시작한다. 과제의 난이도가 과제 전체에 걸쳐 비슷하면 동기를 더 많이 부여하는 역연쇄를 선택하는 것이 바람직하다. 과제의 마지막 단계는 기능적 성취와 즉각적인 강화를 가져다준다. [그림 6-2]는 과제 분석된 기술의 연쇄 접근법들을 보여 준다.

4. 격려를 효과적으로 제공하기 위한 지침

체계적 교수에 동기유발 전략을 포함시킴으로써 특수교육요구 영유아가 학습하도록 격려할 수 있다. 격려 절차는 ① 기대되는 반응을 하려는 유아의 시도에 응답하여(강화 절차) ② 반응하려는 유아의 시도 전에(환경배열) 제공된다. 다음은 격려 절차를 사용하는 지침들이다.

| 전체 과제 |

수저를 잡는다.
음식을 뜬다.
수저를 입까지 들어 올린다.
입을 벌린다.
수저를 입에 넣는다.

순연쇄	역연쇄
1. 수저를 잡는다	1. 수저를 입에 넣는다.
2. 수저를 잡는다. 음식을 뜬다.	2. 입을 벌린다. 수저를 입에 넣는다.
3. 수저를 잡는다. 음식을 뜬다. 수저를 입까지 들어 올린다.	3. 수저를 입까지 들어 올린다. 입을 벌린다. 수저를 입에 넣는다.
4. 수저를 잡는다. 음식을 뜬다. 수저를 입까지 들어 올린다. 입을 벌린다.	4. 음식을 뜬다. 수저를 입까지 들어 올린다. 입을 벌린다. 수저를 입에 넣는다.
5. 수저를 잡는다. 음식을 뜬다. 수저를 입까지 들어 올린다. 입을 벌린다. 수저를 입에 넣는다.	5. 수저를 잡는다. 음식을 뜬다. 수저를 입까지 들어 올린다. 입을 벌린다. 수저를 입에 넣는다.

[그림 6-2] 전체 과제, 순연쇄, 역연쇄의 예

1. 새로운 기술에 대해서는 지속적 강화계획으로 교수적 강화를 제공한다.
2. 강화에 대한 유아의 정서적 반응을 관찰하고 기술 습득에 강화제가 효과적인지 확인한다.
3. 교수적 강화제와 자연적 강화제를 짝지어 함께 사용한다. 가능한 교수적 강화제는 자연적 강화제를 강조하고 두드러지게 하는 데 사용한다.

4. 유아가 새로운 기술을 습득해 감에 따라 간헐적인 강화 계획으로 바꾸거나 강화의 강도나 양을 줄임으로써 강화제를 없애 나간다.
5. 기대되는 기술과 점차 유사해지도록 선택적 강화를 사용한다(형성법, 연속적 유사성, 기준변동설계).
6. 가능한 교수가 기능적이고 흥미롭고 도전이 될 수 있도록 상황, 시간, 활동, 참여자를 신중하게 선택한다.
7. 유아의 주의를 계속 끌 수 있는 자료를 사용한다. 새로운 자료는 주의를 유지하고 증가시키는 데 효과적이다.
8. 과제의 난이도는 유아의 현재 수행수준과 일치해야 한다. 너무 어렵지 않고, 너무 쉽지도 않으며, 도전이 될 만큼 어려운 정도여야 한다.
9. 과제가 너무 어려우면 과제의 단계들을 확인하기 위해 과제 분석을 한다. 과제 분석한 기술을 한 번에 한 단계씩 가르치거나 전체 접근법을 사용한다. 유아가 과제의 단계를 연속적으로 수행할 수 있도록 가르치기 위해 순연쇄나 역연쇄 기법을 선택한다.
10. 다른 기능적 기술과 함께 순서적으로 기술을 가르쳐서 의미를 증진시킨다.

일반화 촉진하기

자연적 교육과정 모형의 목적은 자연적 경험에 참여하기와 상호작용을 개선 혹은 증진시키는 것이다. 자연적 경험에 참여하여 상호작용할 기회와 요구는 무수히 많지만 이런 기회와 요구에 대처하는 데 필요한 수많은 기술들을 모두 가르칠 시간은 충분하지 않다. 사용 가능성이 큰 분리된 반응 몇 가지를 가르치는 대신 자연적 교육과정 모형은 기술의 일반화를 촉진하는 교수를 강조한다. 일반화의 유형은 자극 일반화와 반응 일반화 두 가지가 있다. 자극 일반화는 하나 이상의 비교수적 상황에서 반응이 나타날 때 발생한다. 예를 들어, 유아는 선생님, 어머니, 아버지에게 "~주세요."라고 말한다. 여러 사람, 여러 상황, 여러 활동, 여러 조건, 여러 시간에 걸쳐 나타나는 일반화를 자극 일반화라고 한다. 특정 반응을 유발하는 자극들을 자극 동류(stimulus class)라고 한다.

반응 일반화는 유아가 훈련받은 것과 약간 다른 반응을 보일 때 일어난다. 예를 들어, 손잡이로 컵 잡기를 배운 유아가 컵 바닥 주위를 한 손으로 잡거나 두 손으로 컵을 감싸서 잡는다면 이 유아는 일반화된 반응을 보여 주고 있다. 같은 기능을 하는 다양한 형태의 반응을 반응 동류(response class)라고 한다. 대개 자극 일반화와 반응 일반화는 함께 일어난다. 유아가 병뚜껑을 돌려서 여는 방법을 배우게 되면 치약 통, 땅콩버터 통 또는 보온병을 열기 위해 다양한 방법으로 뚜껑을 잡고 돌릴 수 있을 것이다.

기술의 유용성은 대개 그 기술이 일반화되었는지 여부에 달려 있다. 만약 영아가 물리치료를 받을 때만 머리를 든다면 영아의 머리 드는 능력은 별로 유용하지 않다. 마찬가지로, 사진을 보여 주면 '엄마' '공' '컵' 이라고 말하지만 자신이 원하는 것을 알리기 위해서 그런 단어들을 사용하지 않는다면 단어를 기능적으로 사용하는 유아의 능력은 결여되어 있다. 따라서 자연적 교육과정의 조기중재 목적과 목표에는 일반화된 기술을 목표로 하여 개개의 자극 동류와 반응 동류의 범위를 구체적으로 명시한다. 이러한 것을 일반화 사례목표라고 한다(Horner, Sprague, & Wilcox, 1982).

1. 일반화 사례목표 작성하기

일반화를 고려하여 교수목표를 작성할 때는 충분한 사례훈련이라고 불리는 절차를 활용한다(Stokes & Baer, 1977). 충분한 사례훈련 절차를 사용할 때, 목표기술의 수행을 유도하는 자극의 다양한 사례들을 이용하여 목표기술을 가르친다. 예를 들어, '컵' 인식하기를 가르칠 때, 작은 플라스틱 컵, 머그잔, 유아용 빨대 컵 등을 사례로 이용할 수 있다. 이때 사례들을 하나씩 순서대로 훈련하는 것이 아니라 동시에 여러 사례들로 훈련한다. '충분한' 이라는 용어는 적합하면서도 효율적인 개수의 자극을 선택해야 함을 의미한다(Anderson & Spradlin, 1980). 자극의 수가 너무 적으면 일반화를 일으킬 가능성이 적고, 너무 많은 자극은 불필요하며 비효율적이어서 훈련에 실패할 수 있다. Horner와 동료들은 일반화를 목적으로 한 자극 동류와 반응 동류의 공통적이고 다양한 특성을 나타낼 수 있도록 충분한 사례들을 선택해야 한다고 제안하였다.

일반화를 위해 선택된 자극 동류와 반응 동류는 교수적 우주(instructional universe)이다(Becker, Englemann, & Thomas, 1975). 유아가 '컵' 을 인식하는 기술을 일반화하도록 가르치는 경우, 교수적 우주(컵의 자극 동류)와 그 특성을 확인해야 한다. 유아가 집, 어린이 집, 지역사회에서 접하게 되는 다양한 컵들을 기록한다. 예를 들어, 교수적 우주는 머그잔, 유아용 작은 컵, 빨대 컵, 스티로폼 컵, 탄산음료 컵 등이 포함될 수 있다. 이 교수적 우주의 특징은 다음과 같다.

- 재료: 도자기, 유리, 플라스틱, 스티로폼, 종이
- 파손가능성: 깨지는 것, 깨지지 않는 것
- 손잡이: 손잡이가 없는 것, 하나의 손잡이, 두 개의 손잡이
- 크기: 대, 중, 소
- 무게: 무거운 것, 중간 것, 가벼운 것
- 색깔: 흰색, 노란 색, 파란 색 등등, 단색, 여러 색

교수적 우주에서 사례를 선택할 때, 특성의 범위를 가장 잘 드러내는 컵 몇 개를 선택한다. 머그(크고, 손잡이가 하나이고, 무겁고, 단색의, 깨지는), 플라스틱 컵(작고, 손잡이가 없고, 가볍고, 단색의, 깨지지 않는), 그리고 유아용 빨기 컵(중간 크기의, 손잡이가 두 개이며, 중간 정도의 무게, 다양한 색깔의 깨지지 않는)을 선택함으로써 자극 동류의 특징 대부분을 뽑아 낼 수 있다. 유아가 학습을 통해 이 세 가지 사례를 컵으로 인식하면, 유아는 교수에 포함되지 않은 사례인 스티로폼 컵도 컵으로 인식하고 일반화할 가능성이 있다. 충분한 사례 교수는 사물 자극에만 국한되지 않는다. 이는 사람, 장소, 시간, 상황, 단어, 활동 등에도 적용할 수 있다. 교수적 우주(컵의 예에서는 반응 동류)와 일반화하기를 바라는 기술 특성의 범위를 확인할 때와 동일한 전략을 적용함으로써 충분한 사례 교수는 반응 일반화를 촉진하는 데도 사용할 수 있다.

일반화 사례 목표를 작성하기 위해 교수적 우주를 정의한다. 기술이 일반화되는 정도와 기술이 자극 일반화, 반응 일반화, 또는 둘 다를 포함하는지 여부를 확인한다. 유아가 직면할 가능성이 높은 사례와 유아가 일반화할 가능성이 높은 범위(과제 난이도의 적절한 수준)를 바탕으로 교수적 우주의 범위와 크기를 판단한다. 그런 다음 괄호 안의 선택된 사례와 함께 행동 목표(조건, 행동, 준거)를 기술한다. 일반화 사례목표의 예를 다음에 제시하였다.

자극 일반화

조건: 친숙한 사람*(영아 전문가 티나, 할머니, 아빠)이 "안아 줄까?" 라고 묻는다.

행동: 아르만은 소리를 낸다.

준거: 연속 세 번의 기회 동안 10초 이내에

*(친숙한 사람의 교수적 우주: 엄마, 할머니, 할아버지, 사촌 탐, 삼촌 키모, 이모 수, 이웃 로버트와 줄리, 영아 전문가 티나)

반응 일반화

조건: 리안이 장난감 상자로 기어갈 때

행동: 리안은 장난감을 요구할 것이다.*(장난감 상자 안의 장난감을 가리키거나, "장난감" 혹은 "~주세요."라고 말하며)

준거: 네 번의 연속적인 기회에

*(반응 요청하기의 교수적 우주: 뻗치기, 가리키기, 소리내기, 이름 말하기, "~주세요." "더"라고 말하기)

자극과 반응 일반화

조건: 손가락으로 집어 먹는 음식을 주었을 때*(크래커, 건포도, 샌드위치 조각)

행동: 데니는 음식을 잡고 **들어 올려서 혼자 먹을 것이다.

준거: 매 식사 때 마다 적어도 다섯 번, 점심시간 다섯 번 중 네 번

*(손가락으로 집어 먹는 음식의 교수적 우주: 쿠키, 시리얼, 바나나 조각, 오렌지 조각, 건포도, 샌드위치 조각)

**(잡기의 교수적 우주: 가볍게 잡기, 꽉 잡기, 두 손가락 끝으로 세밀하게 잡기, 두 손가락으로 둔하게 잡기, 손으로 긁어모으기)

일반화 사례 목표를 유아의 현재 수행 수준에 맞추어 단순화시킬 필요가 있으면 2개 이상의 단기 일반화 사례 목표를 작성할 수 있다. 각 단기 일반화 사례 목표에는 다양한 사례를 포함하는 것이 중요하다. 그렇지 않으면 교수가 일반화를 촉진하지 못한다. '스스로 먹기' 목표에 대한 단기 일반화 사례 목표의 세 가지 예는 다음과 같다.

단기 일반화 사례 목표 1

조건: 손가락으로 집어먹는 음식을 주었을 때*(크래커, 건포도, 샌드위치 조각)

행동: 데니는 음식을 잡을 것이다.

준거: 식사 때마다 적어도 세 번, 세 번의 연속적인 점심시간에

단기 일반화 사례 목표 2

조건: 손가락으로 집어먹는 음식을 주었을 때*(크래커, 건포도, 샌드위치 조각)

행동: 데니는 음식을 들어 입까지 가져갈 것이다.

준거: 식사 때 마다 적어도 세 번, 다섯 번의 점심시간 중 네 번

단기 일반화 사례 목표 3
조건: 손가락으로 집어먹는 음식을 주었을 때*(크래커, 건포도, 샌드위치 조각)
행동: 데니는 음식을 들어 혼자 먹을 것이다.
준거: 식사 때마다 적어도 다섯 번, 다섯 번의 점심시간 중 네 번

마지막 단기 목표는 장기 목표와 같아야 한다.

2. 일반화 사례 교수

일반화 사례 교수는 이장의 앞에서 명시한 체계적 교수를 위한 지침을 그대로 따른다. 지원과 격려 절차를 교수 계획안에 기록하고 기록된 대로 정확하게 실행한다. 일반화 사례 목표를 위한 교수 계획안을 개발할 때 자극과 반응 사례를 명시한다. 사례들은 분리하지 않고 동시에 가르치도록 계획안을 작성한다. 예를 들어, 데니의 '건포도, 크래커, 샌드위치 조각 잡기' 라는 단기 목표를 위한 교수 계획안에는 세 가지 유형의 손가락으로 집어먹는 음식과 세 가지 유형의 잡기를 사용하는 교수를 할 기회를 매일 포함시킨다(이것은 건포도 잡기가 능숙해질 때까지 건포도 잡기를 가르치고, 크래커 잡기가 능숙해질 때까지 크래커 잡기를 가르치는 것과는 대조적이다). [그림 6-3]은 이 목표를 위한 일반화 사례 교수계획안을 제시하고 있다.

3. 다른 일반화 절차

일반화를 촉진하는 여러 가지 방법들이 제시되었다(Stokes & Baer, 1977). 이 방법들은 일반화의 가능성을 증가시키기 위한 일반화 사례 교수 계획에 통합될 수 있다. 충분한 사례 전략 이외에도 다섯 가지의 일반화 절차가 있다.

- 프로그램 공통 자극
- 자연적으로 유지되는 후속결과 제시하기
- 식별 불가능한 후속 결과 사용하기

- 일반화 매개하기
- 느슨하게 훈련하기

유아: 데니 **시작 날짜:** 2005년 9월 27일
목표: 손가락으로 집어서 먹기 **종료 날짜:**
(손가락으로 집어 먹는 음식 잡기) **중재자:** 안나와 엄마
조건: 손가락으로 집어먹는 음식을 주었을 때*(크래커, 건포도, 샌드위치 조각)
행동: 데니는 음식을 잡을 것이다.
준거: 식사 때마다 적어도 세 번, 세 번의 연속적인 점심시간에

중재 맥락	촉진 기법	후속 결과
상황: • 월요일: 영아 센터 • 다른 요일: 집 **일과/활동:** • 점심시간 **기술 순서:** • 선택하기 • 음식 잡기 • 더 달라고 하기 **우발적 교수기회:** • 적용 불가	**자세잡기와 다루기; 특수기기와 자료:** • 받침대가 부착된 높은 조정 의자에 앉히기 • 크래커, 건포도, 샌드위치 조각 **환경 수정:** • 접시 가장자리에 손가락으로 집어먹을 수 있는 음식을 놓아두기 **촉진:** • 음식이 필요하면 음식 앞으로 데니의 손을 이끌기: 6초간 기다리기 **부가적인 일반화 절차** • 집과 영아 센터에서 같은 접시를 사용하기(프로그램 공통 자극)	**강화:** • 음식을 들어 올리면 데니를 말로 칭찬해 주기 • 데니가 음식을 입으로 가져가도록 돕기 위해 신체적 지원 제공하기 **교정:** • 데니의 손을 음식 위에 올려놓고, 6초간 기다리기 • 데니가 음식을 잡으면, 음식을 입으로 가져가도록 돕기 위해 완전한 신체적 지원 제공하기 • 음식을 잡지 못하면, 완전한 신체적 지원 제공하기

[그림 6-3] 일반화 절차를 통합하는 교수 계획(공통 자극 계획)

1) 프로그램 공통 자극

이 기법은 일반화 상황에서 사용되는 자료나 자극을 교수 상황에서 사용하는 기법이다. 예를 들어, 유아가 유치원에서 우유팩에 빨대를 꽂아서 우유 마시기를 학습한다면, 가족은 집에서 유아가 그 기술을 학습할 수 있도록 도울 수 있다. 그들은 집에서도 유치원에서 사용하는 것과 같은 우유팩과 빨대를 사용함으로써 프로그램 공통 자극 기법을 실행할 것이다. 유아가 집에서 우유팩으로 마시기를 배울 때, 유아는 같은 자극이 제시되는 유치원에서도 그 기술을 일반화하여 실행할 가능성이 크다. 나중에 유아가 속하게 될 환경에서 필요로 하는 기술을 교수 목표로 설정하여 다루는 경우 프로그램 공통 자극 기법은 훌륭한 일반화 기법이다(예: 유치원에서 사용될 가위와 같은 유형의 가위를 사용하여 어린이 집에서 자르기를 가르치기).

2) 자연적 후속결과 제시하기

자연적 후속결과는 기술이 필요한 상황에서 발생하는 강화제와 강화 계획을 말한다. 이 전략에서는 교수적 강화제와 강화 계획을 자연적 강화제와 강화 계획으로 점차 바꾸어 감으로써 일반화를 촉진한다. 처음에는 자연적 강화제와 교수적 강화제를 함께 사용하다가 점차 교수적 강화제를 줄여 나간다. 예를 들어, 걸음마기 유아가 스스로 속옷과 바지를 끌어 올리도록 도울 때, 부모는 칭찬을 해 주고 안아 준 후 즉시 유아가 화장실에서 나가 놀도록 허락한다. 칭찬하기와 안아 주기를 점진적으로 제거해 나가면서 유아가 놀이(자연적 강화)에 다시 돌아가게 함으로써 바지 끌어올리기를 계속 강화한다. 이러한 자연적 후속결과는 어린이 집과 할머니 집에서도 효과적이어서 어린이 집과 할머니 집에서도 일반화가 일어날 것이다.

3) 식별 불가능한 후속 결과 사용하기

식별이 불가능하다는 것은 '알아차리기 어렵거나 지나치게 드러나지 않은 것' 을 의미한다. 교수적 강화제는 명백하게 드러나고 부자연스러운 경우가 많다. 매우 분명하게 드러나는 교수적 강화제는 학습의 초기 단계에서는 필요할 수 있지만, 기술이 필요하나 비슷한 강화제를 이용할 수 없는 상황으로의 일반화를 방해한다. 교수적 강화제의 명확성을 점차 줄임으로써 일반화의 가능성을 증가시킨다. 앞에서 언급한 바와 같이, 강도(구어적으로 강화하는 목소리 낮추기)나 빈도(변동간격계획과 같이 예측이 어려운 강화 계획으로 바꾸기)를 줄여서 강화를 제거한다. 예를 들어, 또래와 게임에서 차례 지키기를 배우도록 도울 때, 교사는 처음에는 가까이 앉아서 유아의 등을 잠시 어루만져 줌으로써 유아를 강화한다. 이것은 놀이를 방해하지 않기 때문에 최소 간섭적이다. 유아가 점차 차례 지키기를 학습함에 따라 유아가 차례를 지킬 때만 한 번씩 걸러서 교사는 유아의 등을 좀 더 짧게 어루만져 준다. 마침내 놀이 그 자체가 차례 지키기의 자연적 강화로 작용하게 되면 교사는 유아의 곁을 떠나 교수적 강화를 완전히 없앤다.

4) 일반화 매개하기

이 기법을 이용하여 전략을 가르친다. 노래로 알파벳 철자 말하기, 30일인 달과 31일인 달을 외우기 위해 시 읽기 등을 예로 들 수 있다. 이 전략은 인지적 전략으로서 유아들에게 적용할 수 있다. 매개 기법에 포함될 수 있는 다른 유형의 전략들도 있다. 예를 들어, 침대와 같은 평평한 바닥에 먼저 옷을 펼쳐 놓고 셔츠 입기를 가르치는 것은 유아가 여러 환경에서 이용할 수 있는 전략이다. 또는 뇌성마비 유아에게 이동의 안정성을 위해 휠체어 선반에 부착된 나무못 잡기를 가르치는 것은 소근육 운동기술의 통제가 필요한 여러 과제에 사용할 수 있는 매개 전략이다(예: 스스로 먹기, 미술 활동, 의사소통판 사용).

5) 느슨하게 훈련하기

느슨하게 훈련하기 기법에서는 일관성 있는 방식으로 적용했던 체계적 교수를 느슨하게 함으로써 일반화를 촉진한다. 교수를 실행할 때마다 같은 촉진, 같은 강화 같은 교정 절차를 제공하는 대신 교수계획의 요소를 실행 시기마다 약간씩 변화시킨다. 수용 가능한 반응의 구성 역시 달라지지만, 그 변화가 반응 동류 이상으로까지 확대되지는 않는다. 촉진, 강화, 교정, 수용 가능한 반응에서 작은 변화를 허용함으로써 유사하지만 비교수적 상황에서 일반화가 일어날 가능성을 증가시킨다. 그러나 주의할 점은 교수 계획을 너무 느슨하게 적용하면 체계적 교수계획이 주는 이점이 없어지기 때문에 유아가 기술을 습득하지 못할 수 있다(예: 예측 가능한 촉진-반응-후속결과의 관련성이 더 이상 명확하지 않게 된다.).

느슨하게 훈련하기를 체계적 교수에 통합할 때, 어떤 요소를 느슨하게 할 것인지 명시해야 하며 수용 가능한 요소의 예를 제공해야 한다. 예를 들어, 촉진이 느슨하게 훈련된다면, 계획안에 "'나랑 같이 가자.' '차에 타자.' '자리에 앉아라.' 등과 같은 간단한 구어적

유아: 아니샤 **시작일:** 2005년 10월 15일

목표: 놀이를 계속하자고 신호하기 **종료일:**

중재자: 안나와 엄마

조건: 반복적인 노래 또는 리듬 게임을 하다가 잠시 중단했을 때(두껍아 두껍아, 까꿍, 동동동대문을 열어라 등등)

행동: 아니샤는 놀이를 계속하자고 신호할 것이다(예: 눈맞춤, 소리 내기, 어른에게 손 뻗기, 노래/게임을 다시 시작하려는 시도 등등)

준거: 두 번의 연속적인 놀이 회기에 세 번씩

중재 맥락	촉진 기법	후속 결과
상황: • 낮잠 후 • 엄마/아빠가 퇴근했을 때 **일과/활동:** • 반복적인 노래 또는 리듬 게임 **기술 순서:** • 적용 불가 **우발적 교수기회:** • 적용 불가	**자세잡기와 다루기; 특수 장비/자료:** • 얼굴을 마주 보도록 아니샤를 (다리를 벌려) 무릎에 앉힌다. 등허리 아래쪽을 지지한다. **환경 수정:** • 적용 불가 **촉진:** • 몇 초간 놀다가 중지한다. • 아니샤를 똑바로 쳐다보고 10초간 기다린다. **부가적인 일반화 절차:** • 노래와 리듬 게임을 다양 하게 한다. • 구어적 교정을 다양하게 한다. "뭐지?" "누구 차례니?" "다시 하자." 등 • 계속하자고 요청하는 듯한 모든 신호를 수용한다. (느슨하게 훈련하기)	**강화:** • 전보다 더 재미있게 게임을 다시 한다. 재미있다는 듯이 미소 짓고 웃는다. **교정:** • "다시 하자." "뭐라고?" "누구 차례지?" 등과 같은 구어적 촉진을 제공한다. 5초간 더 기다린다. 유아가 반응하면 강화한다. • 유아가 계속 오반응을 하면 다른 게임을 시작하고 다시 시도한다.

[그림 6-4] 일반화 절차를 통합한 교수 계획(느슨하게 훈련하기)

유아: 제이콥 시작일: 2005년 10월 6일
목표: 장난감 가지고 놀기 종료일:
중재자: 롭

조건: 형제, 사촌 또는 이웃과 놀 때
행동: 제이콥은 작은 장난감을 흔들거나 두드릴 것이다(찍찍 소리 나는 공, 딸랑이, 나무 스푼)
준거: 3초 이상, 6번

중재 맥락	촉진 기법	후속 결과
상황: • 거실, 형의 방, 베란다 일과/활동: • 형이 학교 버스를 기다리는 동안 기술 순서: • 적용 불가 우발적 교수기회: • 제이콥이 또래의 놀이를 보고 웃을 때	자세잡기와 다루기; 특수 장비/자료: • 베개 위에 옆으로 눕거나 엎드려 눕기 환경 수정: • 장난감은 손이 쉽게 닿는 범위 안에 있어야 한다. 촉진: • 제이콥의 손이 닿는 곳에 있는 장난감을 세 번 흔들거나 두드린다. 5초간 기다린다. 부가적인 일반화 절차: • 두 번 연속으로 정반응을 한 뒤 고정간격강화계획으로 강화계획으로 바꾼다. 두 번 이상 정반응을 한 뒤 변동간격 강화계획으로 바꾼다. (식별 불가능한 후속결과의 사용)	강화: • 서로 사이좋게 놀고 있는 두 유아를 칭찬한다. 또래가 제이콥이 장난감을 3~4회 흔들거나 두드리는 것을 도와주도록 지원한다. 교정: • "제이콥의 팔을 가볍게 두드리고 "네 장난감을 가지고 놀아라." 라고 말한다. 그렇게 하면 위에 진술된 대로 칭찬한다. • 유아가 장난감을 흔들거나 두드리지 않으면, 신체적으로 지원하여 정반응을 하도록 한다. 강화하지 않는다.

[그림 6-5] 일반화 절차를 통합한 교수 계획(식별 불가능한 후속결과의 사용)

지시를 제공한다." 라고 기술한다. 교수를 실행할 때에는 예시된 촉진을 사용하거나 예시된 것과 유사한 촉진을 사용할 수 있다. 느슨하게 훈련하는 교수 계획의 각 요소는 이러한 방식으로 작성되어야 한다.

여기에서 설명한 다섯 가지 일반화 전략(프로그램 공통 자극, 자연적 후속결과 제시하기, 식별 불가능한 후속결과 사용하기, 일반화 매개하기, 느슨하게 훈련하기) 중 한 가지 이상을 체계적인 일반화 사례 교수 계획에 포함시킴으로써 충분한 사례훈련 전략을 보완할 수 있다. [그림 6-4]와 [그림 6-5]는 이러한 절차를 통합하는 교수 계획을 보여 준다.

실행 시 고려사항

체계적 교수의 성공적인 실행과 관련된 세 가지의 변인이 있다. 참여 시간의 양, 강화의 후속적 배치, 최소한의 실수.

1. 참여 시간의 양

참여 시간은 유아가 능동적으로 교수에 참여하는 시간을 의미한다. 유아가 교수에 능동적으로 참여하는 시간이 많을수록 유아는 더 많이 학습한다(Anderson, 1976; McWilliam, 1991; Walker & Hops, 1976). 교수를 자주 실행하며, 유아가 교수의 수동적 수용자이기보다 능동적 반응자가 될수록 교수의 효과는 커진다.

2. 강화의 후속적 배치

강화의 후속적 배치는 유아가 교수목표 행동을 한 후 흥미로운 자극을 즉각적이고 일관성 있게 제공함을 의미한다. 이는 또한 행동 발생 후 후속적으로 자극을 이용해야 함을 의미한다. 과거에는 감각 기능(청각적 주의집중)과 전반적 환경에 대한 의식을 개선하거나 높이기 위해 청각적 자극(종 울리기)과 같은 비후속적인 자극을 사용하였다. 비후속적 감각 자극은 효과적이지 않다(Dunst, Cushing, & Vance, 1985). 그 대신, 특정한 기술을 가르쳐야 한다. 예를 들어, 아빠가 한 살짜리 영아를 무릎 위에 앉히고 주의 집중하기를 가르치기 위해 5분간 말을 거는 것(비후속적 자극)보다 영아가 아빠의 무릎 움직임에 주의를 기울일 때마다 무릎을 움직여 영아를 얼러 준다(무릎을 흔들며 어르기를 후속적으로 배치하였다).

3. 최소한의 실수

교수는 실수가 최소한으로 유지될 때 더욱 효과적이고 효율적이다(Bereiter & Englemann, 1966). 성공적인 교수 기법은 유아가 반응하게 하여 강화를 제공하는 기법이다. 실수가 자주 발생하여 유아가 정반응을 할 기회가 별로 없고 그 결과 강화를 받을 기회도 많지 않다면 교수 계획을 수정해야 한다. 더 많은 지원, 다른 유형의 촉진 또는 더 강력한 강화가 필요하다.

무실수 교수만을 배타적으로 사용할 때 고려해야 할 두 가지가 있다. 첫째는 유아가 실수를 하고 자연적 교정을 경험하도록 허용하는 것의 중요성이다. 유아는 자연적으로 발생하는 교정, 특히 유익한 피드백이 포함된 교정을 경험해야 한다. 예를 들어, 유아가 오빠에게 물어보지 않고 장난감을 가져간다면, 오빠는 그것을 도로 가지고 갈 것이다. 유아가 자연적으로 발생하는 교정을 활용할 수 있는 능력이 있는지 관찰해야 한다. 유아가 이를 이해하지 못하는 것처럼 보이면, 교수적 교정과 자연적 교정을 함께 사용하다가 점점 교수적 수정을 제거해 나가야 한다. 오빠의 장난감을 가져간 유아의 경우, 오빠가 도로 그것을 가지고 갔을 때 이상하다는 듯한 표정을 지을 것이다. 오빠에게 장난감을 가져도 되는지 물어보라고 유아를 촉진하는 교수적 교정은 자연적 교정(오빠가 도로 가져가기)과 함께 사용되어야 한다. 이렇게 함으로써 왜 오빠가 장난감을 도로 가져갔는지 유아가 이해할 수 있도록 도울 수 있을 것이다.

무실수 교수와 관련된 두 번째 고려사항은 실수가 발생했을 때 유아가 스스로 교정(자기 교정)할 수 있는 기회를 제공하는 것이 중요하다는 점이다(유아가 짜증을 내는데 아무도 도와주러 오지 않으면 유아는 손을 들어 스스로 교정한다). 이때 유아가 자기 교정을 시도하지 않을 때에만 교정을 제공한다. 유아가 성인이나 교수적 교정에 의존하는 것을 최소화하기 위해 유아가 해결책(자기 교정)을 생각해 낼 수 있도록 문제해결 기술을 가르치는 것도 고려해야 한다. 사용되는 교수 유형과 관계없이 성공적인 교수와 관련된 세 가지 주요 변인은 참여 시간, 강화의 후속적 배치 그리고 최소한의 실수다.

체계적 교수 점검하기

체계적 교수의 특징은 자료에 근거하여 의사결정을 한다는 것이다. 자료에 근거한 의사결정을 통해 교수 계획의 실행을 수정할 것인지 혹은 지속할 것인지를 판단한다. 기술 습득을 나타내는 자료를 수집하고, 수집된 자료를 그래프로 그린 후 그래프를 해석함으로써 교수의 효과에 대해 객관적으로 평가한다. 전통적으로 체계적 교수는 광범위한 자료 수집을 특징으로 한다(자료는 매일의 모든 활동에 걸쳐 수집되었다). 그러나 자연적 교육과정 모형에서는 융통성 있고 비개입적인 평가가 이루어짐과 동시에 객관적 평가가 되도록 상호 균형을 이루어야 한다. 이러한 균형을 이루기 위한 제언들이 자료수집 과정의 개발과 적용에 대한 설명에 뒤이어 제시된다.

1. 교수진도 측정하기

제3장에서 논의한 행동 관찰과 측정에 관한 부분을 상기하기 바란다. 교수 진도를 점검하는 데 사용되는 측정체계에는 빈도, 지속시간, 등간표집법, 시간표집법의 네 가지 유형이 있다. 빈도는 행동이 발생하는 횟수를 세는 것이다. 기술을 수행할 기회가 매일 다르면 백분율로 자료를 보고할 수 있다(10번의 기회 중 9번의 정반응은 90%이다). 지속 시간은 한 행동이 발생한 시간 길이다(특정 행동이 한 번 발생한 시간 또는 특정 행동이 여러 번 발생한 총 시간). 등간 기록은 특정 시간 동안(예: 30초 간격) 행동이 발생했는지 여부를 기록한다. 시간표집법에서는 특정한 시간 구간(30초에, 1분에, 1분 30초에, 2분에 등등)의 마지막 시점에 행동이 발생했는지 여부를 기록한다.

세 가지의 다른 측정 체계(반응지연시간, 비율, 영구적 산물)도 자료를 바탕으로 한 의사결정을 하는 데 유용하게 사용된다. 반응지연시간은 (자연적, 교수적)촉진과 반응 사이의 시간을 의미한다. 예를 들어, 두 사람이 마주 앉아 손뼉을 마주치며 노래하는 놀이인 '세세세 놀이' 에서 아빠가 차례에 맞는 행동을 한 후 유아가 자기 차례에 맞는 놀이 행동을 하기까지의 시간이다. 반응하기 까지 걸린 시간이 기술의 유용성과 기능성에 영향을 미칠 때 반응지연시간은 적절한 측정방법이다. 만약 유아가 '세세세 놀이' 에서 자기 차례의 놀이행동을 하기까지 시간이 너무 오래 걸리면, 아빠는 유아가 이 놀이에 관심이 없다고 간주하고 놀이를 그만둔다. 반응지연시간은 또한 유아가 장애로 인해 반응 시간이 너무 오래 걸릴 때에도 적합하다. 발달지체를 가진 유아는 촉진을 인식하는 데 몇 분이 필요하고, 어떻게 반응할지를 결정하는 데 또 몇 분이 필요하기 때문에 반응을 시작하기까지 긴 시간이 걸릴 수 있다. 또 어떤 유아는 움직임에 영향을 주는 신체적 장애로 인해 반응하는 데 긴 시간이 필요할 수도 있다. 가족과 다른 사람들은 유아에게 긴 반응시간이 필요하다는 것을 인식하고 상호작용 양식과 기대를 그에 맞추어 조정할 필요가 있다.

비율은 얼마나 빨리 혹은 늦게 반응이 발생하는지 측정하는 단위이다(숙달이라고도 한다). 예를 들어, 어느 영아가 30분 동안 시리얼을 23 숟가락 먹었다. 즉, 1분당 .76 숟가락의 속도로 먹은 것이다. 비율은 반응의 수를 시간 단위로 나누어 계산하는 것이다. 23수저를 30분으로 나누어 1분당 먹은 숟가락의 수를 계산한다. 비율은 주로 1분당, 한 시간당, 매일, 매 주당 반응의 수로 보고한다. 반응지연시간과 마찬가지로 비율은 반응의 속도가 반응의 기능성에 영향을 미칠 때 적합한 척도다. 예를 들어, 유아가 성인의 지원 없이 스스로 밥을 먹기는 하지만 20분 동안 세 숟가락 만 먹는다. 식사를 마치는 데 너무 오랜 시간이 걸려서 실용적이지 않기 때문에 가족들은 유아가 스스로 먹도록 내버려두지 않을 것이다. 유아의 먹는 속도 증가시키기는 의미 있는 목표가 될 수 있으며 이때 비율이 적절한 척도가 될 수 있다.

영구적 산물 측정은 반응에 대한 지속적인 증거를 제공하며 직접적인 관찰을 필요로 하지 않는다. 일반교육에서는 대부분 시험이 학업 성취에 대한 영구적인 산물을 제공한다. 조기 중재에서는 물리치료사가 유아에게 여러 방향으로 가능한 멀리 손을 뻗으라고 요구하고, 매직펜으로 종이에 표시할 수 있다. 이 표시는 유아의 움직임 범위에 대한 증거로 남는다. 비디오테이프나 사진 등도 영구적인 산물의 자료를 제공한다. 영구적인 산물 측정은 유아의 행동(또는 유아 행동의 영향)을 반복해서 재검토할 시간을 주므로 유용하다. 직접적 관찰 체계(빈도 또는 지속시간)로 측정된 기술은 직접 재검토 할 수 없다.

2. 측정 체계 선택하기

측정 체계 선택 시 주요 고려사항은 유아가 교수 목표에 진술된 기준에 비추어 목표 기술을 얼마나 잘 수행하는지 명확하게 보여 주는 체계를 선택해야 한다는 것이다. 기준에 측정 체계를 맞추는 것은 유아가 언제 교수 목표를 달성했는지 결정하는 데 필수적이다. 예를 들어, 기준이 "유아가 세 번 연속적으로 ㅂ, ㅍ, ㅁ로 시작되는 친숙한 단어의 첫 소리를 발성할 것이다."라고 진술되어 있다면, 유아가 목표한 자음 소리로 시작되는 단어를 말할 때마다 유아의 반응은 정반응 또는 오반응(+와 −)으로 기록될 것이다. 이것은 사건기록법이다. +가 세 번 연속으로 기록되면, 목표는 달성된 것이다.

3. 자료수집 장소와 시간 확인하기

자료수집 장소와 시기는 ① 교수목표에 진술된 조건, ② 일반화 고려, ③ 현실적이며 자연적 고려의 세 가지 요소에 의해 결정된다. 첫 번째 요소인 교수목표에 진술된 조건은 하루 중 언제 또는 어떤 상황에서 그 기술이 수행되는지를 말한다. 예를 들어, '아침, 점심, 저녁식사' 와 같은 조건이 목표에 진술되어 있으면 세 번의 식사 시간 동안 자료를 수집하여 기준이 달성되었는지 알아본다. 언제, 어디서 자료를 수집하는가에 영향을 주는 두 번째 요소는 일반화에 대한 고려다. 예를 들어, '자유놀이와 간식시간 중 세 번의 연속적 기회' 는 자유놀이와 간식시간 두 시점에서 자료를 수집해야 함을 의미한다.

일반화 사례목표는 교수적 우주로부터 하나 이상의 비교수적 사례로 일반화가 나타날 때 완전히 습득된 것으로 간주한다. 훈련되지 않은 사례에서 발생하는 유아의 수행은 일반화 자료측정으로 점검된다. 목표에 명시된 사례를 이용하여 기술이 습득되었음이 나타날 때 일반화 자료 측정을 실시한다. 일반화 자료 측정을 실시하기 위해서 유아에게 교수적 우주로부터 비교수적 자극/상황을 제시한다. [그림 6-3], [그림 6-4], 그리고 [그림 6-5]에 제시된 일반화 사례 교수계획의 예들에 일반화 자료측정 요소가 포함되어 있다. 일반화 자료 측정은 완벽한 기술의 숙달을 보여 주기 전에 주기적으로(예: 매주) 시행될 수 있다.

언제, 어디서 자료를 수집하는가에 영향을 주는 세 번째 요소는 현실적이며 자연적 고려이다. 현실적이며 자연적 고려는 서로 관련되어 있다. 예를 들어, 가족에게 유아가 얼마나 빨리 먹는지에 대한 자료를 모든 식사 시간마다 수집하기를 기대하는 것은 비현실적이고 비자연적이다. 사실, 대부분의 가족에게 자료 수집을 요청하는 것은 현실적이지 않으며 가족을 배려하지 않는 것이다. 대신 영아프로그램 담당자와 조기중재 교사가 자료 수집의 주 책임자가 되어야 한다. 현실적이며 자연적인 고려는 교사가 모든 활동을 하면서 손에 초시계와 메모판을 들고 있지 않아야 한다고 제안한다. 이것은 분명히 교사가 활동에 완전히 참여하는 것을 방해하고, 더욱 중요한 것은 유아에게 필요한 교수적 촉진과 신체적 지원을 제공하는 능력을 방해할 수 있다.

자료수집의 필요와 현실적인 고려 사이의 균형은 각 가족에게 우선순위가 높은 3~5개의 목표에 대해 정기적으로 자료를 수집함으로써 성취될 수 있다. 교수적 우선순위가 높은 목표들에 대해 매일 자료를 수집하는 것이 비현실적일 때, 이틀에 한 번 또는 일주에 한 번씩 자료를 수집하도록 한다. 그러나 장애영유아의 수행은 날마다 매우 다양하다는 것을 기억해야 한다. 그러므로 자료 수집을 자주하면 할수록 유아의 진도와 교수적 효과성에 대해 보다 정확하게 측정할 수 있다. 우선순위가 낮은 목표의 자료 수집은 격주~4주에 한 번씩 수집한다.

전체 활동시간 내내 자료를 기록하는 것은 현실적이지 않다. 짧은 측정시간 동안 교수 목표의 기준을 평가하는 것이 가능하면 그렇게 하는 것이 더 현실적이다. 예를 들어, 유아의 스스로 먹기 비율에 대한 자료를 수집할 때, 식사 시간 내내 하는 것보다 각 식사시간의 처음 10분 동안 자료를 수집한다.

[그림 6-6]은 [그림 6-5]에 제시한 교수 프로그램의 자료 양식표이다. 빗금 긋기는 3초 이상 지속된 놀이 에피소드의 빈도를 기록하는 데 사용되었다. 다른 방법은 장난감을 가지고 노는 지속시간을 기록하는 것이다. 지속시간 기준이 짧으면(3초), 지속시간은 측정할 만한 적합한 특성이 아니다. 대신 목표는 짧은 놀이 에피소드의 빈도를 높이는 것이다.

〈3초 이상 장난감을 흔들거나 두드린 빈도〉

목표	월요일	화요일	수요일	목요일	금요일
2005. 10. 17.	/	//	//	/	/
2005. 10. 24.	/	/	//	///	///
2005. 10. 31.	//	///	///	//	///

[그림 6-6] 일반화 절차를 통합한 교수 계획(식별 불가능한 후속결과의 사용)

4. 교수 자료 해석하기

유아의 진도와 교수적 효과성을 해석하기 위해서는 자료를 그래프에 그려야 한다. 유아의 수행 자료는 가변적이므로 단순히 자료 표에 있는 숫자를 보는 것만으로는 유아가 진전이 있는지 여부를 판단하기 어렵다(Holvoet, O' Neil, Chazdon, Carr, & Warner, 1983). 그래프 그리는 방법이 다양하지만, 일반적으로 많이 사용되는 방법은 선 그래프다. 선 그래프에서 가로선(횡좌표)은 회기나 날짜를 표시하고 세로선(종좌표)은 측정되는 변인(예: 빈도, 백분율, 반응지연시간)을 나타낸다. [그림 6-7]은 [그림 6-6]의 자료 표에 표시된 유아의 진도를 선 그래프로 그린 것이다.

자료를 그래프로 그린 후, 다음 단계로 진도가 적절한지 아닌지를 판단해야 한다. 유아가 진도를 보이지 않거나 기대한 만큼 빠르게 진도를 보이지 않으면, 교수 프로그램을 수정한다. 수정된 프로그램을 적용하고 진도 점검을 계속한다. 그래프는 매번 5개 또는 6개의 자료 점수를 가지고 검토해야 한다. 다음의 지침은(Browder, Demchack, Heller, & King, 1989; Haring, Liberty, & White, 1981을 참고함) 자료를 기반으로 한 교수 결정을 하는 데 참고할 수 있다.

① 유아가 기준에 접근하고 있음을 그래프가 보여 주면, 교수프로그램을 수정하지 않는다.
② 유아의 수행이 매우 가변적이고 기준에 접근하지 못하면, 동기를 높이기 위해 교수프로그램을 수정한다.
③ 유아의 수행에 거의 변화가 없고 기준에 접근하지 못하면, 더 쉽게 교수프로그램을 바꾼다. 예를 들어, 더 세밀한 과제분석이나 더 많은 도움을 줄 수 있는 다른 촉진을 사용한다.

[그림 6-7]을 검토한 결과, 제이콥의 장난감 가지고 놀기는 향상되지 않았고 자료는 거의 변화가 없다. 따라서 세 번째 지침을 적용하여 교수 프로그램을 더 쉽게 바꾼다. 교수 프로그램의 촉진 절차는 "제이콥의 손이 닿는 곳에서 장난감을 세 번 흔들거나 두드리고 5초간 기다린다."이다([그림 6-5] 참조). 더 많은 도움을 주는 촉진은 프로그램을 쉽게 만드는 한 가지 방법이다. 예를 들어, 새 촉진 절차는 "장난감을 제이콥의 손에 놓고 여러 번 흔들거나 두드린다. 흔들거나 두드리는 행동을 중간에 멈추고 5초간 기다린다." 이 촉진은 반응을 기대하기 전에 좀 더 직접적인 훈련을 제공하고 제이콥이 반응을 계속하도록 요구한다.

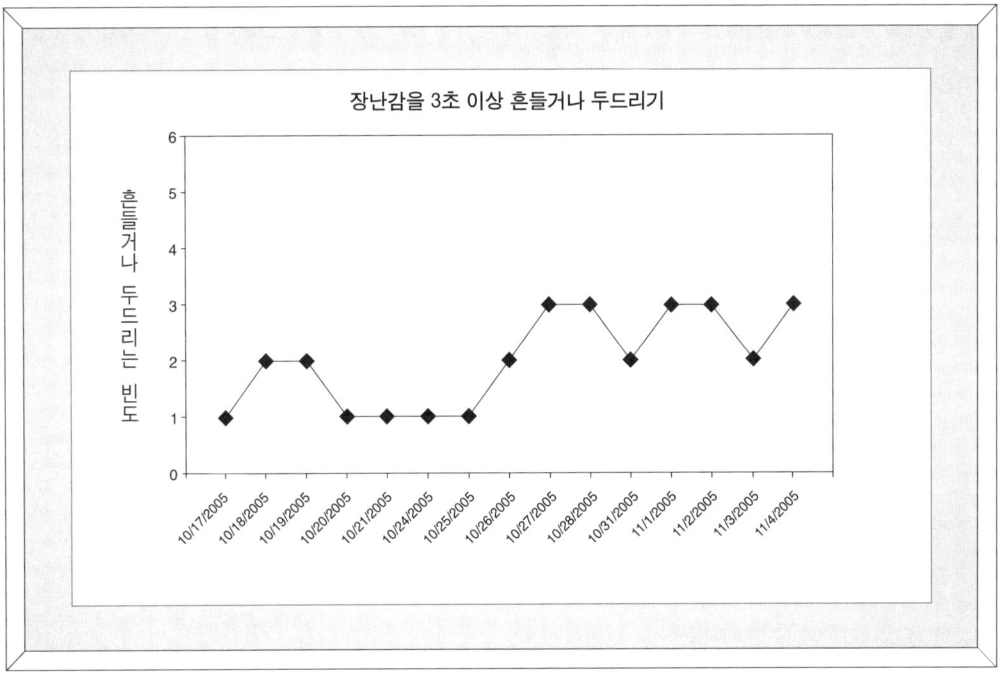

[그림 6-7] 장난감을 3초 이상 흔들거나 두드리기

요 약

체계적 교수는 장애 유아가 자연적 경험에 참여할 때 필요한 기술을 습득하거나 향상시키기 위해 도와주거나 격려하기 위해 고안된 절차를 일관성 있게 적용하는 것이다. 지원 절차는 단독 촉진, 복합적 촉진, 촉진 체계, 무실수 절차 등과 같은 광범위하고 다양한 교수적 촉진 절차를 포함한다. 격려 절차는 유아가 기대하는 반응을 보여 주도록 동기화하는 강화 기법과 환경적 전략이다. 체계적 교수는 일반화 사례목표를 교수 목표로 진술하고, 일반화 사례교수를 적용하며, 부가적인 일반화 절차(프로그램 공통자극, 자연적으로 유지되는 후속결과 제시하기, 식별 불가능한 후속결과의 사용하기, 일반화 매개하기, 느슨하게 훈련하기)를 교수 계획에 통합함으로써 일반화된 기술 습득을 촉진하도록 고안할 수 있다. 체계적 교수를 실행할 때 빈번한 자료 수집을 통해 교수 프로그램의 효과성을 점검해야 한다. 기대한 대로 기술 습득이 되지 않을 때는 자료를 바탕으로 프로그램을 수정한다.

연/구/문/제

1. 교수가 어떻게 체계적이면서도 자연적일 수 있는지 논의하시오.
2. 체계적 교수를 정의하시오.
3. 집중시도 교수를 사용하는 것이 유용한 세 가지 상황을 설명하시오.
4. 다음의 교수 촉진 유형을 정의하고 그 예를 말하시오. 간접적 구어, 직접적 구어, 몸짓, 모델, 촉각적 지원, 부분적 신체 지원, 완전한 신체 지원, 공간 촉진, 움직임 촉진, 시각적 촉진, 청각적 촉진.
5. 유아가 그림붓을 잡도록 돕기 위해 부분적 신체 지원 촉진을 하는 예를 드시오.
6. 점진적 감소 지원 체계와 점진적 증가 지원 촉진 체계의 차이를 설명하시오.
7. 촉진과 단서의 차이를 설명하시오. 유아가 활자화된 자신의 이름을 인식하도록 돕는 촉진과 단서의 예를 드시오.
8. 유아에게 세 줄짜리 그림이 있는 의사소통판 사용하기를 가르치기 위해 시간지연, 자극형성법, 자극 용암법을 사용한 예를 드시오.
9. 다양한 강화계획을 확인하고 정의하시오. 지속적인 강화계획을 사용하는 것이 가장 적절한 때는 언제인가? 변동강화계획을 사용하는 것이 가장 적절한 때는 언제인가?
10. 교수 강화를 고정비율계획에서 변동비율계획으로 어떻게 바꿀 수 있는지 예를 드시오.
11. 기준변동계획은 무엇인가? 유아에게 새로운 기술을 가르치는 데 기준변동전략을 사용하는 예를 설명하시오.
12. 격려(동기)를 제공하기 위해 교수 상황, 자료, 제시양식을 어떻게 사용할 수 있는지 논의하시오.
13. 일반화의 정의를 설명하시오.
14. 자극과 반응의 일반화를 정의하고 비교하시오.
15. 차례 지키기 기술에 대한 일반화 사례 목표를 작성하시오.
16. 일반화 사례교수 계획의 주요 요소를 설명하시오.
17. 다음의 일반화 절차를 정의하고 그 예를 드시오. 충분한 사례 훈련, 프로그램 공통 자극, 자연적으로 유지되는 후속결과의 제시하기, 식별 불가능한 후속결과의 사용하기, 일반화 매개하기, 느슨하게 훈련하기.
18. 체계적 교수를 적용하기 위한 다음의 세 가지 고려사항을 논의하시오. 참여 시간 양, 강화의 후속적 배치, 실수의 최소화.
19. 유아에게 형제나 또래와 함께 블록을 가지고 놀기를 가르치기 위한 자료 수집 전략을 개발하시오. 자료를 그래프로 그리시오.

C.H.A.P.T.E.R. 07

문화적으로 적합한 교수 계획

-Mary Jo Noonan-

| 이 장의 주요 내용 |

- 문화적으로 적합한 교육의 교수적 대화 모형
- 참여와 학습을 촉진하기 위해 수정 가능한 문화적 변인
- 제2언어로서 영어 학습 단계
- 영어를 제2언어로 학습하는 유아를 지원하는 전략

미국 사회의 문화적 · 언어적 다양성이 증가함에 따라, 유아교육 전문가가 다양한 배경을 가진 유아들의 요구에 대응하는 효과적인 절차와 전략에 대해 아는 것은 중요하다(Hains et al., 2000). 다양한 문화적 · 언어적 배경을 가진 유아와 가족은 사회문화적으로 소수집단의 배경을 가진 미국인이다(예: 아프리카계 미국인, 중국계 미국인, 아팔라치안, 나바호족). 어떤 유아와 가족은 미국과 미국 문화에 대해 상대적으로 낯선 사람들일 것이다. 문화적으로 다양한 가족의 유아가 갖는 언어적 경험은 표준 영어에서 영어 방언 또는 크레올어, 이중 언어주의(또는 다중 언어주의)에서 약간 또는 전혀 영어를 못하는 것까지 다양할 것이다. 영어뿐만 아니라 모국어의 숙달성이 심하게 제한될 수 있다.

문화는 "집단구성원의 신념, 가치, 목적을 표현하는 공유된 내재적이고 명확한 규칙과 전통"(Kalyanpur & Harry, 1999, p. 3)으로 정의된다. 교수적 관점에서 문화와 그 역동성을 인식하려는 목적은 효과적인 교육 계획과 실제를 고안하기 위한 기초를 제공하는 것이다. 상투적인 의미로 문화적으로 고려해야 한다는 것을 언급하는 것이 아니다. 대신, 유아의 문화를 아는 것은 행동과 사고에 영향을 미치는 규준 또는 기준에 대한 통찰력을 제공할 수 있다(Goodenough, 1981). 이러한 통찰력은 교수의 효과성을 증가시키는 학습 스타일과 선호를 확인하는것과 관련된다.

문화적 · 언어적 변인은 최적의 교육 경험을 제공하기 위해 고려되어야 한다. 이 변인들은 학습과 뗄 수 없는 부분이며, 매일의 경험과 의사소통에 영향을 미친다. 비록 문화적 적응의 영향과 보편적으로 효과적인 교수 실제의 영향을 구분하는 것이 거의 불가능하지만 이 두 가지 모두가 학생들의 학습에 기여한다(Goldenberg, 2004). 그러나 이 장에서는 학교나 조기 중재 서비스의 문화/언어와 다른 문화/언어적 배경을 가진 유아에게 효과적인 환경배열과 교수 접근법에 초점을 맞추고 있다.

문화적으로 적합한 교육

사회적, 의사소통 그리고 행동적 능력을 가지고 유아교육 환경에 온 유아들은 가족과 지역사회의 경험으로부터 학습한다. 이러한 경험을 통해 과거에 그들에게 효과적이고 수용되었던 행동이 현재와 미래에도 효과적이고 수용될 것이라고 기대하게 된다. 유아의 기대가 유아교육 환경에서 실현되지 않을 때 문화적 불일치가 발생한다. 문화적으로 적합한 교육은 유아의 가정과 지역사회 환경의 기대를 반영하여 학습 환경의 사회적, 의사소통 그리고 행동적 기대를 수정하는 것을 특징으로 하는 교수적 접근이다(Jordan & Tharp, 1979; Tharp, 1989; Tharp & Gallimore, 1988). 문화적으로 적합한 교수는 유아의 능력과 기대에 익숙하고 일치하는 교육환경을 수립하여 참여를 증가시키고 학습을 개선하고자 한다.

교수적 대화(Instructional conversation: IC)는 문화적으로 적합한 교육을 경험적으로 시험한 모형이다(Tharp, 1989; Tharp & Gallimore, 1988; Tharp & Yamauchi, 1994). 매일 관례화되어 있고(설명중심의 구조화) 교사에 의해 주도되는 미국식 학교교육의 서구적 모형과는 대조적으로, 교수적 대화 모형은 유아와 교사의 대화를 기반으로 하는 모형으로 교사는 새로운 자료와 이전 지식과 경험을 함께 사용하여 맞추어 간다. 교수적 대화 모형은 ① 사회언어학, ② 인지, ③ 동기, ④ 사회적 조직의 네 가지 문화적 요소를 다루기 위해 학습 환경을 수정한다.

1. 사회언어학

사회언어학은 대화 양식의 관례와 규칙을 의미한다. 몇몇 연구들은 학급의 특정 사회언어학을 아동의 가정환경과 더 근접하게 일치시킬 때 학생들의 참여와 학습이 향상된다는 것을 보여 주었다(Allen & Boykin, 1992; White & Tharp, 1988). 수정된 사회언어학 변인은 대기시간, 담화 구조, 말소리 크기 그리고 눈의 응시다.

1) 대기시간

유아가 말하고 반응할 수 있도록 제공하는 시간을 대기시간이라고 한다(Rowe, 1974). 많은 인디언 원주민 문화권에서는, 대기시간을 늘리면 학생의 참여도가 높아진다(Greenbaum, 1983; Phillips, 1983; Winterton, 1976). 대조적으로 부적 대기시간을 허용할 경우 하와이 원주민 아동은 학급 토론 시간에 더 잘 참여한다. 즉, 말하는 사람이 말을 마칠 때까지 기다리기보다는 다른 사람이 말하는 중간에 말을 할 수 있을 때(말의 중복) 토론에 더 잘 참여한다(White & Tharp, 1988). 하와이 원주민 유아들이 학급의 '이야기 나누기 시간'에 더 잘 참여하도록 하려면 그들이 가정에서 가족들과 대화하는 것처럼 말하고 그들의 반응을 다른 사람들의 반응과 겹치도록(다른 사람이 말하는 도중에 자신의 반응을 보이도록) 격려해야 한다. 이 방법은 유아들에게 발표할 순서를 정해 주거나 손을 들어서 발표를 요청하게 하거나 이름을 부를 때까지 기다리도록 하는 것과는 대조적이다.

2) 담화 구조

교수 중 자료 제시, 목소리 억양 그리고 신체 움직임을 포함한 구어적 상호작용은 어느 정도 리드미컬하게 발생하며 교사나 유아에 의해 형성된다(Tharp & Yamauchi, 1994). 예를 들어, 요청-반응의 리듬은 아프리카계 미국인 아동과 성인 간의 상호작용이 갖는 특징이다(Franklin, 1992; Hale-Benson, 1986). 부적 대기시간과 비슷한 이러한 박자와 참여 구조는 청자가 화자에게 큰소리로 외치고 구어적으로 반응하는 적극적 경청하기의 형식이다. 이러한 보조(pace)는 화자와 청자 간의 말 겨루기 또는 리드미컬하게 말 주고받기에 비유된다(Hale-Benson, 1990). Esmailka와 Barnhardt(1981)는 알래스카의 학교에 있는 아타바스칸 아메리카 인디언 교사와 학생에 대한 연구를 하였는데 학생들은 표준화된 학업 성취 검사에서 전국적인 규준집단과 같거나 우수한 수행을 하였다. 그들은 학생들이 수업 중에 리듬을 정하고 교사는 학생들이 정한 속도에 따라 나중에 활동에 들어오는 것을 관찰하였다. 이러한 참여 구조는 교사가 누가 언제 말할 것인지를 조절하는 서양의 전통적인 교실의 특징인 제어판 구조와 대조적이어서 놀랍다(Phillips, 1976, 1983). 위에서 설명한 두 가지 예에서, 유아에게 친밀한 참여 구조를 제공하는 것이 참여를 촉진시킨 것으로 보인다. 다양한 참여 구조가 아메리카 인디언(Erickson & Mohatt, 1982; Greenbaum, 1983; Phillips, 1976, 1983), 아프리카계 미국인(Hale-Benson, 1986, 1990), 라틴계 미국인(Goldenberg & Gallimore, 1991), 하와이 원주민(Au, 1980; Au & Mason, 1981)에 걸쳐서 확인되었다.

예를 들어, 유아학급에서 담화 구조를 통해 유아들의 참여를 지원하기 위해 교사는 처음에는 소그룹에서 상호작용하는 유아들을 관찰하고 유아들의 활동과 상호작용의 리듬을 기록해야 한다. 유아들은 순서대로 하는가? 또는 동시에 활동하는가? 유아들은 서로를 주시하는가 또는 더 독립적으로 활동하는가? 한 유아가 그룹을 주도하는가? 활동이나 대화의 속도가 느린가 아니면 빠른가? 그룹에 있을 때, 유아들은 조용한가, 말이 많은가? 언제 유아가 대화를 시작하거나 대화에 들어가는가? 얼마 동안 유아가 말을 하는가? 무엇이 유아가 말하는 것을 멈추게 하는가? 그룹을 주의 깊게 관찰한 후, 현재 존재하는 참여의 리듬을 조심스럽게 따르고 그룹의 속도에 스스로를 맞추며 현재의 대화 규칙(예: 그룹은 한 유아가 원하는 만큼 길게 말하도록 허용한다)을 고수하면서 교사는 그룹에 들어갈 수 있으며, 교사가 그룹에 들어오기 전에 유아들이 하던 활동을 유아가 주도하도록 해야 한다.

3) 말소리 크기와 시선 맞추기

부드러운 소리에서 큰 소리까지 목소리 크기는 문화에 따라 다르며 교육/중재환경에서 유아의 참여에 영향을 미칠 수 있는 또 다른 사회언어학적 변인이다. 아메리카 인디언은 조용한 소리로 말하는 경향이 있다(Darnell, 1979; Key, 1975). 그들의 조용한 말소리 때문에 원주민이 아닌 교사는 유아들이 무뚝뚝하거나 관심이 없다고 생각할 수 있다. 그리고 원주민이 아닌 교사가 큰 소리로 말하면 원주민 유아는 그들의 선생님이 성격이 나쁘다고 판단할 수도 있다. 아프리카계 미국인이나 많은 미국 원주민 문화권의 유아들은 친절함과 존경의 표시로 교사와 눈이 마주치는 것을 피하거나 눈을 맞추지 않는다. 그러나 이것은 다른 문화의 성인에게는 무례하거나 순응하지 않는 것으로 비쳐질 수 있다(Darnell, 1979; Greenbaum, 1983; Johnson, 1971). 유아교육환경에서 유아의 참여를 촉진하기 위해서 교사는 유아의 가정 문화에서 수용되는 말소리 크기와 시선 맞추기 양식을 수용해야 한다. 교사는 유아가 부모 또는 다른 친밀한 사람과 상호작용하는 장면을 관찰하거나 적절한 문화 실제에 대한 잘 알고 있는 사람들과 의논함으로써 이러한 행동들에 대해 가족이 갖는 기대를 파악해야 한다.

2. 인지

교수적 대화 모형의 두 번째 요소인 인지는 사고, 문제 해결, 학습과정을 의미한다. 비교문화 연구들에 의하면 문화는 개인이 선호하는 교수적 접근과 교수가 가장 효과적인 조건에 큰 영향을 미친다(Winzer & Mazurek, 1998). 이 요소는 학습 양식으로 지칭되기도 한다(Hilliard, 1989). 유아들의 학습 양식에 적합한 교수 상황을 그들에게 제공하면 유아들의 안정감과 이해력을 높일 수 있고 따라서 그들의 참여를 촉진할 수 있을 것이다. 문헌에 자주 나오는 인지 또는 학습 양식 변인에는 구어적 사고 대 시각적 사고, 장의존성 대 장독립성, 인지 속도, 협력 대 경쟁 등이 있다.

1) 구어적 사고 대 시각적 사고

북미지역의 주요한 교육모형은 시각적 양식보다 구어적 양식에 더 많이 의존한다(Tharp, 1989; Tharp & Gallimore, 1988). 구어적 학습 양식을 활용할 때 구어적 설명과 쓰기 과제를 통해 순서적으로 제시되는 정보를 유아가 학습하도록 기대한다. 대조적으로, 시각적 양식을 활용할 경우에는 학습자가 새로운 정보와 이전에 습득한 지식과 경험을 연결시킬 수 있도록 맥락(이야기)을 제시한다. 새로운 내용을 실제로 제시하는 방법으로 시각적 사례와 관찰하고 참여할 기회를 주는 방법도 있다. 유럽계 미국인, 일본계 미국인 그리고 중국계 미국인 문화는 구어적 사고를 특징으로 하는 문화이고, 아메리카 인디언와 하와이 원주민 문화는 시각적 학습 양식을 선호하는 문화다. 그 외 선호되는 학습 양식으로는 운동 감각성(움직임), 촉각(만지기) 그리고 복합적 양식들이 있다(Shade, 1994; Shade, Kelly, & Oberg, 1997). 유아 교육환경에서 교수, 단서 또는 자료를 두 가지 형식으로 제시함으로써 구어적이고 시각적인 사고 양식을 지원할 수 있다. 예를 들어, 구어적 교수와 함께 간단한 그림을 그린 차트를 사용하고, 다음 활동으로 전이하라는 교사의 지시와 함께 시각적 활동 계획표(각 활동을 묘사한 일련의 그림들)를 사용하고, 종이와 연필로 하는 활동이나 미술 활동을 지원하기 위해 테이프에 녹음한 교수 자료를 제공한다.

2) 장의존성 대 장독립성

구어적 대 시각적 학습 양식과 밀접하게 관련된 것이 장의존성 또는 장민감성(Ramirez & Castenada, 1974) 대 장독립성(Witkin, Moore, Goodenough, & Cox, 1977)으로 지칭되는 정보를 처리하는 인지 양식이다. Witkin 등에 의하면, 장의존적 학습자는 시각적 양식과 유사한 총체적인 교수 양식을 선호한다. 그들은 정보를 받아들이는 데 수동적이고, 그룹 지향적이며 협조적이고, 사회적으로 동기화되는 경향이 있다. 장의존적 양식은 아프리카계 미국인(Shade et al., 1977), 멕시코계 미국인(Ramirez & Castenada, 1974) 등과 같은 집단행동주의자적 문화들의 특징이다(집단이 개인보다 더 가치 있게 여겨진다). 장의존적 학습 양식을 가진 유아는 다른 사람의 판단에 민감하며, 밀접한 인간관계를 선호한다(Correa & Tulbert, 1991). 이와는 대조적으로, 장독립적 학습 양식은 유럽계 미국인, 아시아인(Shade et al., 1977)과 같이 개인주의적 문화의 사고 양식과 유사하다(개인이 집단보다 더 가치 있게 여겨진다). 일반적으로 이러한 유아들은 분석적이고, 경쟁적이며, 과제 지향적이고, 경험적 학습 활동을 선호한다. 그들은 자기 동기화되어 있으며, 독립적으로 일하는 것을 좋아한다. 그들은 다른 사람의 판단에 크게 영향을 받지 않으며 교사와의 형식적 관계를 좋아한다(Correa & Tulbert, 1991). 그들의 학습 양식은 위에서 설명한 구어적 학습 양식과 유사하다. 예를 들어, 유아교육 현장에서 장의존적 학습자들에게 읽기 이해활동은 협동 학습 그룹으로 진행되어 소그룹의 유아들이 이야기의 사건을 묘사하는 단계들을 함께 만들어

갈 것이다. 이는 교사가 그룹에게 이야기에 대해서 질문하고 유아가 손을 들어 개인적으로 반응하기를 기대하는 장독립적 활동과 대조된다.

3) 인지 속도

인지 속도는 주로 충동적 경향성 혹은 반성적(reflective) 경향성을 의미한다. 충동적 또는 반성적인 정도는 한 가지 이상의 해결 방안이 있을 때 대안을 고려하는 정도에 따라 판단된다. 유아가 충동적일 때, 유아는 행동 방침이 없이 재빨리 반응하며 실수를 많이 저지르고, 주의력이 낮은 경향이 있다. 반면, 반성적 유아는 천천히 주의 깊게 체계적으로 반응한다. 그들은 일을 끈기 있게 수행하고 기준을 높게 세우며 실수를 적게 한다. 충동적 학습 양식은 읽기와 문제 해결의 어려움과 관계가 있다(Epstein, Hallahan, & Kauffman, 1975). 각 민족에 따라 수행과 인지 속도에 약간의 차이가 보고되었다. Ayabe와 Santos(1972)는 일본계 미국인 2세와 중국계 미국인 2세는 하와이 원주민, 필리핀계 미국인, 사모아계 미국인 또래보다 실수가 적으면서 빠른 속도로 수행하는 것을 발견하였다. 젊은 아시아계 미국인과 태평양군도 미국인에 대한 연구는 인지 속도가 민족성과 관련이 있음을 보여 준다(Kitano, 1983). 반성적인 정도에 따라 순위를 정해 보면, 중국계가 가장 반성적이고, 그 다음으로 하와이 원주민, 일본계, 한국계, 필리핀계의 순이었다. 또한 다른 점도 발견되었는데, 중국계 남아들은 여아들보다 반성적이며, 일본계와 하와이 원주민 여아들은 남아들보다 각 민족 집단에서 더 반성적이었다.

유아교육현장에서 충동적 학습 양식을 가진 유아는 단순한 과제가 주어졌을 경우에는 독립적으로 잘 수행할 수 있을 것이다. 그러나 복잡한 과제를 하기 위해서 충동적 학습 양식을 가진 유아는 분석전략과 문제해결 전략에 대해 안내받아야 할 것이다. 예를 들어, 충동적인 3세 유아들에게 물 붓기 과제를 제시하면, 한 번의 시연을 본 후 대부분은 독립적으로 참여할 수 있을 것이다. 그러나 지혜의 판 과제(모형 패턴에 맞게 기하학적인 블록을 맞추는 것)를 수행할 때, 블록들을 패턴에 맞출 수 있는 구체적 전략들에 대해 안내를 받으면 유아들은 더 성공적으로 과제를 수행할 수 있을 것이다. 유아들이 혼자 전략을 수행할 수 있을 때까지 반복해서 이러한 안내를 해 주어야 한다.

4) 협력 대 경쟁

경쟁적인 교실 구조는 미국 학교의 전형적인 경향이다. 아동들은 높은 학업 성취를 하면 칭찬과 보상을 받는다. 독립적으로 성취했을 때는 더욱 그러하다(Winzer & Mazurek, 1998). 이러한 학교교육 양식은 자본주의와 유럽계 미국인의 가치와 일치한다. 그러나 어떤 문화에서는 경쟁보다는 협력, 공유, 집단에의 기여 등을 더 가치 있게 여긴다. 협력과 집단적 노력에 더 우선순위를 두는 가족의 아동은 경쟁하지 않으려 할 것이고 친구들에게 도움을 구하며, 과제를 할 때 남보다 더 뛰어나게 잘하려고 하지 않을 것이다. 왜냐하면 그들은 자신의 업적 때문에 선발되고 지배적 위치가 되고 싶지 않기 때문이다. 교사가 협력에 대한 문화적 가치가 아동의 수행에 어떤 영향을 미치는지 인식하지 못하면, 그들은 어떤 아동들을 게으르고, 동기화되지 않았고, 능력이 모자란다고 잘못 생각할 수 있을 것이다(Grossman, 1995; Winzer & Mazurek, 1998). 또한 경쟁적 교수 상황은 협력 지향적인 아동들의 교육적 성취를 효율적으로 증진시키지 못한다(Widman & Kagan, 1987). 장의존적 학습 양식을 가진 아동을 지원할 때와 같이 협동학습 그룹은 집단적 기여와 협력에 높은 가치를 두는 문화권의 아동을 교육하는 데 유익하다. 유아교육환경에서 이웃에 대한 사회성 기술 학습의 일환으로 학교 주위의 지역사회를 탐구하는 견학 활동을 할 수 있다. 그런 다음 그룹 활동을 통해 유아들은 이웃에서 자신들이 배운 것을 나타내는 그림이나 사진을 융판 위에 붙인다. 교사는 유아들의 그림에 어떤 것들이 나타나 있는지 언급하고 유아가 그림에 대해 설명한 것을 정교화해 줌으로써 경험한 것에 대해 대화를 하도록 촉진한다. 이 방법은 교사가 강의 형식으로 그룹 앞에 서서 이웃의 개념에 대해 설명하고 유아들에게 질문을 하는 전통적 접근법과 대조를 이룬다.

3. 동기

교수적 대화 모형의 세 번째 요소는 동기다. 학습에 대한 아동의 일반적 태도를 특징 동기(trait motivation)라고 하며 특정 과제를 하는 동안 학습하려는 아동의 욕구를 상황 동기(state motivation)라고 한다(Christophel, 1990). 문화가 이들에게 다른 영향을 줄 수 있기 때문에 이를 구별하는 것은 의미 있다. 예를 들면, 지배적인 유럽계 미국인 문화로부터 특별히 중압감을 느끼는 문화적 소수 민족의 아동들은 불신과 실패에 대한 기대감을 가지고 학교에 나올 수 있다. Ogbu(1991)는 아메리카 인디언과 아프리카계 미국인과 같은 비자의적 소수민족(선택에 의해 미국인이 되지 않은 집단)에게는 이것이 사실이라고 믿었다. 그러나 Tharp(1989)와 Tharp와 Gallimore(1988)는 그들이 연구한 아메리카 인디언에게서 이러한 특징을 발견하지 못했다. 그럼에도 불구하고, 어떤 아동들은 교육체계를 불신하고 실패에 대한 기대감을 가지고 학교에 올 수도 있다. 따라서 학생과 긍정적인 인간관계를 수립하고 성공할 수 있도록 교육과정적 지원을 제공하는 것이 중요하다.

특징 동기는 또한 높은 언어적 장벽, 편견, 그리고 놀림을 경험한 적이 있는 아동들을 포함하여 문화적으로 다양한 배경을 가진 아동들의 교육적 성취에 긍정적인 영향을 미치는 것 같다. 특징 동기 덕분에 성공한 흐몽인(Hmong), 베트남인, 한국인 이민 가정의 아동들이 이 경우에 해당된다(Hirayama, 1985). 이 아동들은 부모, 지역사회 문화가 제공하는 지원을 받아서 학교교육에 접근했다.

특정 과제에 성공하려는 동기요인인 상황 동기는 하와이 원주민 아동과 아메리카 인디언 문화권 아동의 학교 참여와 성취에 직접적으로 영향을 미친 것으로 보인다(Tharp & Yamauchi, 1994). 상황 동기에 영향을 미치는 교실 변인은 자료의 적합성과 흥미 수준, 후속강화와 처벌 그리고 교사-학생 간 관계성 등이다. 예를 들어, 한 연구에서 아메리카 인디언 1~3학년 아동들이 교사에게 이야기를 들려주고 교사는 이를 전사하였다. 전사된 이야기는 그 아동들의 읽기 교재로 사용되었다. 1년이 지난 후, 사후 검사에서 전사한 이야기를 교재로 사용했던 아동들은 통제집단의 아동들보다 구어적 언어 능력에서 더 높은 점수를 얻었다. 부모들 역시 문화적으로 관련성 있는 자료들 덕분에 가정에서도 언어 관련 활동이 많이 이루어졌다고 보고하였다(Butterfield, 1983). 구어적 칭찬과 처벌에 대한 연구에서 하와이 원주민 아동들은 명확하게 설명된 학교 중심의 유인 동기가 사용된 경우 더 많이 참여하였다(D' Amato, 1981). 대조적으로, 나바호 인디언 아동들은 명백한 강화와 처벌을 생략했을 때 학교에서 더 많이 참여한다. 이 아동들은 성인이 그들의 학습에 자율성을 주고 그들 스스로 과제를 조직하고 완수할 책임을 지도록 했을 때 교육적 활동에 더 많이 참여한다(Jordan, Tharp, & Vogt, 1985).

4. 사회적 조직

교수적 대화 모형의 네 번째이자 마지막 요소인 사회적 조직은 학교, 교실, 교수가 구조화되는 방법을 의미한다. 미국의 전통적인 교실은 교사 주도적이며, 전체 학급 교수와 시범 그리고 이후에 따르는 개별적 연습과 검사에 주로 의존하고 있다. 이러한 사회적 조직에서는 소수 문화 집단의 일부 아동들이 학업 과제와 교사에게는 잘 주의집중하지 않고, 또래에게 더 주의를 기울여 혼란을 야기하기도 한다(Gallimore, Boggs, & Jordan, 1974). 대신, 이러한 아동들은 소그룹 교수와 협동으로 조직되어 또래 상호작용과 지원을 허용하

〈표 7-1〉 문화적으로 다양한 통합유아환경을 위한 교수적 대화 모형의 변인, 요소와 제언

변인	요소의 예	유아의 참여와 학습을 촉진하는 제언
사회언어학	대기시간	유아 집단을 관찰하고 그들이 상호작용하는 동안 대기시간(대화 순서 간의 시간)을 주목한다. 교실에서 상호작용할 때 관찰한 대기시간을 충실히 지킨다(어떤 대기시간은 부적일 수도 있고 중복적인 말을 특징으로 할 수도 있다).
	담화 구조	유아 집단을 관찰하고 상호작용의 속도와 양식(매우 능동적, 큰 소리로 말하기, 말을 삼가기, 천천히 차례 지키기 등)을 주목한다. 집단에 들어갈 때, 이미 형성된 속도를 조심스럽게 따른다. 설명식 교수를 할 때 유아집단에서 관찰한 속도를 반영하여 유아가 교수의 리듬을 결정하도록 한다.
	말소리와 시선 맞추기	유아의 말소리 크기와 시선 맞추기를 수용한다. 만약 유아의 말소리 크기와 시선 맞추기가 교사의 기대와 다를 경우 이는 무례함을 나타내는 것이라기보다 문화적 다양성일 수 있다.
인지(학습양식)	구어적 사고 대 시각적 사고(그 외 다른 학습방법)	구어적 교수를 지원하기 위해 시각적 · 촉각적 촉진/자료를 사용한다. 유아가 학습활동에 참여하는 동안 많이 움직이는지 관찰하고, 만약 그렇다면 유아가 과제 참여를 계속하는 한 이를 허용한다.
	장의존적 대 장독립적	단계별 교수뿐 아니라 완벽한 시범 또는 과제의 예를 제공한다. 의미 있는 맥락에서 교수한다.(예: 자연적으로 발생할 가능성이 높은 놀이터나 가정에서 게임을 가르친다) 그룹 활동과 개별 활동을 계획하고 어느 것이 더 효과적인 배열인지(언제 유아가 가장 성공적인지) 관찰한다. 대부분의 교수에 더 효과적인 교수배열을 사용한다.
	인지 속도	충동적 학습양식을 가진 유아에게 복잡한 과제에 대해 특별한 안내와 지원을 제공한다. 복잡한 과제를 받았을 때 유아가 사용할 수 있는 방법적이고 체계적인 접근법을 가르친다.
	협력 대 경쟁	개인적이고 경쟁적이기보다 집단지향적인 문화적 배경을 가진 유아에게 그룹교수와 협동학습 그룹을 사용한다. 개별적 유인동기와 칭찬 대신, 그룹 유인동기와 칭찬을 제공한다. 활동하는 동안 유아가 반응하도록 요청할 때, 또래가 유아의 반응을 돕도록 허용한다.
동기	특징 동기	어떤 유아는 교육체계를 불신하고 실패를 기대할 수 있음을 인식한다. 양육적이고 수용적인 환경을 제공하고, 과제에 참여하고 시도하는 것을 칭찬한다. 교수적 교정이 필요하면 이를 개별적으로 긍정적이고 건설적인 방법으로 제공한다.
	상황 동기	유아의 문화에 익숙해진다. 유아에게 교수 맥락뿐 아니라 친숙한 자료와 활동을 사용한다(예: 유아 자신의 이야기, 지역사회 환경과 사건). 친밀감과 개인적 관계를 형성하기 위해 유아에게 관심을 보인다. 정반응에 즉각적인 피드백을 제공한다.
사회적 조직	소그룹 대 전체 그룹 교수	집단지향적인 문화를 가진 유아에게 소그룹 교수와 협동 학습 그룹을 주로 사용한다.
	교사 주도 활동 대 유아 주도 활동	소그룹 교수 동안 유아가 자신의 흥미를 따르고 그룹을 주도하도록 허용한다.
	또래 상호작용 대 교사-유아 상호작용	집단지향적인 문화를 가진 유아에게 광범위한 또래 상호작용을 허용한다(유아들이 서로 돕고 협력적으로 활동하기).

는 학급에서 더 많이 참여하고 학습한다. 전통적이고 교사 주도적이며 개별화되고 경쟁적인 교실보다 소그룹으로 구성된 사회적 조직이 하와이 원주민(Tharp, 1989), 아메리카 인디언(Leith & Slentz, 1984; Lipka, 1990; Phillips, 1976), 아프리카계 미국인(Slavin, DeVis, & Edwards, 1983) 그리고 멕시코계 미국인(Castenada, 1976) 아동들에게 더 효과가 높은 것으로 나타났다.

다양한 문화적 배경을 가진 아동들을 가르치는데 교수적 대화 모형은 아동의 참여를 최대화하는 학습 환경을 제공한다. 〈표 7-1〉은 교수적 대화의 변인, 각 변인의 요소들 그리고 유아학급을 위한 제언들을 요약하여 제시하고 있다. 대기시간, 참여 구조 등과 같은 사회언어학적 변인에 민감한 교수적 상호작용을 바탕으로 교수가 이루어져야 한다. 인지 변인은 유아 자신이 좋아하는 학습 양식을 사용하도록 허용함으로써 다루어진다. 문화적으로 다양한 배경을 가진 유아들은 구어적인 것보다 시각적으로 더 잘 배운다. 교수적 대화 모형에서 가르치는 내용은 동기를 고양하기 위해 문화적으로 적합해야 한다. 더욱이, 교사는 유아가 직접적이고 구조화된 행동적 후속결과에 어떻게 반응하는지 민감해야 하며, 어떤 유아는 이런 방법을 통해 더 잘 배우는 반면, 다른 유아는 적당한 자율성을 주었을 때 더 잘 배운다는 것을 인식해야 한다. 마지막으로, 학습 상황의 전체적인 사회 조직은 소그룹 교수와 또래 상호작용의 영향을 크게 받는다.

지원적 언어-학습 환경

문화적으로 다양한 배경을 가진 유아들은 영어를 모국어로 학습하지 않은 유아들일 것이다. 그들이 학교에 입학하지 않았다면, 그들은 가족의 모국어만을 사용하고 영어에는 거의 노출되지 않았을 것이다. 조기 중재 환경, 어린이 집, 유치원 또는 학교에 다니는 유아들은 영어를 제2언어를 습득하는 과정에 있다. 어느 상황에서든 영어 학습자인 이런 아동들은 그들의 문화적 · 언어적 다양성과 관련한 독특한 요구가 있으며 이들에게 효과적인 교육을 제공하기 위해 이러한 요구들을 고려해야 한다.

Salend(2001)는 학령기 아동은 제2언어를 학습할 때 다음의 여섯 단계를 거친다고 주장하였다.

① 전생산기 또는 침묵기: 처음에 아동은 조용히 있고 이해에 초점을 맞춘다. 그들은 맥

락적 단서와 다른 단서들(예: 또래 모델링)에 의존하여 의미를 유추하고 비구어적으로 자신을 표현한다. 이 단계에는 비구어적 반응 양식을 기대하는 것이 적절하다.

② 전보체식 문장기 또는 초기 생산기: 제2언어를 학습하는 아동이 말을 하기 시작할 때 2~3단어로 된 짧은 문장으로 말한다. 그들의 이해력은 매우 제한되어 있다. 따라서 이 시기에는 명명하기나 쉬운 질문에 반응하기 등과 같은 단순한 언어활동이 유용하다.

③ 중간언어기 또는 중급 숙달기: 더 긴 구문과 복잡한 문장이 이 시기에 나타나며, 가끔 제1언어와 제2언어가 혼합되기도 한다. 이 시기에는 어휘 발달에 초점을 두며 새로운 언어를 확장시키는 능력을 시험하도록 아동들을 격려해야 할 시기다.

④ 확대와 확장기: 아동의 이해력이 많이 향상되고 복문이 나타난다. 문법과 어휘에 대한 교수를 제공하면 도움이 된다.

⑤ 질적 향상기: 이 시기 동안 아동들은 특수한 언어적 필요(예: 특정한 문법 규칙)를 가진 이들을 돕는 전략을 학습함으로써 도움을 받을 수 있다.

⑥ 독립적 학습기: 아동들은 다양한 교수 활동이나 이질적인 또래 집단에 효과적으로 참여하고 학습할 수 있다.

Salend가 제안한 제2언어 학습의 6단계는 학령기 아동들을 염두에 두고 체계화된 것이지만 유아들도 일정 시간 동안(예: 기관 중심 또는 학교 중심 프로그램에 입학하여) 제2언어에 노출되면 같은 발달과정을 따르는 것으로 보인다. 전문가들이 제2언어 학습 단계에 대해 알고 있으면 영어를 배우는 아동을 이해하고 적절한 기대를 설정하는 데 도움이 될 것이다. 예를 들어, 이러한 단계에 익숙한 전문가들은 최근 미국 이민자이며 영어학습자인 유아들이 영어로 진행되는 놀이 그룹에서 전혀 말을 하지 않는다고 해서 그들의 가정에서 모국어로 말하는 것을 관찰하기 전까지는 그들의 언어발달이 지체되었다고 가정하지 않을 것이다. 대신 전문가는 영어 학습자들은 일반적으로 전생산기 또는 침묵기를 거친다는 것을 알게 될 것이다. 제2언어를 학습하는 유아들에 대한 학습 기대와 언어지체/언어차이를 가진 유아들에 대한 학습 기대는 유아의 모국어 발달수준을 반영할 필요가 있다. 예를 들어, 유아가 사물을 명명하기 위해 자신의 모국어로 한 단어 사용하기나 그림 가리키기를 시작하지 않았다면 영어 단어로 사물 명명하기를 기대하는 것은 적절하지 않다.

I. 영어학습자들을 지원하기 위한 제안들

모든 유아들, 심지어 의사소통 지체나 인지장애를 가진 유아들도, 제1언어를 학습하는 정도로 제2언어를 학습할 수 있으며 이에 반대되는 증거는 없다(Barrera, 1993). 유아들의 제2언어 습득을 지도하는 데 유용한 여섯 가지 교수접근법이 있다(Barrera, 1993; Bunce, 2003; Laturnau, 2001; Salend & Salinas, 2003). ① 모든 의사소통 기술 활용하기, ② 내용에 초점 두기, ③ 맥락 내에서 가르치기, ④ 편안한 환경과 이해 가능한 투입 제공, ⑤ 협력적 학습 방법의 사용, ⑥ 대응 전략의 교수.

1) 모든 의사소통 기술 활용하기

영어가 제1언어가 아닌 특수교육요구유아에게 서비스를 제공할 때 그들도 의사소통하는 효과적인 방법이 있다는 것을 먼저 인식해야 한다. 효과적인 의사소통을 통해 유아는 자신이 경험한 것과 다른 사람들의 기대를 이해하고, 자신의 필요를 충족시키며, 의사소통 기술의 발달을 지속할 수 있게 된다. 모든 의사소통은 구어가 아님을 기억해야 한다. 전언어적 의사소통 기술과 비구어적 의사소통 기술도 지원해야 한다. 유아의 현재 의사소통 기술을 지원하고 동시에 그들의 학업 목표를 달성하기 위해 교수는 가능한 한 그들의 모국어로(모국어로 된 학문적 자료를 포함하여) 지속되어야 한다. 유아가 영어를 습득하게 되면 영어는 보다 강력한 언어이며 교수 언어가 될 수 있을 것이다. 학교에 다니지 않는 영 · 유아의 경우, 조기중재자가 유아의 모국어를 사용하지 않을 경우 유아의 모국어를 유창하게 하는 가족이나 친구가 조기중재를 제공하는 데에 중요한 역할을 하게 된다. 영어학습자인 유아가 취학하면, 이중 언어교수를 받게 되고 그들의 의사소통, 언어, 다른 학문적 기술이 동시에 다루어지게 될 것이다. 유아의 모국어로 교수할 수 없을 때 유아의 이해를 돕기 위해 시각적 단서, 몸짓, 얼굴 표정, 시범, 다른 구체적 촉진 등으로 구어적 의사소통을 보충해야 한다.

2) 내용에 초점 두기

영어학습 유아를 가르치고 상호작용할 때 교사는 형식이나 문법보다 유아가 의사소통하려는 의도나 내용에 반응해야 한다. 다시 말하면, 유아의 문법을 교정하는 것이 아니라 유아의 메시지에 적절하게 반응해야 한다(예: 유아가 "안아 올라 나를" 이라고 한다면 문법을 고쳐주는 대신에 아이를 안아 올려 준다). 유아의 의사소통 의도에 반응하는 것은 의사소통을 환영하고 격려하는 분위기를 조성할 것이다. 유아의 의사소통을 자주 교정해 주거나 더 정교한 문법을 사용하도록 요구하는 것은 오히려 새로운 언어를 사용하려는 시도를 처벌하는 것이 될 수 있다. 형식보다 내용에 반응하는 것은 부모가 일반유아의 언어 습득을 자연스럽게 촉진하는 방법이며 언어 학습이 지체된 유아들에게도 같은 전략을 적용하는 것이 바람직하다.

3) 맥락 내에서 가르치기

유아의 의사소통 내용에 초점을 두는 것이 중요하다고 해서 영어를 가르치지 말라는 것은 아니다. 영어는 맥락 속에서 가르쳐야 한다. 즉, 유아의 전형적인 활동 과정에서 어휘와 의사소통이 필요할 때 영어를 가르친다. 맥락 내에서 가르침으로써 의사소통을 하기 위한 자연적 강화제를 제공할 뿐 아니라 의사소통을 의미 있는 사건으로 연계시킨다. 예를 들어, 유치원에서 점심을 준비하는 동안, 교사는 주요 어휘를 강조할 수 있고 식사시간 노래("이렇게 손을 씻고, 손을 씻고, 손을 씻고…")를 부를 수 있다. 실제 손을 씻으면서 손 씻기에 관련된 단어와 구를 반복하는 것이 유아를 따로 불러 그림카드에 있는 단어와 구를 따라하도록 요구하는 것보다 더욱 의미 있다. 노래는 일반적으로 반복을 많이 하기 때문에 효과적인 교수 접근법이다. 반복은 유아에게 새 언어의 리듬, 강세, 음량, 어조를 가르치는 데 도움이 된다.

가정, 어린이 집 또는 학교에서의 일상 활동 과정 중에 확장과 정교화의 자연적 언어교수 전략이 적용되어야 한다(제9장 참조). 성인은 유아가 말한 것을 약간 더 길게 다시 말해 줌으로서 유아의 발화를 확장시킨다. 예를 들어, 유아가 블록을 쌓으면서 "블록이 떨어." 라고 말하면 성인은 이를 확장시켜 "블록이 떨어졌어."라고 반복해서 말한다. 정교화는 유아가 말한 것을 확장하지만 "빨간 블록이 떨어져 시끄러운 소리가 나."라고 좀 더 많은 정보를 포함하기 때문에 확장과는 다르다.

맥락 내에서 언어를 가르치는 다른 전략으로 ① 총체적 언어를 통해 문해 가르치기, ② 문법 형식을 설명하기 위해 명백한 대조법 사용하기, ③ 오디오 테이프에 교수 녹음하기가 있다. 첫 번째 전략인 총체적 언어 지도 방법은 맥락 내에서 교수하는 것이다. 문해 활동을 위해 계획된 수업 시간(또는 그에 덧붙여) 대신, 매일의 다양한 주제/활동 속에 문해 교수를 삽입하여 가르쳐진다. 책과 친숙해지기는 어린이 집에서 유아가(읽기 시간보다) 창의적 동작활동이나 요리 활동에 참여하면서 이루어질 수 있다. 유치원에서, 음성학적 소리 학습은 사회생활 영역의 지역사회 산책하기 활동(걷는 동안 명명되는 사물의 첫 소리 확인하기), 아침 이야기 나누기 시간의 날짜 배우기 활동(한 주의 요일, 날씨 등의 첫 소리 확인하기), 미술활동(모양과 색깔의 첫소리 확인하기) 등에 삽입될 수 있다. 다양한 활동 속에서 읽기 전 활동, 읽기, 다른 언어활동을 수행함으로써 자연적 교수 기회가 갖는 장점을 취할 수 있고 언어 학습을 하루 종일 지속적으로 강조할 수 있다. 맥락 내에서 가르치는 두 번째 전략인 명백한 대조법은 두 개의 매우 유사한 문법적 형식을 가르치기 위해 성인이 하는 설명이다. Bunce(2003)는 유아가 인형을 가지고 놀고 있을 때 "엄마가 집으로 걸어가고 있어요. 보세요. 엄마가 집안으로 걸어갔어요."라고 어른이 설명하는 말을 인용하면서 명백한 대조법을 사용하는 예를 제공하였다. 밀접하게 관련된 두 개의 문법적 형식을 자주 경험하게 하여 유아가 의미의 차이를 이해하도록 돕는다. 맥락 내에 가르치는 세 번째 전략인 오디오 테이프에 교수 녹음하기는 활동을 이해하는 데 필요한 만큼 유아가 여러 번 복습할 수 있는 기회를 제공하여 수용언어 기술을 향상시키는 데 도움이 된다.

4) 편안한 환경과 이해 가능한 정보 제공하기

이해 가능한 정보는 유아의 현재 언어 능력으로 이해할 수 있는 의사소통을 제공한다는 의미이다(Krashen, 1982; Krashen & Terrell, 1983). 편안한 환경은 이해 가능한 정보를 가진 환경으로 유아가 발달 중인 언어 기술을 편안한 마음으로 사용할 수 있는 상황을 의미한다(성인은 모든 의사소통 시도를 수용하고 의미에 반응한다). 제2언어를 학습하는 초기 단계에서는 유아가 새 언어를 학습하는 것을 돕는 데 목적을 두고, 이후에는 유아가 새로운 지식과 기술을 습득하는 데 새 언어를 사용하도록 하는 데 목적을 둔다.

새 언어 학습하기와 학습하기 위해 언어 이용하기를 구분하는 것은 두 유형의 언어 능력, 기본적인 대인간 의사소통 기술과 인지적/학문적 언어 능력(Cummins, 1984)을 구분하는 것을 의미한다. 매일의 일상적 대화는 기본적인 대인 의사소통 기술과 관련 있는데 이는 준언어학적이고 상황적인 단서가 풍부한 맥락적으로 삽입된 상황에서 일어난다. 이와는 대조적으로, 인지적/학문적 언어 능력은 보다 탈맥락적인 학문적 상황과 관련이 있다. 유아의 기본적인 대인 간 의사소통 기술 수준과 인지적/학문적 언어 능력이 동일하다고 가정해서는 안 된다. 다시 말해서, 영어를 제2언어로 학습하고 있는 유아가 대화에서 영어로 말을 잘한다고 해서 그 유아가 영어로 학문적 내용을 습득할 수 있을 만큼 충분한 능력이 있다고 가정해서는 안 된다는 것이다(Bunce, 2003). 언어를 해독하고 학습하는 데 집중하는 동안 유아가 그 언어를 통해 학습할 수 있으리라고 기대해서는 안 된다. 그 과정은 매우 다르다(Westby, 1985).

영어를 제2언어로 학습하고 유아특수교육을 받고 있는 많은 유아들의 제2언어 학습에서 주안점은 기본적인 대인 간 의사소통 기술에 맞춰질 것이다. 이 유아들이 영어로 기본적인 의사소통 기술을 습득할 때 편안한 환경과 이해 가능한(의미 있는) 정보를 제공하는 것이 중요하다. 다음은 이해 가능한 정보를 제공하기 위한 제안 사항들이다.

① 말을 조절한다. 유아의 어휘 목록에 있는 어휘를 사용하여 단순하고 짧은 문장으로 말한다. 단순한 문장은 주어-동사("아니샤가 먹어."), 목적어-동사("컵 가져와."), 주어-목적어-동사("개가 네 신을 가지고 있어.")와 같은 간단한 문법형식으로 이루어진 문장이다. 단순한 문장을 단순화하기 위해 숙어, 속어, 대명사 등을 사용하지 않는다.

② 설명을 해 준다. 활동이 진행되는 동안 유아가 무엇을 하고 있는지 그리고 무엇을 보고 있는지에 대해 말해 준다("테디 베어 카드를 찾았구나. 카드를 짝지었구나. 다음 것도 해 보렴."). 진행 중인 사건을 묘사함으로써 언어와 맥락을 연계시킨다. 이렇게 하는 이유는 대화를 이끌어 내는 것이 아니라 보다 편안한 상황에서 의미 있는 정보를 제공하는 데 그 의도가 있으므로 질문을 하기보다는 설명을 해 준다.

③ 구체적이고 맥락적인 단서를 사용한다. 구체적인 단서는 희미하고 추상적인 촉진이 아니라 분명하고 명확한 촉진이다. 그 예로 시각 정보(그림, 차트), 시범, 몸짓, 얼굴 표정, 목소리 변화, 팬터마임 등이 있다. 맥락 단서는 환경에 있는 부가적인 정보를 활용하기 위해 특정한 장소에서 혹은 특정 시간에 제공되는 촉진이다. 도시락 가방과 옷을 걸어 둘 사물함에 그림을 붙여 두는 것은 유아가 어디에 가방과 옷을 걸어야 하는지를 알려 주는 구체적 단서의 예다. 그림을 사물함에 붙여 놓음으로 해서 자신의 물건을 보관할 장소에 대한 부가적인 정보를 유아에게 제공하기 때문에 그림은 맥락 단서이기도 하다. 유아가 교실에 들어오는 순간 사물함을 볼 가능성이 높기 때문에 사물함을 교실의 출입문 가까이에 두는 것은 부가적인 맥락 단서가 될 것이다.

④ 친숙하고 총체적인 경험을 사용한다. 유아가 자료, 상황, 기대를 이미 이해하고 있기 때문에 친숙한 경험은 언어를 이해하는 데 도움이 될 수 있다. 예를 들어, 유아가 미끄럼틀을 타 본 경험이 있다면 미끄럼틀 타기 규칙("경사면이 아니라 계단으로 올라간다.")을 이해하기가 더 쉬울 것이다. 미끄럼틀을 타 본 경험이 있는 유아는 경사면으

로(계단이 아니라) 올라가면 떨어질 수 있고, 다른 유아가 내려오고 있을 때 경사면으로 올라가면 서로 부딪칠 수 있다는 것을 알 것이다. 유아의 경험은 언어를 이해하는 데 도움이 되는 맥락을 제공한다. 중재를 제공하는 데 친숙한 성인을 이용하는 것은 경험의 친숙성을 더하는 것이다. 단절되고 분리된 경험과 비교했을 때 총체적인 경험은 언어를 이해하기 위한 좀 더 의미 있는 맥락을 제공한다. 예를 들어, (미술 활동과 같은) 과제에 대해 단계적 지시를 제공하는 것이 도움이 되지만 단계적인 안내와 함께 완성된 산물을 볼 수 있다면 유아가 지시를 이해하기 더 쉬울 것이다.

⑤ 새로운 어휘를 가르친다. 활동을 준비하는 단계에서 활동에 대해 언급할 때 중요한 새로운 단어 몇 가지를 복습한다. 예를 들어, 동물 보호소를 방문하기 전에 동물의 이름('고양이' '개' '토끼' '기니아 피그')과 관련 동사('쓰다듬다' '잡다' '운반하다' '잠그다')를 복습하면 방문하는 동안 유아가 언어를 이해하는 데 도움이 될 것이다. 반복, 음량의 증가, 과장 등을 통해 주요 단어를 강조할 수 있다.

5) 협동 학습법 사용하기

협동 학습법에 대해서 제11장에서 자세하게 설명할 것이다. 협동 학습법은 여러 가지 이유로 영어를 학습하는 유아들에게 유용하다. 첫째, 협동 학습법은 관찰과 무반응을 허용함으로써 스트레스를 최소화할 수 있다. 스트레스를 낮추어 줌으로써 유아가 활동에 주의 집중할 수 있도록 돕고 안심하고 말할 수 있는 기회를 제공한다. 언어적으로 더 유능한 또래들은 의미 있는 맥락에서 설명하고, 지시하며, 질문하는 모델의 역할을 한다. 편안한 그룹 환경은 또래 지원망을 형성할 수 있는 기회다. 이는 비형식적으로(어떤 유아는 다른 유아들을 돕기 시작한다), 형식적으로(도움을 제공할 또래를 지정하는 또래 체계와 같은 전략을 통해), 또는 또래 교수(특정 과제를 가르치는 데 또래를 지정하는 것)를 통해 실행될 수 있다.

6) 대응 전략 가르치기

영어를 학습하는 어떤 유아들은 수줍어서 도움을 요청하거나 명확하게 설명해달라고 부탁하기를 주저한다. 어떤 유아들은 직접적으로 도움을 요청하는 것이 부적절하다고 여기는 문화적 배경을 가지기도 한다. 유아가 도움이나 명확한 설명이 필요하다는 것을 관찰했을 때, 교사는 도움을 요청하는 것이 허용된다는 것을 가르치기 위해 "도와주세요."라고 미소 지으면서 차분하게 말하는 시범을 보인다. 아직 영어로 말을 하지 않는 유아에게는 도움을 요청하기 위해 다른 사람의 손을 잡도록 지도할 수 있다. 유아가 또래들에게 지원을 요청해도 괜찮다는 것을 가르친다. 영어를 학습하는 유아에게 대응 전략을 제공함으로써 자신이 무엇을 해야 하는지 그리고 무엇이 기대되고 있는지 모를 때 오는 스트레스와 창피함을 완화시켜준다. 이와 유사하게, 특히 유아교육기관에서 영어를 학습하는 유아들에게 유용한 다른 학습전략이 있다. 예를 들어, 유아가 지시를 이해하지 못했을 때 "다시 말해 주세요."라고 요청하거나 유아가 무엇을 해야 할지 모를 때 또래가 하는 것을 보고 따라 하라고 가르친다.

종합: 문화적, 언어적으로 반응적인 중재

유아가 집, 어린이 집 또는 학교, 어디에서 서비스를 받고 있든지 간에 장애 유아를 위한 적절하고 반응적인 중재 프로그램을 고안하기 위해 위에서 논의한 문화적·언어적 고려사항들을 통합할 필요가 있다. 어느 전략을 사용해야 하는지는 각 유아, 가족, 환경에 따라 개별화되어야 한다. 〈표 7-2〉에 영어 학습 유아를 지원하는 전략들을 요약하였다. 다음은 영아, 걸음마기 유아, 유치원아를 위한 예다.

마야: 가정 중심 서비스를 받는 영아

마야는 13개월 된 여아다. 마야와 부모, 다섯 살 된 오빠는 최근 홍콩에서 이민을 왔다. 마야는 근육 긴장도가 낮고 놀이 시간, 간식과 식사시간, 옷 입기, 목욕시간에 앉기를 배우고 있다. 마야는 대부분 몸짓(원하는 것을 가리킨다)과 얼굴 표정(짜증날 때 입을 삐죽거리거나 운다)으로 의사소통한다. 마야는 엄마에게 매우 애착을 보인다. 마야의 목표 중 하나는 활동계속하기를 요청하는 것이다. 이것은 엄마의 무릎에 앉아 있는 동안 반복적인 교대로 하기 게임을 하는 맥락에서 가르칠 수 있다. 이 활동에서 문화적·언어적 조절의 예는 다음과 같다.

문화적 조절: 마야의 엄마와 오빠는 게임을 시범 보일 것이다(손을 잡고, 서로 얼굴을 마주 보고, 노래하고, 앞뒤로 흔들고, 멈춘다. 오빠가 "더"라고 말하고 게임을 다시 시작한다.). 완전한 활동에 대한 시범은 게임에서 기대하는 것이 무엇인지 이해하도록 마야를(만약 그녀가 장의존적 학습자이면) 도울 것이다. 오빠와 엄마가 시범을 보일 동안 중재자는 교대로 하기의 대기시간이 너무 짧거나(겹치거나) 긴지 확인할 것이다. 마야가 엄마와 게임을 할 차례가 되면 중재자는 오빠가 게임을 시범 보일 때의 대기시간과 같은 길이의 대기시간을 두도록 마야 엄마를 촉진

(필요하다면)할 것이다. 중재자는 또한 오빠에게 마야와 놀도록 격려한다. 오빠가 비록 다섯 살이지만 그는 정기적으로 마야를 보살피는 것을 돕는다(사회적 조직 변인).

〈표 7-2〉 유아통합교육기관에서 지원적인 언어 학습 환경을 위한 권장사항과 전략

권장사항	전략
모든 의사소통 기술 이용하기	• 구어적 의사소통뿐 아니라 비구어적 의사소통(얼굴표정, 몸짓 등)에도 반응한다. • 유아가 가장 능숙한 언어로 교수한다. • 영어를 가르칠 때 시각적 단서, 몸짓, 얼굴 표정, 다른 구체적 단서를 사용한다.
내용에 초점두기	• 의미에 반응한다(유아의 의사소통 의도). • 문법을 교정하지 않는다.
맥락 내에서 가르치기	• 진행 중인 활동 동안 가르친다(예: 활동을 하는 동안 사물 명명하기). • 확장과 정교화를 사용한다. • 총체적 언어 지도법을 통해 문해를 가르친다. • 문법 형식을 설명하기 위해 명백한 대조법을 사용한다. • 카세트테이프에 녹음된 교수를 제공한다.
편안한 환경과 이해 가능한 정보 제공하기	• 유아의 대화 기술(기본적인 대인간 의사소통 기술)이 유아의 언어를 통한 학습 능력(인지/학문적 언어 능력)과 같지 않음을 인식한다. • 말을 조절한다(간단히 한다). • 구체적이고 맥락적인 단서를 사용한다. • 친숙하고 총체적인 경험을 사용한다. • 새로운 어휘를 가르친다.
협동 학습법 사용하기	• 소그룹 활동을 이용한다. • 다른 유아들을 돕도록 유아를 지정한다. • 또래 교수자를 지정한다.
대응 전략 가르치기	• 성인이나 또래에게 도움을 요청하는 것을 시범 보인다. • 명확하게 설명해 달라고 요청하도록 가르친다. • 또래를 관찰하고 모방하도록 가르친다.

언어적 조절: 마야의 오빠와 엄마는 편안한 환경과 이해 가능한 정보를 제공하기 위해 교대로 하기 게임을 하는 동안 가족이 집에서 사용하는 언어인 광둥어로 노래를 부를 것이다. 반복적인 게임을 멈추었을 때, 어떤 몸짓이나 발성은 '더'를 가리키는 것으로 받아들여진다. 모든 의사소통 형태도 수용함으로써 모든 의사소통 기술을 활용한다. 마야의 엄마나 오빠는 게임을 다시 시작함으로써 반응하고(의미에 반응하기) 광둥어와 영어로 번갈아가면서 '다시 놀자'는 의미와 비슷하게 말한다. 두 가지 언어를 사용하여(단순한 말, 친숙한 경험, 맥락 단서를 사용하여) "다시 놀자."라

고 말함으로써 마야의 반응을 확장하고 활동을 진행하는 동안 가르치며 이해 가능한 정보를 제공한다.

토아: 조기 헤드 스타트의 걸음마기 유아

토아와 그의 가족은 미국령 사모아에서 왔다. 그들은 4년 전 토아가 12개월 되었을 때 가족의 건강 문제에 좀 더 많은 혜택을 받기 위해 미국으로 이사왔다. 토아는 현재 세 살이고 일주일에 5일간 조기 헤드 스타트 아침반에 다니고 있다. 토아는 한 단어 또는 두 단어의 문장으로 영어를 작은 소리로 말하고 성인과의 눈맞춤을 피한다. 토아는 이분척추가 있으며 혼자 교실 주위를 이동할 수 없다. 그의 교육목적 중 하나는 활동(움직임 모방하기, 손이 닿지 않는 곳에 있는 사물을 꺼내기)을 하기 위해 도움을 요청하는 것이다.

문화적 조절: 토아의 두 이모는 교실에서 자원봉사를 하고 있다. 그의 이모들에게 자신의 아이들이 집에서 놀이하는 것과 비슷한 자유놀이 활동(친숙한 활동을 사용함으로써 상황 동기를 다루도록)을 하도록 도와주라고 요청하였다. 한 예로 사모아인 성인이 자주 유아와 놀 때 하는 신체 부위 노래("너의 ____는 어디 있어?")를 들 수 있다. 교사는 토아를 주의 깊게 살펴보면서, 토아가 노래 동작을 따라하거나 손이 닿지 않는 곳에 있는 사물이나 장난감을 가지려고 할 때 도움이 필요한 것으로 보이면 "도와주세요."라고 말하는 시범을 보일 것이다. 교사는 유아의 작은 목소리와 시선을 수용하여(유아가 눈맞춤을 하지 않더라도) 모든 발성이나 몸짓 등에 즉각적으로 반응하고 지원을 제공할 것이다. 토아가 "도와주세요."라고 말하지 않으면, 교사가 지원을 제공하면서 한 번 더 요청하는 시범을 보일 것이다.

언어적 조절: 토아가 도움을 요청하기 위해 하는 어떠한 발성에 대해서도 반응하는 것은 모든 의사소통 기술을 활용하는 것이며, 문법보다 의미에 대해 반응하는 것이다. 토아가 반응하지 않을 때 시범 보이기를 반복하여 확장을 제공한다. 마지막으로 토아에게 도움을 요청하라고 가르치는 것은 이해가 잘 안 되는 상황에서 토아가 사용할 수 있는 대응전략이다.

말리: 유치원아

말리는 5세된 하와이 원주민의 후손으로 시골 바닷가에서 조부모와 세 명의 형제와 함께 살고 있다. 그녀는 발달에 적합한 실제를 적용한 완전통합 유치원에 다니고 있다. 말리는 발달지체아이며 학급 친구들과 비슷하게 전학문적 기술을 배우고 있다.

문화적 조절: 유아들이 학습하는 동안 서로 돕고 시범을 보이고 대화하는 것을 허용하면서 전학문 기술을 연습할 수 있는 소그룹 활동을 이용한다(하와이 문화는 집단 지향적이며 또래 상호

작용을 가치 있게 여긴다). 수업을 요약 · 정리하기 위해 학급 전체 유아들에게 그들이 한 활동에 대해 이야기 하도록 요청한다. 한 명 이상의 유아들이 동시에 말하고(부적 대기시간) 큰 소리로 대답하는 것(하와이 담화 구조)을 허용한다.

언어적 조절: 말리가 반응할 때 혼합어(하와이 말, 크레올어, 영어) 문법을 사용하는 것을 수용한다(모든 의사소통 기술의 활용, 내용에 초점 두기). 유아의 집단 지향적인 문화 양식에 맞추는 것 이외에도 소그룹 활동을 이용함으로써 언어를 더 많이 사용하도록 촉진하는 언어적 조절을 제공하게 된다. 말리는 주어진 과제에 도움이 필요할 때 소그룹 상황 내에서 또래 교수자를 이용한다.

요 약

다양한 배경을 가진 유아들이 조기 중재/유아특수교육에서 참여하고 학습하도록 지원하기 위해서는 문화적 변인과 언어적 변인을 다루어야 한다. 교수적 대화 모형은 교육 상황에서 유아의 참여와 학습을 촉진하는 것으로 나타난 사회언어학, 인지, 동기, 사회적 조직 변인의 수정에 대해 설명한다. 가정환경에서의 경험과 기대 및 교육환경에서의 경험과 기대를 일치시키기 위해 수정을 계획한다. 다양한 문화적 배경을 가진 유아들은 언어적 조절을 통해 혜택을 받을 수 있다. 어떤 유아는 영어가 아닌 다른 언어가 제1언어일 수 있고, 또 다른 유아는 표준 영어의 문화적 변인을 배웠을 수도 있다. 여섯 가지 접근법은 유아가 영어를 습득하는 것을 도울 것이다. ① 모든 의사소통 기술의 활용, ② 내용에 초점 두기, ③ 맥락 내 교수, ④ 편안한 환경과 이해 가능한 정보의 제공, ⑤ 협동 학습법의 사용, ⑥ 대응 전략의 교수. 다양한 학습자를 위한 교수 전략은 개별 유아를 중심으로 문화적, 언어적으로 조절하고 계획되어야 한다.

연/구/문/제

1. 문화의 정의를 참고하여 문화가 유아의 교육적 경험에 영향을 미치는 여러 방법을 논의하시오.
2. 문화적으로 적합한 교육의 세 가지 요소를 확인하고 설명하시오.
3. 교수적 대화 모형과 관련 있는 네 가지의 문화적 요소를 정의하시오. 사회언어학, 인지, 동

기, 사회적 조직.

4. 교수적 대화 모형과 관련 있는 사회언어학적 변인 한 가지를 선택하여 가정 중심 중재와 유아통합환경에서 유아의 학습을 지원하기 위해 그 변인이 어떻게 수정될 수 있는지 예를 드시오.
5. 문화적으로 적합한 교육을 고안하기 위해 협동학습 집단을 수정하는 다양한 방법에 대해 논의하시오.
6. 학령기 아동이 영어를 제2언어로 배울 때 거쳐야 하는 Salend의 여섯 단계를 나열하고 설명하시오.
7. 영어를 학습하는 유아를 위한 이중 언어 교수의 타당성을 설명하시오.
8. 영어를 학습하는 유아를 위한 '맥락 내 교수' 는 무엇을 의미하는가? 유아교육환경에 적절한 예를 한 가지 드시오.
9. 기본적 대인 간 의사소통 기술과 인지/학문적 언어 능력을 정의하고 비교하시오. 영어 학습 유아의 필요를 다루기 위해 이 개념이 시사하는 바는 무엇인가?
10. 영어 학습 유아에게 이해 가능한 정보를 제공하기 위한 세 가지 전략을 확인하고 설명하시오.

C.H.A.P.T.E.R. 08

자폐유아의 교육

-Mary Jo Noonan-

| 이 장의 주요 내용 |

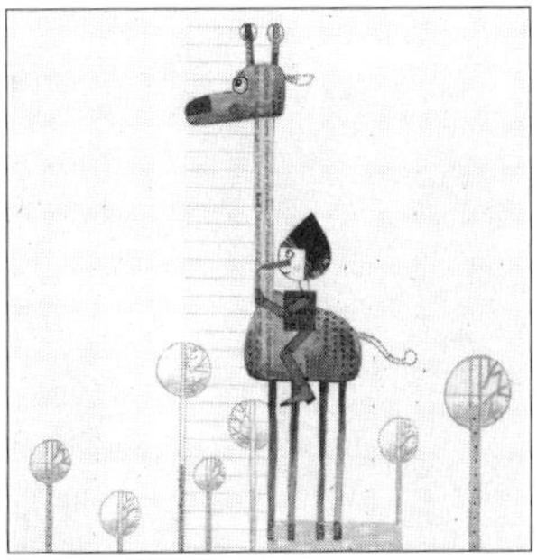

- 자폐유아의 특성
- 자폐유아에게 효과적인 특수교수 절차
- 자폐유아를 위한 특수교수 전략
- 자폐유아를 위한 다섯 가지 모형 프로그램

자폐 또는 자폐스펙트럼 장애유아들은 능력과 교육적 요구가 매우 다양한 유아들이다. 자폐는 1943년 심리학자 Leo Kanner에 의해서 장애로 처음 정의되었다. 그는 정신지체나 발달지체와는 매우 다른 행동 특성과 요구를 가진 많은 아동들을 접하게 되었다. 특히, 자폐아동은 신체적 성장과 발달은 일반적이지만 사회적 관계 형성의 어려움, 언어 지체와 특이성, 환경의 항상성에 대한 강박증, 상동 행동(손가락 튕기기와 같은 반복적인 움직임), 자기-자극 등의 문제를 가지고 있었다. 이후 다양한 조직과 정책(예: 미국장애인교육법, 미국자폐학회, 미국심리학협회의 정신장애 진단 및 통계 편람)에 의해 자폐의 정의와 진단기준이 발표되었으나, 장애의 중요 특성에 대한 정의는 바뀌지 않았다. 현재의 진단 기준은 경미한 특성(아스퍼거 증후군)을 가진 아동들과 중증의 특성(자폐장애를 포함한 전반적 발달 장애)을 가진 아동들을 구분한다. 이 장에서 자폐라는 용어는 자폐스펙트럼의 모든 명칭/장애를 의미하나, 그 특성과 요구의 수와 정도(경증에서 중증까지)는 다양하다.

자폐의 특성

자폐의 다양한 특성들은 교수를 하는 데 중요한 시사점을 준다. 특히, 이러한 특성들로 인해 특정한 내용, 교수 접근법, 환경 조직 등이 다른 내용, 접근법 또는 환경보다 더 효과적일 수 있을 것이다. 특수교육을 계획할 때 다음과 같은 자폐유아의 특성들을 고려해야 한다.

1. 의사소통과 사회적 요구

자폐유아의 가장 두드러진 특성들 중 하나는 심각한 의사소통과 사회성 지체 또는 차이다. 예를 들어, 18개월 된 유아가 사람들과 의사소통하고 어울리려는 시도를 하지 않는다면(예: 자신이 원하는 것을 가리키거나 지적하지 않는 경우, 안아달라거나 주의를 끌기 위해 몸짓이나 발성을 하지 않는 경우, 까꿍 같은 영아 놀이를 하지 않는 경우, 피곤하거나 짜증날 때 울지만 달래 달라고 어른을 쳐다보지 않는 경우) 엄마는 걱정하게 된다. 대개 자폐유아는 눈 맞추기를 거의 또는 전혀 하지 않는다. 그들은 고립되어 있고 환경 내의 사람들이나 사건을 알아채지 못한다. 어떤 유아들은 또래들과는 매우 다른 사회적 행동과 의사소통 행동을 한다. 예를 들어, 자폐유아는 만화에서 모방한 어구나 문장만을 사용하여 말을 하기도 한다. 또는 같은 연령의 또래가 하는 것처럼 좀 더 사물의 특성에 맞거나 사회적으로 영향을 받은 방법으로 놀기보다(예: 컵과 접시를 가지고 차 마시기를 하며 놀기) 반복적이고/의식적인 방법으로 장난감을 가지고 놀기(예: 플라스틱 접시들을 분류하고 줄 세우기) 도 한다.

2. 일반화 요구

자폐유아가 보이는 행동의 주요한 특성은 경직되어 있다는 것이다. 유아들은 한 상황에서 배운 기술을 다른 상황으로 전이하지 못하는 경향이 있으며, 새로운 상황에 맞게 기술을 적용하거나 수정하는 데 어려움이 있다. 예를 들어, 자폐유아는 치약 뚜껑 열기를 배웠으나 그 기술을 샴푸 통 뚜껑을 여는 데에 일반화시키지 못한다. 또는 마실 것을 원할 때 "주세요."라고 말하는 것을 배웠으나 먹고 싶은 음식을 달라고 요청해야 할 저녁식사 시간이나 특정한 장난감을 달라고 요청해야 할 놀이 활동에서는 요청하는 말("주세요.")을 사용하지 못한다.

3. 동일성에 집착

많은 자폐유아들은 기대, 자료 또는 다른 환경적 변인들이 항상 그대로 있고 바뀌지 않을 때 가장 편안해하며 과제나 활동을 할 수 있다. 예를 들어, 플라스틱 접시들을 골라내서 줄 세우기를 좋아하는 유아는 자료를 조직하는 동안 만족스러울 것이다. 그러나 그만두라고 하고 자료를 치우면 유아는 화를 낼 것이다. 이와 비슷하게, 유아가 과제를 마친 후 누군가가 과제의 정돈된 상태를 흐트러뜨려 버리면(장난감을 옆으로 옮기거나 치움) 매우 강하게 반응할 것이다. 자폐유아가 항상성이나 질서에 대해 강한 선호를 보일 때 유아가 관심을 가지는 자료나 환경적 배치를 어지럽히지 않으려고 가족들이 매우 조심하는 것이 이상한 일은 아니다.

4. 문제 행동

자폐유아들은 대개 많은 행동 문제를 가지고 있다. 그들은 스스로를 고립시키거나(가구 아래로 숨기), 다른 사람들에게 공격적으로 행동하거나(때리고, 차고, 밀기), 자해하거나(물고, 꼬집고, 머리 찧기) 또는 사회적으로 다른 부적절한 행동을 보인다. 제10장에서(문제 행동의 절차) 자세히 논의한 것과 같이, 문제 행동은 의사소통의 목적으로 사용된다. 자폐유아들은 심각한 의사소통 문제를 가지고 있기 때문에 그들이 문제 행동을 하는 것이 그리 놀라운 일은 아니다.

Dawson과 Osterling(1997)은 유아의 독특한 특성과 관심을 고려하여 자폐유아들을 위한 프로그램에는 다음과 같은 점들이 포함되어야 한다고 제안하였다.

① 주의집중 기술, 모방(몸짓, 구어), 언어 이해와 사용, 적절한 장난감 놀이(기능적 · 상징적 놀이), (성인, 또래와의) 사회적 상호작용을 강조하는 교육과정 내용. 주의집중하고 모방하는 기술은 다음에 이어지는 학습을 촉진하는 도구 기술이기 때문에 (그리고 자폐유아에게 대개 부족한 기술이므로) 강조되었다. 언어 이해 및 사용과 사회적 상호작용은 자폐유아에게 많이 요구되는 영역이므로 포함되었다. 인지 기술 영역에 속하는 적절한 장난감 놀이는 자폐유아가 종종 사물의 사회적 목적과 상징의 사용(언어 학습은 상징의 사용에 의존한다)을 이해하는 데 어려움이 있기 때문에 포함되었다.

② 지원적인 교수 환경과 일반화 전략. 지원적이란 용어는 교수가 주의 깊게 계획되었고, 유아의 독특한 요구와 강점을 바탕으로 실행된다는 것을 의미한다. 지원적 교수는 유아의 현재 수행수준보다 약간 높은 교수목표, 직접적 교수방법(제6장 참고) 그리고 일관성 있는 일정(제13장 참고)을 포함한다. 많은 자폐유아들이 일반화의 어려움을 가지고 있으므로 모든 교수계획에 일반화 전략을 포함시켜야 한다(제6장 참고).

③ 예측 가능하고 일상적인 학습 환경. 제13장에서 자세히 다룬 것처럼, 예측 가능성과 일상적 일과는 유아에게 무엇을 기대할지를 가르친다. 다시 말해서, 무엇을 해야 하는지 아는 것은 유아가 적합한 행동을 하도록 지원하고 독립성을 촉진한다. 예측 가능성과 일상적 일과는 혼돈스런 세상처럼 보이는 것에 질서를 부여한다. 자폐유아는 대개 질서에 높은 선호를 보인다. 예측 가능하고 일상적 일과 위주의 환경을 만들어 줌으로써 유아가 선호하는 학습 양식을 이용하고 친숙하고 편안한 상황을 창출하며 그로 인해 학습을 촉진한다.

④ 문제 행동에 대한 기능적이고 긍정적인 접근. 문제 행동에 대한 긍정적인 접근은 문제 행동을 대체할 수 있는 사회적으로 적합한 대안적 반응을 가르치는 데 중점을 둔다. 다시 말하면, 유아들에게 자신이 원하는 것을 갖기 위해(강화) 사회적으로 수용되는 방법(주로 의사소통 기술)을 가르쳐서 문제 행동을 할 필요성을 없애는 것이다. 덧붙여 문제 행동을 예방하기 위해 많은 긍정적인 전략들을 활용하고 벌의 사용을 피해야

한다. 제10장에서 문제 행동에 대한 기능적이고 긍정적인 사정과 중재 절차에 대해 설명하고 있다.

⑤ 다음 상황으로 주의 깊게 계획된 전이. 한 활동에서 다른 활동으로의 변화는 진행 중인 일과를 끝마치는 효과를 주기 때문에 전이는 자폐유아에게 어려운 과제다. 이미 논의한 것처럼 자폐유아는 동일성과 질서를 선호한다. 따라서 일과를 마치는 것을 방해로 간주한다. 그러므로 전이는 계획되어야 하고 관련 기술(다음 활동을 확인하고 자료를 치우는 것)을 가르쳐야 한다.

⑥ 가족 참여. 이 책을 통해 강조한 것과 같이, 가족 지원은 유아특수교육의 중요한 요소다. 자폐유아의 광범위한 의사소통, 사회성, 행동적 요구는 가족 삶의 모든 면에 영향을 미칠 수 있으므로, 중재 계획과 실행에 가족구성원이 참여할 수 있도록 지원해야 한다. 예를 들어, 가족구성원은 유아가 원하는 사물을 손으로 가리키기나 눈 맞추기(사화-의사소통 목표)를 하도록 가르치는 중재의 개발과 실행과정에 참여할 수 있다.

위의 여섯 항목은 자폐유아를 위한 효과적인 프로그램 요소들에 대해 기술하고 있다. 다음 부분에서는 자폐유아들에게 효과적인 것으로 증명되었고 자폐유아들을 위해 고안된 교수 절차를 설명하고 마지막으로 자폐유아들을 위한 다섯 가지 모형 프로그램을 소개할 것이다.

일반적 교수 절차

다음의 여덟 가지 교수 접근은 자폐유아에게 효과적인 것으로 나타났는데 아마도 이러한 접근들이 유아의 학습 양식에 적합하고 중요한 발달적 요구를 다루고 있기 때문일 것이다. ① 직접교수, ② 자연적 교수, ③ 일반화 사례 교수, ④ 단서(대 일반적 촉진), ⑤ 촉진과 단서 줄이기, ⑥ 그룹교수, ⑦ 보완의사소통, ⑧ 긍정적 행동지원. 이러한 절차들이 이 책의 다른 곳에서 자세히 논의되었지만, 여기에서는 자폐유아들에게 이 절차들을 적용하는 때 특별히 고려해야 할 점들에 대해 다룬다.

1. 직접교수

제6장에서 조작적으로 정의된 행동을 가르치는 직접교수에 대해 자세히 설명하였다. 직접교수는 한 가지 이상의 촉진의 일관된 사용, 교정 절차 그리고 강화 전략으로 정의된다. 예를 들어, 형제에게 장난감을 건네면서 함께 놀자고 요구하기를 유아에게 가르칠 수 있다. 이때 세 단계의 촉진과 교정 절차가 있을 수 있다. ① 성인이 장난감을 가리키고 4초간 기다린다. 유아가 반응하지 않거나 오반응을 하면 ② 성인은 유아에게 장난감을 건네고 형제를 가리키며 4초간 기다린다. 반응이 없으면, ③ 성인은 유아를 형제에게 안내하고, 유아가 형제에게 장난감을 건네도록 안내하고 "제이미, 나랑 놀아 줄래."라고 말한다. 유아가 형제에게 장난감을 건넸을 때, 성인은 강화제로 유아가 좋아하는 음악을 작게 틀어 준다. 정확하고 일관성 있는 직접교수 절차의 사용은 동일성과 예측 가능성에 대한 선호를 특성으로 하는 많은 자폐유아의 학습 양식과 잘 맞는다. 실제 연구에 의하면, 자폐유아는 체계적 교수를 할 때 더 빨리 학습한다고 한다(Dawson & Osterling, 1997; Lovaas, 1987).

직접교수의 적용과 함께, 각 유아에 대해 촉진과 교정 절차를 개별화하는 것이 중요하다. 자폐유아는 청각적 촉진보다 시각적 촉진에 더 잘 반응한다. 그러나 교사는 각 교수 계획의 실행에 따른 각 유아의 수행 자료에 반응적이어야 한다. 다시 말해서, 효과성을 바탕으로 수정해야 할 계획표로 각 교수 계획을 생각해야 한다. 한 교수 계획을 실시하면서 획득한 자료가 유아가 촉진을 활용하지 않고 있음(예: 유아가 촉진에 대해 거의 정반응을 하지 않는다)을 보여 준다면, 교수 계획에서 그 촉진을 제거하고 정반응을 이끌어 내는 데 더 효과적인 촉진을 사용한다.

1) 주의집중

촉진을 개별화하는 것과 함께, 직접교수 계획에 주의집중을 유도하는 촉진을 포함시킬 필요가 있다. 많은 자폐유아들은 사물과 물질세계에는 확실히 주의를 집중하지만 사회적 세계는 무시한다. 어떤 유아에게 교수 목표와 관련된 촉진을 주기 전에 교사에게 주의를 집중하게 하는 촉진을 제공함으로써 교수 효과를 높일 수 있다. 형제에게 장난감 요구하기를 유아에게 가르치는 앞의 예로 돌아가서, 교사는 각 촉진을 제공하기 전에 먼저 유아의 이름을 부르고 눈 맞추기를 할 것이다.

눈 맞추기가 유아가 주의집중하고 있음을 보여 주는 전형적인 방법이기는 하지만 거의 눈맞춤을 하지 않는 유아들의 주의 집중 상태를 나타내는 다른 타당한 지표가 있다. 어떤 유아는 놀이를 멈추고 가만히 있을 것이다. 다른 유아들은 한 세트의 장난감에서 다른 세트의 장난감으로 주의를 옮길 것이다. 또 다른 유아는 직접적인 눈맞춤은 하지 않더라도 자기의 몸과 얼굴을 화자 쪽으로 돌릴 것이다. 만약 직접적인 눈 맞추기를 하기 어려우면 유아가 주의를 집중하고 있음을 나타내는 다른 지표(여기에 제시한 세 가지 방법과 같은 것)를 찾아보고 직접교수를 실행하고 학습을 점검해야 한다. 유아가 진전을 보이면 직접적인 눈맞춤은 효과적인 교수의 필수조건이 아닐 수 있다. 주의집중을 유도하는 촉진이 교수에 포함되어야 한다. 그러나 주의집중은 눈 맞추기 외에 다른 행동으로 유도될 수 있다.

2) 강화

심각한 사회적 지체때문에 자폐유아들은 특수교육 대상 유아들에게 일반적으로 사용되는 강화제인 구어적 칭찬이나 애정으로 강화 받지 않을 수 있다. 자폐유아들은 일반 유아들과 같은 흥미를 보이지 않기 때문에 자폐유아를 위한 잠재적 강화제를 확인하는 것이 어렵다. 다음은 교수적 강화제를 확인하는 세 가지 접근의 예다. ① 구어적 칭찬과 사회적 강화의 효과성 시험하기, ② 강화제 조사하기, ③ 상동 행동을 포함한 고확률 활동의 사용 평가하기.

구어적 칭찬과 사회적 강화의 효과성을 검사하는 첫 번째 접근은 실용적 이유로 제안되었다. 구어적 칭찬과 사회적 강화가 효과적이지 않을 것이라고 가정하기 전에 유아가 심각한 사회적 요구를 가지고 있고 눈 맞추기를 하지 않는다 할지라도 이를 직접적 교수 계획의 일부로 시험한다. 교수 계획이 효과적이면, 매우 자연적이고 일반화 가능성이 높은 강화 전략을 찾아서 교수에 이용한다.

두 번째 접근인 강화제 평가는 강화제로서 효과적으로 기능할 가능성이 높은 매우 선호되는 사물(음식도 포함 가능)을 확인하기 위해 사용되는 두 가지 절차를 포함한다. 한 가지 절차는 강화제 조사하기인데 유아에게 좋아하는 물건을 말해 보라고 하거나, 많은 물건을 제시하고(보통 한 번에 두 개) 유아가 가장 자주 선택하는 것을 살피는 방법이다. 유아의 선택을 관찰하는 방법은 말을 안 하거나 좋아하는 것을 말할 수 없는 유아에게 사용한다. 연구에 의하면, 잠재적인 강화제들을 평가하는 선택 사정은 효과적인 강화제가 될 물건을 확인하는 타당한 방법이다(Pace, Ivancic, Edwards, Iwata, & Page, 1985; Piazza, Fisher, Hagopian,

Bowman, & Toole, 1996). 그러나 강화제에 대한 유아의 자기 보고에 관한 연구는 자기 보고가 효과적인 강화제를 확인하는 가장 정확한 방법은 아니라고 제안하였다(Northup, 2000; Northup, George, Jones, Broussard, & Vollmer, 1996).

잠재적으로 효과적인 강화제를 평가하는 다른 절차는 유아가 매우 좋아하는 것으로 보이는 물건과 참여하는 데 (상호작용에) 보내는 시간을 재는 것이다. 물건들은 유아에게 한 번에 하나씩 제시되고, 참여하는 시간의 길이에 따라 순위를 정한다. 유아가 사물과 오래 상호작용할수록 이것이 효과적인 강화제가 될 가능성이 높다. 이 절차는 타당하고 실행하기 쉬운 것으로 나타났다(Hagopian, Rush, Lewin, & Long, 2001; Pace et al., 1985).

프리맥 원리를 적용하여, 고확률 활동을 강화제로 사용하는 것은 강화제의 효과성을 평가하는 데 사용될 수 있는 세 번째 접근이다. 고확률 활동은 다양한 자료에 접근할 수 있는 자유놀이 상황에서 유아가 가장 자주 선택하는 활동을 주목함으로써 확인된다. 그런 다음 유아는 정반응에 대한 강화제로 고확률 활동을 할 수 있게 된다. 교수 진도는 고확률 활동이 효과적인 강화제인지 아닌지를 확인하는 데 사용된다. 유아가 장시간 어떤 활동에 참여하는 것을 좋아하지만, 강화제로 주어지는 활동에 접근하는 시간은 짧다(10~15초). 교사는 유아가 이제 교사에게 장난감을 건네주고(혹은 활동을 그만두고) 교수 활동으로 되돌아가야 한다는 것을 알려주는 신호로 "내 차례야."라고 말함으로써 유아를 촉진할 수 있다. 상동행동(사물을 가지거나 또는 가지지 않고 같은 행동을 반복하는 것)도 고확률 활동 강화제로 이용될 수 있고, 강화제로 사용할 때 이용가능성을 제한한다면 특히 효과적일 수 있다(Hanley, Iwata, Thompson, & Lindberg, 2000).

직접교수는 자폐유아들에게 기술을 가르치는 데 효과적이고 가치 있는 접근법이다. 직접교수가 최대한으로 효과적이기 위해서는 교수적 촉진이 개별화되어야 하고 주의집중을 유도하는 촉진이 더해져야 하며, 강화제의 효과성을 향상시키기 위해 강화 평가를 사용할 수 있다.

2. 자연적 교수

제9장에서 설명한 바와 같이 자연적 교수(또는 환경적 교수)의 특징은 유아의 흥미에 의해 결정된 시기에 교수를 제공하는 것이다(예: 유아가 손이 닿지 않는 사물을 가리킬 때, 유아가 또래의 주의를 끌려고 시도할 때). 유아에 의해 정해진 교수 상황에서 유아는 능동적으로 참여하고 목적 지향적으로 행동하기 때문에 이러한 상황은 유아에게 강한 동기를 부여할

것이다. 유아가 고도로 동기화되어 있다면 자연적으로 발생하는 강화는 효과적이어야 한다. 많은 자폐유아들이 사회적으로 고립되고 항상성을 선호한다는 점을 감안할 때 자연적 교수가 매우 적합하다. 유아의 주의를 성인의 흥미로 이끌려고 하거나 효과적인 인공적 강화제를 찾으려고 하기보다는 유아가 높은 수준의 동기를 보일 때 유아의 흥미에 초점을 맞추어 교수를 실행한다.

자폐유아를 위한 자연적 교수의 또 다른 장점은 일반화를 촉진한다는 것이다. 이 장의 도입부에서 설명한 바와 같이, 자폐유아는 학습에서 매우 경직되어 있고 일반화하는 데 어려움이 있다. 교수 상황이 매우 다양하므로 자연적 교수는 일반화를 촉진한다. 하루 동안의 우발적 교수 상황에는 다양한 사람들(유아와 성인), 다양한 활동들, 다양한 자료들, 다양한 반응들, 다양한 강화제들이 포함될 것이다. 자극 조건의 다양성은 일반화를 촉진한다(Stokes & Baer, 1977). 또한 자연적 교수와 관련된 강화제는 자연적으로 일어날 가능성이 높아서 비교수적 상황에서도 이용 가능하므로 일반화를 촉진한다.

우발적 교수를 위한 교수 계획은 유아에 의해 결정된 교수 상황이 구체적으로 명시된다는 점을 제외하고는 다른 직접적인 교수 계획과 그 형식면에서 일치한다. 교수 계획을 실행하기 위해서, 교사나 가족구성원은 그들의 전형적인 일과를 따르고 교수할 상황(예: 태엽 장난감이 멈춰선 후에 유아가 장난감을 치거나 투정부리는 등 짜증을 냄)을 찾기 위해 지속적으로 관찰한다. 교수할 상황이 관찰되면, 성인은 유아에게 다가가 교수 계획에 명시된 촉진 절차에 따른다. 이때 촉진은 유아와 눈 맞추기를 하고 5초간 기다리기(의사소통을 격려하기 위한 시간 지연), 기대되는 반응을 시범 보이기("도와주세요."), 또는 다른 유형의 촉진(예: 구어적 지시, 신체적 안내)이 될 수도 있다. 교정과 강화 절차는 교수 계획에 기술된 대로 실행한다.

3. 일반화 사례 교수

이미 논의한 대로, 직접교수는 일관성과 예측 가능성 때문에 자폐유아에게 효과적이다. 교수의 일관성이 새로운 기술의 습득을 촉진하기는 하지만 특히 동일성과 질서를 좋아하는 유아에게는 일반화를 방해할 수 있다. 제6장에서 설명한 바와 같이, 직접교수 계획을 세울 때 일반화 촉진 전략을 포함시키는 것이 중요하다. 우발적 교수 또는 환경적 교수는 (위에서 언급한 대로) 일반화를 촉진하는 한 가지 방법이다. 다른 전략은(제6장에서 설명한) 일반화 사례 교수다. 일반화 사례 교수에서, 행동목표는 일반화된 기술로 진술한다. 예를 들어, "마실 물을 요청한다."라고 하기보다 "원하는 것(마실 것, 음식, 장난감, 옷)을 요청한다."라고 목표를 진술한다. 기술의 변동은 일반화 사례 목표("원하는 것을 요청한다.")에 대표되는 항목들의 범위를 나타내기 위해 주의 깊게 선택되어야 하고, 순서적이 아니라 동시에 가르쳐야 한다. 일반화의 가능성을 증가시키기 위해 다른 일반화 전략들(예: 사람, 장소, 자료, 시간, 방법적 전략에 걸친 교수)도 포함될 수 있다.

4. 단서

제6장에서는 단서를 포함하여 촉진 전략들을 정의하였다. 단서는 자극의 현저한 특성에 유아의 주의를 유도하는 촉진(유아가 정반응을 하도록 돕는 어떠한 것)이다. 예를 들어, 철자의 특성은 색깔보다 모양이다. 소문자 b와 p, d, q 구별하기를 학습하는 유아에게 두드러진 특성은 원과 관련된 직선의 방향과 위치다. 직선의 방향과 위치에 유아의 주의를 유도하는 단서는 b의 선 부위를 진하게 만들고 위로 향하는 화살표를 그리는 것일 수 있다(b). 자폐유아들은 여러 가지의 관련 자극들의 특성에 주의를 기울이는 것을 어려워하므로 단서는 특히 자폐유아에게 효과적인 유형의 촉진이다. 이를 자극의 과다 선택이라 한다(Lovaas, Koegel, & Schreibman, 1979; Lovaas, & Schreibman, 1971). 다른 유형의 촉진보다 단서를 제공함으로써 자폐유아가 인식하지 못했을 수도 있는 자극의 특징적 면들을 강조할 수 있다.

5. 자극과 단서 줄이기

자폐유아는 항상성을 선호하므로 촉진에 의존적이 될 수 있다. 다시 말해서, 그들은 새 기술을 습득하고 난 후에도 교수적 촉진이나 단서에 그리고 촉진과 단서를 촉진하는 성인에게 의존할 수 있다. 촉진 의존성은 독립성과 일반화를 제한한다. 이러한 경향성을 약화시키기 위해, 자연적으로 일어나는 촉진에 유아가 반응할 수 있도록 교수 촉진을 점진적으로 없애는 단계를 직접교수 계획에 명시해야 한다. 용암은 촉진의 현저성(구어적 촉진이 점차 조용해지는 것, 시각적 촉진이 점차 작아지거나 흐려지는 것), 물리적 근접성(자극으로부터 점차 멀어지는 것) 그리고 시간적 근접성(자연적 촉진과 교수적 촉진 사이의 시간을 점차 길게 하는 것)을 감소시킴으로서 촉진을 점진적으로 없애는 것이다. 용암이 너무 빨리 실행되면, 실수가 생기거나 유아가 반응하지 않게 된다. 그러므로 실수를 조심스럽게 관찰하면서 용암을 점진적으로 실행하는 것이 중요하다. 실수가 발생하면, 촉진의 현저성을 증가시켜 정반응을 다시 확고히 하고 좀 더 점진적인 용암 절차를 사용해야 한다.

6. 그룹교수

자폐유아에게 제공되는 조기 중재와 유아특수교육 서비스는 개별화된 교수를 강조하는 경향이 있다. 대개 유아는 집이나 교실에서 하루에 몇 시간씩 광범위한 일대일 교수를 제공하는 기술 훈련자의 도움을 받는다. 연구 결과들이 집중적 중재(대개 일대일 교수)가 덜 집중적인 프로그램들과 비교해서 자폐유아의 발달적 성취를 높인다는 것을 지지하지만(Lovaas, 1987; McClannahan & Krantz, 1993), 집중의 정도(교수 시간 양과 일대일 교수 시간비율)는 각 유아의 요구에 맞게 개별화하는 것이 중요하다(Strain, Wolery, & Izeman, 1998). Strain과 동료들은 일대일 교수가 유아-교사 간 비율이 높은 교수보다 질적으로 우수하다는 임상적 증거는 없다고 하였다. 대신 그들은 교수의 질과 교사의 능력이 더 중요한 변인이라고 제안하였다.

일대일 교수와 함께 모든 자폐유아들은 그룹교수를 받아야 한다. 자폐의 진단이 광범위한 의사소통과 사회적 요구를 바탕으로 하기 때문에 그룹교수는 자폐유아에게 중요하다. 집단의 배열은 또래와의 의사소통과 사회적 요구를 가르치는 데 필요한 맥락을 제공한다. 제11장에서는 그룹교수 절차뿐 아니라 그룹교수의 몇 가지 부가적인 혜택들(예: 관찰 학습의 기회, 또래 모델, 차례 지키기)에 대해 자세히 설명하였다.

그룹교수의 배치는 연령에 적합해야 한다. 영아와 걸음마기 유아는 보육시설과 여가 프로그램(특히 부모-유아 프로그램)에서 집단에 배치될 수 있고, 그들이 배치되는 집단은 소집단(두 명에서 여섯 명의 유아 또는 부모-유아)인 경향이 있다. 세 살 이상의 유아들은 보육시설, 유치원, 여가 프로그램에서 20명 이상의 대집단에 자주 배치된다. 그들은 또한 대집단 환경 속에서 소집단(3~6명)으로 교수를 받을 수도 있다.

제11장에서 설명한 것처럼 유아들은 집단에 참여하는 방법을 배워야 하고 집단상황에서 편안하게 있을 수 있어야 한다(Collins, Gast, Ault, & Wolery, 1991; Koegel & Rincover, 1974). 유아는 다른 한 명의 유아와 그룹교수를 시작할 수 있을 것이다. 유아가 교수 목표에서 진전을 보이고 또래에게 반응하고 다른 유아의 차례가 되었을 때 조용히 앉아 있는 것과 같은 기본적인 집단참여 기술을 학습할 때, 세 번째 유아를 집단에 참여시킨다. 자폐유아가 소집단 배열에서 성공적으로 활동해 나감에 따라 집단에 유아 한 명씩을 더 참여

시킨다.

7. 보완의사소통

보완의사소통은 교수 절차는 아니지만, 언어 습득을 촉진하고 문제 행동을 감소시킬 수 있는 지원/수정도구다. 이 장의 도입부에서 설명한 바와 같이, 심각한 의사소통 문제는 자폐유아의 특징이다. 많은 자폐유아는 거의 또는 전혀 구어를 사용하지 않아서 그들의 욕구와 필요를 의사소통하는 데 어려움을 가지고 있다. 제10장에서 대부분의 문제 행동은 의사소통적 기능을 한다고 하였다. 이는 적절한 의사소통 기술이 부족하기 때문에 문제 행동이 일어나고 있음을 의미한다.

보완의사소통은 자신의 요구와 필요를 표현하기 위해 구어를 사용하지 않는 유아를 위한 대체수단을 제공한다. 제13장에서 검토한 바와 같이, 몸짓, 수화, 책, 판, 열쇠고리에 배열될 수 있는 시각적 체계(상징, 그림, 사진) 등 선택할 수 있는 보완의사소통체계와 양식들이 많이 있다. 말하는 기구 등의 전자 기구들 또한 이용 가능하다. 책이나 열쇠고리에 부착된 시각적 체계는 가지고 다니기 쉽고 많은 사람들에게 이해되기 쉽기 때문에 많이 사용되고 있지만, 하나의 체계가 다른 체계보다 더 우수한 것은 아니다. 실제로 어떤 유아는 복합적인 체계를 사용할 수 있다. 중요한 것은 모든 유아들이 자신을 표현할 효과적인 수단을 가져야 한다는 것이다. 만약 유아가 두 살까지 말을 하지 않으면, 이 유아는 어떤 형식으로든 보완의사소통을 배워야 한다. 연구에 의하면 보완의사소통 체계는 구어의 발달을 방해하지 않으며, 실제로는 구어를 촉진할 수 있다고 한다(Beukelman & Mirenda, 1992; Daniels, 1994; Romski & Sevcik, 1993; Van Tatenhove, 1987).

언어 치료사는 자폐유아를 위한 중재 팀의 중요한 구성원이며 유아에게 보완의사소통 체계의 사용법을 개발하고 교수하는 데 중요한 역할을 담당한다. 일단 의사소통 양식과 체계가 결정되면 앞부분에서 언급한 교수적 권장 사항들(직접교수, 자연적 교수, 일반화 사례 교수, 단서, 촉진과 단서 줄이기)을 교수계획에 통합하여 보완체계의 사용법을 유아에게 가르쳐야 한다. 그림교환의사소통체계(The Picture Exchange Communication System: PECS)는 특별히 자폐유아를 위해 개발된 의사소통 체계다. 이에 대해서는 이 장의 뒷부분에서 자세히 다룰 것이다.

8. 긍정적 행동지원

이전에 언급한 것처럼 자폐유아들은 대개 의사소통 문제와 관련된 심각한 행동문제를 보인다. 제10장에서 문제 행동의 기능을 확인하고 문제 행동의 요구를 예방하며 대체행동(의사소통 기술)을 가르치고 문제 행동을 유지시키는 강화를 제거하기 위해 고안된 긍정적인 행동지원 모형을 설명한다. 이 모형은 의사소통중심접근이기 때문에(Carr, Levin, McConnachie, Carlson, Kemp, & Smith, 1994), 심각한 의사소통 요구를 자주 갖는 자폐유아들에게 특히 적합하다. 긍정적 행동지원 전략은 유아의 하루 일과 내내 유아가 자주 접하는 성인과 상황에 통합되어야 한다.

9. 교수 절차의 요약

이 장에서 설명한 여덟 가지의 교수 접근(직접교수, 자연적 교수, 일반화 사례 교수, 단서, 촉진과 단서 줄이기, 그룹교수, 보완의사소통, 긍정적 행동지원)은 이 책의 다른 장에서 자세하게 설명되었다. 이러한 접근들은 자폐유아의 독특한 학습 특성과 요구들을 다루기 때문에 이 장에서 강조되었다. 자폐유아는 일관성을 선호하는 학습 양식을 가졌기 때문에 직접교수가 효과적이다. 반면에 자폐유아가 가진 동일성에 대한 강한 선호 경향은 일반화를 어렵게 할 수 있다. 자연적 교수와 일반화 사례교수는 학습의 초기 습득 단계 동안 일반화를 촉진하는 것으로 증명된 접근법이다. 동일성에 대한 선호 경향이 있으므로 유아의 독립적 반응을 진작시키고 촉진 의존성을 예방하기 위해 촉진, 감소시키기를 계획하여 신중하게 적용해야 한다. 그룹교수는 또래 관계와 의사소통기술을 발달시키기 위한 자폐유아의 사회적 요구를 다룬다. 마지막으로 보완의사소통과 긍정적 행동지원은 대부분의 자폐유아들이 의사소통기술과 사회성 기술과 관련하여 가지고 있는 요구들을 다룬다.

자폐유아를 위한 특수교수 절차

앞에서 그리고 이 책의 다른 장에서 설명한 교수 절차들과 더불어 자폐유아를 위한 특수교수 절차들이 개발되었다. 어떤 절차는 이 장의 첫 부분에서 설명한 절차의 변형이고 다른 절차들은 독특한 것이다. 이 부분에서 소개되고 있는 특수교수 절차들은 자폐유아들에게 광범위하게 사용되었다. 세 가지 특별한 절차는 ① 집중시도 훈련, ② 놀이 시간, ③ 그림교환의사소통체계(Picture Exchange Communication System: PECS)다.

1. 집중시도 훈련

집중시도 훈련은 직접교수방법이다. 집중시도 훈련은 중재자가 직접교수 계획을 반복적으로 실행하는 일대일 교수 배치에서 주로 시행된다. 반복된 시도형식은(집단시도라고도 알려져 있음) 직접교수는 기술이 필요할 때마다 종종 자연적 교수 전략을 사용하면서 실행된다는 앞 장의 권장사항과는 대조적이다. 이 반복된 시도 형식은 일반화 문제와 관련이 있었으나 집중시도 훈련은 자폐영역의 선도적 연구자인 Ivar Lovass에 의해 개발되고 적용된 '자폐유아 프로젝트' 의 기초다. Lovass는 집중시도 훈련은 자폐유아를 위한 중재의 중심이 되어야 한다는 신념을 확고하게 가지고 있었고 그의 의견에 대한 증거로 프로그램 평가 자료를 지적하였다(Lovaas, 1987; McEachin, Smith, & Lovaas, 1993).

위에서 언급한 대로, 집중시도 훈련은 직접교수의 집중시도 배치다. 촉진, 교정, 강화를 일관성 있게 제공하여 기술을 가르친다. 하나의 시도가 끝나면, 다음 시도를 시작한다. 보통 한 기술당 집중시도 훈련을 10~20회 제시한다. 예를 들어, 유아가 자신의 이름 글자를 인식하는 것을 배운다면, 그의 이름이 적힌 카드와 다른 이름이 적힌 카드, 두 개를 유아 앞의 테이블에 놓아둔다. 유아에게 "팀, 네 이름을 가리켜 봐." 라고 촉진한다. 유아가 자신의 이름이 적힌 카드를 가리키면(다른 촉진과 함께 또는 촉진 없이), 교수 계획에서 정한대로 강화를 제공한다. 두 개의 카드를 다시 유아 앞에 놓고 교수 계획을 다시 실행한다. 일정한 횟수의 시도를 시행할 때까지 이 과정을 반복한다.

추천 실제에서는 중도장애 유아들을 위해 하루 동안 일어나는 (분산된) 교수와 의미 있는 활동에 삽입된 교수를 하는 보다 자연적 시도 배치를 제안하였지만(Snell & Brown, 2006b; Westling & Fox, 2004), 집중시도 훈련의 반복된 시도가 분산시도 배치보다 더 효과적인 상황이 있을 수 있다. Bambara와 Warren(1993)은 반복된 시도는 새로운 행동을 형성하는 데 적합하다고 제안하였다. 연속적인 반복 시도를 하면서 교사 또는 성인은 촉진을 점진적으로 수정하고 줄여나가면서 유아가 독립적으로 기술을 수행할 것을 요구할 수 있다. 반복된 시도 형식이 사용될 때, 매일 충분한 수의 시도를 시행하고, 교수를 일관되게 적용하는 것이 훨씬 쉽다. 자폐유아를 위한 반복된 시도의 또 다른 장점은 질서와 일관성을 특징으로 하는 유아들의 학습 양식에 적합하다는 것이다.

집중시도 훈련이 자폐유아들을 위한 주요 교수방법이지만, 모든 교수목표에 대해 일반화 전략을 반드시 실행해야 한다. 집중시도 훈련의 고도로 체계화되고 일관적인 특성은 초기의 기술 습득을 촉진할 수 있으나 일반화를 방해할 수 있다. 자연적 교수(환경적 교수), 일반화 사례 교수, 그리고 다른 일반화 기법들(예: 일반화 매개, 자연적으로 발생하는 강화제의 활용, 제6장 참고)과 같은 전략들을 집중시도 훈련과 동시에 적용해야 한다.

2. 놀이 시간

놀이 시간(Floor time)은 자폐유아를 위한 발달적, 개인차, 관계-중심 중재 모형(Developmental, Individual-Difference, Relationship-Based: DIR)의 기초다(Greenspan & Wieder, 1997, 1999). DIR 모형과 놀이 시간 절차는 의사소통적 상호작용을 형성하기 위해 유아의 주도를 따르고 사회적 관계를 구축하며 정서발달을 지원하고 감각 발달을 촉진할 것을 강조한다. 이 접근은 교사에 의해 주도되고 통제되는 집중시도 훈련 모형과 명확하게 대조된다. 놀이 시간에서 부모나 교사는 유아에 의해 시작된 놀이와 활동에 참여함으로써 유아의 세계에 들어가려고 시도한다. 이와는 반대로, 집중시도 훈련의 목표는 교사/성인에게 주의집중하고 지시를 따르며 교사나 성인에 의해 시작된 활동에 참여함으로써 유아의 초점을 유아 자신의 세계에서 자신을 넘어서는 세계로 옮겨가도록 하는 것이다.

놀이 시간은 미약하거나 심각하게 결여된 자폐유아-성인 관계를 형성하거나 강화하기 위해 고안된 절차이기 때문에 부모들이 대개 이 전략을 실행하는 주요 중재자다. 놀이 시간 회기는 대개 20~30분간, 하루에 8~10번씩 실행되는데(Greenspan & Wieder, 1999) 총 중재 시간은 일주일에 10~25시간으로 다양하다(Schertz & Odom, 2004). 놀이 시간은 먼저 유아를 관찰하고, 어떻게 놀이에 접근하여 들어갈 것인지 결정함으로써 실행된다. 놀이를 관찰할 때, 유아의 감정과 기질에 주목한다. 그런 다음 성인은 유아의 감정 상태와 흥미를 알고 접근한다("넌 공룡 모으는 것을 좋아하는구나, 모두 한곳에 모아 두었네."). 성인은 그 다음 활동을 도와주고 유아가 놀이 전개를 주도하고 감정의 정도를 조절하도록 주의를 기울이면서 유아의 놀이에 들어간다. 성인은 또한 지원적인 언급을 하고, 간섭하지 않도록 주의하면서 유아의 놀이를 확장하고 확대시켜 준다. 지원적인 언급으로 활동이나("내 생각에 넌 모든 공룡을 다 찾은 것 같구나.") 상태를("모든 공룡을 다 가져서 무척 기쁘구나.") 묘사하고 창의성을 명확하게 해 주고 지원하는 말이나 질문을 한다("공룡이 다 함께 있어서 행복한 것 같구나. 다른 동물도 들어갈 수 있니?, 어느 것? 이제 모두 같이 있구나. 공룡은 다음에 뭐 할 거니?"). 유아가 성인의 언급에 대해 반응할 때, 유아는 "의사소통의 순환을 끝낸다." 유아의 반응은 구어적일 수 있고("공룡은 가족이야, 얘들은 같이 살아.") 또는 비구어적일 수 있다(유아가 공룡 하나를 들어 그 얼굴을 보고 미소를 짓고, 공룡이 춤추게 한다). 유아의 주도를 따르고 놀이에 다시 들어가서 새로운 의사소통의 순환을 시작하는 것은 성인에게 달려 있다. 놀이 시간 전략은 이상 행동적이고 상동행동적인 놀이뿐 아니라 기능적인 또는 사회적으로 영향을 받은 놀이에도 사용될 수 있다. 또한, 유아가 "싫어."라고 말할지라도, 유아의 기분과 반응에 대해 언급하고 유아의 기분에 맞추어 줌으로써("너는 다른 사람이 네 공룡을 만지는 게 싫구나." "다시 놓을까?" "어디에 놓아야 하니?") 놀이 시간을 실행할 수 있다.

유아의 주도를 따르고 유아의 놀이를 확장시키는 것 이외에도 놀이 시간에는 다음과 같은 성인의 다양한 반응들이 포함된다. ① 유아의 놀이를 방해하고 풀어야 할 문제를 만들어내기 ② 상징을 소개하기(사물을 가지고 가장 놀이, 옷 입기 놀이, 꼭두각시놀이), ③ 감정, 문제 상황에서의 대안적인 결과 그리고 광범위한 실제와 가상의 주제에 대해 말하고 질문을 함으로써('왜' 질문, 의견) 추상적 사고를 개발하기 ④ 상황을 원래대로 되돌리는(숨겨진 장난감을 찾아내거나 실수로 잘못 놓은 퍼즐을 제자리에 놓는) 학습을 하고 여러 단계의 활동에 참여하도록 유아를 도와 운동계획 기술을 개발하기(Greenspan, Wieder, & Simons, 1998). 전형적으로, 성인은 의사소통 순환을 시작하기 위해 유아를 부드럽게 자극하고 유아의 기분이나 반응에 공감하면서 지원적으로 반응한다.

3. 그림교환의사소통체계(PECS)

많은 자폐유아들에게 언어 의미와 언어 사용을 이해하는 것은 주요 의사소통 문제다. 언어 의미 또는 의미론은 사물, 행동 그리고 어떻게 세계가 움직이는지에 대한 인지적 이해를 필요로 한다. 언어 사용(화용론)은 사회적 지식과 관련되며 대화에서 차례 지키기와 상황의 사회적 규칙에 적합한 단어와 음조 사용하기 등과 같은 기술을 포함한다. 화용론은 언어가 목표를 성취하기 위해 사용되는 의사소통 도구라는 사실을 이해하는 것을 포함한다. 예를 들어, 우리는 목이 마르면 마실 물을 요청하고 무언가를 이해하지 못하면 추가 설명을 요구한다. 어떤 자폐유아는 의사소통을 이해하지 못하고 다른 사람의 말을 반복하는 반향어로 제한된 말을 한다. 그 밖에도, 자폐유아들은 다른 사람, 비디오/DVD 또는 TV에서 보거나 들은 구나 문장을 기억한다. 이런 유아들 중 몇몇은 이렇게 기억한 구나 문장을 놀이할 때 언급하거나 다른 사람의 말이나 질문에 반응할 때 적절하게 사용한다.

때로는 유아와 가장 친숙한 성인(부모 또는 교육자)만이 이러한 언어가 어디에서 비롯된 것인지 안다. 비록 이 유아들은 새로운 의사소통을 하는 데는 어려움이 있지만(그리고 이것은 그들의 의사소통 능력을 제한한다), 효과적으로 구와 문장을 사용할 수 있기 때문에 의미론과 화용론의 기능적 수준을 보인다.

그림교환의사소통 체계는 자폐유아의 의미론과 화용론적 의사소통 요구를 다루기 위해 고안된 보완의사소통 접근이다(Frost & Bondy, 1994). 그림교환의사소통 체계는 사진이나 간단한 선 그림을 사용하여 의사소통 책과 일과표를 만든다. 유아들은 책이나 일과표에서 그림이나 상징을 꺼내 성인에게 줌으로써 의사소통을 위해 그림이나 상징을 사용한다. 예를 들어, 아침식사를 하려고 식탁으로 걸어가면서 유아는 '아침식사' 그림(그릇과 컵의 그림)을 일과표에서 꺼내 엄마에게 준다. 아침식사가 끝나고 유치원에 가려고 씻어야 할 때, 유아는 일과표에 아침식사 그림을 다시 넣고, 화장실 그림을 꺼내 부모에게 준다. 일과표의 의사소통 그림이나 상징을 사용함으로써 유아는 상징이 의미를 가지고 있음을 배운다. 동시에, 그림교환의사소통 체계의 일과표는 유아가 일상 일과와 일과에서 기대되는 것들을 학습하도록 돕는다. 이는 유아의 삶에 의미와 기대를 만들어 주고 의사소통을 위한 맥락을 형성한다. 유아가 처음에는 그림교환의사소통 체계의 아침식사 그림을 반복적으로 사용한 후에 '아침식사'라는 단어는 이해하지 못할지라도, 유아가 그 상징이 아침에 밥('아침식사')을 먹는 시간을 의미한다는 것을 이해하게 될 것이다.

그림교환의사소통 체계 프로그램은 훈련 안내서에 자세히 나와 있고, 교수를 하기 위해 형성법이나 강화 등과 같은 기본적인 행동 중재 기법을 사용한다(Frost & Bondy, 1994). 유아는 처음에는 요구를 시작하기 위해 개별적인 그림을 사용하도록 배운다. 촉진 의존성을 피하고 시작행동을 촉진하기 위해 구어적 촉진을 하지 않는다. 그리고 프로그램은 간단한 문법 형식인 "할래요."로 시작하는 어휘와 문장을 형성한다. 유아는 또한 말을 하고 질문에 반응하도록 배운다. 그림교환의사소통체계는 광범위하게 사용되고 효과적이고 훌륭한 프로그램으로 간주된다(Siegel, 2000; Yamall, 2000). 그림교환의사소통체계의 효과에 대해 보고한 출판물이 많이 있지만(Bondy & Frost, 1993, 1994; Peterson, Bondy, Vincent, & Finnegan, 1995; Schwartz, Garfinkle, & Bauer, 1998), 그 효과를 지지하는 실험 자료는 최근 연구문헌에 나오기 시작하고 있다(Chalop-Christy, Carpenter, Le, LeBlanc, & Kellet, 2002).

모형 프로그램

자폐유아의 독특하고 중요한 요구를 충족시키기 위한 많은 중재 모형들이 개발되었다. 다섯 가지의 훌륭한 프로그램을 여기에 소개한다. 이 프로그램들은 잘 만들어진 것들로 프로그램 평가 자료와 실험 자료들을 통해 입증되었고 자폐유아들의 요구를 충족시키기 위해 포괄적인 접근을 하고 있으므로 선택되었다. 다섯 가지 프로그램들은 다음과 같다.

① 자폐유아 프로젝트(Young Autism Project)
② 중심반응 처치(Pivotal Response Training)
③ 발달적, 개인차, 관계-중심(DIR) 모형
④ 프로젝트 TEACCH
⑤ 프로젝트 DATA

우리는 자폐유아를 위한 중재는 일찍 시작해야 하고(2세가 되기 전에), 집중적이어야 한다(때로 일주일에 30~40시간씩)는 데 동의하고 있다(Strain et, al., 1998). 다섯 가지 프로그램의 주요한 차이는 중재 접근이 개입적인 혹은 비개입적인 정도다. 개입적인 프로그램은 유아가 교사나 성인의 교수에 주의 집중하고 따를 것을 요구하는 프로그램들이다. 비개입적인 접근은 유아의 세계에 들어가서 유아를 방해하거나 격동시키지 않으면서 유아의 주의를 집중시키려고 시도하는 프로그램들이다. 두 가지 행동주의적 모형인 자폐유아 프로젝트(Young Autism Project)와 중심반응 훈련(Pivotal Response Training)은 개입적인 모형이다. 프로젝트 TEACCH는 덜 개입적이며, DIR 모형은 가장 덜 개입적인 모형이다. 프로젝트 DATA는 여러 접근법들이 결합된 것으로 개입적인 모형과 비개입적인 모형의 중간 정도에 있다. 이 장의 나머지 부분에서는 자폐유아들을 위한 모형 프로그램들에 대해 설명한다.

I. 자폐유아 프로젝트

로스엔젤리스에 있는 캘리포니아 대학교의 Ivar Lovaas에 의해 개발된 자폐유아 프로젝트는 이 책에서 설명한 프로그램들 중 가장 정평이 나 있는 프로그램이다. 의문의 여지없이, 이 프로그램은 가장 많은 데이터베이스를 가지고 있다. 앞에서도 설명한 바와 같이,

집중시도 훈련은 이 프로그램의 중요 특성이다. 집중시도 훈련절차, 자료수집 전략, 일정표와 실행 제안, 그리고 프로그램(즉, 수업)은 최근 출판된 안내서에 자세히 설명되어 있다(Lovaas, 2002). 교수는 15개의 영역을 포함하며 이 모든 영역들이 1년 동안 다루어진다. 프로그램 영역들은 자조기술, 조기 학문 그리고 의사소통 기술에 중점을 두고 있으며 다음의 것들을 포함한다.—단순한 요구에 협력하기; 관계있는 것끼리 연결하기와 분류하기; 조기 수용언어; 비구어적 모방; 놀이 기술; 구어적 모방; 명칭 이해; 미술과 공예: 자조 기술; 명칭표현; 읽기와 쓰기; 색, 모양, 크기; ___주세요, ___보았다, _____을 가지고 있다; 전치사; 그리고 감정—. 대부분의 중재는 유아와 일대일 상황에서 실행되며 중재자는 유아의 맞은편에 앉는다. 6~12개월 동안 집중적인 일대일 중재를 받은 후, 개별적인 도움을 받아 유아가 보육시설이나 유치원으로 점차 옮겨 가기를 Lovaas는 조언한다.

Lovaas는 자폐유아 프로젝트에 참여한 자폐유아들의 거의 절반 정도가 회복되었다고 보고하였다(Lovaas, 1987; McEachin, Smith, & Lovaas, 1993). 그는 회복을 적절한 지능지수와 통합교육 환경에 참여할 수 있는 능력을 가지게 되는 것이라고 정의하였다. Lovaas의 자료와 회복의 주장에 대해 많은 논란이 있어왔다(Mesibov, 1993; Schopler, Short, & Mesibov, 1989). 대부분의 비평과 질문은 참가자 선발 방식(즉, 그들이 자폐유아들을 대표하는지 또는 그들이 경증의 자폐유아가 아닌지?)과 결과의 측정(즉, 사정 도구들이 자폐유아의 가장 중요한 행동적 고려사항들을 적절하게 측정하였는지?)에 초점을 맞추고 있다. 논란에도 불구하고, 프로그램에 참여한 유아들이 주목할 만한 성취를 하였다는 데 대해 광범위한 의견의 일치를 보이고 있다. 자폐유아 프로젝트는 자폐유아들을 위한 가장 주목받는 모형 프로그램들 중 하나다.

2. 중심반응 처치

중심반응 처치는 캘리포니아 대학교의 Lynn과 Robert Koegel 부부 등에 의해 개발된 것으로 자폐유아 프로젝트에서 파생되었다. Koegel 부부는 1970년대에 Lovaas와 함께 일했고, 그들이 생각하기에 자폐유아 프로젝트의 몇 가지 단점, 즉 중재상황의 인위성, 집중시도 훈련 동안 유아의 기쁘지 않은 모습, 그리고 일반화 문제들을 해결하기 위해 이 모형을 개발하였다. Koegel 부부는 자폐유아가 자기 동기화될 수 있다고 믿었다. 이 모형은 행동적 절차를 이용하였으며(직접교수) 놀이와 기능적 활동의 맥락에서 중재를 제공하였다. 유아의 선택이 모형 전반에 통합되었다. 그들은 자폐유아의 전체적인 발달을 촉진할 수 있는 주요 기술영역인 중심반응을 확인해야 할 당위성을 정의하고 제공하는 이론적 틀을 세웠다. 중심반응 영역은 그들 접근법의 핵심이다.

중심반응은 습득했을 때 다른 영역에서 커다란 부수적인 향상을 가져오는 기술 영역을 의미한다(Koegel, Koegel, Harrower, & Carter, 1999). 이 모형은 효율적인 중재 접근으로 설명된다. 이 모형은 광범위한 영역의 기능에 영향을 미치는 기술을 목표로 하는 것이며 단순히 고립된 기술을 가르치는 것이 아니다. 중심반응 영역은 자폐유아들에게 전형적으로 많이 요구되는 영역이기 때문에 중재의 주요 영역으로 설명된다. 네 개의 주요 중심반응 영역이 있다. ① 다양한 단서에 대한 반응성, ② 동기, ③ 자기관리, ④ 자기 시작.

첫 번째 중심반응 영역인 다양한 단서에 대한 반응성은 많은 자폐유아들의 특성인 자극 과다선택성을 다룬다. 자극 과다선택성은 유아가 다양한 단서에 주의를 기울이는 것이 어렵고, 대신 대부분 관계가 없는 제한된 수의 자극 특성에 대해 주의를 기울이는 것을 의미한다. 자극 과다선택성은 사회성 기술과 언어 기술을 습득하는 데 심각한 어려움을 야기하며 일반화를 실패하게 한다. 직접교수는 관련 있는 자극의 특성을 강조하여 유아가 다양한 단서에 반응하도록 요구한다. 두 번째 중심반응 영역인 동기는 유아가 교수에 자주 그리고 빨리 반응하고, 관심, 의욕, 기쁨과 같은 긍정적인 영향을 보일 때 명확하다. 동기의 증가는 방해 행동의 감소와 관계있다. 동기부여 전략으로는 하루 내내 선택할 여지를 주고, 자연적이고 기능적인 강화제(인위적인 강화제 대신)를 사용하며, 습득 시도와 함께 유지 시도를 간간히 제공하고(이미 습득한 기술을 연습하고) 시도를 강화하는 것이 포함된다. 세 번째 중심반응 영역은 자기관리다. 이 영역은 통합 환경에서 성공하기 위한 중요 기술로 간주된다. 자기 관리는 유아가 목표를 정하고 강화제를 선택하며 진도를 자기 점검하고 적절할 때 강화를 요구하는 것을 포함한다. 유아에게 자신의 행동을 의식하도록 가르치는 데 사용된 자기관리 전략은 점차 감소시키고, 자연적 환경으로 자기관리의 일반화를 평가한다. 네 번째 중심반응 영역은 자기시작적 의사소통 기술이다. 자기시작은 자발적으로 질문을 하고 정보를 찾고 대화를 시작하는 것을 의미한다. 이러한 기술은 자폐유아들에게 결여되어 있는 경우가 많지만 성인의 중재가 없는 자연적인 환경에서 학습하기 위해 중요한 기술이다.

3. 발달적, 개인차, 관계-중심 모형

이 장의 앞 부분에서 검토한 놀이 시간 절차는 콜롬비아 특구에 있는 조지 워싱턴 대학교 의과대학의 Stanley Greenspan에 의해 고안된 DIR(Developmental, Individual-Difference, Relationship-Based) 모형을 통해 개발되었다(Greenspan & Wieder, 1999). DIR 모형은 자폐유아 프로젝트와 중심반응 훈련과 같은 특정 기술 요구 또는 기술 영역 대신 정서발달과 같은 광범위한 발달의 요구에 중점을 둔다. Greenspan은 자폐를 감각 처리, 자극에 대한 반응 그리고 관계 형성에 영향을 미치는 다체계적인 조절 장애로 보았다.

DIR의 초점은 유아의 자아 발달과 자기표현을 키우는 데 있다. 기능적인 발달 프로파일을 생성하는 사정절차를 바탕으로 개별화된 중재계획을 수립하였다. 프로파일은 정서 발달; 감각, 조절, 처리, 운동 계획; 관계와 상호작용과 관련된 유아의 강점과 요구를 가리킨다. 유아를 위한 개별화 계획은 포괄적이며, 놀이 시간(유아의 주도 따르기, 문제 해결 활동, 특수한 운동과 감각 활동), 언어치료, 감각통합치료(작업치료/물리치료), 매일의 교육 프로그램(가능한 한 통합프로그램), 생물 의학적 중재(예: 유아의 주의 집중을 돕는 약물), 영양적 고려, 식이요법, 그리고 감각운동 기술을 향상시키기 위해 고안된 다른 프로그램을 포함한다.

4. 프로젝트 TEACCH

TEACCH(Treatment and Education of Autistic and Related Communication Handicapped Children; 자폐와 의사소통장애 아동의 치료와 교육)는 1970년대 초에 노스캐롤라이나 대학교의 Eric Schopler에 의해 개발되었다(Mesibov, 2005). TEACCH는 노스캐롤라이나에 거주하는 영아기부터 성인기까지의 자폐인들과 그 가족들에게 제공되는 주 전체에 걸친 광범위한 프로그램이다. 이 모형은 유아의 기술, 흥미 그리고 요구 중심의 개별화 프로그램을 고안하기 위해 여러 접근법들을 활용하였다. 중재 접근법은 동일성과 일관성의 선호 또는 구어적 촉진 대신 시각적 촉진의 선호와 같은 자폐인 문화 또는 개별 자폐인의 학습 양식에 맞게 선택되었다. 프로젝트 TEACCH를 통해 고안된 개별화 프로그램은 시각적 정리함(예: 그림 계획표), 과제 체계의 적용(예: 바구니에 정리된 매일의 과제), 직접교수의 제공 등을 활용하여 유아의 특성에 맞게 환경을 바꾸는 것(예: 유아가 사물의 질서적인 배치를 유지하도록 허용하기)을 강조한다. 지금까지 논의된 모형 프로그램들 이상으로, TEACCH는 가족지원 요소를 포함하고 있으며 독립적인 과제 기술을 넘어 유아의 개인적인 삶의 측면(예: 의사소통, 사회성, 여가 영역)을 고려한다.

5. 프로젝트 DATA

워싱턴 대학교의 Ilene Schwartz와 동료들이 개발한 프로젝트 DATA(Developmentally Appropriate Treatment for Autism; 발달에 적합한 자폐 치료)는 유아교육의 추천 실제와 유아특수교육과 자폐의 추천 실제를 통합하여 고안된 모형프로그램이다(Schwartz, Sandall, McBride, & Boulware, 2004). 다른 모형 프로그램들과 달리, 프로젝트 DATA의 주요 특성은 발달에 적합한 실제와 조화를 이루도록 고안된 양질의 유아통합교육 프로그램이라는 것이다(제1장 참고). 자폐유아는 매주 12시간 30분가량 유아교육프로그램에 다닌다. 개별화된 교수는 진행 중인 교실 활동과 일과 속에 삽입되어 제공된다. 일반화와 유지를 촉진하는 전략 역시 일반학급 활동에 적용된다. 프로젝트 DATA의 다른 요소들이 유아통합프로그램에 다니는 자폐유아의 성공을 지원하기 위해 개발되었다. 이러한 지원 요소로 ① 연장된 교수시간, ② 가족을 위한 기술적, 사회적 지원, ③ 서비스 간 협력과 조화, ④ 전이 지원 등이 있다. 연장된 교수시간은 각 유아의 개별적 요구에 초점을 둔 개별화된 집중적 서비스를 매주 약 8시간씩 추가로 더 제공한다. 집중적 서비스는 집중시도 훈련, 자연적 교수(환경적 교수), 삽입된 교수 등과 같은 일련의 효과적 접근법들을 포함한다. 가족을 위한 기술적, 사회적 지원은 매달 가정 방문, 자원 협조(예: 보육시설, 부모지원 그룹, 지역사회 서비스), 부모 지원과 지원망의 연계, 아버지 모임 등으로 구성된다. 서비스 간 협력과 조화는 프로젝트 DATA의 일부는 아니지만 유아와 가족에게 서비스를 제공하는 전문가들 간의 의사소통을 촉진하기 위한 지원이다(예: 가족은 자녀를 위해 치료사를 고용할 수도 있다). 마지막으로 전이 지원은 유아가 프로젝트 DATA를 마치고 새로운 학교로 갈 때 유아와 가족을 지원하기 위한 전략들을 포함한다.

요 약

자폐 또는 자폐스펙트럼 장애는 사회적 어려움, 의사소통의 곤란, 동일성과 상동성의 집착, 자기 자극 등을 바탕으로 진단된다. 이러한 독특한 특성들은 교수에 영향을 미친다. 이 장은 자폐유아들에게 효과적인 것으로 보이는 몇 가지 교수 접근법들에 대해 검토하였다. 이 전략들에는 ① 직접교수, ② 자연적 교수, ③ 일반화 사례 교수, ④ 단서(대 일반적 촉진), ⑤ 촉진과 단서 줄이기, ⑥ 그룹교수, ⑦ 보완의사소통, ⑧ 긍정적 행동지원이 있다.

이 전략들은 자폐유아의 독특한 교육적 요구를 충족시키며 자폐유아의 학습 양식에 적합하므로 여기에서 강조되었다. 덧붙여, 집중시도 훈련, 놀이 시간, 그림교환의사소통체계를 설명하였는데 이 세 가지 교수 접근법은 특별히 자폐유아들을 위해 개발된 것이다. 이 장에서는 다섯 가지 모형 프로그램인 자폐유아 프로젝트(Young Autism Project), 중심반응 훈련(Pivotal Response Training), 발달적, 개인차, 관계-중심(DIR) 모형, 프로젝트 TEACCH, 그리고 프로젝트 DATA에 대해 설명하였다.

연/구/문/제

1. 자폐유아의 학습 특성을 설명하시오. 발견한 특성들이 각각 학습에 어떻게 영향을 미치는 지(부정적으로 또는 긍정적으로) 논의하시오.
2. 여덟 가지의 일반적 교수 절차(직접교수, 자연적 교수, 일반화 사례 교수, 단서(대 일반적 촉진), 촉진과 단서 줄이기, 그룹교수, 보완의사소통, 긍정적 행동지원)를 간단하게 설명하시오. 왜 이러한 각각의 절차들이 자폐유아에게 효과적인 교수를 제공하는 데 중요한지 그 이유를 설명하시오.
3. 집중시도 훈련을 정의하시오. 이 절차를 사용할 경우, 장점과 단점을 논의하시오.
4. 놀이 시간은 무엇인가? 집중시도 훈련과 비교하여 설명하시오.
5. 말을 하지 않는 4세 된 자폐유아가 유아통합프로그램에 참여할 수 있도록 돕기 위해 어떻게 그림교환의사소통체계(PECS)를 사용할지 설명하시오.
6. 중심반응 훈련 프로그램의 네 가지 중심반응 영역을 정의하고 설명하시오. 네 가지 각 영역에서 기술을 가르치기 위한 중재 전략을 제안하시오.
7. 프로젝트 DATA가 자폐유아를 위한 추천 실제들을 통합한 다양한 방법들에 대해 논의하시오.
8. 문화와 학습에 대해 다루었던 이 책의 다른 장들을 참조하여, 자폐유아를 위한 각 모형들에 대한 부모의 수용성에 영향을 미치는 문화적 이슈들에 대해 논의하시오.

C.H.A.P.T.E.R. 09

자연적 환경에서의 중재

-Linda McCormick-

| 이 장의 주요 내용 |

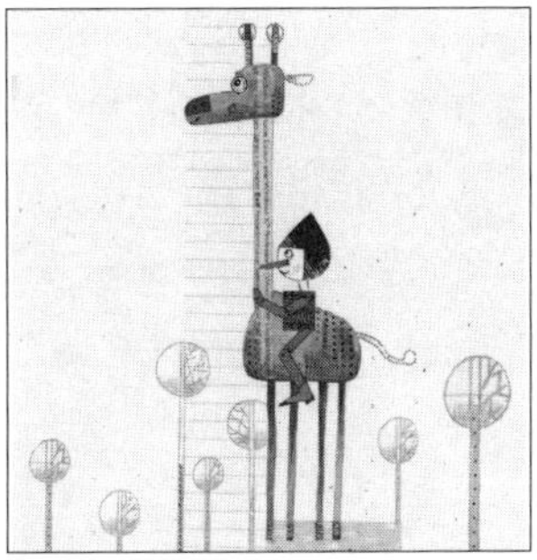

- 강화된 환경교수 절차
- 활동중심중재
- 삽입되고 분산된 시간지연 시도
- 고확률 절차
- 물리적, 사회적 환경의 배치
- 감각장애 유아를 위한 교수방법과 자료의 수정
- 운동장애와 건강장애 유아를 위한 교수방법과 자료의 수정

통합 환경에서 기능적이고 발달에 적합한 기술을 효과적으로 가르치는 정도는 성인이 얼마나 자연적 교수절차를 실행하고 환경을 구조화하며 방법과 활동을 수정할 수 있는지에 달려 있다. 이 장에서는 장애유아의 참여를 증진시키는 학급 절차와 활동수정 방법뿐 아니라, 참여, 의사소통, 상호작용 그리고 놀이를 촉진하는 환경의 구조화에 대해 설명하였다. 자연적 중재 또는 자연적 교수로 불리는 이러한 교수 절차들은 초기에는 언어중재의 맥락에서 적용되고 연구되었다. 지난 수십 년간 이 절차들은 다양한 행동과 환경에서 효과적인 것으로 입증되었다. 이제 자연적 교수절차들은 유아특수교육에서 선호되는 실제가 되었다.

자연적 교수절차

자연적 중재절차들은 다음의 일반적 특성들을 공유한다(Rule, Losardo, Dinnebeil, Kaiser, & Rowland, 1998).

- 교수 맥락은 자연적 환경(예: 가정, 유치원, 보육시설)에서의 일과적인 사건과 활동이다.
- 교수는 즉각적으로 적용할 수 있는 기능적 기술들을 다룬다.
- 교수자는 유아의 환경에서 유아와 상호작용하는 사람들(교사, 부모, 형제, 보조교사, 또래)이다.
- 교수적 상호작용은 유아가 시작하거나 유아의 관심과 흥미를 활용하여 성인이 시작한다.
- 교수적 상호작용은 목표 행동을 유발하기 위해 유아의 동기를 이용한다.
- 유아의 반응에 대한 자연적 후속 결과로 원하는 자료와 사건을 제공한다.

자연적 교수절차는 유아의 발달과 참여를 촉진하는 다양한 기술을 다루기 위해 자연적 또는 최소제한 환경에서 적용할 수 있다. 이 장에서는 네 가지 자연적 교수 절차에 대해 설명하였다. 강화된 환경 교수(Kaiser, 1993b; Kaiser, 2000), 활동 중심 중재(Pretti-Frontczak & Bricker, 2004; Losardo & Bricker, 1994), 삽입되고 분산된 시도(Wolery, 2001), 고확률 절차(Santos, 2001).

I. 강화된 환경교수 절차

1960년대와 1970년대의 고전적인 연구들에서 유아의 언어와 의사소통을 촉진하기 위한 절차들의 효과가 증명되었다(Hart & Risley, 1968, 1975). 이러한 절차들을 초기에는 우발적 절차라고 하였으나 후에는 환경교수(milieu teaching)라고 하였다. 초기의 연구는 양육자가 일반 영유아와 상호작용하는 것을 관찰하는 것에서 시작되었다. 초기의 연구는 1990년대에 전언어, 인지, 운동, 적응 기술의 교수를 포함하여 확대되었다(Brown, McEvoy, & Bishop, 1991; McCathren & Watson, 2001; Nordquist, Twardosz, & McEvoy, 1991; Warren, Yoder, Gazdag, Kim, & Jones, 1993). 환경배열 전략과 반응적 상호작용 전략과 함께, 이 절차들은 강화된 환경 교수(Enhanced Milieu Teaching: EMT)로 불리는 혼합된 프로그램이 되었다. 강화된 환경 교수는 자연적 교수 절차들 중 가장 철저하게 연구된 절차다(Kaiser, Hendrickson, & Alpert, 1991; Kaiser, 1993b, Kaiser, Ostrosky, & Alpert, 1993; Kaiser, 2000).

강화된 환경교수는 반응적 상호작용 전략, 환경배열 전략과 네 가지의 다른 교수절차들을 포함한다(시범절차, 요구-시범절차, 시간지연절차, 우발적 교수절차, Kaiser, 2000).

1) 반응적 상호작용 전략

반응적 상호작용 절차의 목적은 대화 상황에서 유아와 성인 간의 균형 있는 의사소통을 촉진하는 것이다. 반응적 상호작용은 유아의 환경에서 유아와 성인 간의 참여를 촉진하고자 한다. 반응적 상호작용은 교대로 하기, 상호작용의 유지, 구어의 이해 그리고 자발적인 상호작용에 중점을 둔다. 성인은 유아의 주도(유아의 주의와 초점)를 따르고, 균형 있게 상호 교대를 하고 유아의 주제를 유지할 수 있게 하며 유아가 하는 활동에 대해 대화를 하고 유아와 함께 활동에 참여하며 유아와 언어 복잡성 수준을 맞추고 유아의 발화를 확장하고 반복하며 유아의 모든 구어적 또는 비구어적인 의사소통에 반응한다.

2) 환경배열 전략

여섯 가지의 환경배열 전략은 ① 흥미 있는 자료와 활동 제공하기, ② 눈에 보이지만 손이 닿지 않는 곳에 원하는 물건 놓아두기, ③ 필요하거나 원하는 사물의 일부만 제공하기, ④ 선택 기회를 많이 제공하기, ⑤ 유아에게 도움이 필요한 상황 조성하기, ⑥ 기대하지 않은 상황 조성하기다.

환경배열 전략의 주요 목표는 의사소통을 촉진하는 것이다. 장애유아의 흥미와 선호는 의사소통을 위한 자연적 자극제이고 의사소통을 위한 자연적 강화다. 사물을 향해 손 뻗기나 특정 사물에 대해 관심을 표현하는 것은 강화제를 알려 주는 것과 같다. 교사는 언어를 촉진하기 위해 다음에 설명한 교수 절차들 중 한 가지를 사용하고, 유아의 의사소통적 시도에 대한 반응으로 사물이나 활동을 즉시 제공한다.

흥미롭고 연령에 적합한 자료와 활동을 풍부하게 제공하는 목적은 유아에게 의사소통할 이유를 많이 부여하기 위해서다. 유아가 무언가를 원할 때마다, 언어를 교수할 기회가 생긴다. 유아가 원하는 사물을 유아의 눈에는 보이나 손이 닿지 않는 곳에 두는 것은 요청하기를 촉진하는 데 특히 효과적인 방법이다. 좋아하는 장난감을 투명한 상자(뚜껑이 단단히 닫힌 채로) 속, 높은 선반 위 또는 테이블의 가장 자리 먼 곳에 놓아 둘 수 있다.

유아의 운동 조절력이 제한되어 있을 때, 자료를 다른 사물들과 멀리 떨어진 곳에 놓아두면 유아는 반드시 멀리 놓여 있는 자료를 쳐다보거나 잡으려고 손을 뻗을 것이다. 간식, 블록, 옷 등과 같은 사물의 일부분이나 충분하지 않은 양만을 제공하면 유아가 항의하거나 더 달라고 할 것이 분명하다. 예를 들어, 유아가 불완전한 자료를 받으면(예: 이 닦기 자료들이 놓여 있는 선반에 치약이 없는 경우) 자료가 없다고 항의하거나 없는 자료를 달라고 할 것이다. 부수적인 장점은 또래들이 참여할 수 있다는 것이다. 자료를 충분히 제공하지 않으면, 유아들은 서로 의사소통하려고 시도한다(예: 제이스는 광대 얼굴판에 동그라미 모양 풀칠하기를 마쳤다. 아멜리아는 "선생님에게 풀칠할 동그라미 모양이 더 필요하다고 말해."라고 말했다). 성인은 유아가 무언가가 빠졌다는 것을 인식할 때까지 기다린다. 유아가 '더' 라고 말하거나 빈 상자를 가리키거나 손을 뻗으면, 성인은 더 정교한 요구를 시범보이거나 촉진한다(예: "주스를 더 주세요." "붙일 동그라미 모양을 더 주세요.").

두 개 이상의 자료나 활동을 제공함으로써 유아가 원하는 항목이나 활동을 선택하도록 격려할 수 있다. 선택할 수 있는 것들 중 한 가지를 유아가 매우 싫어할 경우 가장 효과적이다. 유아가 도움이 필요하고, 이를 요청해야 할 상황을 만드는 많은 방법들이 있다. 유아는 배터리로 작동하는 장난감을 작동시킬 때, 그네 탈 때 또는 주스 컵에 빨대를 꽂을 때 도움이 필요할 수 있다. 가장 중요한 것은 도움을 주려고 서두르지 말라는 것이며 유아가 요청하기 전에 미리 시도하지 말라는 것이다. 유아의 기대에 반하는 상황은 의사소통을 이끌어 낼 가능성이 높다. 유아는 책을 거꾸로 들고 있는 등의 불합리하고 부적절한 행동에 대해 재빠르게 언급하거나 이의를 제기한다. 혼란스럽거나 기대하지 않은, 명백히 부적합한 사건이나 활동은 의사소통을 촉진하는 기회를 제공한다. 계산된 우스꽝스러움은 유아의 유머 감각을 발달시키는 데 도움이 된다.

네 가지 교수 절차는 각각 나름의 목적과 적용 단계가 있으며 또한 공통점도 있다. 예를 들어, 이 절차들은 모두 교수적 상호작용을 위한 상황을 설정하기 위해 (위에서 설명한)여섯 가지의 환경배열 전략들 중 한 가지를 사용하고; 공동의 주의 집중을 함으로써 시작되며(성인과 유아는 서로에게 주의를 집중하거나 같은 사물이나 활동에 동시에 주의를 집중한다); 불완전하거나 부정확한 유아의 반응에 뒤이어 부가적인 촉진을 제공하고; 긍정적인 후속결과(유아의 반응을 승인하고 확장한다)나 유아가 원하는 자료, 도움 또는 활동을 제공하는 것으로 교수 상황을 종료한다.

3) 시범 절차

시범 절차의 목적은 교대로 하기 기술, 일반화된 모방 기술, 대화 기술 그리고 기초적 어휘를 가르치는 데 있다. 다음은 시범 절차를 적용하는 여섯 단계다. 구어 시범을 제공할 때는(3단계) 유아가 모방하기를 바라는 것만 말해야 한다. 다시 말하면, "거북이."라고 해야지 "제이스, 거북이라고 말해 봐."라고 하면 안 된다. 이 절차는 적절한 교수 기회를 확인하고 공동의 주의집중을 하는 상황에 들어감으로써 시작된다.

① 유아가 무엇에 흥미를 두고 있는지(유아가 주의집중하고 있는 것) 주목한다.
제이스는 수족관에 새로 들어온 거북이를 바라보고 있다.

② 공동의 주의집중을 한다.
교사는 제이스 옆에서 무릎을 꿇고 거북이에게 같이 주의를 기울인다.

③ 흥미의 초점을 명명하거나 설명하는 구어적 시범을 보인다.
교사는 "거북이"라고 말한다.

④ 유아가 시범을 모방하면, 유아의 반응을 인정하고 확장하며, 활동이나 자료를 이용할 수 있게 한다.
"그래 이건 거북이야. 여기 거북이 먹이를 가져다가 물 위에 뿌려 줘."

⑤ 유아가 시범을 모방하지 않거나 이해할 수 없거나 부분적, 부정확한 혹은 관련 없는 반응을 보이면 두 번째로 시범을 보인다(교정적 시범이라고 함).
교사가 다시 "거북이."라고 말한다.

⑥ 유아가 교정적 시범에 대해 부정확하게 반응하면, 교정적 피드백을 제공하고 자료와

활동을 이용할 수 있게 한다.

"이건 거북이야. 여기 거북이 먹이를 가져다가 거북이에게 줘."

시범 절차는 유아에게 무엇을 말해야 할지 정확하게 알려 주기 때문에 유아가 배우기 시작한 기술에 특히 적합하다. 유아가 일단 시범 절차를 사용하여 진도를 보이면 다른 강화된 환경 교수 절차들 중 한 가지를 사용할 수 있을 것이다.

4) 요구-모델 절차

요구-모델 절차의 목적은 여러 환경에 걸쳐 나타나기 시작하는 형식을 사용하도록 유아를 촉진하는 것이다. 요구는 간접적인 촉진으로서 유아가 기대된 반응 형식을 이전에 보여 주었을 때 적용할 수 있다. 요구-모델 절차는 다음과 같이 실시된다.

① 유아가 무엇에 흥미를 두고 있는지 알아야 한다(유아가 어디에 주의집중하고 있는가를 봄으로써 알 수 있음)

② 유아와 같은 것에 주의를 기울인다.

③ 구어적 요구를 제시한다.

교사는 유아가 관심을 두는 곳에 맞추어 "네가 원하는 것을 말해 보렴." 이라고 말한다.

④ 유아가 정확하게 반응하면, 유아의 반응을 인정하고 확장하며 활동이나 자료를 이용할 수 있게 한다.

"아, 너는 거북이에게 먹이를 주고 싶구나. 여기 거북이 먹이가 있어."

⑤ 유아가 정확한 반응을 하지 않거나 이해할 수 없거나 부분적이고 부정확하거나, 관련 없는 반응을 하면, 두 번째 요구를 한다. 만약 유아가 흥미를 잃고 있거나 반응하지 않으면 시범을 보여 준다.

"네가 원하는 것을 말해 보렴."

⑥ 유아가 요구나 시범에 정확하게 반응하면, 유아의 반응을 인정하고 확장하며 활동이나 자료를 이용할 수 있게 한다.

"아, 너는 거북이에게 먹이를 주고 싶구나. 여기 거북이 먹이가 있어."

⑦ 유아가 반응하지 않거나 부정확하게 반응하면, 교정적 피드백을 제공하고 자료와 활동을 이용할 수 있게 한다.

"너는 거북이에게 먹이를 주고 싶구나. 여기 거북이 먹이가 있어."

5) 시간지연 절차

시간지연 절차의 목적은 환경의 자극을 의사소통 기회로 만드는 것이다. 유아는 다른 사람의 시작 행동(시범 절차나 요구-모델 절차에서와 같이)에 단순히 반응하기보다 의사소통을 먼저 시작하도록 촉진된다. 시간지연을 대기시간으로 간주할 수 있다. 이것은 유아에게 요구나 시범을 주기 전에 유아가 반응할 시간을 주는 것이다. 구어적 또는 몸짓 등의 촉진을 주기 전에 시간지연을 제공해야 한다. 이것은 단순히 유아를 바라보고 기다리는 것이다. 시간지연 절차를 사용하기 위해 다음의 단계를 따라야 한다.

① 유아가 자료, 도움 혹은 활동을 하기를 원하거나 필요로 하는 상황을 찾거나 만들어 준다.

② 공동의 주의집중을 한다.
제이크는 손이 닿지 않는 선반 위에 있는 자기가 좋아하는 음악상자를 바라보고 있다. 교사도 유아 옆에 무릎을 꿇고 앉아 음악상자를 바라보고 있다.

③ 시간지연을 도입한다.
교사는 제이크를 기대에 찬 눈으로 바라보고 기다린다.

④ 유아가 정확하게 반응하면, 자료나 도움을 제공하거나, 놀이를 할 수 있게 해 준다.
"음악상자를 갖고 싶구나. 여기 있어."

⑤ 유아가 정확하게 반응하지 않으면, 요구를 하거나 시범을 보인다.
"네가 원하는 것을 말해 보렴." 또는 "음악상자."

⑥ 유아가 요구나 시범에 정확하게 반응하면, 유아의 반응을 인정하고 확장해 주며 활동이나 자료를 이용할 수 있게 한다.
"음악상자를 갖고 싶구나. 여기 있어."

6) 우발적 교수 절차

우발적 교수의 목적은 더 정교한 언어를 가르치고 대화 기술을 향상시키는 것이다. 이 전략은 유아가 구어, 발성 혹은 몸짓으로 요구를 하고 난 후에 사용된다는 점에서 다른 절차들과 다르다. 유아의 요청이 있은 후에 시범, 요구-모델 또는 시간지연 등을 사용하여 좀 더 향상된 언어 형식을 사용하고 대화를 지속하도록 격려한다. 다른 강화된 환경 교수 절차(의사소통을 향상시키고 의사소통 상황을 확인하거나 공동의 주의집중을 하기 위한 상황을 고안한다)와 같은 방법으로 우발적 교수 절차를 시작한다. 유아가 일단 요청하는 발화를 하면, 시범, 요구-모델 또는 시간지연 절차를 적용한다. 우발적 교수 절차의 단계는 다음과 같다.

① 유아가 자료, 도움 혹은 활동을 원하거나 필요로 하는 상황을 찾거나 만들어준다.
② 공동의 주의집중을 한다.
③ 유아가 요청을 시작하면, 더 명료하고 복잡하거나 정교한 언어를 다음 중 한 가지 방법을 사용하여 가르친다.
 - 새롭거나 좀 더 어려운 요구 형식 시범 보이기
 - 대화를 격려하기 위해 요구-모델 절차 사용하기
 - 좀 더 향상된 언어를 말하도록 유아를 격려하기 위해 시간 지연 사용하기

강화된 환경 교수를 적용하기 위해서는 계획하고 준비하고 연습할 필요가 있지만 가르칠 수 있는 기술의 수나 다양성에는 제한이 없다. 유아의 주의를 끌고 바람직한 행동을 가르치기 위해 자연적 환경을 변화시킨다. 이 절차들은 주요 의사소통 수단으로 구어적 방법을 사용하는 유아들뿐 아니라 보완대체 의사소통을 사용하는 유아들에게도 쉽게 적용할 수 있고 효과적이다.

또한 또래들은 강화된 환경 교수에서 중요한 역할을 한다. 위의 아멜리아와 제이스의 예처럼, 우연히 의사소통적 반응을 촉진할 수 있다. 또한 교사는 한 또래가 다른 또래에게 단서로 촉진하게 할 수 있다. 예를 들어, 교사는 아니샤에게 다음과 같이 말할 수 있다. "제이스에게 가서 그가 무엇을 원하는지 네가 알도록 '내 차례야.' 라고 말해야 한다는 것을 제이스에게 말해 주렴."

2. 활동중심 중재

장애유아들에게 활동중심 중재의 사용을 지지하는 많은 연구들이 있다(Pretti-Frontczak et al., 2003; Pretti-Frontczak & Bricker, 2004). 활동중심 중재 절차를 의미하는 다른 용어로 삽입된 중재/교수, 일과중심 중재/교수, 통합된 치료 등이 있다. 이러한 용어들이 적용됨

에 따라, 훈련 시도는 분산되고 진행 중인 활동의 맥락에서 일어난다(Bricker, 1998). 간식 시간에 '혼자 먹기' '주스 따르기' '좀 더 달라고 하기' 등의 기술을 가르치는 것은 활동중심 중재의 예가 될 수 있다.

다음은 활동중심 중재의 기본 전제다(Bricker, 1998).

- 유아가 시작한 활동과 행동은 그 유아의 주의를 계속해서 끌 가능성이 가장 높다.
- 일과와 계획된 활동 또는 유아가 시작한 활동은 IFSP와 IEP의 장단기 목표를 교수할 기회가 된다.
- 교수는 자연적으로 발생하는 선행사건(자료와 촉진)과 후속결과(논리적 결과)를 사용한다.
- 교수는 유아가 현재와 미래의 환경에서 좀 더 독립적이 되도록 하는 기술과 다양한 환경으로 일반화할 수 있는 기술을 발달시켜야 한다.

활동중심 중재의 첫 단계는 물리적 환경을 배열하고 교수 상황을 삽입할 활동을 결정하는 것이다. Bricker(1989)는 활동을 시작과 논리적 결과를 가지는 일련의 사건들로 정의하고, 활동에서 유아가 다양한 시작 행동과 상호적 행동을 할 것을 요구하였다. 〈표 9-1〉은 유아에게 특정한 목표를 학습하고 연습할 기회를 제공하는 활동들을 선택할 때 도움이 되는 제안들을 제시한다. 발달에 적합한 실제를 적용하는 유치원과 보육시설에서 이루어지는 대부분의 활동들은 이러한 기준들에 잘 부합된다. Bricker(1989)는 효율성, 접근성 그리고 독립성을 향상시킬 수 있도록 교실(가정)의 물리적 공간을 배열할 것을 제안하였다. 1994년의 연구에서, 목표 행동을 도출하기 위해 Losardo와 Bricker는 식료품 가게처럼 교실을 배열하였다. 선반들은 식료품과 빈 그릇들로 채워졌다. 〈표 9-1〉에는 활동중심 중재를 하기 위한 활동들을 선택하는 데 도움이 될 만 한 몇 가지 제안들이 제시되어 있다.

활동중심 중재는 유아가 목표 행동을 습득하도록 돕기 위해 다양한 자료를 사용한다. 네 가지의 일반적인 자료선택 기준은 유아 및 활동과 관련이 있어야 하고, 다면적이어야 하며, 발달에 적합하고, 일반화를 촉진하는 데 적합해야 한다(Pretti-Frontczak & Bricker, 2004). 적절한 활동을 선택하고 환경을 배열한 후에, 목표 행동을 어떻게 가르칠 것인지 결정해야 한다. 강화된 환경 교수에서와 마찬가지로, 활동중심 중재에서 교수 에피소드는 일반적으로 유아가 시작한다. 그러나 원하는 반응을 생성하기 위한 선행사건(예: 시범, 요구, 설명)이 일어나도록 하는 것은 성인의 책임이다. 이 선행사건을 통해 유아는 바람직한

〈표 9-1〉 활동중심 중재를 제공할 활동 선택을 위한 제안

1.	다른 유아들을 위해 비슷한 목표들을 모으는 활동을 선택한다. 예를 들어, 손 인형을 이용한 이야기 들려주기는 '기능에 따라 사물 식별하기' 를 가르치는 데 적합한 이야기 나누기 시간 활동이다.
2.	같은 유아를 위한 다른 목적/목표를 모으는 활동들을 선택한다. 예를 들어, 제이스는 간식 준비 상황에서 가르칠 수 있는 세 가지 목표들을 가지고 있다. 언어 목표('사물 명명하기'), 인지 목표('색깔과 모양 일치시키기'), 소근육/자조 목표('따르기')
3.	다양한 연령과 기술 수준에 맞춰 조정할 수 있는 활동들을 선택한다. 예를 들어, 간단한 과제를 돕도록 유아를 가르치는 "응, 넌 할 수 있어." 와 같은 활동은 다른 연령과 기술 수준 맞춰 쉽게 조정될 수 있다. 제이스는 중요성 정도는 동일하나 신체적으로 덜 힘든 과제를 부여받았다.
4.	성인의 지시와 도움을 가장 적게 필요로 하는 활동들을 선택한다. 예를 들어, 대부분의 자유놀이 활동들과 몇몇 정리하기 일과들은 일단 시작되면 성인의 직접적인 도움 기대한 요구가 적다.
5.	유아가 시작행동을 할 기회를 많이 제공하는 활동들을 선택한다. 예를 들어, '위로, 위로, 멀리' 라는 활동을 할 때 유아가 또래의 이름을 부르고 풍선을 또래에게 보내줘야 한다. 각 게임은 유아가 또래를 향해 시작행동을 할 기회를 많이 제공한다.
6.	동기를 부여하고 흥미 있는 활동들을 선택한다. 재미있고 그 자체로 강화를 주는 일과와 활동들에는 유아가 계속 참여하고 따라서 학습할 가능성이 높다.

↳ 출처: Bricker & Norstad, 1990.

교수 기회를 시작할 수 있는 적합한 상황들을 가질 수 있게 된다. 그러면 성인은 유아의 시작행동에 상호적인 방식으로 반응하고 활동에 유아를 참여시킨다. 유아가 상호작용을 시작하지 않을 경우 목표 행동을 이끌어 내기 위해 다양한 선행사건을 이용하여 성인이나 또래에 의해 교수 에피소드가 시작될 수도 있다. 후속결과는 활동 속에 들어 있다. 후속결과는 상호작용의 논리적 결과다.

3. 삽입되고 분산된 시간지연 시도

자연적 교수 절차들 간에는 중복되는 점들이 상당히 있다. 강화된 환경 교수와 활동중심 중재 모두 일과와 활동 내에서 시도를 제공한다. 두 절차들을 제공하기 위해 시간지연 시도 계획을 반드시 세우지 않고도 이를 적용할 수 있다는 것이다. 시간지연 절차는 유아가 새로운 행동을 독립적으로 수행하는 것을 학습하도록 돕는 효율적이고 효과적인 방법이다. '삽입된' 과 '분산된' 이라는 용어는 자연적으로 일어나는 일과와 활동 시도가 제공되는 시기를 의미한다(Mulligan, Guess, Holvoet, & Brown, 1980; Wolery, 1994). '삽입된' 은 시도가 일어나는 활동과 일과 속으로 주입되는 것을 의미한다. '분산된' 은 유아가 교수 시도 사이에 다른 행동을 수행할 기회가 있다는 것을 의미한다.

Wolery(2001)는 특별히 어떻게 시간지연 절차를 교실 활동 속에 삽입하고 분산하는지 명확하게 설명하였다. Wolery가 이사야라는 유아에게 실행한 이 교수절차의 적용단계는 다음과 같다.

단계 1: 가르칠 특정 기술을 확인한다.

시간 지연은 모든 유형의 기술을 가르치는 데 사용될 수 있다. 이사야를 위해 확인된 세 가지 기술은 요구하는 단어 사용하기, 자신의 놀이를 설명하는 동사 사용하기, 화장실 가기, 일과에서 바지 내리고 올리기다.

단계 2: 기술을 가르쳐야 할 활동과 일과를 확인한다.

이 절차는 한 활동을 하는 동안, 다양한 활동을 하는 동안 또는 활동들 간 전이 시간에 적용될 수 있다. 시간지연을 언제 적용할 것인지를 결정하는 것은 무엇을 가르치는가, 얼마나 많은 교수 기회를 확보할 수 있는가, 그리고 교사의 할 일은 무엇인가에 달려 있다. 이사야의 교사는 첫 번째 기술(요구하기)을 간식, 식사, 자유놀이 시간에 가르치기로 결정했다. 두 번째 기술(동사 사용하기)은 자유놀이와 바깥놀이 시간에, 세 번째 기술(바지 올리고 내리기)은 화장실 일과 동안 가르칠 것이다.

단계 3: 얼마나 많은 시도를 얼마나 자주 제공할 것인지 결정한다.

Wolery는 각 기술을 하루에 약 5회 정도 시도하라고 제안했다. 시도들 간의 최소 시간과 최대 시간을 설정한다. 예를 들어, 시도들 간의 시간은 최소 2분, 최대 10분을 넘지 않도록 결정할 수 있다. 이사야의 첫 번째 기술(요구하기)은 두 가지 상황에서 가르치기로 결정하였다. 즉, 이사야가 비구어적 요구를 할 때와 선택이 주어졌을 때다. 이사야가 3분 이내에 구어적 요구를 하지 않으면, 교사는 무엇을 원하는지 물어본다. 동사에 대해, 교사는 '최소 2분, 최대 10분을 넘지 않도록' 이란 규칙을 사용한다. '바지를 올리고 내리기' 기술은 이사야를 화장실로 데리고 갈 때마다 가르친다.

단계 4: 시간지연 절차를 선택한다.

연속적 시간지연을 사용할지 점진적 시간지연을 사용할지 결정한다(Ault, Gast, & Wolery, 1988). 둘 다 0초의 시도로 시작한다. 그리고(사용하기 쉬운) 연속적 시간지연을 할 경우, 지연시도의 반응 간격은 모두 같은 길이의 시간이다. 점진적 시간지연의 경우, 반응 간격은 시도들마다 또는 매일 점차적으로 증가한다. 연속적 시간지연을 사용할지, 점진적 시간지연을 사용할지는 유아에 따라 다르다. 만약 유아가 도움을 기다리고 주의를 집중하면, 연속적 시간지연 절차가 최선의 선택이다. 기다리는 것이 힘든 유아는 점진적 시간지연 절차를 사용한다. 이사야의 경우, 요구하기는(유아가 주의집중하고 그가 원하는 것을 기다리기 때문에) 연속적 시간지연을, 동사 사용하기는 점진적 시간지연을, 그리고 바지 올리고 내리기는 연속적 시간지연을 사용하기로 결정하였다.

단계 5: 과제 단서와 통제 촉진을 확인한다.

과제 단서는 유아가 목표 행동을 수행하라고 신호를 하는 질문, 명령 또는 자연적으로 발생하는 상황이다. 시도 처음에 하는 이러한 반응 신호를 차별적 자극이라고 한다. 첫 번째 기술의 경우 자료와 활동(자연적으로 발생하는 상황)에 대한 이사야의 명백한 흥미가 요구하는 단어를 사용하도록 하는 과제 단서다. 동사 사용하기인 두 번째 기술의 과제 단서는 "뭐 하니?"라는 교사의 질문이다. 용변을 볼 때 바지를 올리고 내리기인 세 번째 기술에 대해서는, 변기 앞에 서는 것(자연적으로 일어나는 상황)이 과제 단서다. 통제 촉진을 확인하는 것도 중요하다. 이사야는 모방을 잘하기 때문에 요구하기의 촉진으로 구어적 시범(예: "우유 주세요.")을 사용하기로 결정하였다. 동사 사용하기('뛰기' '던지기')에 대한 촉진 역시 구어적 시범이었다. 신체적 촉진이 화장실 일과에서 사용되었다.

단계 6: 강화제를 선택한다.

유아를 위한 잠재적 강화제의 범위는 실제로 무제한적이다. 강화제가 될 가능성은 활동, 좋아하는 성인과 짧은 놀이나 함께 시간 보내기, 또는 장난감 등을 포함한다. 위에서 말한 바와 같이, 자연적 교수의 장점들 중 하나는 유아가 흥미 있어 하고 즐거워하는 환경의 자료와 활동이 목표 행동의 선행사건과 강화제로서 역할을 한다는 것이다. 이사야의 경우, 그가 원하는 음식, 음료수 또는 장난감을 보여 주는 것은 요구하기의 강화제가 된다. 놀이를 계속하게 허락하고 인정하는 것은 동사를 사용하는 것에 대한 강화제다. 성인의 상호작용은 화장실 일과동안 바지 올리고 내리기에 대한 강화제다.

단계 7: 사용할 0초 시도의 수를 결정한다.

초기 0초 시도의 목적은 과제 단서와 반응사이의 모든 중요한 관계를 형성하는 것이다. 이를 성취하기 위해서, 과제 단서 다음에 즉시 촉진을 제공하고 반응 이후에 즉각적으로 강화를 제공하는 것이 중요하다. 0초 지연 수준은 5일 정도 필요하나, 유아가 관계를 학습하는 데는 2~3일 정도면 충분하다. 이사야의 교사는 요구하기에는 간식과 점심시간에 0초 시도를, 2일간, 동사 사용하기에는 0초 시도를 4일간, 바지 다루기에는 0초 시도를 4일간 제공할 것이다.

단계 8: 반응간격의 길이를 결정한다.

반응 간격의 길이는 2~3일마다 1~2초 정도 증가할 것이다. 반응이 느린 유아는 좀 더 긴 간격이 필요할 것이다. 초시계를 사용할 필요는 없으며 단지 '1초, 2초 등으로' (조용히) 세는 것으로도 충분하다. 이사야를 위해 요구하기와 바지 다루기에 4초 간격을 제공할 것을 결정하였다. 동사 사용하기의 간격은 2일마다 1초씩 증가될 것이다.

단계 9: 점검체계를 선택한다.

자료 수집은 프로그램이 의도한 대로 진행되고 있는지 결정하는 데 중요하다. 0초 간격에 대해 정반응, 오반응 또는 무반응의 세 가지 가능한 반응이 있다. 2일 이상 제공된 시도들 중 25% 이상에서 오반응을 할 경우 좀 더 많은 통제 촉진이 필요하다. 25% 이상의 시도에서 무반응을 하면 더 좋은 강화제가 필요하다.

지연 시도로 가능한 다섯 가지 반응은 ① 촉진 전 정반응, ② 촉진 전 오반응, ③ 촉진 후 정반응, ④ 촉진 후 오반응, ⑤ 무반응이다. 2일 이상 시도의 25% 이상에서 촉진 전 오반응을 할 경우 유아에게 기다리는 것을 가르칠 필요가 있다(Wolery, Ault, & Doyle, 1992). 기다리기는 다음을 의미한다.

- 추상적 상징이 그려진 작은 카드 세트를 모은다.
- 유아에게 상징 카드를 보여 주고 "이게 뭐니?" 하고 묻는다.
- 1/2초 동안 기다린 후 유아에게 카드에 그려진 상징의 이름을 말해 준다.

- 유아가 이를 모방하면 즉시 강화한다.
- 상징의 이름을 말해 주기까지의 시간을 점차 늘린다(유아는 모방하고 강화제를 요구하기 전에 상징의 이름을 말해 줄 때까지 기다려야 한다).
- 필요하다면, 기다리라고 하는 부가적인 단서로 손가락을 유아의 입술에 부드럽게 댄다.

유아가 2일 이상 시도의 25% 이상에 대해 촉진 후 오반응을 하면, 좀 더 통제적인 촉진이 필요하다. 2일 이상 시도의 25% 이상에서 무반응을 하면 좀 더 나은 강화제가 필요하다는 것을 의미한다. 마찬가지로, 유아가 3일 연속으로 90% 이상의 시도에서 촉진 후에만 정반응을 한다면, 강화제를 수정할 필요가 있다. 촉진 후 정반응보다 촉진 전 정반응에 좀 더 바람직한 강화제를 제공하기 시작한다.

단계 10: 계획을 실행하고 이의 운용과 효과를 점검한다.

계획과 절차를 정확히 적용하는 것은 매우 중요하며 아무리 강조해도 결코 지나치지 않다. Wolery(2001)는 절차들이 계획한 대로 정확하게 실행되고 있는지 확인하기 위해 단계들을 자주 검토하고, 유아가 계속 활동에 참여하고 있는지 확인하기 위해 삽입된 시도 후에 유아의 행동을 주의 깊게 지켜보며, 충분한 교수가 이루어지고 있는지 확인하기 위해 매일 시도의 수를 면밀히 점검할 것을 제안하였다.

4. 고확률 절차

행동의 계기 절차는 유아가 반응할 확률이 높은 단순한 요구(대개 3~5개)를 한 후 즉시 유아가 반응할 것 같지 않은 요구들을 제공하는 것이다. 이러한 절차들은 처음에는 교실이나 다른 환경에서의 불순종 행동을 줄이기 위해 사용되었으나(Davis & Brady, 1993) 시간이 지남에 따라 광범위한 행동 목표로 확대되었다. 이 절차를 사용한 사례들로 사회성 기술 교수, 간접적 질문과 설명에 반응하기, 보완 의사소통 도구의 증가된 사용을 들 수 있다(Davis, Brady, Hamilton, McEvoy, & Williams, 1994; Davis & Reichle, 1996; Santos & Lignugaris/Kraft, 1999; Santos, 2001).

이미 유아의 행동 목록(유아가 쉽고 일관성 있게 수행하는)에 있는 기술을 먼저 수행하도록 요구한 후 유아가 일관성 있게 효과적으로 수행하지 않는(못하는) 새로운 기술을 수행하도록 요구하는 순서를 따라야 하는 이유는 무엇인가? 그에 대한 답은 증가된 강화이다. 처음의 일련의 요구들(고확률 요구)은 긍정적인 반응비율을 증가시키고 따라서 강화비율도 높아진다. 증가된 강화비율은 유아가 저확률 요구에 반응할 가능성을 증가시키는 행동적 계기를 산출한다.

Santos(2001)는 고확률 절차의 세 가지 주요 단계를 설명하고 교실과 가정에서 이 절차를 적용한 사례를 제공하였다.

단계 1: 고확률 요구와 저확률 요구를 확인한다.

유아가 일관성 있고 능숙하게 반응할 가능성이 높은 요구하기(고확률 요구들)와 유아가 반응하지 않거나 일관성이 있게 반응하지 않을 저확률 요구하기를 확인한다. 고확률 요구하기와 저확률 요구하기는 운동 반응이나 언어적 반응을 요구할 수도 있다. 전이 시간 동안의 요구하기는 운동 반응을 필요로 한다(예: "크레용과 가위 상자를 선반에 갖다 놓아요." "자기 가방을 들어요." "윗옷을 입어요."). 다른 활동 동안의 요구하기는 구어적 또는 보완적 의사소통 반응을 필요로 할 수도 있다. 이러한 요구는 유아에게 사물, 사람, 또는 활동을 명명하거나 명칭을 붙이라고 요구하거나(예: "이렇게 예쁜 색으로 무엇을 만들고 있니?" "이 프로젝트에 네 짝은 누구니?"), 일련의 항목을 선택하라거나(예: "너는 오늘 ____ 또는 ____ 중 어떤 것을 할래?"), 또는 사물, 사건/활동을 설명하라고 할 수도 있다(예: "____은 무슨 색이니?" "____를 어떻게 하니?"). Santos(2001)는 아드리언의 예를 사용하였다. 그의 엄마는 그가 사물을 확인하거나 명명하라는 요구에(예: "이것은 무엇이니?") 대해서는 80% 정도 반응한다고 말했다. 그러나 그는 장난감을 가지고 논 후 장난감을 치우라는 특정한 요구에 대해 반응하는 것이 어렵다. 그의 엄마는 아드리언이 '장난감 치우자' 라는 저확률 요구에 반응하기 시작하도록 격려하기 위해 사물 명명하기를 그의 고확률 요구로 사용하기로 결정하였다.

단계 2: 환경 내 일과, 활동 그리고 자료를 사용한다.

유아가 좋아하는 장난감, 자료와 선호하는 일과와 활동을 확인하기 위해 유아를 관찰한다. 높은 관심을 보이는 자극, 일과, 활동들은 고확률 절차에 통합할 수 있는 것들이다. 아드리언이 좋아하는 장난감은 '미스터 감자' 와 같이 떼고 붙였다 할 수 있는 장난감들이다. 그가 좋아하는 활동은 미술 활동이다. 그는 집으로 가져갈 수 있는 그림을 그리기 위해 매직 펜, 물감, 풀, 건축용 종이, 크레용 등을 사용하는 것을 특히 좋아한다.

아드리언의 교사와 엄마는 좋아하는 장난감, 자료 그리고 활동을 고확률 절차를 위한 맥락으로 사용하려고 계획한다.

단계 3: 세 개의 고확률 요구와 한 개의 저확률 요구를 실시한다.

교실이나 활동에서 고확률 요구 절차를 실제 실행하는 데는 1~2분 정도 걸린다. 이것은 '나처럼 해 봐요' 게임과 비슷하다. 교사는 일련의 고확률 요구를 제시하고(예: "배를 문질러요." "한쪽 무릎을 들어요." "손을 머리에 올려요."), 그 다음에 저확률 요구를 한다("네모난 방석에 앉아요."). 고확률 절차는 이 장에서 설명한 다른 자연적 교수 절차와 함께 사용할 수 있다. 테이블 활동을 하는 동안 아드리언에게 사용한 고확률 절차에 대해 Santos(2001)가 제공한 예들을 〈표 9-2〉에 제시하였다. 개별화 교육목표는 아드리언이 교사의 말에 일관성 있게 반응하는 것이다. 교사는 처음의 저확률 요구에서 엉뚱한 설명(강화된 환경 교수에서와 같이 계산된 엉뚱함)을 사용한다. 아드리언의 그림에는 빨간 새가 그려져 있다.

요구하기와 강화를 제공하는 시간은 중요하다; 목적은 계기를 만드는 것이다. 고확률 요구는 빠른 순서로 제공되며, 즉시 적절한 강화를 제공한다. Santos(2001)는 고확률 절차는 단기 중재전략으로 가장 잘 사용된다고 주장하였다. 만약 게임이 너무 길어지면 유아가 예측할 수 있고 피곤해질 수 있으며, 성인에게 반응하는 것을 피하기 위해 문제 행동을 할 수도 있다.

〈표 9-2〉 아드리언에게 사용한 고확률 요구 절차의 예

	고확률 요구	고확률 요구	고확률 요구	저확률 요구
교사의 요구	"아드리언, 무엇을 만드니?"	"누구니?"	"집 위에 있는 게 뭐니?"	"노란 새 같구나."
아드리언의 반응	"우리 집."	"아드리언하고 엄마."	"새."	"아니요, 빨간 새예요."
교사의 칭찬	"야! 예쁜 집이구나."	"잘 했어요."	"집 위에 예쁜 새를 그렸구나."	"아, 그래 맞아. 빨간 새야."

환경의 구조화

강화된 환경 교수의 한 요소를 구성하는 여섯 가지 환경배열 전략에 대해 앞에서 설명하였다. 이 부분에서는 좀 더 일반적인 환경 구조화 절차를 설명한다. 물리적 · 사회적 환경의 적합한 요소를 주의 깊게 배열하는 것은 유아의 학습과 행동에 영향을 미치는 상대적으로 쉬운 방법이다.

1. 물리적 · 사회적 환경배열

물리적 환경은 학습, 독립성, 사회적 상호작용, 의사소통을 촉진하도록 배열되어야 한다. 소음 수준, 조명, 시청각적 투입, 자료에 대한 물리적 접근성, 공학과 같이, 방의 배치, 자료 그리고 설비들은 물리적 환경의 모든 변인이다. 사회적 환경은 그룹 크기와 일정표를 포함한다.

1) 배치

대부분의 유아 학급은 유아용 화장실과 창고 공간과 함께 블록 영역, 쓰기 영역, 미술 영역(개수대와 보관 영역 포함), 소꿉놀이 영역, 탐구학습 영역, 책읽기 영역을 포함한다. 영역의 배치, 영역의 수와 크기, 자료 배치 방법, 각 영역의 접근 규칙 등은 장애유아가 프로그램에 들어오면 다시 고려되어야 한다(Sainato & Carta, 1992). 이는 영역의 배치가 반드시 수정되어야 한다고 말하는 것은 아니다. 공간이 재배치되거나 수정되지 않으면 유아가 활동 영역에 부분적으로 또는 덜 정교한 수준에서라도 참여할 수 없다는 것이 분명할 때에만 수정하는 것이 원칙이다(McCormick & Feeney, 1995). 대부분의 경우, 장애유아를 위한 수정이 필요하지 않다.

휠체어, 보행보조기 또는 다른 이동 방법을 사용하는 유아를 위해 공간을 수정할 필요가 있다면, 활동 영역, 화장실, 식당, 놀이터로 가는 통로를 넓게 하는 것이 일반적이다. 또한 등하교 영역은 가구, 기구, 카펫 등이 없어야 하고, 휠체어의 이동과 접근성을 보장할 수 있을 만큼 충분히 넓어야 한다.

2) 자료

환경 내에서 이용 가능한 자료는 그 환경에 있는 유아들의 능력 수준에 어느 정도 달려 있다. 전형적인 유치원 환경은 다음과 같은 요소를 포함한다.

- 낮은 수준의 공학(예: 크레용, 분필, 칠판, 매직펜, 게시판, 포스터지)
- 자연적 자료(예: 모래, 찰흙, 물, 생물 표본, 자석)
- 활동적 놀이 자료(예: 타이어, 시소, 세발자전거)
- 쌓기 놀이(예: 블록, 레고, 통나무 쌓기, 팅커 토이)와 조작 장난감(예: 퍼즐, 구슬, 페그 보드, 게임)
- 창의적 자료(예: 놀이 찰흙, 찰흙, 가위, 물감, 풀)
- 문해 자료(예: 책, 테이프, 융판, CD, 상호작용 소프트웨어)
- 극놀이 자료(예: 인형, 손 인형, 옷 입기 놀이용 옷, 아동 크기의 부엌용 가구, 부엌용품)와 가게, 버스, 식당 등과 같은 주제별 가구와 자료

자료를 선택할 때 참여는 중요하게 고려해야 할 사항이다. 활동에서 이익을 얻으려면 유아는 활동의 일부인 자료 및 사물들을 발달적으로 그리고 맥락적으로 적합한 방법으로 조작해야 한다. 유아들은 복잡하고 다양한 색깔의 자료와 사물에 더 잘 주의를 기울이고 조작하기 때문에 유아들에게 흥미 있고 매력적인 자료를 선택해야 한다. 유아들은 좋아하는 자료들을 가지고 놀 때 의사소통을 시작하는 경향이 있으므로 이러한 자료들과 상호작용할 기회를 증가시킴으로써 언어 사용을 증진할 수 있다.

연구들이 제시한 바에 의하면, 좋아하는 자료를 제공하고 이러한 자료를 놀이 영역에 순환 교체해 줌으로써 유아의 참여를 증가시킬 수 있다(McWilliam, Wolery, & Odom, 2001). 장난감의 순환교체는 장난감을 계속 새롭고 매력적이게 해 준다. 장난감의 순환교체가 주는 이익은 참여의 증가, 놀이 기술의 다양화 그리고 함께 공유하기의 증가다(McGee, Daly, Izeman, Mann, & Risley, 1991). 장난감 순환교체 계획을 실행하기 위해서, 장난감과 자료를 크기, 복잡성, 발달 수준, 범주와 감각적 질 등의 측면에 따라 부호화 한다. 그 다음에 장난감과 자료를 세트로 분류한다. 각 세트마다 다른 측면을 가진 항목이 적어도 하나는 포함되어야 한다. 예를 들어, 각 세트에는 조작 장난감, 쌓기 자료, 극놀이 사물, 시각적 운동 장난감 등의 각 범주에서 적어도 한 가지 항목이 포함되어야 한다. 각 세트는 다른 감각적

양식을 나타내는 장난감이 있어야 한다. 각각의 세트들에 번호를 매기고 보관한다. 마지막으로 처음에 두 개의 세트로 장난감의 순환교체를 시작한다. 주말에 1번 세트를 3번 세트와 바꾼다. 2주째 주말에 2번 세트를 4번 세트로 바꾼다. 이렇게 해서 매주 장난감의 반은 새 것이 된다.

모든 장난감과 자료를 순환 교체해야 하는 것은 아니다. 인형, 옷 입기 놀이에 필요한 옷, 책, 블록 등과 같은 장난감은 항상 이용할 수 있어야 한다. 세트들이 순환 교체되면서 같은 장난감들을 새로운 방식으로 사용하게 될 가능성이 있으므로 장난감을 순환 교체하면 항상 놓아두고 이용하는 장난감과 자료들을 가지고 노는 경우도 증가하게 된다.

3) 설비

설비는 가구(선반, 테이블, 의자, 책상, 이젤)와 레이저 디스크 플레이어, 녹음기, VCR, 슬라이드 프로젝터, OHP, 컴퓨터(상호작용적 소프트웨어와 함께) 등의 첨단 공학 기기로 간주되는 것을 말한다. 설비를 구입할 때 첫 번째 고려사항은 안전이고 그 다음이 디자인과 매력이다. 멋진 디자인의 설비는 유아가 대소근육 협응, 물질세계에 대한 개념, 창의성, 사회성 기술, 자기 인식 등을 발달시킬 수 있게 돕는다. 자료와 마찬가지로, 설비는 감각적으로 매력적이어야 하며(색깔, 디자인, 질감, 소리), 적절한 크기여야 한다. 모든 유아들은 모든 영역(장난감 선반, 책꽂이, 옷걸이, 감각테이블, 활동영역)에 접근할 수 있어야 한다. 교실에는 적어도 몇 개의 테이블(컴퓨터 테이블을 포함하여)과 이젤이 있어야 하고 이것들은 아랫부분이 휠체어에 맞을 수 있을 만큼 충분히 높아야 한다. 자료는 유아의 눈높이에 있어야 하고, 학급의 어떤 유아라도 꺼내고 다시 넣을 수 있는 높이의 선반에 놓여 있어야 한다.

유아특수교육에서 공학은 학습하고 의사소통하며 매일의 일과와 활동에 참여하기 위한 도구이다. 보완의사소통은 제12장에서 충분히 논의하였다. 컴퓨터와 조정 도구들(예: 스위치, 대안 키보드, 터치 테이블)은 자율적 행동을 격려하고 장애유아가 환경과 상호작용할 가능성을 높여 준다. 현재 대부분의 학급은 유아가 혼자, 또래와 또는 소그룹으로 작업할 수 있는 컴퓨터 영역을 가지고 있다.

4) 집단 크기

사회적 밀도는 한 활동 영역에 있는 유아의 수를 의미하고, 공간적 밀도는 이 유아들에게 이용 가능한 공간의 크기를 의미한다. 이들은 집단의 크기와 상호 관련된다. 두 가지 밀도 중 한 가지를 수정함으로써 한 영역이나 한 학급의 혼잡 정도에, 즉 학급의 역동성(특별히 사회적 상호작용)에 영향을 미칠 수 있다(Zirpoli, 1995). 활동 영역의 크기를 줄임으로써 유아들 간의 사회적 상호작용을 증가시킬 수 있다(Rubin & Howe, 1985). 그러나 혼잡할 정도로 작으면 안 된다. 이야기 나누기 시간에 유아 스스로 자리를 정해 앉도록 하기보다 서로 등거리(의자나 바닥에)에 앉도록 한다면 더 주의 집중을 잘할 것이다(Krantz & Risley, 1977).

5) 일정표

유아교육프로그램에는 전형적으로 등원, 자조, 간식, 휴식, 귀가 등과 관련한 일과가 있다. 유아가 활동을 선택하는 몇 개의 큰 시간 구간(실내 또는 실외)과 교사 주도의 대그룹 활동들을 위한 시간구간이 있다. Hart(1982)는 가장 좋은 일정표는 적당한 시간 주기들을 배열한 것이라고 하였다. Rosegrant와 Bredekamp(1992)는 유아가 완전히 몰두할 때와 흥미를 잃을 때 쉽게 조정할 수 있는 일반적인 시간 일정표를 제안하였다. 장애유아는 일반 또래와 동일한 일관성 있는 일정과 일과를 따라야 한다.

활동시간 구간은 다른 활동이나 일과로 이동하는 전이에 의해 연계된다. 전이 전, 전이 중 그리고 전이 후에는 방해 행동이 일어날 가능성이 높다. 세 가지 상황에서 전이 동안 방해 행동이 발생할 가능성이 높아진다. ① 유아가 다음에 무엇을 해야 할지 모를 때, ② 다음 활동을 준비하기 전에 한 활동을 마무리하고 정리할 시간이 충분하지 않을 때, ③ 다른 활동으로 이동할 시간이라고 벨이나 신호(또는 다른 신호들)로 알려 주기 전에 충분한 경고를 하지 않았을 때. 〈표 9-3〉에는 원활한 전이를 위한 제안들이 제시되어 있다.

이 시간 동안 새로운 기술을 가르칠 수 있도록 활동들과 일과들 간의 전이는 주의 깊게 구조화되어야 한다(Sainato, Strain, Lefebvre, & Rapp, 1987; Wolery, Anthony, & Heckathorn, 1998). 유아들보다 교사들을 영역과 활동에 배치하여 유아의 참여를 증가시키고 기다리는 시간을 감소시킨다(LeLaurin & Risley, 1972). 예를 들어, 음악 들려주기나 책 읽어 주기 활동에 교사를 배정하는 것과 같은 방법으로 실내자유놀이 시간에는 소꿉놀이 영역에 또는 바깥놀이 시간에는 바퀴달린 장난감 영역에 교사를 배정한다. 교사는 배치된 영역에서 유아를 가르치고 감독할 책임이 있다.

영역 배정을 통해 기다리는 시간을 상당히 감소시킨다(기다리는 시간은 유아에게 아무 이익이 없다). 유아가 줄 서 있거나 앉아 있을 때는 학습이나 참여의 기회가 없으며 방해 행동이 일어날 가능성이 높다. 참여를 최대화하고 방해를 최소화하기 위해 각 유아는 준비되는 대로 한 활동에서 다음 활동으로 혼자 나아갈 수 있어야 한다(Hart, 1982). 예를 들어, 미술활동을 마치자마자 각 유아는 정리하고 손 씻기 위해 세면대로 가고 이야기 나누기 시간으로 이동하여 앉는다. 교사는 이야기 나누기 시간에 앉아서 모든 유아들이 모일 때까지 유아들이 읽을 책을 이야기하고 책에 있는 그림을 보여 준다.

〈표 9-3〉 원활한 전이를 위한 제안

- 활동이 곧 끝날 것임을 여러 번 알려 주고 다음 활동이 무엇인지 반복해서 말해 준다.
- 모든 유아가 볼 수 있는 곳에 부착된 커다란 시각적 일정표상에 다음 활동을 알려준다.
- 다음 활동을 시작할 준비를 하기 전에 활동을 끝내고 정리 정돈할 시간을 충분히 제공한다.
- 자기 주도적 활동을 할 수 있게 준비하고, 유아가 일찍 끝냈을 경우 혼자 이러한 활동으로 이동할 수 있도록 허용한다.
- 유아가 대집단 활동을 하기 위해 모여서 기다리는 시간을 생산적으로 사용한다.
- 전이 행동에 대한 특별한 교수를 제공하고 연습하게 한다. 예를 들어, 어디에서 어떻게 줄을 서야 하는지, 자료를 어디에 어떻게 치워야 하는지, 기다리는 동안 할 수 있는 수용 가능한 조용한 활동 등.

교수 방법과 활동 조정하기

발달에 적합한 실제의 지침(Bredekamp & Copple, 1997)은 개인차의 중요성과 개인차에 맞게 교육과정 절차와 활동을 수정할 필요를 명확히 인식하였다. 또한, 일반교사와 특수교사는 모든 유아들에게(장애 또는 일반유아) 또는 모든 기술들에 효과 있는 교수 방법은 없다는 것을 인정하고 있다. 모든 유아는 새로운 기술을 학습하거나 일과를 해내기 위해 촉진, 반복 그리고 다른 체계적인 교수를 필요로 한다. 일반유아들과 비교하여 장애유아들의 다른 점은 새로운 기술이나 일과를 학습하기 위해 더 많은 촉진, 더 많은 반복 그리고 더 체계적 교수를 필요로 한다는 것이다.

장애유아가 일과와 활동에 참여하도록 촉진하기 위해 교수자료와 놀이자료를 수정하는 여러 가지 방법이 있다. 대부분의 경우, 자료의 접근성, 안정성 그리고 사용의 용이성 중 한 가지 이상을 수정하는 데 중점을 둔다. 벨크로나 다른 미끄럼방지용품을 사용하여 자료 또는 사물의 표면을 안정성 있게 할 수 있다. 자료에 손잡이를 달거나 끈을 붙임으로써 좀 더 쉽게 꺼낼 수 있게 할 수 있다. 또한 크기를 크게 또는 작게 하는 것만으로도 자료를 다루기 쉽게 만들 수 있다. 장난감과 다른 자료들을 낮은 선반에 놓음으로써 접근성을 높일 수 있다. 극놀이 동안 놀이 활동을 구조화해 주기 위해 둘 이상의 파트너를 필요로 하는 장난감이나 자료들과 특별한 소품이나 역할을 제공함으로써 상호작용적 놀이를 증진시킬 수 있다(DeKlyen & Odom, 1989).

물리치료사와 작업치료사(그리고 부모)는 자세 잡아 주기, 들어올리기, 옮기기, 이동하기 기술을 보여 줌으로써 교사를 지원할 수 있다. 그들은 지체장애유아를 위한 기구 조정과 자료 수정에 관련된 아이디어를 제시해 줄 수도 있다. 예를 들어, 수정된 가위, 수정된 퍼즐, 수정된 식기와 컵 등과 같은 자료들은 특별히 구입해야 할 필요가 있는 것은 아니다. 벨크로, 풀, 테이프 등과 같은 일반적 자료들을 가지고 이런 도구들을 쉽게 만들 수 있다. 수저와 포크의 손잡이를 테이프로 여러 겹 감아 줌으로써 잡기 쉽게 만들어 유아가 혼자 밥을 먹을 수 있게 해 줄 수 있다. 악기에 달아 준 벨크로 손잡이는 일반또래들처럼 장애유아가 탬버린을 잡고 흔들 수 있게 해 준다.

〈표 9-4〉에는 교실의 일과와 활동에서 모든 유아가 주의집중하고 지시를 따르고 잘 해낼 수 있도록 돕는 방법과 절차들에 대해 제안하고 있다. 감각장애유아와 제한된 운동능력과 건강장애를 가진 유아들에게 발달적으로 적합한 활동과 절차를 만들어 주기 위해 더 많이 수정하고 조정할 필요가 있다.

1. 감각장애유아

중증장애유아들은 시각장애와 청각장애를 가지는 경우가 흔히 있다. Sobsey와 Wolf-Schein(1991)은 중증장애유아 5명 중 2명은 감각장애가 있는 것으로 산정하였다. 농맹 또는 이중의 감각장애가 있는 것으로 확인된 유아들 대부분이 약간의 잔존 시력과 청력이 있지만, 손상의 복합적인 영향으로 의사소통과 사회성 기술의 발달이 심각하게 방해를 받는다. 그들은 시각적 매체나 청각적 매체를 통해 제시된 정보를 어느 정도 이용할 수는 있지만, 촉각적 교수방법을 사용하여 자극을 더 향상시키고 보충해 주어야 한다. 의미 있는 의사소통과 적절한 사회성 기술의 조기 발달은 감각장애 유아들(또래들에게도 마찬가지로)의 주요 교육목적이다.

〈표 9-4〉 유아들을 위한 교수 방법과 활동 수정 방법들

유아의 주의집중 학습 돕기
• 집단 활동을 할 때 유아들을 원형으로 앉게 하여 서로 볼 수 있게 한다. • 누군가가 말을 하면 말하는 사람을 쳐다보도록 가르친다. • 어떤 장애유아는 배경음을 차단할 수 없다는 것을 인식하고, 시각적 의사소통(몸짓, 상징, 그림들)과 청각적 의사소통을 짝지어서 함께 제공한다.
유아의 지시 따르기 학습 돕기
• 유아가 순응하면 "지시를 따라줘서 고마워(라고 말하고 지시를 반복한다)."라고 말해 줌으로써 지시 따르기 행동이 제대로 평가되고 있음을 보여 준다. • 과제의 단계들을 설명할 때 잘 들으라고 말하고 한 번에 한 단계씩 지시한다. • 알아보기 쉬운 시각자료들을 활용하여 활동의 단계들을 보여 준다. • 사례와 시범을 제공한다. 유아가 활동의 목적을 이해할 수 있도록 활동 결과물의 예를 보여 준다. • 교수를 관련 있고 구체적으로 해야 하며 유아가 이해할 수 있는 용어를 사용한다.
유아에게 성공하도록 가르치기
• 유아가 성공할 것이라고 확신할 수 있도록 인과관계를 알려 준다("그래, 네가 스위치를 내리면 시작할 거야.") • 명확한 피드백을 제공하여 요구한 것을 하고 있는지 유아가 짐작할 필요가 없게 한다. • 교사의 구어적 행동과 비구어적 행동이 일치해야 한다. 진정한 어조로 인정하고 감사하고 있음을 말해 준다. 유아는 어조와 얼굴 표정에 반응한다. • 유아의 피로에 민감해야 한다. 간단한 과제라도 장애유아에게는 특별한 노력이 필요하다. • 기대하는 행동에 대해 특별한 훈련을 제공한다. 장애유아에게는 학습이 우연히 일어날 가능성이 적다. • 활동하면서 계속 유아에게 말을 한다. • 그림이나 사진으로 매일의 일과와 활동 순서를 보여 주는 시각적 일정표를 붙여 둔다.

1) 농 또는 난청

청각 손상의 정도는 경도에서 최중도까지 다양하며, 손상이 양쪽 또는 한쪽에만 있을 수 있다. 청력 손실이 경도에서 중등도인 유아를 난청이라고 하고, 청력손실이 중도에서 최중도인 유아를 농이라 한다. 농 유아는 증폭기(예: 보청기) 없이는 구어를 들을 수 없다. 난청유아는 구어를 듣는 데 보청기가 필요할 수도 있고 필요하지 않을 수도 있다. 청각손상은 구어 습득 이전에 청력손실이 발생한 언어 전 청력손실과 언어 습득 이후에 청력 손실이 일어난 언어 후 청력손실이 있다. 유아의 청력 손상에 대한 이해를 돕고 일상에서 언어 발달과 의사소통 기회를 최대화하기 위해 가족이나 교사와 밀접하게 일하는 전문가로는 조기 중재자, 청력사, 청각장애아동 전문 언어치료사, 농 교사 등이 있다.

유아교육기관에 갈 시기가 되면 대부분의 청각장애유아들은 필요한 경우 보청기를 맞

추어 착용하게 된다. 잔존 청력의 사용을 최대화하기 위해 가능한 영아기 부터 조기에 증폭기를 제공해야 한다. 청력사, 가족, 교사 등은 기구의 적절한 사용을 위해 팀으로서 함께 일한다. 청력사와 부모는 보청기나 인공 와우 등의 청각 기구에 교사가 익숙해지도록 돕는다. 교사의 의무는 ① 유아가 보조기를 항상 착용하도록 해야 하고, ② 착용할 수 있게 코드를 정기적으로 검사하고, ③ 귀본의 청결을 유지하고, ④ 수신기가 젖지 않게 하고, ⑤ 매일 배터리를 점검하고, ⑥ 필요한 경우 배터리를 교체해 주는 것이다(교사는 항상 예비 배터리를 준비해 두어야 한다).

농 유아가 유아교육기관에 가면 가족들은 유아가 수화로 의사소통할지 또는 구어로 의사소통할지 중요한 결정을 내려야 한다. 구어를 강조하는 접근법(구화법이라 불림)은 유아에게 이해할 수 있는 말을 산출하고 다른 사람의 말을 이해할 수 있도록(증폭기와 독화를 통해) 가르치는 것이 중요함을 강조한다. 수화 또는 '손을 사용한 의사소통' 을 강조하는 접근법을 옹호하는 사람들은 손을 사용한 의사소통이 심각한 청력 손상이 있는 유아들에게 더 접근성이 높고 자연적으로 습득된 언어라고 믿는다. 유아특수교사의 역할은 가족이 어떤 접근법을 선택하든지 이를 이해하고 지원하는 것이다.

제한된 청력을 가진 유아는 세상에 대한 다른 관점을 발달시킬 수 있다. 그것은 순수한 시각적 세계이다. 소리는 거의 또는 전혀 의미가 없다. 시각, 운동, 촉각, 후각 경험을 통해 학습이 이루어진다. 청력손상 유아들도 다른 장애범주의 유아들만큼 다양한 그룹이지만, 청력손상 유아들을 위한 일반적인 고려사항이 있다. 의사소통의 장벽이 없고 조기언어 습득을 강조한다면 약간의 특별한 수정을 통해 청각장애유아들도 통합 환경에 참여할 수 있고 통합 환경에서 혜택을 얻을 수 있다. 경도-중등도의 청각장애유아를 위한 다음의 제안들 대부분은 언어/의사소통 장애유아, 주의집중 장애유아 그리고 영어를 제2언어로 학습하는 유아에게도 도움이 된다.

① 이야기 나누기 활동에서 유아를 화자의 정면에 앉게 한다. 화자 가까운 곳에 배치하여 청력을 최대화하고, 유아가 구어를 읽고 얼굴 표정을 볼 수 있도록 해 준다.

② 정상적인 교수 어조로 말한다. 큰 소리로 발음하거나 말할 필요는 없다. 구어적 제시를 보충하기 위해 자연적 몸짓과 시각적 자료를 사용한다(예: 사진, 그림, 상징, 사물 등).

③ 유아에게 말을 걸 때는 유아의 이름을 부른다. 말하기 전에 유아가 쳐다볼 때까지 기다린다.

④ 지시대상을 가리킨다. 주위 환경의 사람이나 사물을 가리킬 때는 지시대상이 있는

방향으로 만지거나, 가리키거나, 고개를 끄덕인다.

⑤ 유아에게 말할 때 강한 불빛 아래 서서 말하지 않는다. 화자의 얼굴이 어두우면 유아는 중요한 시각적 단서를 갖지 못하게 된다.

⑥ 또래들에게 청각장애유아의 주의를 끄는 기술을 가르치고, 한 번에 한 가지씩 말하고 청각장애 유아에게 말을 걸 때는 그 유아를 쳐다보도록 상기시킨다. 취학 전 유아들도 장애유아 또래와 말을 할 때는 그 유아의 어깨를 가볍게 만지고 얼굴을 쳐다보는 것을 빨리 배운다.

⑦ 가능한 많은 수화를 배우고 사용한다. 유아가 수화를 하면 기능적인 수화들(예: "모두 끝났어요." "앉아." "화장실에 가자.")을 배우고 사용하며 일반 또래들도 수화를 사용하도록 격려한다.

최중도의 농 유아들이 언어적으로 풍부한 환경에 완전히 참여하고 지속적으로 노출되기 위해 부가적인 조정이 필요하다. 통합 환경에는 수화를 할 줄 알거나 청각장애유아와 일한 경험이 있는 동료교사가 있을 수 있다. 보조교사는 농유아와 일하기 위해 특별한 훈련을 받았을 수 있고, 교육적 통역자가 이야기 시간이나 다른 교수적 상호작용 동안에 의사소통을 촉진하기 위해 시간제 또는 전일제로 교실에 있을 수 있다. 이러한 전문가들은 필요한 조정을 해 줌으로써 교사를 지원할 수 있다.

청각장애유아들은 대개 의사소통의 어려움을 갖고 있기 때문에 언어나 소리 중심의 협력적인 놀이 활동에 덜 참여하는 경향이 있을 수 있으며, 또래와 참여할 때에는 대집단보다 두 명으로 이루어진 집단을 선호하는 경향이 있다. 사회적 놀이자료(예: 인형, 블록, 공)의 사용을 시범 보이고 격려하며 놀이 활동에 청각장애유아를 급우로 포함시키도록 또래들을 가르침으로써 협동 놀이의 발달을 촉진할 수 있다.

2) 시각장애

시각장애유아는 약시나 맹으로 진단될 수 있다. 손상의 영향은 장애 발생 시기, 기능적인 시력의 정도, 원인(진행성인지 아닌지), 다른 장애 조건 등에 달려 있다. 중증의 시각장애아는 일상 활동에 쉽게 참여할 수 있을 만큼 충분한 시력을 가지고 있지 않다. 시각장애유아는 이동(기기, 걷기), 소근육 운동 기술, 사회적 상호작용, 의사소통에서 어려움을 경험한다.

시각장애 전문가는 시각장애유아를 위한 최적의 수정과 조정을 촉진하기 위해 유아의 가족과 교사들과 긴밀하게 일한다. 또한, 방향정위와 이동(Orientation and mobility: O & M) 전문가는 직접적으로 유아와 일하고 다른 팀 구성원들에게 자문을 제공한다.

특히, 방향정위와 이동 전문가는 유아가 학교 환경에서 주위를 안전하고 효율적으로 이동할 수 있게 보상적 감각을 사용하도록 가르친다. 다른 시각장애 전문가들과 함께 방향정위와 이동 전문가는 유아의 의사소통, 운동, 감각 교수 목적을 달성시키는 데 필요한 방법과 기구들을 수정하고 조정하도록 돕기 위해 교사나 다른 팀 구성원들과 함께 일한다. 의사소통 기술의 촉진은 유아들에게 특히 중요하다. 다음은 시각장애유아들과 활동할 때 참고할 수 있는 제안점들이다.

① 다음에 무슨 일이 일어날지에 대해 유아에게 구어적 단서를 제공한다. 예를 들어, "오렌지 주스 냄새 나니? 네 손에 주스 컵을 놓을게. 컵이 반 정도 찼어."

② 과제와 활동을 어떻게 수행할 지에 대한 신체적 단서를 제공한다. 예를 들어, 유아를 소꿉놀이 영역으로 안내한다. 한 손에는 그릇을 놓고 다른 손에는 스푼을 놓는다.

③ 일어나는 그대로 행동과 사물을 기술한다. 예를 들어, "우리는 미술 자료를 치우고 밖으로 나갈 준비를 할 거야."

④ 사물의 모든 부분을 탐색하고 조작할 수 있게 한다. 유아가 사물의 부분과 전체의 관계를 이해하는 것이 중요하다.

⑤ 당신이 어디에 있는지 유아에게 알려 준다. 유아에게 교실에서 당신이 어디에 있는지 물리적 위치를 계속해서 알려 준다. 예를 들어, "나는 지금 블록 영역을 나가서 간식을 준비할 거야. 피터와 테일러는 너랑 블록을 쌓으며 여기 있을 거야."

⑥ 사건들 간의 관계를 지을 수 있도록 유아를 돕는다. 예를 들어, "벨이 울리면, 집에 갈 시간이 거의 된 거야. 다른 아이들이 자료를 치우고 옷을 입느라 서두르는 소리가 들리지? 그런 다음 우리는 모두 문 앞에 줄을 설 거야."

⑦ 구어적 지시와 설명을 자세하게 해 준다. 예를 들어, "네 사물함을 찾아서 가방을 넣어 두고 가까운 테이블에 가서 앉으렴. 라이스 선생님께서 네가 좋아하는 장난감을 가져 오실 거야. 네가 가지고 놀고 싶은 장난감을 고를 수 있어."

⑧ 또래에게 어떻게 친구와 도우미가 될 수 있는지 보여 준다. 또래에게 자신이 누구인지 말하라고 가르친다. "나야, 팀. 네가 여기 앉고 싶으면 내가 의자를 치워 줄게."

2. 지체장애 유아와 건강장애 유아

건강장애에는 천식, 알레르기, 당뇨, 비만, 류머티즘, 백혈병, 결핵, 적혈구성 빈혈, 간질, 납 중독, 낭포성 섬유증 등이 포함된다. 이러한 유아들은 손상이 만성적인가(장기간에 걸쳐 지속되는지) 또는 급성인가(짧은 시간에 심하게 나타나는지)에 따라 의학적 자문과 식사관리가 필요하다. 대개는 이러한 조건들에 맞게 처방된 약물이 교실에서의 행동에 영향을 주는 경우가 종종 있다. 예를 들어, 일반적으로 처방되는 천식의 약물은 부주의, 과다행동, 졸음, 위축 행동 등과 관련 있다.

지체장애에는 선천적 기형(예: 사지 절단)이나 다른 원인들(예: 이분 척추, 뇌성마비, 근위축증, 척추 손상)이 포함된다. 지체장애는 교실 활동에의 참여뿐 아니라 전반적인 발달 과정에 영향을 준다. 반복되는 장기간의 입원, 수술, 질병 등으로 인해 가정, 유치원 그리고 또래 집단 경험에 많은 지장이 있을 수 있다.

물리치료사, 작업치료사 그리고 부모는 지체장애유아가 적절한 앉기와 자세 잡기를 할 수 있도록 해 주기 위해 교사와 밀접하게 협력한다. 적절히 앉기와 자세 잡기는 좋지 못한 혈액 순환, 근육 긴장, 욕창 등을 줄여 준다. 이것은 호흡과 소화를 돕고 부가적인 신체적 기형이 될 가능성을 줄이는 동시에 유아가 신체적으로 안전하고 안정적으로 느끼게 한다 (Rainforth & York, 1991).

지체장애유아를 위해 전형적인 유아활동을 수정하는 창의적인 아이디어가 많이 있다 (Sheldon, 1996). 몇 가지 수정 방법이 〈표 9-5〉에 설명되어 있다. 지체장애유아와 건강장애유아를 위한 다음의 고려 사항을 유념해야 한다.

① 자료와 기구의 수정과 조정은 가능한 간단해야 한다. 중요한 것은 바라는 목적을 성취하기 위해 꼭 필요한 범위까지만 바꾸고 수정해야 한다는 것이다.

② 절차와 계획된 경험은 일반유아의 경험과 가능한 비슷해야 한다. 덜 개입적인 전략을 더 많이 사용해야 한다는 것이 원칙이다. 일반유아들에게 제공되는 것과는 다르고 일과를 방해하며 장애유아에게 지나친 관심을 갖게 하거나 의존성을 높이는 경험을 피해야 한다(McCormick & Feeney, 1995). 대안적인 활동 배치를 해야 할 경우에도 일반유아들에게 제공된 활동들만큼 풍부하고 다양한 활동을 할 수 있도록 수정되어야 한다.

③ 모든 활동들에 적절한 자세 잡기가 목적이다. 적절한 자세는 유아가 편안하게 활동

에 주의집중하고 독립적으로 기능할 수 있도록 충분히 통제된 움직임을 할 수 있게 해 준다.

〈표 9-5〉 지체장애유아를 위한 활동 수정

이야기 나누기 시간
• 모든 유아들은 바닥보다는 의자에 앉도록 하여 휠체어를 탄 유아와 눈높이가 같게 한다. • 유아가 의사소통에 어려움이 있으면, 그림판을 제공하여 노래나 이야기를 선택하거나 달력 질문에 대답할 수 있게 해 준다. • 장애유아가 나오는 이야기를 읽어 준다. • 상호작용이 필요한 가사로 수정하여 또래와의 상호작용을 증가시킨다. "우리 모두 다 같이 친구를 안아 줘, 또는 손을 마주쳐" 등.
미술활동
• 그림 그릴 다양한 표면을 가진 자료를 제공한다. 테이블이나 이젤 대신 종이를 벽이나 냉장고 또는 마룻바닥에 붙여 준다. • 이젤의 다리를 자른다. 어떤 유아는 무릎을 꿇거나 낮은 의자에 앉는 것이 더 편할 수 있다. • 유아의 손이나 손목에 붓을 묶어 주기 위해 벨크로나 끈을 사용한다. • 손가락이나 발, 다른 신체부위를 이용하여 그림을 그리도록 격려한다. • 손을 빨아도 문제가 되지 않도록 식용 물감(젤리와 물, 푸딩, 마시멜로우 크림)을 사용한다.
감각놀이
• 휠체어가 접근할 수 있는 바닥 위나 테이블 위에 판을 놓고 감각 자료들을 제공한다. • 비닐 봉투에 감각 자료를 넣어서 테이블이나 휠체어 판에 테이프로 붙여 주어 자료들을 다루기 쉽게 해 준다. • 스펀지, 꿀, 땅콩버터, 마시멜로, 으깬 바나나, 솜사탕, 눈, 거품 젤라틴 등을 주어 유아가 다른 질감을 느낄 수 있게 한다. • 입으로 불기가 어려운 유아를 위해 비눗방울을 불어 주거나 비눗방울 막대로 놀게 하거나 또는 자동화된 불기 기구를 사용한다.
책
• 모든 유아가 책에 접근할 수 있도록 책꽂이 높이를 다르게 해 준다. • 헤드폰과 테이프를 제공하여 유아가 이야기를 들을 수 있게 한다. • 책을 잡을 수 없는 유아를 위해 독서대를 제공한다. • 다양한 질감의 책(개인 제작 또는 상업용)을 포함한다.
소근육 운동
• 퍼즐 조각들에 큰 손잡이를 부쳐서 퍼즐을 수정한다. • 청각적 자극이 있는 퍼즐을 제공한다(퍼즐 조각을 제자리에 꽂으면 음악이 나온다). • 큰 조작놀이 자료를 제공한다. 유아가 더 능숙하게 그 자료들을 사용하게 되면 작은 자료로 대체해 준다. • 자료가 테이블이나 판에서 미끄러지지 않도록 벨크로를 사용한다.
극놀이
• 크고 잡기 쉬우며 조작하기 쉬운 자료들을 포함한다. • 정리하기 쉽게 해 주기 위해 선반에 그림과 단어로 자료의 이름을 붙여 준다.

간식
• 미끄러짐을 막아 주는 흡착판이 부착된 그릇과 흘리는 것을 막아 주는 빨아먹을 수 있는 컵을 제공한다. • 지체장애 유아에게 적당한 임무를 찾아서 배정한다(역할 분담표에). • 먹지 않더라도 모든 유아들을 간식 테이블에 모이게 한다.
체육관과 놀이터
• 지체장애유아에게 스쿠터 보드를 제공한다. 혼자 타거나 또래가 밀어 줄 수 있다. • 유아가 들어가 앉아서 탐색할 수 있는 공이 가득 찬 풀장을 제공한다. • 또래들이 장애유아를 끌어당길 수 있도록 사륜차, 담요 또는 천 등을 제공한다. • 모래 테이블과 그네에 접근할 수 있게 한다.
컴퓨터 영역
• 배터리로 작동하는 장난감, 스위치 그리고 컴퓨터 게임을 이용하여 협력적인 상호작용을 하도록 격려한다. • 말을 하지 않는 유아를 위해 또래가 내용을 입력할 수 있는 음성(말) 기구를 제공한다. • 대안 키보드, 터치 톤 스크린 또는 다른 적절한 주변기기를 제공한다. • 유아가 좀 더 쉽게 찾을 수 있게 특정 프로그램을 불러내는 특정한 자판 위에 스티커를 붙여 준다. • 특정한 자판만 보일 수 있도록 키보드 위에 형판이나 덧개를 설치한다.

출처: Sheldon, 1996.

요 약

이 장에서는 자연적 환경에서(놀이를 포함한) 매일의 일과와 활동의 맥락에서 적용할 수 있는 강화된 환경 교수, 활동중심 중재, 삽입되고 분산된 시도, 고확률 절차의 네 가지 자연적 교수 절차에 대해 설명하였다. 이러한 절차들은 일련의 자연적 또는 최소 제한적 환경에서 유아의 발달과 참여를 촉진한다. 이러한 환경에는 유치원과 다른 기관 중심의 환경뿐 아니라 가정과 지역사회 환경이 포함된다. 또한 이 절차들은 유치원 연령의 유아들뿐 아니라 걸음마기 유아들에게도 효과적이며 부모와 다른 가족, 치료사들, 보조교사들도 교사들만큼 이 절차를 효과적으로 실행할 수 있다. 자연적 교수 절차 이외에도 이 장에서는 ① 행동과 학습에 영향을 미치는 물리적, 사회적 환경을 구조화하는 방법과 ② 개인차에 맞게 교수 방법과 활동을 수정하는 방법들에 대해 설명하였다.

연/구/문/제

1. 모든 자연적 중재 절차의 공통적인 특성을 나열하시오.
2. 강화된 환경 교수에 포함되는 여섯 가지 환경배열 전략에 대해 설명하고 예를 드시오.
3. 네 가지 강화된 환경 교수들의 공통점과 차이점을 설명하고 비교하시오.
4. 활동 중심 중재에 대해 기본 전제를 포함하여 설명하시오.
5. 삽입되고 분산된 시간지연 시도를 실행하는 절차를 설명하시오.
6. 고확률 절차의 당위성과 절차를 설명하시오.
7. 강화된 환경 교수, 활동중심 중재, 삽입되고 분산된 시도, 고확률 절차의 네 가지 자연적 교수 절차들을 비교하시오.
8. 교실 배치와 공간 변인이 학습, 독립성, 사회적 상호작용, 의사소통에 어떻게 영향을 미치는지 논의하시오.
9. 장난감 순환교체 계획을 설명하고 참여를 증가시키는 데 장난감 순환교체가 어떤 역할을 하는지 논의하시오.
10. 유아통합학급에 비치할 비품이나 기구가 갖추어야 할 바람직한 특성을 설명하시오.
11. 집단 크기와 시간표가 어떻게 학습, 독립성, 사회적 상호작용, 의사소통에 영향을 미치는지 논의하시오.
12. 모든 장애유아가 일상일과와 활동에 참여할 수 있도록 촉진하기 위해 교수자료와 놀이자료를 수정하는 방법에 대해 논의하고 그 예를 드시오.
13. 감각장애유아가 일상일과와 활동에 참여할 수 있도록 촉진하기 위해 교수자료와 놀이자료를 수정하는 방법에 대해 논의하고 그 예를 드시오.
14. 지체장애유아와 건강장애유아가 일상일과와 활동에 참여할 수 있도록 촉진하기 위해 교수자료와 놀이자료를 수정하는 방법에 대해 논의하고 그 예를 드시오.

C.H.A.P.T.E.R. 10

문제 행동을 위한 절차

-Mary Jo Noonan-

| 이 장의 주요 내용 |

- 문제 행동의 수준
- 문제 행동에 대한 전통적인 행동주의 접근법
- 문제 행동에 대한 긍정적 행동지원 모델의 요소
- 적합한 행동과 문제 행동에 영향을 주는 요소들
- 기능적 평가
- 긍정적 행동지원 계획

유아들이 보이는 대부분의 문제 행동들은 발달적 기대 범위 안에 있으며, 성숙, 일반적인 양육, 유아교육의 발달에 적합한 실제를 통해 해결된다. 예를 들어, 걸음마기 유아는 잘못을 지적받거나 짜증이 나면 울 수도 있고, 3~4세 유아는 장난감을 갖기 위해 또래를 때릴 수도 있으며, 5~6세 유아들은 부모에게 말대꾸를 할 수도 있을 것이다. 특별한 평가와 중재가 없어도, 소리를 지르는 걸음마기 유아는 자신의 감정을 표현하기 위해 단어 사용하기를 배울 수 있고, 3~4세 유아는 참을성을 키우고, 공유하고, 차례 지키기에 대한 규칙을 학습하며, 5~6세 유아는 잘못된 행동을 고치라고 지적받으면 잘 듣고 예의바르게 행동해야 한다는 것을 이해하게 될 것이다. 이러한 행동이 부모나 전문가들에게는 실망스러울 수 있지만 이는 영유아의 전형적인 행동이며 놀랄 필요는 없다. 유아 전문가는 유아가 매일 사회적으로 적합한 행동을 학습하는 복잡한 과제에 직면하고 있다는 것을 기억할 필요가 있다. 잘못된 행동을 관리하는 데 초점을 맞추기보다는 유아가 적절한 행동을 학습하도록 돕는 예방적 접근을 강조해야 한다.

그러나 어떤 유아는 문제 행동의 정도가 심하기 때문에 특별한 접근을 필요로 한다. 이러한 문제 행동들은 심각성의 정도에 따라 우선순위를 정할 수 있다. ① 파괴적 행동, ② 방해 행동, ③ 주의산만 행동(Janney & Snell, 2000). 파괴적 행동은 생명이나 건강을 위협하기 때문에(예: 눈 찌르기, 깨물기, 차기, 할퀴기) 최우선순위에 두어야 할 문제 행동이다. 이러한 행동은 자기가 먼저 시작하거나 다른 사람에 의해 유발되기도 한다. 방해 행동은 위험하지 않으며 덜 걱정스러운 행동이므로 두 번째 우선순위에 둔다. 그러나 방해 행동은 학습과 교수를 방해하고, 환경과 활동에의 다양한 참여를 제한할 수 있다. '충동적' 행동(예: 자료 부수기, 소리 지르기, 물건 던지기)과 빈번한 사회적 위축 행동(예: 다른 사람을 멀리하기, 숨기)은 방해 행동의 예다. 소음, 반복적인 손 움직임, 반향어 등과 같은 주의산만 행동은 귀찮고 성가시지만 해롭지는 않아 세 번째 우선순위에 둔다.

파괴적 행동은 특별한 중재를 필요로 한다. 방해 행동은 학습을 방해하기 때문에 또한 다루어져야 한다. 그러나 주의산만 행동은 파괴적 행동이나 방해 행동으로 발전할 가능성이 높다는 증거가 있거나 주의산만 행동의 제거가 가족의 우선순위인 경우가 아니면 이 장에서 설명되고 있는 특별한 전략을 사용하여 다루어서는 안 된다(Division for Early Childhood, 1998). 대신 주의산만 행동은 각 활동을 하기 전에 규칙을 알려 주거나, 적절한 행동을 상기시키거나, 하던 과제로 돌아가도록 하거나, 새 과제를 시작하도록 제안하는 등과 같은 좀 더 비형식적인 절차를 통해 다루어야 한다.

이 장은 특별한 중재를 필요로 하는 심각한 문제 행동을 다룬다. 긍정적 행동지원은 문제 행동을 예방하고 적절한 대체 행동을 가르치는 기법을 강조하기 때문에 지지를 받고 있다. 긍정적 행동지원(positive behavior support: PBS)은 유아를 존중하고 전형적이며 개별화된 접근이다(Dunlap & Conroy, 2003; Janney & Snell, 2000).

긍정적 행동지원 모형

긍정적 행동지원은 다요소적인 중재 모형이다. 이 모형에서는 ① 가족이 평가, 계획 수립, 중재, 점검 과정에 팀 구성원으로서 참여하고, ② 문제 행동이 언제, 어디서, 누구와, 왜 일어나는지 평가하며, ③ 문제 행동의 추가 발생을 예방하기 위해 환경, 생활양식, 활동을 재구조화하고 ④ 문제 행동과 같은 목적에 기여할 수 있는 적절한 사회-의사소통 행동을 가르친다. 긍정적 행동지원 모형은 예방적, 교육적, 강화 중심 방법의 사용을 강조한다(Carr, Robinson, & Palumbo, 1990; Horner, Albin, Todd, & Sprague, 2006; Lucyshyn, Horner, Dunlap, Albin, & Ben, 2002). 긍정적 행동지원 모형의 기본 전제는 문제 행동이 유아의 의사소통 방법이라는 것이다. 따라서 유아가 문제 행동을 통해 무엇을 의사소통하는지 확인하여 사회적으로 적절한 대체 행동을 찾아서 가르치는 것이 중요하다.

긍정적 행동지원 모형은 다음의 몇 가지 주요 측면에서 다른 전통적인 행동주의적 접근법들과 다르다(〈표 10-1〉 참고).

① 전통적인 행동주의적 접근법들은 유아와 유아의 문제 행동을 감소시키거나 제거하는 데에만 제한적으로 초점을 맞춘다. 이와는 대조적으로 긍정적 행동지원 모형은 행동이 맥락 안에서 발생한다는 것을 강조한다. 긍정적 행동지원 모형은 유아와 유아의 문제 행동뿐 아니라 물리적 환경, 전체적인 생활양식, 활동 시간표, 함께 있는 사람, 사회적 상호작용의 특성, 문제 행동 이전 또는 이후에 발생한 사건 등과 같은 광범위하고 구체적인 환경 변인을 이해하고 수정하는 데에도 중점을 둔다(Luiselli & Cameron, 1998).

② 전통적인 행동주의적 평가는 문제 행동의 형태(물리적 특성과 모습)와 수량화에 초점을 둔다. 대조적으로 긍정적 행동지원 모형은 문제 행동의 목적(대개 의사소통 기능)과 문제 행동과 적절한 대체 행동의 발생/비발생을 예측하는 상황적 변인들을 확인하는 기능적 평가를 강조한다. 긍정적 행동지원 모형에서는 문제 행동은 강화되었기

때문에 존재한다고 생각한다. 문제 행동은 유아에게는 효과적인 반응이었다(Neilsen & McEvoy, 2004).

③ 전통적인 행동수정 접근법들은 문제 행동을 중지시키거나 감소시키기 위해 벌이나 다른 혐오적 중재에 의존한다. 대조적으로 긍정적 행동지원 모형은 문제 행동의 기능을 다루는 긍정적 중재를 사용한다. 중재전략에는 문제 행동을 할 필요성을 예방하거나 제거하기 위한 환경배열과 사회적으로 적절한 대체 행동(문제 행동과 같은 목적을 성취하는 행동)의 교수가 포함된다.

긍정적 행동지원 모형은 벌이나 혐오적 기법에 의존한 전통적인 행동주의적 접근법들과 관련된 효율성과 윤리적 문제를 해결하기 위해 나온 것이다(Horner et al., 1990). 첫째, 벌이나 혐오적 중재를 통해 얻어진 문제 행동의 감소는 대개 유지되지 않으며, 종종 새로운 문제 행동의 증가를 수반한다. 긍정적 행동지원 모형은 문제 행동과 같은 목적의 달성에 기여하는 사회적으로 적절한 새로운 행동을 가르침으로써 이러한 문제를 해결한다. 새로운 행동은 같은 강화를 받게 되고 따라서 유지된다(울기와 큰 소리로 부르기가 똑같이 부모의 관심 받기라는 목적의 달성에 기여한다면 부모의 관심은 두 행동 모두에 대한 강화제가 된다). 또한 유아가 사회적으로 적절한 새로운 행동으로 원하는 강화를 받고 있기 때문에 문제 행동이 제거되었을 때 새로운 문제 행동이 대체 행동으로서 나타나지 않는다. 둘째, 많은 전문가들은 윤리적 문제 때문에 벌이나 혐오적 중재를 사용하는 것을 좋아하지 않는다. 일반유아들에게 적절한 것으로 간주되지 않는 체벌(예: 물 뿌리기, 운동 강요, 전기 쇼크)과 속박은 장애유아에게도 사용하지 말아야 한다. 윤리적 문제 이외에도 공격성이나 위축행

〈표 10-1〉 전통적인 행동주의적 접근법들과 긍정적 행동지원 모형의 비교

접근의 요소	전통적 행동주의적 접근	긍정적인 행동지원
초점	문제 행동	환경, 유아, 문제 행동, 의사소통 요구(대체 행동)
평가	문제 행동의 설명과 수량화(어떤 행동, 언제, 어디서, 누구와 함께, 빈도, 비율, 기간, 강도)	문제 행동의 기능(목적)과 문제 행동의 발생/비발생과 관련한 조건, 적절한 대체 행동
중재	벌이나 다른 혐오적 기법	예방적 환경배열과 강화중심 교수

동 등과 같은 원치 않는 부작용이 벌과 함께 나타날 수 있다. 긍정적 행동지원 모형은 벌을 피하고 예방적이고 강화 중심적인 방법에 의존하기 때문에 이러한 문제를 해결하였다. 마지막 문제는 벌이나 혐오적 절차는 유아가 적절한 행동을 학습하는 결과를 도출하지 않기 때문에 충분하지 않은 중재라는 것이다. 긍정적 행동지원 모형은 사회적으로 적절한 대체 행동을 가르치는 교수적 요소를 항상 포함하는 교육적 접근이기 때문에 이러한 문제를 해결하였다.

1. 긍정적 행동지원 모형의 주요 요소

긍정적 행동지원 모형에는 위기 계획, 기능적 평가, 지원 계획의 세 가지 주요 요소가 있다. 위기 계획은 돌발 상황 계획으로서 지원계획을 개발하고 실행하기 전에 또는 지원계획을 실행하고 있는 도중에 문제 행동이 발생할 때 문제 행동을 중지시키고 안전을 유지하는 것에 초점을 둔다. 위기 계획은 중재는 아니다(Carr et al., 1994). 기능적 평가는 문제 행동의 발생과 비발생에 관련된 환경과 선행 상황을 확인할 뿐 아니라 문제 행동의 목적(기능, 하나 이상의 기능이 있을 수 있다)을 결정하는 데 적합한 다양한 평가들을 포함한다(Neilsen & McEvoy, 2004). 문제 행동의 기능에 대한 가설은 사회적으로 적절한 대체 행동을 선택하는 방향을 제시한다. 문제 행동의 발생/비발생과 관련된 상황과 변인을 이해하는 것은 문제 행동을 예방하고 적절한 대체 행동을 지원하는 환경배열을 고안하는 데 중

〈표 10-2〉 긍정적 행동지원 모형

긍정적 행동지원 모형의 요소
기능적 평가
• 문제 행동의 목적/기능 • 맥락적 선행 변인과 유발 요인
지원 계획
• 위기관리 절차 • 문제 행동을 예방하기 위한 지원 • 적절한 행동을 격려하기 위한 지원 • 효과적인 대체 행동을 가르치기 위한 지원 • 행동 변화를 유지하고 일반화하기 위한 지원 • 자료 중심 점검

요하다. 지원계획은 기능적 평가에서 얻어진 정보를 바탕으로 수립되는 다요소적 전략이다. 지원계획은 예방적 전략과 적절한 행동을 위한 지원, 대체 행동, 유지와 일반화를 포함한다(Carr et al., 1994, Janney & Snell, 2000). 〈표 10-2〉에 긍정적 행동지원 모형의 요소를 요약하였다. 이러한 요소들의 각각에 대해 이 장의 남은 부분에서 자세히 논의할 것이다.

2. 적절한 행동과 문제 행동의 영향

긍정적 행동지원 모형의 적용에 대해 상세히 설명하기 전에 문제 행동의 발생 여부에 영향을 주는 요인을 고려하는 것은 중요하다. 네 가지 영향력 있는 요인은 사회적 판단, 유지 변인들, 문제 행동을 유발하는 변인들, 맥락적 영향이다.

1) 사회적 판단

어떤 행동을 문제로 고려해야 하는지 혹은 아닌지는 소신 혹은 사회적으로 판단해야 할 사안이다. 행동은 본질적으로 '중립적' 이며, 누군가가 그 행동이 부적절하다고 결정할 때만 문제로 간주된다. 조기 중재/유아특수교육에서 그 누군가는 부모, 가까운 가족의 친구 또는 유아와 관련된 전문가일 수 있다. 이는 주관적인 결정이기 때문에 유아를 위한 팀의 모든 구성원이 그 행동이 문제라고 동의하지 않을 수 있다. 더욱이, 어떤 행동이 문제인지 아닌지에 대한 각 개인의 판단은 문화, 교육, 경험, 유아와의 관계와 지내온 내력, 아동 발달 철학과 관점 그리고 유아에 대한 기대 등으로부터 많은 영향을 받는다. 예를 들어, 어느 걸음마기 유아가 음식을 한 입씩 먹고 나서 매번 소리를 지른다면, 엄마는 아이가 올바로 행동하지 않거나 식사시간을 좋아하지 않는다고 생각하여 화가 나고 당황하게 될 것이다. 이와 대조적으로, 언어치료사는 유아가 음식을 더 달라고 요청하는 의사소통을 하는 것이라고 간주하고 기뻐할 수도 있다. 또는 교사는 유아가 손을 물어뜯는 것이 유아 자신에게 상처를 입히게 될까 봐 두려워 심각한 문제라고 판단할 수 있다. 그 유아의 부모는 유아가 자기 손가락을 물어뜯을 때 피부가 상하지도 않고 아이가 울지도 않기 때문에 특별히 걱정하지 않을 수도 있다. 이 상황에서 그 행동이 문제 행동인지 아닌지는 전체 팀이 결정해야 할 사안이다. 그러나 이 책의 앞부분에서 언급한 바와 같이 가족의 의견이 항상 가장 중요시되고 타당하게 고려되어야 하며 결정을 할 때 전문가의 견해보다 더 중시되어야 한다(Division for Early Childhood, 1998).

2) 행동을 유지시키는 변인

행동이 유지되거나 증가한다면 그 행동은 강화되고 있다는 것이 행동의 기본 원칙이다. 결론은 행동이 강화되고 있다면, 그 행동은 유아를 위한 목적이나 기능을 수행하고 있다는 것이다. 따라서 문제 행동을 효과적으로 감소시키거나 제거하기 위해 강화제를 확인하는 평가를 실시해야 한다. 평가는 왜 유아가 그 행동을 하는지를 말해 준다. 평가는 "유아가 그 행동을 통해 무엇을 얻게 되는가?"라는 질문에 답을 준다. 무엇이 강화제인지에 대해 가설을 세움으로써, 문제 행동의 강화를 제거하여 문제 행동이 비효과적이도록 만들며(O' Neill, Horner, Albin, Sprague, Storey, & Newton, 1997) 사회적으로 적합한 대체 행동을 강화하는 지원전략을 계획한다.

문제 행동의 이유나 목적은 기능으로 일컬어진다. 문제 행동에는 관심 끌기, 구체물 얻기, 어떤 것을 피하거나 끝내기 또는 자기 자극(자기 강화 또는 감각 강화)의 네 가지 가능한 기능이 있다(Carr et al., 1994; Janney & Snell, 2000; Neilsen & McEvoy, 2004). 만약 유아가 문제 행동을 하고 있을 때 누군가가 항상 즉시 유아에게 다가가거나 말을 한다면, 관심 끌기가 가능한 가설일 수 있다. 유아에게 무언가 다른 것을 하도록 재지시하거나 문제 행동 바로 전에 일어났던 적절한 행동에 대해 칭찬하는 것과 같이 긍정적 반응을 할 수 있다. 유아를 안아 주어 문제 행동을 예방하는 것과 같이 공감적 반응을 할 수도 있고 또는 유아를 혼내는 반응을 할 수도 있다("그만해. 물건을 던지는 것은 좋지 않아."). 반응의 특성이나 어조와 관계없이, 다른 사람이 항상 행동에 반응한다면, 관심 얻기가 목적일 수 있다. 문제 행동의 두 번째 기능은 장난감이나 음식 등과 같은 어떤 구체물을 얻는 것이다. 이는 유아가 무언가를 요구했는데 처음에는 거부당한 것일 수 있다. 유아의 요구가 받아들여지지 않았을 때, 문제 행동이 일어나고(예: 짜증) 성인이 결국 포기하고 원하는 물건을 줄 때까지 지속된다. 어떤 상황에서는 문제 행동은 원치 않는 상황이나 활동으로부터 중지, 도망, 회피하는 데 기여한다. 이는 세 번째 기능이다. 예를 들어, 잘 시간에 침대에 눕혔을 때 유아가 침대를 반복해서 세게 찰 수 있다. 침대에서 나오는 걸로 이 일이 끝난다면, 유아는 잠을 자야 하는 원치 않는 상황으로부터 벗어나게 된다. 마지막으로, 문제 행동의 수행은 감각 자극을 제공함으로써 유아를 강화할 수 있다. 예를 들어, 머리 부딪치기는 중이염의 고통을 감추고, 눈 찌르기는 시각장애유아에게 흥미 있는 시각적 자극을 제공하며 지속적인 몸 흔들기는 유아를 쉽게 진정시킬 수도 있다. 행동을 유지시키는 변인이 수정 가능한 사회적 맥락 안에 있는 것이 아니라 유아 내부에(내적인 자극) 있기 때문에 자기 강화의 기능을 하는 문제 행동은 특히 감소시키거나 제거하기 어렵다. 다행히 대부분의 문제 행동은 자기 강화로 인해 유지되지는 않는다(Carr et al., 1994).

3) 행동을 유발하는 변인

강화제가 행동을 유지시키고 증가시키는 강력한 변인이지만 행동에 앞서 발생하는 특정 사건이 문제 행동의 발생이나 비발생에 큰 영향을 줄 수 있다. 이러한 유발 요인을 식별자극이라고 한다(Carr, Carlson, Langdon, Magito-McLaughlin, & Yarbrough, 1998). 이것은 행동을 촉진하거나 단서를 주는 특정한 사건이다. 예를 들어, "아니야. 그렇게 하는 게 아니야."라고 말하는 것은 짜증을 유발할 수 있다. 행동의 유발요인을 안다고 해서 행동의 목적이나 기능에 대해 알게 되는 것은 아니지만, 유발 요인은 적절한 행동과 부적절한 행동의 발생을 매우 잘 예측하기 때문에 유발요인에 대한 정보는 평가하고 계획을 수립하는 데 중요하다. 특정 문제 행동의 유발 요인을 확인할 수 있다면, 그 유발요인을 제거하거나 피하고, 대신 적절한 행동과 관련된 유발 요인을 포함시킬 수 있을 것이다.

4) 맥락적 영향

문제 행동의 맥락은 문제 행동과 관련한 물리적, 시간적, 사회적, 생리적 상황을 의미한다(Carr, Reeve, & Magito-McLaughlin, 1996). 맥락의 모든 요소들은 문제 행동이 일어날 가능성을 증가 또는 감소시킬 수 있다(Neilsen & McEvoy, 2004). 예를 들어, 날씨가 덥거나(물리적 맥락) 시간이 늦었거나(시간적 맥락) 교실이 혼잡하고 활동이 소란스럽거나(사회적 맥락) 또는 전날 잠이 부족하면(생리적 맥락), 유아는 과제를 하지 않겠다고 거부할 수 있을 것이다. 맥락적 영향은 상황과 시간에 따라 관찰되는 행동의 다양성에 대해 설명해 준다(Carr et al., 1994). 이러한 다양성은 문제 행동의 심각성에 대한 팀 구성원들 간의 의견 불일치를 초래하기도 한다. 팀 구성원은 맥락적 영향을 이해하여 다른 사람이 자신의 의견과 다를 때 그들의 관찰이 정확하지 않다고 잘못 가정하지 않아야 한다. 또한 맥락적 영향은 문제 행동에 대한 중재를 계획할 때 필요한 중요한 평가 자료다.

행동에 영향을 미치는 네 가지 주요 요인은 사회적 판단, 유지 변인들, 문제 행동을 야기하는 변인들 그리고 맥락적 영향이다. 이들 영향력 있는 요인들에 대해 이 장의 남은 부분에서도 계속해서 다룰 것이다. 이러한 요인들은 전문가와 부모가 문제 행동이 있는지 결정하는 데 영향을 주며, 효과적인 긍정적 행동지원 계획을 수립하는 데 중요한 평가 자료가 된다.

기능적 평가

제3장에서 논의한 바와 같이, 평가는 유아가 자주 참여하는 가정이나 다른 환경들에서 유아의 강점과 요구가 무엇인지 평가하는 광범위한 접근들을 포함한다. 긍정적 행동지원 계획의 개발을 목적으로 이루어지는 평가에서는 문제 행동이 일어나는 물리적, 사회적 맥락을 검토한다. 문제 행동의 맥락을 검토함으로써 문제 행동이 왜 발생하는지(기능), 누구와 함께 있을 때 발생하는지(사회적 맥락) 그리고 언제 발생하는지(물리적/사회적 맥락)에 대한 정보를 얻을 수 있다. 이는 또한 문제 행동이 발생하지 않는 유사한 맥락들에 대해서도 알려 준다. 문제 행동의 기능과 맥락에 대한 정보는 면담과 관찰 평가 등과 같은 다양한 평가 전략을 이용하여 가장 잘 획득할 수 있다(Neilsen & McEvoy, 2004).

1. 면담

면담은 문제 행동을 하는 유아에 대해 잘 알고 있는 사람들에게 물어봄으로써 평가 자료를 제공한다. 부모 중 한 명이나 둘 다를 면담하는 것이 일반적이며, 때로 다른 가족구성원, 양육 도우미, 조기 중재자, 유아교육자 또는 유아를 정기적으로 만나는 다른 사람들도 면담한다. 문제 행동, 유아의 현재 의사소통 기술과 사회성 기술, 행동이 발생하는 맥락 등에 대한 자세한 정보를 유도해 낼 수 있도록 면담 질문을 미리 작성하고 조직한다(Neilsen & McEvoy, 2004; O' Neill et al., 1997). 면담 자료의 진실성을 입증하고 양적 자료를 제공하며, 면담으로는 다루기 어려운 상황에서의 자료를 검토하기 위해 관찰 평가도 실시한다. 기능적 평가 면담에 포함되는 질문의 예가 〈표 10-3〉에 제시되어 있다.

1) 문화적 고려사항

기능적 평가 면담을 시행하는 전문가의 문화가 가족의 문화와 다를 때, 면담자는 효과적인 다문화적 의사소통 기술을 사용해야 한다. 면담자는 문화가 어떻게 문제 행동, 평가, 중재에 관한 가치, 판단, 태도에 영향을 미치는지 인식해야 한다. 다문화 능력 모형에서 Kalyanpur과 Harry(1999)는 전문가는 장애, 가족, 다루어지는 쟁점들에 대한 개인의 신념과 가치에 문화가 어떤 영향을 미치는지를 인식하고 있어야 한다고 제안하였다. 이러한

〈표 10-3〉 기능적 평가 면담에 자주 포함되는 질문들

문제 행동
1. 당신이 걱정하는 문제는 무엇입니까?
2. 문제는 어떠합니까?
3. 얼마나 자주 문제 행동이 일어납니까? (한 시간에, 하루에, 한 주에)
4. 문제 행동의 강도는 어떻습니까? 강도를 어떻게 판단합니까?
의사소통과 사회성 기술
1. 배고픔, 갈증, 또는 불편(젖은 기저귀, 기분이 좋지 않음)과 같은 기본적 필요에 대해 유아가 어떻게 의사소통합니까?
2. 관심을 끌고 싶을 때나 안아달라고 하는 것을 어떻게 의사소통합니까?
3. 싫다고 거부하는 것과 좋아하는 것을 어떻게 표현합니까?
4. 특정한 성인이나 유아에 대한 분명한 선호를 보입니까?
5. 교대로 하기 게임(예: 까꿍놀이)을 합니까? 설명해 주십시오.
6. 새로운 사회적 상황(예: 놀이터에 처음 간다거나 집에 손님이 오셨을 때)에서 유아가 어떻게 반응합니까?
7. 다른 유아가 있을 때 유아는 어떻게 상호작용합니까?
생리적 맥락
1. 식사와 관련된 문제가 있습니까?
2. 수면과 관련한 문제가 있습니까?
3. 유아의 전형적인 수면 시간표는 어떻습니까?
4. 유아에게 알레르기가 있습니까?
5. 유아가 중이염이나 다른 호흡기 계통의 병에 자주 걸립니까?
6. 유아에게 만성적 건강 문제가 있습니까?
7. 문제 행동이 식사, 수면 또는 다른 건강 문제들과 관련이 있어 보입니까?
사회적 맥락
1. 문제 행동이 일어날 때 보통 함께 있는 특정한 사람이 있습니까?
2. 문제 행동과 관련 있는 것처럼 보이는 특정한 사회적 상황이 있습니까?
환경적, 활동 맥락
1. 유아의 매일의 일과는 어떻습니까?
2. 문제 행동과 관련 있는 것처럼 보이는 특정한 장소나 활동이 있습니까?
3. 문제 행동과 무관한(일어나지 않는) 특정한 장소나 활동이 있습니까?
4. 유아가 좋아하는 장소와 활동은 무엇입니까?

것들은 개인의 문화적 편견이다. 전문가가 개인적 편견에 대해 알고 있다면 그는 이러한 신념과 가치는 주관적인 것으로 옳고 그른 것이 아님을 인식할 것이다. 다음으로 Kalyanpur과 Harry는 전문가는 문화적 상호성, 가족과 개인적 가치와 신념을 공유하는 자

세를 가질 것을 제안하였다. 그들 자신의 가치와 신념을 공유함으로써 전문가는 가족들에게 자신의 개인적 측면들을 드러내게 되고 가족들도 전문가에게 마찬가지로 반응하게 된다. 전문가와 부모가 문화적 상호성을 통해 서로 알아감에 따라 그들은 점차 상호 이해와 신뢰를 바탕으로 한 관계로 발전시킬 수 있다.

위에서 언급한 바와 같이, 전문가와 가족 사이의 문화적 차이는 특정 행동을 문제로 간주할지 아닌지의 범위에 대한 판단의 불일치에 대해 설명해 준다. 문화는 가족이 전문가의 권고에 대해 느끼는 안락감의 수준뿐 아니라 가족이 평가와 중재과정에 참여하는 것에도 영향을 줄 수 있다. 평가와 중재의 전 과정에서, 전문가는 가족과의 관계에서 문화적 상호성을 형성해 나가면서 가족의 관점을 존중해야 한다.

2. 관찰 평가

기능적 평가 면담으로부터 수집한 정보는 문제 행동이 일어나는 시간과 상황을 알려 주며, 이는 또한 문제 행동의 목적에 대한 가능한 가설을 제안할 수 있다. 이러한 예비 정보는 관찰 평가를 시행할 시간 계획을 세우는 데 유용하다. 관찰 평가의 목적은 ① 문제 행동이 실재한다는 것을 확인하고, ② 문제 행동의 발생을 문서화하며, ③ 문제 행동의 맥락과 문제 행동과 관련된 변인에 대한 더 많은 정보를 제공하고, ④ 문제 행동의 기능(목적)에 대한 가설을 형성하는 것이다. 문제 행동이 주로 의사소통의 목적("관심을 가져주세요." "이거 하기 싫어요." "난 ~이 하고 싶어요.")을 가진다는 것을 인식하면서, 문제 행동을 관찰하고 관찰한 것을 사회적 맥락에서 묘사하는 기록 카드에 기록한다. Carre 등(1994)은 기록카드에 다음의 맥락적 정보들을 포함할 것을 제안하였다; 대인 간 상황(누가 있는지), 행동, 사회적 후속결과(문제 행동이 발생했을 때 사람들이 무엇이라고 말하는지 또는 무엇을 하는지). [그림 10-1]은 이러한 방법으로 기록한 관찰 예다.

문제 행동을 기록하는 또 다른 기록양식은 A-B-C 기록이다(Bijou, Peterson, & Ault, 1968). A는 문제 행동 이전에 발생하는 선행사건(조건 또는 사건, Antecedents)을 나타내고, B는 행동을(문제 행동과 다른 유아의 행동, Behavior) 나타내고, C는 후속결과(Consequence)이다. A-B-C 기록은 대개 한 장의 종이에 A, B, C라고 명명한 세 개의 칸으로 나누어 기록한다. [그림 10-1]의 문제 행동의 관찰 예와 같이, 문제 행동이 의사소통적 기능을 한다는 가정 하에 사회적 상황(대인 간 맥락과 사회적 후속결과)을 기록하는 것이 중요하다. 또한 관찰자는 상황과 유아의 행동에 대한 연속적 설명을 할 수도 있다. 이러한 기록은 유아의

| 문제 행동의 관찰 |

유아: 첼시　　**관찰자:** 토니　　**날짜:** 2005. 05. 22.

문제 행동: 주먹으로 자기 머리 때리기

대인간 맥락: 두 명의 여아(걸음마기 유아)와 한 명의 남아(4세)가 모래상자 안에 있다. 첼시의 엄마와 다른 두 엄마는 모래상자 끝에 있는 의자에 앉아서 유아들을 보고 있다.
행동: 첼시가 두 여자 아이 중 한 아이에게서 삽을 빼앗는다. 그 아이가 다시 삽을 빼앗아 간다. 첼시는 자기 머리를 여섯 번 때린다.
사회적 후속 결과: 첼시의 엄마는 모래상자로 가서, 첼시에게 그러지 말라고 말하고, 첼시에게 자신의 삽을 준다.

[그림 10-1] 문제 행동 관찰의 사회적 맥락을 설명하기 위한 기록카드의 예

행동에 대한 풍부한 맥락적 설명을 제공한다. 또한 문제 행동에 앞서는 몇 가지 사건에 대한 정보를 제공하고 문제 행동과 관련된 행동 연쇄를 발견할 수 있다. 예를 들어, [그림 10-2]는 [그림 10-1]의 관찰 카드에 기록된 사건에 대한 A-B-C 기록이다. A-B-C 기록에서 다른 유아로부터 삽을 빼앗기 전에 첼시는 삽을 달라고 두 번 요구했음을 알 수 있다. 첼시가 장난감을 얻기 위해 처음부터 빼앗는 행동을 한 것은 아니라는 사실은 첼시의 행동이 문제 행동으로 점점 확대되기 전에 중재를 하는 것이 가능할 수 있음을 의미한다.

문제 행동과 관련된 맥락과 변인에 대한 적절한 정보를 얻기 위해 여러 활동과 여러 상황에 걸쳐 그리고 여러 날 동안 관찰 평가를 시행해야 한다. A-B-C 기록 또는 행동 관찰 카드를 검토해 볼 때, 후속결과는 행동의 목적 또는 기능을 제안한다. [그림 10-1]과 [그림 10-2]에의 예에서, 후속결과는 엄마의 관심과 요구하는 물건을 얻는 것이다. A-B-C 기록은 또한 문제 행동 이전에 두 차례에 걸친 비효과적인(그러나 사회적으로 적합한) 구어적 요청의 행동 연쇄가 있었음을 보여 준다. 이 경우에서 문제 행동은 또래가 첼시에게서 삽을 빼앗아 간 후에만 나타났다. 즉, 첼시의 문제 행동은 신체적 행동에 앞서 나타난 구어적 거절보다는 장난감을 빼앗는 다른 유아의 신체적 행동에 의해 유발되었음을 알 수 있

| A-B-C 평가 |

유아: 첼시 **관찰자:** 토니 **날짜:** 2005. 05. 22.

문제 행동: 주먹으로 자기 머리 때리기 **활동:** 모래상자 놀이

A	B	C
첼시가 도착했을 때, 두 명의 걸음마기 여아와 한 명의 4세 남아가 모래상자에서 놀고 있다. 첼시의 엄마는 모래상자 가에 있는 의자에 앉아 있다. 다른 두 엄마들은 근처의 의자에 앉아 있다.	첼시는 엄마 옆에 서서 아이들이 놀고 있는 것을 지켜본다.	아이들은 놀이에 열중하고 있다. 어느 누구도 첼시를 쳐다보지 않는다.
첼시의 엄마: "괜찮아, 첼시야, 너도 놀 수 있어."	첼시는 엄마를 보고 "엄마, 양동이."라고 말한다. 첼시는 천천히 모래상자에 들어가서 한쪽에 쪼그려 앉는다. 첼시는 다른 아이들을 본다. 첼시는 여자 아이들 가까이로 옮겨가서 아이들이 삽으로 모래를 파는 것을 본다. 첼시는 삽 쪽으로 손을 뻗으며 "주세요, 나 주세요."라고 말한다. 첼시는 다시 손을 뻗어 "주세요." 라고 말한다. 첼시는 자기에게 소리 지른 아이의 삽을 빼앗는다. 첼시는 뒤로 물러나 자기 머리를 여섯 번 때리고 울기 시작한다. 첼시는 조용히 울며 자기 삽으로 모래를 파기 시작한다.	첼시의 엄마는 양동이와 다른 모래놀이 장난감을 건네준다. 다른 아이들은 계속 놀이를 하고 있다. 어느 누구도 첼시를 쳐다보지 않는다. 여자 아이들 중 한 아이가 첼시를 보고 다른 데로 가서 첼시에게 등을 돌려 앉는다. 한 여자 아이가 첼시를 본다. 두 여자 아이 모두 첼시에게서 조금 멀리 옮겨 앉는다. 한 아이가 첼시에게 몸을 돌려 "싫어."라고 소리친다. 그 아이는 삽을 다시 빼앗아 가며 "내 거야."라고 말한다. 첼시의 엄마는 모래상자로 가서, 첼시에게 그러지 말라고 말하고 삽을 준다. 첼시의 엄마는 등을 어루만져 주고 "괜찮아, 괜찮아."라고 부드럽게 반복하여 말한다.

[그림 10-2] 문제 행동의 A-B-C 기록의 예([그림 10-1]과 같은 상황)

다. 놀이에서 유아의 선행 상황도 문제 행동과 관련될 수 있다. 첼시의 문제 행동은 공유하기나 차례 지키기를 아직 학습하지 못한 더 어린 유아들과 함께 있을 때 대부분 발생하는 것으로 추측된다. 추가적인 관찰과 A-B-C 기록을 통해 이것이 가능한 해석이고 예측할 수 있는 변인인지를 알게 될 것이다. 획득한 정보가 일관적인 후속결과의 패턴, 행동연쇄 그리고 선행 상황을 보여 줄 때까지 관찰해야 한다. 때로는 관찰 평가가 몇 시간 만에 완료될 수도 있고 때로는 며칠이 걸릴 수도 있다.

3. 가설 개발

면담과 관찰 평가 정보를 통해 유아의 문제 행동과 관련 변인들에 대해 명확하게 파악한 후 문제 행동의 기능(목적)과 행동의 발생 가능성이 높은 시기(맥락과 유발요인)에 대한 가설을 세워야 한다. 이러한 가설들이 긍정적 행동지원 계획의 개발과정을 안내하게 된다.

1) 기능에 대한 가설

행동의 발생 이유(행동의 목적)를 아는 것은 문제 행동에 대한 대체반응으로서 가르쳐야 할 사회적으로 적절한 의사소통 행동을 확인하는 데 필수적이다. 기능에 대한 가설은 왜 문제 행동이 일어나는지 설명해 줄 것이다. 행동에 의해 발생되는 효과는 그 행동의 기능을 알려 준다. 다시 말하면, 행동의 후속결과는 행동의 목적을 보여 준다. [그림 10-1]과 [그림 10-2]에 설명한 예를 다시 들면, '왜 첼시가 자기 머리를 때렸는가?' 라는 질문에 대한 가설을 개발하기 위해, 그 행동의 효과 또는 후속결과를 살펴보자. 첼시는 성인의 관심과 원하는 사물을 얻기 위해(엄마가 첼시에게 가서 삽을 주었다) 자신을 때렸다. 여러 상황과 시간에 걸쳐 문제 행동을 여러 번 관찰하고 기록함으로써 두 가지 기능(관심끌기와 원하는 사물 획득하기)이 모두 전형적인 것인지 또는 한 가지 기능이 다른 기능보다 더 자주 일어나는지 결정하는 데 도움이 된다.

이 장의 앞에서 언급한 바와 같이, 문제 행동에는 네 가지 기능이 있다. 관심 끌기, 무언가를 얻기, 무언가로부터 피하기/끝내기, 자기 강화의 제공. 문제 행동의 결과로 유아가 활동을 하지 않아도 되거나 상황에서 벗어나게 되는 경우에 그 문제 행동이 무언가로부터 피하고/끝내기의 기능을 한다는 가설을 세울 수 있다. 예를 들어, 첼시가 자기 머리를 때

렸을 때 엄마가 첼시를 모래 상자에서 데리고 나왔다면 '첼시는 모래상자에서 노는 시간을 피하기/끝내기 위해서 자기를 때린다.' 는 가설을 세울 수 있을 것이다. 회피하기는 문제 행동의 일반적 기능으로 짜증이나 공격행동을 함으로써 이를 얻게 된다.

자기 강화는 문제 행동이 다른 세 가지 기능(관심 끌기, 무언가를 얻기, 무언가로부터 피하기/끝내기) 중 어느 한 가지와도 일관적으로 관련되지 않았을 때 세울 수 있는 가설이다. 이 세 가지 기능은 사회적으로 매개되는 것이다. 즉, 자신의 목적을 달성하기 위해 다른 사람을 필요로 한다(Carr et al., 1994). 문제 행동이 자기 강화의 기능을 할 때 유아는 행동 자체로부터 강화를 받고 있다. 자기 강화는 자기 조절로 지칭되기도 한다. 자기 조절의 기능은 유아의 감각 경험과 자극의 내적 상태(평온한 혹은 각성 상태)를 조절하는 것이다(Jannet & Snell, 2000). 예를 들어, 눈 찌르기는 유아에게 매우 매력적인 빛 감각을 가져올 수 있다. 자기를 때리거나 깨무는 유아는 다른 통증(귀의 통증이나 두통 등)을 감소시키거나 막는 경험을 할 수 있거나 통증을 완화시키기 위해 중추신경계에서 방출하는 화학적 진통물질로 인해 황홀한 감각을 느낄 수 있을 것이다. 손뼉 치기와 같은 행동은 자기 자극적이고 즐거움을 주거나 놀이의 역할을 할 수 있다. 많은 연구들이 대체 감각자극(음악소리가 들리는 헤드폰, 장식 조명, 손에 들고 조작할 수 있는 소형 전자게임 등)을 제공함으로써 자기 강화 문제 행동을 감소시키는 결과를 가져올 수 있음을 보여 주었다(Kennedy & Souza, 1995).

2) 맥락과 유발 요인에 대한 가설

문제 행동의 효과나 후속결과는 문제 행동이 발생한 이유를 알려주지만, 사회적 상황과 다른 선행 사건들은 문제 행동이 일어날 가능성이 높은 시기에 대해 시사해 준다. 맥락적 변인은 물리적, 시간적, 사회적 또는 생리적일 수 있다. 모래 상자에서의 첼시의 상황을 계속 분석해 보면, 문제 행동을 할 가능성을 높이는 맥락적 변인으로는 모래상자에 있는 물리적 변인(모래의 질감이 좋지 않아 첼시를 짜증나게 하는), 엄마가 볼일을 보는 두 시간 동안 집 밖에 나와 있는 시간적 맥락, 걸음마기 유아(공유하지 않는)와 복잡한(작은 모래상자에 네 명이 있는) 사회적 변인 또는 배고픔(점심시간이 가까워짐)과 피곤함(점심시간 후 낮잠시간)의 생리학적 변인 등이 있다. 문제 행동의 기능에 대한 가설을 개발할 때, 어떤 가설이 타당한 가설인지 결정하기 위해 문제 행동 사례들을 많이 살펴볼 필요가 있다. 문제 행동에 대한 여러 번의 관찰 기록들을 검토함으로써 문제 행동의 맥락에 대한 가설을 만들어 낼 수 있을 것이다. 첼시는 복잡한 영역에서 몇몇의 다른 유아들과 가까이에서 놀고 있을 때 문제 행동을 일으킬 가능성이 가장 높다.

이 장의 앞에서 언급한 바와 같이, 문제 행동의 유발요인은 행동의 발생 여부에 심각하게 영향을 미치는 특정한 사건이나 식별 자극이다. 첼시의 예에서, 첼시는 걸음마기 유아가 삽을 빼앗아 간 후 바로 자기 머리를 때렸다. 첼시의 자해행동에 바로 앞서 일어난 비슷한 식별 사건이 있는지 결정하기 위해 부가적인 관찰 기록을 검토해야 한다. 문제 행동의 유발 요인에 대한 가설은 첼시가 사물을 빼앗겼을 때 자기 머리를 때릴 가능성이 높다는 것일 수 있다.

문제 행동의 발생 이유(예: 첼시는 삽을 돌려받길 원했다)에 대한 가설을 세우기 위해 선행사건을 살펴볼 필요는 있지만, 맥락, 조건 또는 유발요인이 문제 행동을 강화(즉, 유지 또는 증가)하지는 않는다. 마찬가지로, 첼시에게 삽을 빼앗아 간 걸음마기 유아가 첼시가 자기 자신을 때린 이유가 되지는 않는다. 첼시에게 삽을 빼앗아 간 걸음마기 유아는 첼시의 자해행동의 유발 요인이다. 부모의 관심이나 원하는 사물을 얻는 것은 첼시의 문제 행동을 강화하는 후속결과(효과/목적)였다.

위의 예에서 보여 준 것과 같이, 각 관찰을 통해 문제 행동의 기능, 선행사건, 유발 요인에 대한 가설을 개발할 수는 있지만, 많은 횟수의 관찰기록을 검토한다면 좀 더 타당한 가설을 세울 수 있을 것이다. 많은 경우, 문제 행동은 한 가지 이상의 기능을 하고 문제 행동과 관련된 다수의 선행사건과 유발 요인들이 있다. 모든 면담과 관찰기록을 철저하게 검토하여 일련의 가설들을 개발해야 한다. 가족은 이러한 평가와 중재 과정의 통합적 부분이 되어야 한다.

4. 기능 분석

문제 행동에 대한 가설을 입증하는 유일한 타당한 방법은 기능 분석이라고 불리는 간단한 실험을 통해 각 가설을 검사하는 것이다(Carr et al., 1977; Iwata, Dorsey, Slifer, Bauman, & Richman, 1982). 이를 하기 위해 기능 분석에 전문성이 있고 문제 행동과 관련된 사회적 상황의 일부가 아닌 행동 전문가의 지원이 필요하다. 행동 전문가의 도움을 얻을 수 있다면 긍정적 행동지원 계획을 세우기 전에 기능 분석을 먼저 실시하는 것이 유리하다. 기능 분석의 결과는 긍정적 행동지원 계획이 문제 행동의 진짜 선행사건, 유발 요인, 기능을 다루게 될 가능성을 높일 것이다. 그러나 대개 면담이나 행동 관찰 등의 다른 자원을 통해 기능 평가 정보를 충분히 획득했을 때는 정교하고 엄격한 기능 분석이 반드시 필요한 것은 아니다(Horner et al., 2006). 이러한 이유로, 어떻게 기능 분석을 실시할 것인지에 대한 상세한 설명은 여기에서는 다루지 않는다. 대신, 필요한 지원을 제공할 행동 전문가가 있을 때는 기능평가를 실시할 것을 권장한다.

긍정적 행동지원 계획의 고안

긍정적 행동지원 계획은 가설이 옳다는 가정 하에서 고안된다. 긍정적 행동지원 계획은 또한 가설을 비형식적으로 검사한다. 선행 조건과 유발 요인에 대한 가설은 문제 행동의 발생을 예방하고 적절한 행동을 촉진하는 전략을 개발하는 데 사용된다. 문제 행동의 기능에 대한 가설은 유아에게 대체 행동 또는 대안행동으로서 가르칠 사회적으로 적절한 행동을 선택하는 데 사용된다. 포괄적인 긍정적 행동지원 계획의 요소들은 다음과 같다.

① 위기관리 계획
② 문제 행동을 예방하는 지원
- 맥락적 변인을 수정하거나 제거한다.
- 유발 요인을 수정하거나 제거한다.
- 행동 연쇄의 점진적인 증가를 차단한다.

③ 적절한 행동을 격려하기 위해 지원한다.
- 선택권과 선호도가 높은 상황을 제공한다.
- 단서를 삽입한다.
- 긍정적인 말을 해 준다.
- 의미 있고 흥미로우며 예측 가능한 일과와 활동을 고안한다.
- 지원된 일과, 과제 단순화, 사전 교수를 사용한다.

④ 효과적인 대체 행동을 가르치기 위해 지원한다.
- 기능적으로 동등한 의사소통 반응을 가르친다.
- 문제 행동보다 더 효과적인 행동을 가르친다.
- 사전에 미리 가르친다.

⑤ 행동 변화를 유지하고 일반화하도록 지원한다.

- 효과적인 대체 행동을 가르친다.
- 지연되고 간헐적인 강화를 도입한다.
- 여러 사람, 여러 장소, 여러 활동들에 걸쳐 가르친다.
- 문제 행동의 모든 기능을 동시에 다룬다.
- 먼저 통제된 상황에서 가르치고, 다음에 덜 통제된 상황에서 가르친다.

⑥ 자료 중심 점검

- 문제 행동을 점검한다.
- 대체 행동을 점검한다.

이 장의 부록에 긍정적 행동지원 계획의 예를 제시하였다. 이 장의 남은 부분에서는 포괄적인 긍정적 행동지원 계획의 각 요소들을 어떻게 구성할 것인지에 대해 설명한다.

1. 문화적 고려 사항

앞에서 설명한 것처럼 문화는 문제 행동의 존재 여부, 평가 정보의 해석 그리고 중재 절차의 수용 가능성을 판단하는 데 영향을 미친다. 전문가는 평가 정보를 해석하고 그 결과로 생긴 가설에 대해 논의함으로써 중재 절차를 고안하는 데 가족의 참여를 촉진할 수 있다. 관찰 평가 과정에서 기록된 문제 행동의 각 예들을 검토한다. 먼저 관찰하는 동안 문제 행동이 발생했는지에 대해 동의하는지 여부를 논의한다. 이는 무엇이 문제 행동인지 아닌지를(문화적으로 크게 영향을 받는 문제) 명확하게 하는 지속적인 과정에 도움이 된다. 문제 행동이 일어났다는 데 동의한다면 그 관찰 기간 동안 문제 행동의 선행사건과 후속결과에 대해서도 동의해야 한다. 또는 관찰하는 동안 가족이 있지 않았다면, 관찰된 선행사건과 후속결과에 대해 가족에게 설명해 준다. 마지막으로 후속결과를 언급하면서 문제 행동의 발생 이유(기능)에 대한 가설에 대해 논의하고, 선행사건을 언급하면서 문제 행동의 발생 가능성을 증가시키는 맥락적 변인이나 유발 요인이 있는지 주목한다. 가설은 이 과정에서 가장 주관적이고 문화적으로 영향을 받는 부분이지만, 선행사건과 후속결과에 대해 지속적으로 언급함으로써 동의에 이를 수 있어야 한다. 문제 행동에 관한 맥락, 기능, 가설에 대해 같은 방식으로 이해하게 됨으로써 문제 행동을 제거하고 적절한 사회적·의사소통 기술을 향상시키기 위한 예방적이고 교수적인 전략을 확인하는 협력 활동의 기반을 형성하게 된다.

2 위기관리 절차

긍정적 행동지원의 평가와 중재단계 동안, 문제 행동이 일어날 수 있다. 이런 상황이 발생했을 때 대처할 계획을 가지고 있어야 한다. 때로는 문제 행동의 발생이 중요하지 않고 심각하게 보이지 않을 수 있다. 또 어떤 때는 문제 행동이 심각하고 격렬하며 극단적이거나 유아나 다른 사람이 해를 당할 위험이 있는 위기 상황을 초래할 수 있다. 문제 행동이 일어나면, 문제가 경미하든 심각하든지를 막론하고, 유아를 지원하는 전문가와 가족은 미리 설정한 위기관리 계획에 따라 반응해야 한다. 이는 중재가 아니며, 문제 행동의 직접적 영향을 최소화하고 긍정적 행동지원 계획이 실행될 때까지 유아와 다른 사람의 안전을 지키기 위한 전략일 뿐임을 유의해야 한다.

Carr 등(1994)은 위기관리 계획을 위한 다섯 가지 제안을 하였다. 첫째, 문제 행동의 발생을 무시하고 문제 행동이 일어나지 않은 것처럼 행동한다. 둘째, 문제 행동이 일어나지 않은 것처럼 행동하는 것이 어렵다면, 적절한 행동을 위한 단서를 도입하여 조용히 유아의 주의를 다른 데로 돌린다. 예를 들어, 유아가 화가 나서 물건을 던지면 부모는 유아가 좋아하는 물건을 가지고 다가가서 "같이 책 읽자."라고 말한다. 셋째, 행동이 격렬하거나 심각하면, 유아가 다치지 않도록 가구나 다른 사물을 옮긴다. 넷째, 근처에 있는 유아에게 다른 곳으로 가라고 하는 것이 현명하다. 다섯째, 잠깐 유아를 말리는 것이 필요하다. 이상의 다섯 가지 제안은 유아에게 적절한 행동을 가르치는 것이 아니라 단지 문제 행동을 중지시키고 유아와 다른 사람을 보호하는 역할을 할 뿐이다. 위기관리 계획은 단기 계획일 뿐이며, 문제 행동이나 다요소 긍정적 행동지원 계획의 필요성을 제거하지 못한다는 것을 기억해야 한다.

3. 문제 행동을 예방하는 지원

평가 정보로부터 개발된 가설에는 문제 행동이 언제 발생할지를 예측할 수 있는 한 가지 이상의 맥락적 변인(선행사건 조건이나 상황)이나 유발 요인이 포함되어 있다. 긍정적 행동지원 계획은 필요할 때마다 이러한 변인을 수정하거나 제거한다(Neilsen & McEvoy, 2004). 예를 들어, 첼시가 놀이터에서 다른 유아들과 함께 좁은 영역에 복잡하게 있을 때 자해행동을 할 가능성이 있다면 그 상황은 제거될 수 있다. 만약 모래상자가 복잡하다면, 부모는 첼시를 덜 복잡한 곳으로 데려가 놀게 할 수 있다. 전체 놀이터가 복잡하다면 부모는 그 시간을 알아보고 덜 복잡한 시간에 놀 수 있도록 시간표를 바꿀 수 있을 것이다. 마찬가지로, 첼시에게서 장난감을 빼앗는 것이 자해 행동의 유발 요인이라면 각 장난감을 유형별로 하나 이상씩 준비하여 다른 유아들이 첼시의 물건을 빼앗아 갈 가능성을 낮출 수 있을 것이다. 걸음마기 유아는 다른 사람의 장난감을 빼앗을 가능성이 높으므로 어린 유아들(1~3세 유아)과 가까이에서 노는 것을 피하고 4~5세 유아와 함께 놀도록 한다.

문제 행동과 관련이 있는 맥락적 변인과 유발 요인이 유아의 일과와 활동의 필수 요소인지를 고려하는 것은 중요하다. 예를 들어, 첼시가 몇 달 후에 유치원에 다닐 예정이라면 긍정적 행동지원 계획에는 초기에는 유아들과 복잡한 영역에 함께 있기를 피하는 것을 포함할 수 있다. 또한 계획은 첼시가 점점 더 많은 유아들과 가까이에서 적절하게 노는 것에 익숙해지도록 돕는 전략을 포함할 수 있다. 만약 첼시가 어린 동생이 있거나 어린 사촌 동생과 자주 함께 있다면 유아가 장난감을 빼앗아 가는 유발 요인을 제거하는 것은 어려울 것이다. 특히 유발요인이 나타날 가능성이 높을 때 적절한 행동을 촉진하고 사회적으로 적절한 대체 행동을 가르치는 다른 전략들을 실행해야 할 것이다.

때로는 평가 정보가 문제 행동이 행동 연쇄의 점진적 증가와 관련된다는 것을 보여 줄 수 있다. 예를 들어, 첼시는 삽을 얻으려고 두 번의 구어적 요구를 하였으나 성공하지 못했다(삽을 받지 못했다). 그 다음에 자해 행동을 하였다. 부가적인 평가정보는 첼시의 문제 행동은 반복된 실패하는 의사소통 시도 후에 전형적으로 나타난다는 것을 확인해 준다. 만약 이것이 자해 행동을 이끄는 행동연쇄라고 확인되면 긍정적 행동지원 계획에 포함되는 예방전략 중 하나는 행동 연쇄가 점진적으로 증가하는 것을 막는 것이다(Kazdin, 2001). 첼시의 의사소통 요구가 성공적이지 않을 때 부모나 전문가는 다시 요구하거나, 다른 유아나 성인이 요구를 충족시켜 주도록 격려하여 행동 연쇄를 차단하거나 부모 또는 전문가가 요구를 충족시켜 줌으로써 연쇄를 차단할 수 있다. 만약 이것이 유아의 요구를 만족시키는 데 적절하지 않거나 가능하지 않는다면 첼시를 그 상황에서 데리고 나오거나 좋아하는 다른 과제로 관심을 돌리게 할 수 있다.

4. 적절한 행동을 촉진하는 지원

문제 행동의 예방 전략과 함께 긍정적 행동지원 계획은 적절한 행동과 관련한 맥락적 변인과 유발 요인을 포함해야 한다. 일반적으로 선호도가 높고, 유아가 선택하였으며, 예측이 가능한 상황, 일과, 활동 등은 문제 행동과 거의 혹은 전혀 관련이 없다(Janney &

Snell, 2000). 이러한 선행 사건/맥락적 변인은 유아에게 통제감을 준다.

1) 선택권과 선호도 높은 상황, 일과, 활동

성인은 많은 시간을 자신이 좋아하는 것을 하면서 보낸다. 인간은 자신의 활동을 선택할 때 즐거운 것을 선택하기 마련이다. 가정생활의 잡다한 일에 대해서도 선택할 수 있다. 성인들은 때로 자신의 잡다한 일을 자신이 하고 싶은 방법으로 자기가 좋아하는 사물을 가지고 한다. 대조적으로, 많은 유아들은(특히 장애를 가진 유아들은) 그들의 일상생활에서 선택 기회를 매우 적게 갖는다. 대신 일반적으로 성인들이 매일의 시간표를 자신들에게 편리하도록 유아의 일과와 활동들을 조정한다. 이는 성인이 유아의 선호나 흥미를 전혀 고려하지 않는다는 것을 의미하는 것은 아니다. 그러나 유아가 자신의 시간표를 만들 기회를 갖는다면 유아들이 선택할 시간표와 현재의 일과 시간표는 꽤 차이가 날 것이다. 유아의 선호를 존중하는 것은 유아에게 자신의 매일의 삶에 대한 통제감을 줄 뿐 아니라 유아를 존중한다는 것을 전달하게 된다(Carmeron, Maguire, & Maguire, 1998).

대부분의 유아들에게 성인이 만든 시간표는 문제가 되지 않으며 유아들이 좋아하는 많은 것들이 포함되어 있다. 그러나 유아가 심각한 문제 행동을 할 때 유아는 자기 세계의 일부만이라도 통제하고자 하는 욕구를 표현한다. 앞에서 말한 바와 같이, 대부분의 문제 행동의 목적은 "난 뭔가를 원한다(관심, 사물, 끝내거나/중지할 어떤 것)."는 것을 의사소통하고자 하는 것이다. 그러므로 문제 행동을 감소시키는 한 가지 방법은 유아의 선택을 반영한 시간표를 고안하는 것이다(Dunlap et al., 1994; Dyer, Dunlap, & Winterling, 1990). 그러한 시간표는 유아가 좋아하는 상황, 일과, 활동을 포함해야 한다. 이는 의사소통 능력이 제한된 영아나 유아들의 경우, 부모와 전문가는 유아가 어떤 선호와 선택을 표현하는지 확인하기 위해 주의 깊게 관찰해야 함을 의미한다. 예를 들어, 부모가 샤워하고 옷 입을 때까지 침대에서 기다리지 않고 영아는 아침에 일어나자마자 바로 침대에서 나가 먹고 싶어서 매우 짜증을 내고 아침 일찍부터 문제 행동을 할 수 있다. 부모는 기꺼이 아침 시간표를 조절하여 한 사람이 샤워하는 동안 다른 사람이 일어나 아기에게 아침을 먹이는 것으로 바꿀 수 있다. 유아가 일어나고 먹는 시간을 선택하도록 하는 것이 이른 아침에 일어나는 문제 행동을 제거하는 데 필요한 모든 것일 수 있다.

2) 적합한 행동을 위한 삽입된 일과와 단서

문제 행동이 자주 일어나는 상황에서 적합한 행동을 격려하는 다른 전략은 적합한 행동을 시도하는 일과와 단서를 도입하거나 삽입하는 것이다(Carr et al., 1998). 예를 들어, 첼시와 아빠는 예전부터 함께 해 오던 좋아하는 애정적인 활동, 즉 아빠가 손가락으로 첼시의 다리, 팔, 목, 얼굴을 지나 머리끝까지 걸어올라 가면서 "거미가 줄을 타고 올라갑니다."를 노래하는 활동을 한다. 첼시는 아빠가 그렇게 할 때마다 간지럼 타기를 기대하면서 깔깔댈 것이다. 노래와 첼시 아빠의 손가락 움직임은 적합한 행동을 위한 일과와 단서다. 긍정적 행동지원 계획은 첼시가 자해 행동을 할 가능성이 있는 시간에 이것을 삽입함으로써 이 일과를 사용할 수 있다. 예를 들어, 첼시가 이웃 유아와 게임을 하면서 자기 차례를 기다리고 있을 때 첼시 아빠는 방해하지 않고 첼시 뒤에 앉아 첼시의 귀에 대고 부드럽게 노래를 불러 주면서 가끔 손가락으로 아이의 등과 어깨를 간질일 수 있다. 이 일과는 적합한 행동과 관련 있기 때문에 첼시가 적합한 행동을 계속 하도록 하는 촉진이 될 수 있다. 마찬가지로, 첼시가 집에서 형제와 장난감을 가지고 노는 동안 타이머로 촉진했을 때 차례 지키기를 학습했다면, 타이머를 5분으로 돌려놓고 "5분마다 차례대로 장난감을 갖고 놀자."고 말해 주는 단서를 유치원에서 적합한 행동을 위한 단서로 도입할 수 있다.

적합한 행동을 격려하기 위한 삽입과 관련된 두 가지 전략은 분산요청 전략(고확률 요구로도 알려진) (Horner, Day, Sprague, O' Brien, & Heathfield, 1991) (Davis, Brady, Williams, & Hamilton, 1992)과 긍정적인 사회적 언급이다(Kennedy, Itkonen, & Lindquist, 1995). 분산요청 전략은 지시 따르기를 요구했을 때 문제 행동을 하는 유아가 적합한 행동을 하도록 격려할 수 있다. 절차는 쉽게 따를 수 있고 문제 행동과 관련되지 않은 몇 가지의 짧은 요구를 하는 것이다. 일단 유아가 쉬운 요구에 대해 적절하게 반응하면 좀 더 어려운 요구를 한다(어렵다는 것은 전형적으로 문제 행동을 일으키는 요구를 말한다). 연속해서 빠른 속도로 몇 가지의 쉬운 요구에 정확하게 반응하는 것은 어려운 요구를 했을 때 계속해서 정반응을 하도록 촉진하는 계기를 형성한다고 연구들은 제안하고 있다. 예를 들어, 유아에게 자기가 좋아하는 연필을 꺼내고, 'ㅂ' 으로 시작하는 단어를 가리키고(두 개의 쉬운 요구) 그 다음 'ㅂ' 철자를 따라 쓰라고(어려운 요구) 요구할 수 있다.

유아가 요구에 반응할 수 있는 능력을 보이지만(즉, 반응은 이미 습득했지만), 요구를 하면 아직도 문제 행동을 할 때 분산요청 전략을 고려해 볼 수 있다. 앞에서 논의한 바와 같이 유아에게 부여된 요구가 필요하고 적절한지를 생각해 보아야 한다. 유아의 관점에서 의미

없거나 중요하지 않은 요구일 수 있는 경우에는 더욱 그렇다.

긍정적 사회적 언급 전략은 분산요청 전략과 비슷하지만, 요구를 하기보다는 어려운 요구를 하기 전에 유아를 기분 좋게 할 수 있는 몇 가지 언급을 해 준다. 예를 들어, 부모는 유아에게 "아, 네가 좋아하는 테디 곰을 들고 있구나. 테디 곰이 너를 사랑해."(부모는 테디 곰이 유아를 안아 주게 한다.), "테디 곰이 너랑 같이 있어서 행복하구나. 자, 약 먹자."(부모는 유아가 싫어하는 항생제를 준다.) 라고 말한다.

3) 의미 있고, 흥미롭고, 예측 가능한 일과와 활동

위의 긍정적 언급 전략이 유아를 기분 좋게 하여 문제 행동을 감소시키는 것처럼, 의미 있고, 흥미롭고, 예측 가능한 일과와 활동으로 채워지도록 유아의 경험을 구성해 주면 유아의 기분을 좋게 하고 적합한 행동을 촉진할 수 있다(Cameron et al., 1998; Hemmeter & Ostrosky, 2003). 영아, 걸음마기 유아 그리고 유아들에게 의미 있고 흥미로운 일과와 활동에는 여러 가지 다양한 놀이 상황(집, 유아프로그램, 공원, 놀이 그룹, 영아/걸음마기 유아 체육활동 그룹), 부모가 용무를 볼 때 함께 다양한 장소로 잠깐씩 외출하기, 일상생활의 전형적인 활동 등이 있다. 식사, 목욕, 옷 입기 등과 같은 일상생활 활동이 영아나 유아의 관점에서 흥미 있고 의미 있는 것으로 보이지 않을 수 있지만, 이러한 활동들을 사회적이고 즐거운 방법으로 할 수 있다. 또한 이러한 활동들이 놀이나 외출 준비를 하면서 행해지면 의미 있고 흥미 있는 활동과 연합되고 따라서 동기가 부여된다.

예측 가능한 일과와 활동은 영유아의 세계에 질서를 제공하므로 적합한 행동과 관련된다. 세계가 예측가능하다면, 통제감을 느낄 수 있고 세계는 기대하지 않은 사건과 놀라움으로 가득하지 않게 된다(Noonan & Siegel, 2003). 예를 들어, 유아의 아침 일과가 항상 똑같다면(엄마나 아빠가 깨워주고 안아 주고 기저귀를 갈아 주고 잠깐 놀아 주고 우유를 주고 옷 입혀주는), 매일 반복되는 활동으로부터 유아는 잠깐 놀고 난 후에 곧 우유를 먹게 될 것이라는 것을 학습할 것이다. 유아는 자신이 이것을 알고 있다는 것을 인식하지 못할 수 있다. 그러나 일과가 순서대로 되지 않으면 유아는 매일 아침 언제 우유를 먹게 될 것인지 확신하지 못하게 될 것이다. 예측 가능한 일과는 또한 언어 이해에 중요한 기초가 된다(유아에게 매일 같은 상황에서 우유병과 시리얼을 보여 준 후 바로 "아침 먹자."라고 말하면 말의 의미를 학습할 가능성이 높아진다). 언어 이해력의 향상은 예측 가능한 일과와 활동을 고안하는 데 도움이 된다. 이는 또한 문제 행동의 감소와 관련이 있는 것으로 보인다(Carr et al., 1994).

유아가 한 살이 되면 놀아도 되는 곳과 안 되는 곳, 만져도 되는 물건과 안 되는 것 등 간단한 규칙을 학습하기 시작한다. 간단한 규칙은 유아에게 적합한 행동에 대한 기대를 가르친다. 대부분의 유아는 가족과 다른 성인들로부터 긍정적인 관심을 받아서 매우 강화되며 좋은 행동을 하려고 동기화된다. 즉, 적합한 행동에 대한 기대에 순응하려는 마음이 생긴다. 간단한 규칙의 일관된 시행은 성인의 예측 가능한 반응을 유발하고, 따라서 적합한 행동을 촉진한다(Alberto & Troutman, 2003). 규칙은 지키지 않았을 때 유아들에게 벌이나 괴로운 후속 결과가 주어진다는 것을 의미하지 않는다. 그러나 유아의 행동은 교정되어야 (예: 확고하게 "안 돼"라고 말하기) 하며 적합한 행동으로 방향을 바꾸어야 함을 의미한다.

4) 지원된 일과, 과제 단순화 그리고 사전 교수

집이나 유아교육 프로그램 환경에서 유아에게 새롭거나 어려운 과제를 수행하도록 요구했을 때, 지원을 제공함으로써 과제를 하는 동안 적합한 행동을 격려할 수 있다. 지원은 지원된 일과, 과제 단순화 그리고 사전 교수를 포함할 수 있다. 각각의 전략들은 유아에게 주어진 과제를 쉽게 하도록 만들어 준다. 지원된 일과는 유아가 학습하고 있는 과제의 가장 어려운 부분을 할 때 도움을 주는 것이다(Cameron et al., 1998). 유아의 좌절을 최소화하고 참여를 격려하기 위해 과제의 가장 쉬운 부분에 초점을 맞춰 교수를 한다. 과제 단순화는 어려운 과제를 하는 대안적이고 더 쉬운 방법을 가르쳐서 좌절을 최소화하는 것을 말한다(Kern & Dunlap, 1998). 사전 교수는(초벌 교수로도 알려짐) 더 요구적이고 독립적인 상황에서 과제를 수행하라고 요구하기 전에 미리 그 과제를 연습하거나 반복하는 것이다(Koegel, Carter, & Koegel, 1998).

5. 효과적인 대체 행동의 교수를 위한 지원

앞에서 긍정적 행동지원 계획을 위한 선행사건 접근을 설명하였다. 문제 행동을 예방하는 지원과 적절한 행동을 격려하는 지원. 이러한 접근들이 포괄적인 긍정적 행동지원 계획의 필요한 요소들이지만 문제 행동의 목적이나 기능을 설명해 주지는 않는다. 긍정적 행동지원 계획은 문제 행동과 같은 기능을 하는 적합한 행동을 교수하는 데 초점을 맞춘다. 유아가 새로운 대체 행동으로 원하는 효과를 성취한다면 문제 행동은 필요하지 않을 것이다. 문제 행동과 같은 목적과 기능을 하는 대체 행동은 문제 행동을 유지하는 것과 동일한 강화를 사용한다(Carr et al., 1977). 기능적으로 동등한 대체 행동의 교수와 함께 선행 사건 전략(문제 행동을 예방하는 지원과 적절한 행동을 격려하는 지원)을 실행함으로써 매우 강력한 긍정적 행동지원 계획이 만들어질 수 있다.

1) 예방적 교수

문제 행동의 세 가지 주요 기능(목적)은 관심 끌기, 무언가를 얻기, 무언가로부터 피하기/끝내기다. 이러한 기능의 대체 행동은 "나는 관심이 필요해요." "난 무엇을 원해요." 또는 "난 무엇을 하기 싫어요."라고 의사소통하는 것이다. 한 가지 이상의 대체 행동을 가르치는 것은 기능적인 의사소통 훈련이다(Carr & Durand, 1985). 이것이 효과적이려면, 대체 행동의 기능이 문제 행동의 기능과 일치해야 한다. 효과적인 대체 행동은 다음의 특징을 갖는다.

① 대체 행동은 유아가 해야 할 상대적으로 단순한 반응이다.
② 대체 행동은 즉각적인 강화를 낳는다.
③ 대체 행동의 결과로 인한 강화는 문제 행동으로 인한 강화보다 더 강력하다(Horner & Day, 1991; Horner, Sprague, O' Brien, & Heathfield, 1990).

유아가 이미 문제 행동에 반응하는 기술을 가지고 있기 때문에 대체 행동은 단순한 반응이어야 한다. 새로운 수용 가능한 반응이 문제 행동보다 어려우면, 유아는 새로운 반응을 사용하려고 노력할 필요가 없다고 생각할 수 있다. 더 쉬운 문제 행동을 통해 동일한 강화를 얻을 수 있기 때문이다. 그 강도와 심각성 때문에 문제 행동은 즉각적이고 강력한 결과를 가져온다. 강화의 즉각성은 강화의 효능에 영향을 준다. 그러므로 사회적으로 적합한 행동이 문제 행동을 효과적으로 대체하려면 즉각적인 효과를 발휘해야 한다. 마지막으로 대체 행동에 대한 강화는 문제 행동에 대한 강화보다 더욱 강력해야 한다. 그렇지 않으면 유아는 문제 행동을 사용하려고 할 것이다. 첼시가 자기 자신을 때리고 울기 시작했을 때 부모 반응의 즉각성과 강도를 상상해 보자. 첼시의 엄마는 첼시에게 뛰어 가면서 공원 의자에서 "안 돼, 첼시."라고 소리친다. 첼시가 무엇을 원할 때 자해 행동 대신 "주세요."라고 말하도록 가르치려면 첼시 엄마는 첼시가 자기 머리를 때릴 때처럼 빨리, 강하게 반응해야 한다. "그래, 첼시, 삽 가지고 놀아도 돼." 이런 방법으로 첼시는 대체 행동이 문제 행동보다 더 효과적이라는 것을 배울 것이다.

사회적으로 적절한 대체 행동을 예방적으로 가르쳐야 한다. 가장 효과적인 교수 시간은 문제 행동이 일어날 가능성이 있는 상황이다(Carre et al., 1994). 첼시가 모래상자에서 노는 사례에서, 긍정적 행동지원 계획은 놀이터에서 장난감을 가지고 노는 걸음마기 유아들 가까이에서 "주세요."라고 말하는 대체 행동을 가르치는 것을 포함한다. 첼시의 엄마는 유아가 좋아하고 놀이터에서 가지고 놀 만한 장난감들(모래 장난감, 공, 분필 등등)을 담은 가방을 가지고 오며 놀이터에 올 때마다 첼시를 걸음마기 유아들 가까이에서 자리를 잡고 놀도록 하는 계획을 세울 수 있을 것이다. 첼시가 걸음마기 유아들의 장난감에 관심을 보일 때마다(장난감이나 걸음마기 유아를 바라본다든가, 장난감이나 걸음마기 유아에게 가까이 옮겨가거나 그쪽 방향으로 손을 뻗치는 등), 엄마는 첼시의 귀에 대고 "주세요."라고 속삭인다. 만약 첼시가 이를 모방하거나 비슷하게 따라하면 엄마는 걸음마기 유아의 반응을 관찰한다. 만약 걸음마기 유아가 즉시 첼시에게 장난감을 건네주지 않으면, 첼시의 엄마는 적절한 장난감을 첼시에게 재빨리 건네주며 "그래, 첼시. 이거 가지고 놀아."라고 말한다. 첼시가 걸음마기 유아가 가지고 노는 장난감에 손을 뻗칠 때마다, 엄마는 첼시의 손을 걸음마기 유아와 장난감으로부터 멀리 끌어내고 "주세요."라고 속삭이고 첼시에게 적절한 장난감을 건네주며 "그래, 첼시. 이거 가지고 놀아."라고 말한다. 새로운 대체 행동에 즉각적이고 똑같은 강도의 강화로 반응하는 것은 처음에는 유아의 긍정적 행동지원 계획을 실시하는 성인에게 많은 요구를 한다. 이것은 유아에게 새로운 반응이 매우 효과적임을 가르치는 데 필요한 첫 번째 단계다. 긍정적 행동지원이 실제적인 접근법이 되기 위해서는, 유아에게 강화받기 위해 잠깐 동안 기다리고 모든 반응에 강화가 주어지지 않더라도 사회적으로 적절한 행동을 하도록 가르쳐야 한다(Carr et al., 1994). 이러한 문제는 (다음에서 논의될) 행동 변화의 유지와 일반화를 지원함으로써 해결된다.

2) 재지시

긍정적 행동지원 계획은 문제 행동을 예방하고 비효과적이며 불필요한 것이 되게 하는 많은 전략들을 포함하지만 그래도 문제 행동이 가끔 일어날 것이다. 위기관리 절차에 대한 논의에서 밝힌 것처럼 이런 일에 대처할 수 있는 계획이 있어야 한다. Janney와 Snell(2000)은 문제 행동에 대한 반응은 중립적이어야 하며(즉, 행동의 내용에 반응하지 않아야 한다) 유아가 적합한 행동으로 방향을 돌리도록 재지시해야 한다고 제안하였다. 재지시 전략은 유아가 문제 행동과 동일한 기능을 하는 적합한 행동을 하도록 시범을 보이고 촉진하는 것이다. 재지시를 하지 않고 무시하는 것은 유아에게 상황에 맞는 적절한 반응을 가르치지 않기 때문에 비효과적이다.

6. 행동 변화의 유지와 일반화를 위한 지원

포괄적인 긍정적 행동지원의 마지막 요소는 문제 행동을 제거하고 새로운 대체 행동을 계속해서(유지) 새로운 상황에서도(일반화) 사용하도록 지원하는 전략이다. 새로운 기능적인 의사소통 기술(대체 행동)이 더 효과적이고 더욱 강력한 강화를 가져온다면, 대체 행동은 유지되고 문제 행동을 대신할 것이다. 유지는 점차 간헐적이고 지연된 강화를 제공함으로써 더욱 촉진될 수 있는데 이는 자연적인 상황에서 더 일반적으로 일어난다(Carr et al., 1994). 간헐적이고 지연된 강화 계획은 처음에 대체 행동을 가르칠 때 필요한 즉각적이고 연속적인 강화 계획보다 더 실제적이다. 게다가, 간헐적이고 예측할 수 없는 강화 계획은 더욱 강력한 강화 계획으로 반응이 소거되기 어렵게 한다.

1) 유지

유아가 지연되고 간헐적인 강화를 수용하도록 돕는 데 유용한 전략 두 가지가 있다. 첫 번째 전략은 유아의 요구를 인식하고 유아에게 잠깐만 기다리라고 한 후 기다리는 동안 알고 있는 과제나 활동 등 간단한 일을 하도록 부탁한다(Carr et al., 1994). 예를 들어, 첼시가 사촌과 노는 동안 "주세요."라고 말하면, 엄마는 "그래, 첼시, 엄마가 금방 장난감 가지고 갈게. 기다리는 동안 옆에 있는 책 보고 있을래."라고 말한다. 강화가 지연되는 시간길이를 예측할 수 있는 활동을 사용함으로써 유아에게 강화가 곧 주어진다는 것을 명확하게 알려 줄 뿐 아니라 시간을 가늠할 구체적 척도를 제공하게 된다. 물론 첼시의 엄마는 첼시의 행동을 지켜보고 첼시가 책 읽기를 마치자마자 요구한 장난감을 주어야 한다.

강화의 즉각성과 일관성을 감소시킬 수 있는 두 번째 전략은 행동 연쇄다. 이 전략은 중요하며 제거될 수 없다고 부모나 전문가가 결정한 활동을 피하거나 끝내려는 목적을 가진 문제 행동과 관계있다. 행동 연쇄에서, 강화를 제공하기 전에 필수적인 활동 단계들이 점차 증가할 것이다(Lalli, Casey, & Kates, 1995). 예를 들어, 유아가 이 닦기를 피하기 위해 문제 행동을 일으킨다면(치아 건강문제는 유아가 이 닦기를 싫어한다는 이유로 지금까지 배제되어 왔다), 처음에는 "앞니 닦아."라고 요구한다. 유아가 앞니를 닦고 머리를 옆으로 흔들며

"더 이상 안 닦아."라고 했다면, 한쪽 옆니를 닦으라는 두 번째 요구를 추가할 수 있다. 이제 유아가 "더 이상 안 닦아."라고 말하기 전에 앞니와 옆니를 닦도록 요구한다. 이런 식으로 부가적인 단계들을 천천히 추가하고 이렇게 해서 유아는 쉬겠다고 요구하기 전에 전체 이 닦기 과제를 완수하게 될 것이다.

2) 일반화

유아가 학습한 상황 이외의 적절한 상황에서 기술을 보여 줄 때 진정한 학습이 이루어졌다고 말할 수 있다. 대체 행동의 일반화는 문제 행동을 제거하기 위해 중요하다. 그러나 새로운 기술의 일반화가 당연히 일어날 것으로 생각해서는 안 된다. 대신 일반화가 일어나도록 하기 위해 구체적 전략을 계획하여 실행해야 한다.

일반화는 기능적 의사소통 기술을 가르치는 시점부터 촉진될 수 있다(어떤 일반화 접근은 일반화가 성취되기 전에 새로운 기술을 먼저 습득해야 한다고 가정한다). 잘 검증된 전략은 분리된 조건에서 먼저 가르치는 것보다 자연적 조건과 다양한 사람, 장소, 활동 등에서 새로운 기술을 가르치는 것이다(Kazdin, 2001). 교수 상황은 유아가 부딪칠 가능성이 높은 자연적 상황들을 포함할 수 있도록 주의 깊게 선택되어야 한다. 이는 첼시가 장난감을 원하면 "주세요."라고 말하라고 가르칠 때 엄마, 아빠, 조부모 그리고 조기 중재 전문가가 교수를 실시해야 함을 의미한다. 어린 또래들과의 놀이 상황의 범위 또한 선택되어야 한다. 공원에서, 집에서 형제와 함께, 사촌과 조부모와 함께, 일주일마다 갖는 놀이 그룹 동안. 더불어 놀이 활동과 자료의 범위가 제시되어야 한다(예: 모래 장난감, 책, 크레용, 작은 상, 블록 등)

교수활동에서 문제 행동의 모든 기능들을 동시에 다루면 일반화의 가능성이 증진된다(Carr et al., 1994). 첼시의 문제 행동에 대한 평가 결과가 첼시의 자해 행동은 성인의 관심을 요구하거나 무언가를 얻기 위한 목적이라고 해석된다면 교수에서 두 가지를 동시에 다루어야 한다. 첼시가 장난감을 요구하는 것처럼 보이는 상황에서 "주세요."라고 하면 긍정적이고 열광적인 성인의 관심이 따라야 한다. 또한 첼시가 장난감을 요구하는 것처럼 보이지 않는 상황에서 "주세요."라고 하면 이때에도 역시 긍정적이고 열광적인 성인의 관심이 따라야 한다.

만약 문제 행동이 한 가지 이상의 상황에서 예방하기 어렵다면 가장 쉽고, 가장 통제가 잘 된 상황에서부터 시작하는 것이 좋다(Carr et al., 1994). 통제된 상황은 문제 행동의 유발

요인이 가장 적은 상황이다. 예를 들어, 첼시의 집과 놀이 소그룹은 할머니 집이나 공원보다는 덜 산만하고 유발 요인이 적으므로 첫 번째 교수 상황이 될 수 있을 것이다. 일단 첼시가 집과 놀이 소그룹에서 새로운 대체 의사소통 기술을 정기적으로 사용하면 교수를 할머니 집과 공원으로 확대할 수 있다.

7. 자료 중심적인 점검

포괄적인 긍정적 행동지원 계획의 마지막 요소는 실행 결과를 점검하는 것이다. 자료 수집 절차를 실시하여 문제 행동의 제거 또는 감소와 기능적으로 동등한 대체 행동의 습득과 증가를 점검해야 한다. 가족이 원하면, 가족도 자료 수집에 참여할 수 있다. 그렇지 않으면, 전문가가 실행 가능한 자료 수집을 할 수 있다. 자료는 정기적으로 검토되어야 하며(매 1~2주마다), 진도가 충분하지 않다고 판단되면 중재 계획은 수정되어야 한다.

요 약

효율성과 윤리적 문제 때문에 문제 행동에 대한 전통적인 행동주의적 접근법은 긍정적 행동지원으로 대체되었다. 긍정적 행동지원 모형은 지속적인 효과가 있으며 체벌적인 방법보다 긍정적이고 예방적인 방법에 의존하므로 더 우수하다. 긍정적 행동지원 모형의 중심은 문제 행동의 목적(기능)을 확인하기 위해 기능적 평가를 사용하는 것이다. 일반적으로 문제 행동은 의사소통의 기능(관심 끌기, 구체물 얻기, 피하기/끝내기, 회피하기)을 한다. 문제 행동의 목적을 앎으로써 긍정적 행동지원 계획의 개발 방향을 결정할 수 있다. 모든 긍정적 행동지원 계획은 문제 행동의 발생을 예방하고 적절한 행동의 가능성을 증가시키며 문제 행동을 대체하는 사회적으로 적합한 행동을 가르치고, 새롭게 습득한 기술의 유지와 일반화를 향상시키는 전략을 포함한다.

연/구/문/제

1. 문제 행동과 관련된 심각성의 정도를 확인하고 설명하시오.

2. 문제 행동의 평가와 중재를 하기 위한 전통적인 행동주의적 접근법과 긍정적 행동지원접근법을 비교하시오.
3. 전통적인 행동주의적 접근법과 관련한 효율성과 윤리적 문제에 대해 논의하시오.
4. 사회적 판단이 문제 행동의 존재 여부에 어떻게 영향을 주는지 논의하시오.
5. 문제 행동의 네 가지 기능을 확인하고 그 예를 드시오.
6. 문제 행동의 유발 요인을 정의하고 그 예를 드시오.
7. 맥락적 영향이 문제 행동에 어떻게 영향을 주는지 논의하시오.
8. 긍정적 행동지원의 위기 계획을 정의하고 설명하시오.
9. 기능적 평가를 실시하는 목적은 무엇인가?
10. 기능적 평가를 위한 면담과 직접 관찰법을 통해 무엇을 배울 수 있는지 논의하고 비교하시오.
11. 문제 행동의 직접 관찰을 기록하기 위한 기록카드 양식의 요소를 확인하고 설명하시오.
12. 문제 행동의 가설을 왜 개발해야 하는가?
13. 긍정적 행동지원 계획의 요소를 나열하시오.
14. 문제 행동의 존재 여부, 평가 정보의 해석 그리고 중재 절차의 수용 가능성에 대해 판단할 때 문화가 어떻게 영향을 주는지 논의하시오.
15. 문제 행동을 예방하기 위한 전략을 세 가지 이상 설명하시오.
16. 문제 행동에 대한 효과적인 대체 행동의 특성을 설명하시오.
17. 행동 변화의 일반화를 향상시키기 위한 두 가지 접근법에 대해 논의하시오.

[부 록]

[첼시의 긍정적 행동지원 계획]

| 긍정적 행동지원 계획 |

유아: 첼시 **날짜:** 2005. 05. 22.

긍정적 행동지원 팀: 토니(조기중재 프로그램), 엄마, 아빠, 할아버지, 켈리(영아 보모)

문제 행동: 첼시는 주먹으로 자기 머리를 때린다.

가설
기능: 1) 첼시는 성인의 관심을 얻기 위해 자기 머리를 때린다. 2) 첼시는 원하는 사물을 얻기 위해 자기 머리를 때린다. 맥락과 유발 요인: 3) 첼시는 자기보다 어린아이들과 놀 때 자기 머리를 때릴 가능성이 가장 높다. 4) 첼시는 복잡한 상황에 있을 때 자기 머리를 때릴 가능성이 가장 높다. 5) 첼시에게서 무언가를 빼앗는 것은 자기 머리를 때리는 유발 요인이 된다.
위기관리 계획
만약 첼시가 자기 머리를 때리면 아래에 나열한 단계를 따르시오. 1) 보지 않거나 듣지 않은 것처럼 행동한다. 또다시 자기 머리를 때리는 일이 일어나면 2단계로 간다. 2) 첼시에게 천천히 다가가서, 조용히 덜 복잡한 영역으로 옮겨서 좋아하는 장난감을 가지고 놀게 유도한다. 때리는 것을 계속하면 3단계로 간다. 3) 첼시의 손을 단단히 잡고 끌어내려 머리에서 떨어지게 한다. 자기 앞에 놓여 있는 장난감에 대해 조용히 그러나 엄격하게 말한다. 첼시가 팔을 이완하는 것처럼 보이면 손을 느슨하게 잡고 장난감으로 손을 이끈다. 장난감에 흥미를 보이면 손을 놓아 준다. 이때 유아가 다른 장난감이나 다른 유형의 놀이에 관심을 보이면 놀이를 하도록 놓아 준다. 만약 첼시가 쉽게 조용해지지 않으면 좋아하는 몇 가지 노래('거미가 줄을 타고 올라갑니다' '엄마가 섬 그늘에')를 조용히 불러 준다.

[긍정적 행동지원 계획]

행동지원 전략	문제 행동 예방			적절한 행동 격려					대체 행동 교수			행동변화의 유지와 일반화			
	맥락적 변인의 수정·제거	유발요인의 수정·제거	행동 연쇄의 증감 방해	선택권과 선호 상황	단서 삽입	긍정적인 사회적 언급 제시	긍정적인 일과와 활동 고안	지원된 일과·과제 단순화·사전 교수 이용	기능적으로 동등한 의사소통 반응 교수	더 효과적인 행동 교수	예방적 교수	지연되고 간헐적인 강화 사용	사람·장소·활동에 걸친 교수	문제 행동의 기능 동시적 표현	통제된 상황에서 덜 통제된 상황으로 이동
• **혼잡을 피한다.** 특히 걸음마기 유아들이 많이 있을 때; 복잡하지 않거나 나이 많은(4세 이상) 유아들이 있는 영역을 찾는다.	V			V			V								
• **장난감을 가져온다.** 놀이 영역에서 다른 유아들이 가지고 놀 가능성이 높은 것과 같거나 유사한 것(놀이터와 공원: 공, 모래 장난감, 작은 자전거; 수영장: 비치 볼, 물안경, 튜브 등)		V													
• **가까이에 머무른다.** 첼시가 다른 아이들이 갖고 노는 장난감을 갖고 놀기 위해 요구하는지 관찰한다. 만약 요구가 성공적이지 않으면(또래가 무시하거나 "싫어." 하면) 첼시에게 다가가서 요구를 승인하고 ("아, 공 갖고 놀고 싶구나."), 요구한 장난감을 준다.			V				V	V							
• **복잡한 상황에서 가까이 머무른다.** 조용히 좋아하는 노래를 불러 주고 등을 쓰다듬어 준다.					V		V								
• **같이 놀 나이 많은 유아(4세 이상)를 초대한다.**	V	V			V		V								
• **어린 또래를 점진적으로 추가한다.** 처음에는 한 명의 걸음마기 유아와 같은 연령의 또래 가까이에서 놀게 한다. 요구한 장난감을 얻지 못하면 요구한 장난감을 제공하고 머리를 때리면 재지시한다. 성공하면 다른 또래를 추가하고 서너 명의 유아들 가까이에서 놀 수 있을 때까지 반복한다.	V							V			V				

[긍정적 행동지원 계획]

행동지원 전략	문제 행동 예방			적절한 행동 격려					대체 행동 교수			행동변화의 유지와 일반화			
	맥락적 변인의 수정·제거	유발요인의 수정·제거	행동 연쇄의증감 방해	선택권과 선호 상황	단서 삽입	긍정적인 사회적 언급 제시	긍정적인 일과와 활동 고안	지원된 일과·과제 단순화·사전 교수 이용	기능적으로 동등한 의사소통 반응 교수	더 효과적인 행동 교수	예방적 교수	지연되고 간헐적인 강화 사용	사람·장소·활동에 걸친 교수	문제 행동의 기능 동시적 표현	통제된 상황에서 덜 통제된 상황으로 이동
• **선택하게 한다.** 놀이영역에서 놀 장소와 물건을 선택하게 한다. 여러 또래들과 장난감 중 선택하게 한다.				V											
• **"주세요." 라고 말하도록 가르친다.** 원하는 장난감을 가리키면서 들리도록 "주세요."라고 말하도록 가르친다. 첼시가 장난감을 가지고 또래 근처에서 놀면 가까이 앉아 있는다. 첼시가 장난감을 유심히 보면(5초 이상) "주세요." 라고 속삭인다. 모방을 안 하면 시범을 보이고 물건을 가리키게 한다. 또래가 공유하지 않으면 유사한 장난감을 가지고 놀도록 재지시한다.					V				V	V					
• **열광적인 관심을 제공한다.** 첼시가 "주세요." 할 때마다 열광적인 관심을 준다.										V	V		V	V	
• **기다리도록 가르친다.** 일단 첼시가 "주세요." 라고 요구하게 되면(적어도 2주간), 요구한 것을 주기 전에 다른 것을 하도록 요구한다("그래, 공을 가질 수 있어. 공 가져올 동안 이 주스 마시고 있어.")							V					V	V	V	V

C.H.A.P.T.E.R. 11

그룹교수

-Mary Jo Noonan-

| 이 장의 주요 내용 |

- 그룹교수의 이론적 기초
- 교수그룹의 특성: 구성, 상호작용 그리고 내용
- 그룹참여 기술들
- 그룹에서 필요한 기술의 교수 전략
- 그룹교수의 조직과 계획
- 그룹참여 촉진
- 교수과정에서 그룹지원
- 협동학습 그룹

유아들은 자주 또래와 함께 있게 되며 특히 어린이 집이나 유치원에서는 또래들과 더 많은 시간을 함께 보내게 된다. 유아들은 가정(유아와 비슷한 나이의 형제자매가 2명 혹은 그 이상 있다면), 친척들과의 모임, 이웃 그리고 해변이나 놀이터와 같은 공공의 여가장소 등 다양한 상황과 장소에서 또래들과 만나게 된다. 이러한 장소와 상황 속에서 장애유아들은 놀이를 학습하고 또래유아와 사회적인 상호작용방법을 학습하게 된다(Elgas & Lynch, 1998). 그룹놀이와 사회화와 관련된 기술은 장애유아 특히 자폐유아나 사회적 요구를 갖고 있는 유아에게는 중요한 교수목표가 된다(Heflin & Alberto, 2001; Rotholz, 1987).

그룹교수는 2명 이상의 유아를 동시에 가르치는 것이다. 유아가 교육적 혹은 사회적 집단에 성공적으로 참여하기 위해서는 광범위한 기술들이 필요하다. 이러한 기술들로는 그룹 지시사항 따르기, 그룹학습에 반응하기, 규칙이나 일과 따르기, 다른 유아들과 가까이서 혼자 놀거나 작업하기, 또래와 협력적으로 놀거나 작업하기, 차례 지키기, 공유하기 그리고 기다리기 등의 기술을 들 수 있다. 이러한 기술들은 그룹상황에서만 배울 수 있다. 그룹교수는 중증의 장애유아(Bambara, Warren, & Komisar, 1988; Brown & Holvoet, 1982)나 자폐유아(Hoyson, Jamieson, & Strain, 1984; Kamps, Walker, Maher, & Rotholz, 1992; Taubman et al., 2001)를 포함한 모든 유아들에게 효과적인 교수방법이다.

그룹교수가 효과적인 이유 중 하나는 수준이 다양한 유아들이 함께 있을 경우 관찰학습의 효과가 크다는 것이다(Brown & Holvoet, 1982; Singleton, Schuster, & Ault, 1995; Whalen, Schuster, & Hemmeter, 1996). 예를 들어, 토미는 걸음마기 유아로 또래들과 함께 생활하고 있다. 토미는 단어로 말을 하지 못하였는데 키미가 말을 할 때 어른들의 관심을 받는 것을 관찰한 후 자신도 어른들의 관심을 받기 위해 말을 해야 한다는 것을 학습하게 되었다. 한 연구에 의하면, 관찰학습은 또래가 모델링을 제공할 때 촉진된다(Werts, Caldwell, & Wolery, 1996). 그룹교수의 또 다른 장점은 유아들이 적극적으로 교수에 참여하는 시간 양이 증가된다는 것이다. 총 30분을 3명의 유아에게 각각 10분씩 개인적인 학습시간을 제공하는 것보다 3명의 유아가 함께 30분간 그룹학습을 받으면 더 많은 시간을 적극적으로 학습에 참여하게 된다. 학습에 참여하는 시간이 많으면 많을수록 더 많은 것을 얻게 된다(McWilliam, Wolery, & Odom, 2001).

그룹교수는 또한 가족과 중재자에게도 도움이 된다. 신생아와 걸음마기 유아를 위한 프로그램은 가족들이 함께 참여하기 때문에 가족들 간에 지원망을 형성하게 된다. 그룹교수를 통해 다른 가족을 만날 기회가 없었다면 가족들은 프로그램에 소속된 전문가들만을 접하게 될 것이다. 그룹교수는 또한 전문가들이 시간을 효율적으로 활용할 수 있게 해 준다

(Collins et al., 1991; Rothholz, 1987). 그룹교수 대신 전문가들이 일대일로 유아를 개별적으로 교수한다면 더 많은 시간과 비용이 들어갈 것이다.

그룹의 속성

그룹지도는 장애유아에게 바람직하다. 문제는 어떻게 그룹을 구성하느냐 하는 것이다. 그룹은 그룹원의 구성, 상호작용 그리고 학습내용에 따라 특징지어질 수 있다.

1. 그룹원의 구성

그룹을 구성할 때에는 그룹에 포함되는 유아의 수와 유형을 고려해야 한다. 교수그룹은 적어도 2명 이상이어야 한다. 그룹의 최대크기는 25~30명으로 일반유아 학급에서 활용할 수 있다. 장애유아의 경우, 그룹크기는 다음과 같은 점에 유의하여 결정한다.

① 교수목표와 관련된 활동에 유아가 참여하기 위해 필요한 그룹의 크기는 어느 정도가 적당한가?
② 목표하고 있는 활동을 하기 위한 일반유아의 그룹크기는 일반적으로 어느 정도인가?
③ 유아가 학습해야 하는 그룹기술은 몇 명으로 구성된 그룹 활동을 위한 것인가?
④ 전문가들이 효과적으로 교수하기에 적당한 그룹크기는 어느 정도인가?

조기중재환경에서의 그룹크기는 대부분 작으며 보통 3~5명으로 구성되어 있다. 그룹에 필요한 기술을 결정할 때는 그룹참여와 관련된 유아의 현 수행능력과 교수목표들 그리고 전형적인 발달규준 등을 고려한다. 현 수행능력은 유아에게 어떤 것을 기대할 수 있는지에 대한 정보를 제공한다. 예를 들어, 3세의 어떤 유아가 시끄러운 상황에서 흥분하는 경향이 있다면, 이 유아를 위한 그룹크기는 처음에는 2명 정도로 하는 것이 적절하다. 유아가 작은 그룹에 익숙해지면 점차 더 큰 그룹에 참여하도록 한다. 만약 어느 4세 된 유아의 교수목표가 유치원 프로그램에 참여하는 것이라면, 유아에게 전형적인 유치원 학급의 크고 작은 다양한 그룹에서 교수를 제공한다. 유아의 현 수행수준을 고려할 때, 큰 그룹에 적응하는 것이 무리라면 부가적인 지원(특별한 친구와 함께 앉기)을 제공하거나 일정을 조절하여 점차적으로 그룹에 참여하는 시간을 늘려간다. 전형적인 발달규준도 고려해야 한다. 6~24개월의 일반유아는 단순한 사회적 상호작용(예: 미소 짓기, 까꿍 놀이와 같은 게임에서 교대로 하기)에 참여한다. 24개월에서 30개월의 유아는 장난감을 갖고 혼자 노는 경향이 있으며; 30개월에서 42개월 사이의 유아는 다른 유아 근처에서 혼자서 게임을 지속하며; 42개월 이상의 유아는 또래유아와 협동놀이를 한다(Wolery, McWilliam, & Bailey, 2005).

그룹구성은 동질적 혹은 이질적으로 할 수 있다(Collins et al., 1991). 동질그룹은 비슷한 수준의 능력과 관심을 가진 유아들이나 혹은 비슷한 연령대의 유아들로 구성된다. 이질그룹은 다양한 수준의 능력과 관심을 가진 유아들이나 비슷한 연령대가 아닌 유아들(연령차이가 6~12개월 이내)로 구성된다. 성, 기질, 문화적 · 언어적 배경과 같은 특성들도 그룹의 동질성과 이질성에 영향을 미친다.

동질그룹의 유아들은 비슷한 목표들을 갖고 있기 때문에 가르치기가 쉽다. 동질그룹에서는 한 유아에게 흥미 있는 활동은 다른 유아들에게도 흥미로울 가능성이 높다. 그러나 동질그룹은 그룹 안에서 다른 유아에게 모델링을 제공할 보다 유능한 유아가 없을 가능성이 있다는 단점을 갖고 있다. 또한 그룹의 모든 구성원들이 중증신체장애유아나 의사소통능력이 부족한 유아들을 도와주어야 한다면 적극적인 그룹활동을 수행하기가 어려워진다. 이질그룹을 위한 교수계획과 실행은 교사에게는 더 어려운 과제일 수 있지만, 유능한 또래 모델의 활용과 다양한 그룹참여 능력을 향상시킬 수 있는 중요한 장점이 있다.

2. 그룹상호작용

그룹교수는 유아들에게 사회적인 상호작용기술을 가르칠 수 있다는 커다란 장점을 갖고 있다. 사회적 상호작용 기술은 그룹 내에서 쉽게 삽입하여 가르칠 수 있다. 예를 들면, 조셉에게 호명된 다른 유아를 쳐다보도록 교육시킬 수 있다. 그리고 유아가 이미 간단한 사회적 상호작용 기술이 있다면 그 기술을 그룹 활동 시 활용할 수 있다(Brown, Holvoet, Guess, & Mulligan, 1980; Zanolli, Daggett, & Adams, 1996). 그룹 활동이나 또래에게 주의 집중하는 능력을 촉진시킬 수 있는 그룹상호작용 형태는 모든 그룹교수에 적용되어야 한다.

3. 교수내용

대부분의 그룹은 주제나 목적을 갖고 있다. 그룹의 주제나 목표는 유아의 연령에 적합해야 한다. 주제를 중심으로 교수내용을 계획하고 조직하는 것을 주제중심 교육과정 접근법이라고 한다(Miller, 1996). 주제는 특정한 기간 동안 사용하며(예: 1주간, 2주간, 1개월), 활동, 자료 그리고 음악을 통해 수행된다. 예를 들어, 3월의 주제를 '날씨'로 선정할 수 있다. 여러 가지 다양한 날씨 상태를 묘사할 수 있도록 칠판을 구성하고 날짜가 적힌 달력 위에 태양이나 구름조각을 붙일 수 있도록 하고 오전 이야기 나누기 시간에 태양, 비 그리고 바람에 대한 노래를 부르며 무지개, 여름의 즐거움, 눈 오는 날의 모험 등에 대한 이야기책을 책 영역에 비치하고 날씨에 관한 주제에 합당한 과학이나 미술활동 등을 한다.

자연에 관한 주제 외에도 유아들에게 적합한 주제로는 계절, 공휴일, 동물, 새, 교통기관, 가족, 이웃, 직업 등을 들 수 있다. 주제중심의 단원학습을 수행하는 데 필요한 정보를 제공해 줄 수 있는 저렴한 책이 시중에 많이 나와 있다(Charner, 1993; Herr & Larson, 2003; Mindes, 2000; Schiller & Hastings, 1998; Schiller & Phipps, 2002).

그룹교수는 구성원들의 개별적 교수목표가 성취되도록 활동의 맥락 안에서 수행한다. 걸음마기 유아그룹이 사과나 오렌지를 갖고 할 수 있는 활동의 예로는 사과나 오렌지의 이름 말하기, 색깔 구별하기 그리고 맛과 감촉을 느끼기 등이 있다. 이러한 활동을 수행하면서 그룹 안의 어떤 걸음마기 유아의 교수목표는 사과나 오렌지가 제시되었을 때 손을 뻗어 과일을 만지는 것이고, 다른 유아는 제시된 과일이름을 모방하도록 격려받고 자기 차례가 끝났을 때 다른 친구를 지적하는 것이 될 수 있다.

유아들이 각각 다른 활동에 참여해도 유아들을 그룹으로 조직할 수 있다. 예를 들어, 어린이 집이나 유치원에서 개별적인 활동시간에 유아가 스스로 활동을 선택하는 경우다. 유아들이 독립적으로 활동을 해도 그들은 물리적으로는 한 그룹(책상이나 마루) 안에 있다. 어린이 집과 유치원 학급에서는 유아가 또래들과 근접한 곳에서 독립적으로 활동하거나 적절하게 행동해야 한다.

4. 그룹 참여 기술/목표

유아기에 습득하는 사회적 기술과 언어적 기술은 그룹에 참여하기 위해 필요한 기술이다. 유아들은 적어도 3가지 유형의 그룹상황에 필요한 기술들을 학습해야 한다. ① 사회적/놀이그룹, ② 독립적 활동/놀이그룹, ③ 교수/여가그룹. 다음에는 각 유형의 그룹상황에서 필요한 기술들을 제시하였다.

사회적/놀이그룹

- 공유하기
- 차례 지키기
- 도와주기
- 협동하기

독립적 활동/놀이그룹

- 작업에 참여하기
- 도움 없이 작업이나 놀이하기
- 또래 방해하지 않기

교수/여가그룹

- 그룹의 지시 따르기
- 규칙과 일과 따르기
- 적절한 시간에 질문하기
- 적절한 시간에 이야기하기
- 그룹에 머무르기
- 선 안에서 걷고 기다리기

여기에 제시된 그룹 활동에 필요한 기술들은 걸음마기에 학습된다(Murphy & Vincent, 1989). 다른 기술들은 이후에 학습되며 학령기나 성인기까지 능력이 증진된다. 〈표 11-1〉은 유아가 어린이 집(Noonan et al., 1992)과 유치원(Vincent et al., 1980)에 성공적으로 적응하기 위해 필요한 교사가 언급한 그룹 기술(생존 기술) 목록이다.

유치원에서 필요한 그룹기술들은 3세의 일반유아들에게 적합한 것들이다(Noonan et al., 1992). 만약 유아가 〈표 11-1〉에 제시된 그룹기술을 학습하지 못했다면, 그 기술은 교수목표가 되기에 적합한 기술이다. 그룹참여 목표들은 제3장과 제4장에서 설명한 인간-중심계획과 생태학적 평가를 통해서 확인될 수 있다.

〈표 11-1〉 적응에 필요한 그룹기술 목록

어린이 집에서 필요한 그룹기술들	유치원에서 필요한 그룹기술들
• 한 활동에서 다른 활동으로 전이하기 • 지시 따르기 • 규칙과 일과 따르기 • 과제에 집중하기 • 교사에 주목하기 • 또래와 상호작용하기 • 또래와 의사소통하기 • 성인과 의사소통하기 • 차례 지키기 • 또래와 자료나 장난감 공유하기 • 다른 사람과 협동하거나 돕기 • 다른 사람을 방해하지 않기 • 활동에 적합한 목소리로 말하기	• 성인과 또래와의 상호작용 시작하기 • 시작하는 사람이 없을 때(다른 사람의 시작행동에) 성인이나 또래와 상호작용하기 • 대그룹에서 말하는 사람에게 주목하고 듣기 • 소그룹에서 차례가 되었을 때 발표하기 • 적어도 15분간 과제에 참여하기 • 하루 동안 활동들 간의 전이에 적응하기 • 또래, 성인들과 의사소통하기 • 다른 사람에게 질문하기 • 규칙을 지키고 따르기 • 필요한 경우 교사의 관심을 받는 행동을 하거나 손들기 • 차례를 기다리고 공유하기 • 교실에서 목소리의 크기를 조절하기 • 활동 시 자신에게 주어진 공간에 머무르기

그룹교수계획

그룹교수를 계획할 때 여러 가지 점들에 대해 고려해야 한다. 유아의 교수목표를 언제, 어떻게 포함시킬 것인지 결정하고 그룹참여를 촉진하고 학습기회로부터 이득을 얻을 수 있는 교수 방법을 선택해야 한다. 이 장에서는 그룹기술 가르치기, 그룹 조직하기, 그룹참여 촉진하기 그리고 교수과정을 지원하기 위해 그룹상황 활용하기 등 그룹교수를 위한 중요한 요소들에 관하여 논의할 것이다.

1. 그룹기술 가르치기

위에서 언급한 그룹참여기술 목록들을 제6장과 제9장에서 설명한 직접교수와 자연적 교수전략을 통하여 2세 유아를 가르칠 수 있다. 이때 교수목표가 되는 그룹참여기술은 명확하게 정의되어야 한다. 예를 들어, "앨런은 소그룹 활동시간에 2명의 또래와 함께 15분간 놀기(블록으로 탑을 쌓을 때 교대로 하기, 소꿉놀이와 같은 역할놀이, 퍼즐을 함께 맞추기)를 4주간 연속해서, 매주 적어도 3회 할 것이다." 그 다음은 목표행동이 성취될 수 있도록 지원하고 촉진하는 전략에 대해 정의한다. 예를 들어, 교사는 앨런에게 각 놀이그룹이 시작되는 처음 5분 동안 활동에 참여하라는 간단한 지시("퍼즐조각을 선택하세요.")를 작은 소리로 말해 줌으로써 앨런을 촉진할 수 있다.

촉진을 주었건 주지 않았건 어떠한 경우라도 앨런이 정반응을 할 때마다 교사는 전체 그룹에게 놀이를 잘하고 있다는 긍정적인 말을 해 준다. 엘런이 진전을 보이면 점차적으로 촉진을 제거하고, 앨런이 5초 이내에 반응을 보이지 않을 때만 그의 이름을 부르거나, (퍼즐조각을 선택하라는 등의) 간단한 촉진을 주어 활동을 상기시킨다. 이러한 예는 교수전략 중 구어적 촉진, 시간지연 그리고 구어적 강화 등에 해당된다. 모든 교수 상황에서 빈번한 자료 수집을 통해 유아의 진전 상태를 점검해야 한다.

유아가 그룹에 머물거나 그룹 활동에 참여하는 데 어려움을 보일 경우 우선 한 명의 또래유아와 활동에 참여하게 하고 상호작용하면 보상을 준다. 유아가 최소그룹 활동에 참여하는 것을 학습하게 되면 한 번에 한 명씩 다른 유아를 추가한다(Collins et al., 1991; Koegel & Rincover, 1974). 만일 유아가 그룹상황에 적절하게 참여하지만 유아의 목표성취에 대한 진전이 없다면 개별교수를 제공해야 할 것이다(Collins et al., 1991). 이것은 유아가 진전을 보이지 않을 때 유아의 그룹참여를 중단하는 것에 대한 대안이다. 그룹참여로 인해 유아가 많은 이익을 얻을 수 있도록 하기 위해 별도의 도움을 제공할 수 있다. 유아가 적당한 진전을 보일 경우 개별교수를 중단한다.

2. 그룹교수의 조직

모든 장애유아는 그룹 활동 시 적어도 한 가지 교수목표에 대한 교수를 받는다. 위에서 언급하였듯이 한 그룹 내 유아들의 목표는 같을 수도 있고 다를 수도 있다. 그룹상황에서 특정한 목표를 가르치기 위한 접근방법은 두 가지가 있다. 기술 삽입(Harris & Delmolino, 2002)과 기술 연계(Brown & Holvoet, 1982).

1) 기술 삽입

기술 삽입은 제9장에서 언급한 활동중심접근법과 유사하다. 첫 번째 단계는 유아의 연령에 적합한 그룹 활동을 선택하는 것이다. 활동은 자조기술이나 놀이(예: 이 닦기, 소꿉놀이) 혹은 일과(예: 서클 타임)일 수 있다. 활동이 유아의 교수목표가 될 수도 있다. 연령에 적합한 그룹 활동을 선택한 후에 이미 설정된 유아의 목표들을 다시 살펴보고 그중에서 선택된 활동에 이론적으로 적합하다고 생각되는 한두 가지 목표를 선택한다. 만약 그룹에 한 명 이상의 장애유아가 있다면 한 유아당 2~4가지 목표를 선택한다. 예를 들어, 키미의 교수목표인 '잡기' '달라고 요청하기' '물체 조작하기' 등이 어떻게 그릇과 요리도구를 가지고 노는 놀이를 통해서 실현 될 수 있는지 살펴보자. 위에 언급한 키미의 세 가지 목표는 활동들을 통해 학습될 수 있다. 그룹 안의 다른 유아들과 그릇과 요리도구를 주고받으면서 그리고 그릇 안에서 저을 때 키미는 그릇과 요리 도구를 손으로 잡는 학습을 한다. 그릇이 멀리 있어 잡을 수 없으면 "주세요."라고 요구하고 요리도구와 그릇을 가지게 되면 그것들을 사용함으로써 물체를 조작하게 된다.

활동과 각 유아의 교수목표를 선택하였다면 다음 과제는 활동을 서술하고 각 유아에게 교수기회를 어떻게 제공할 것인지 제시하는 것이다. [그림 11-2]는 키미와 부엌놀이 활동이 포함된 그룹교수계획서다. 각 기술을 습득하기 위해 체계적인 학습이 수행된다. 기술 삽입은 전통적인 그룹교수 혹은 이장의 마지막 부분에 서술된 협동학습 등에 사용될 수 있다.

2) 기술 연계

기술 연계(Bambara et al., 1988; Guess et al., 1978)는 기술 삽입과 비슷하다. 차이점이 있다면 기술 연계는 목표들이 연계되어 있어서 활동에 분산되어 있기보다 연속적으로 가르친다는 것이다. 먼저 그룹에 있는 유아들의 목표들을 목록화하여 그룹 기술 연계를 구성한다. 그 다음 연령에 적합한 활동이나 주제를 선정하고, 다음 단계로 서로 논리적으로 연관이 있다고 생각되는 목표들을 1~3가지 선정한다. 마지막으로 각 목표에 대한 교수를 수행할 순서를 작성한다.

[그림 11-1]에 제시된 부엌놀이 그룹 활동을 기술 연계모형으로 재구성하면 다음과 같이 서술할 수 있다.

① 게일: 자기 이름을 부르면 교사를 쳐다보기
② 게일: 명명된 물건을 지적하기
③ 대런: 숟가락과 그릇을 시각적으로 추적하기(게일에게 물건을 줄때)

| 그룹 활동: 부엌놀이 |

그룹: 키미(12개월), 대런(14개월), 게일(11개월)
수업시간: 월요일, 9:00~9:30
중재자: 알렌
시작일: 2005/02/05 **종료일:**

각 유아에게 2개의 철제 그릇과 2개의 나무 숟가락을 준다. 각 유아의 이름을 부르고, 나누어 준 그릇과 요리도구에 대해 이야기한다.

대런: 그릇과 요리도구가 주어지면 시각적으로 그 물건들을 추적한다.
게일: 자기 이름을 부르는 사람을 쳐다본다(그릇과 요리도구를 나누어 줄 때).

필요한 경우 도움을 주고 유아들이 그릇과 요리도구를 잡거나 쳐다보는 것을 격려한다.

그릇과 도구를 다양하게 사용하면서 놀이하는 방법을 제시한다. 요리도구를 차례로 바닥에 놓아서 소리를 내어 보고, 그릇 안과 밖을 요리도구를 이용해 소리를 내어 보고 숟가락으로 그릇 속을 휘저어 보는 등의 다양한 활동을 보여 준다.

키미: 숟가락을 잡고 사용한다.
키미: 반복적으로 그릇을 쳐서 소리를 내면 그릇을 치우고 그녀를 기대하는 눈빛으로 쳐다본다. 키미는 더 하자고 요청할 것이다.
대런: 중재자가 그릇과 도구를 함께 치면서 천천히 오른쪽에서 왼쪽으로, 왼쪽에서 오른쪽으로 움직이면 대런은 그 물건들을 눈으로 추적한다.
게일: 중재자가 그릇과 숟가락을 들고 이름을 말하면 명명된 물건을 지적한다.

유아들에게 그릇과 숟가락 놀이를 계속하도록 격려한다. 위에 서술한 활동들(키미는 잡고 조작하고 더 많은 것을 요청하고, 대런은 추적하며 게일은 명명된 물건을 지적한다.)을 최소한 2회 반복한다.

[그림 11-1] 삽입 목표에 대한 그룹교수계획서

④ 대런: 숟가락과 그릇을 시각적으로 추적하기(대런에게 물건을 줄 때)
⑤ 대런: 숟가락과 그릇을 시각적으로 추적하기(키미에게 물건을 줄 때)
⑥ 키미: 숟가락 잡기
⑦ 키미: 숟가락 사용하기

⑧ 키미: 더 하자고 요청하기(예: 교사가 그릇을 치우면 더 놀겠다고 하기)

기술연계모형에서 게일은 교사가 그의 이름을 부르면 쳐다본 후에 교사가 명명한 것을 지적한다. 단순히 쳐다보는 기술에서 그룹에 참여하는 기술(어떤 것을 지적하기)에 이르기까지 기술들 간에 논리적인 순서가 있다. 대런은 숟가락과 그릇이 게일에게 주어질 때 시각적으로 추적한다. 게일이 물건을 지적하고 받은 후에 대런이 활동하는 것은 의미가 있다. 기술들 사이의 관계는 기술들을 수행하기 위한 동기에 영향을 미친다. 기술연계모형에서 유아들은 그들이 학습하는 기술들 간의—자연적인 상황에서 제시되는—논리적인 관계를 학습할 기회를 갖게 된다.

그룹 활동은 교수계획에 서술된 대로 항상 이루어지는 것은 아니다. 유아의 행동과 관심은 날마다 달라질 수 있으므로 계획서는 하나의 지침서로 사용된다.

3. 그룹참여 촉진

효율적인 교수는 그룹의 모든 유아들이 자주 그리고 적절히 참여하도록 해 준다. 유아가 적극적으로 활동할 때 참여하는 것으로 간주할 수 있다. 그룹참여를 촉진하기 위한 기술은 빠른 속도, 선택적 주의집중, 부분적/수정된 참여, 그룹상호작용, 그룹으로 반응하기 그리고 그룹강화 등이다.

1) 빠른 속도

속도(pacing)란 그룹의 한 유아에게서 다른 유아에게 제공되는 교수의 속도를 의미한다. 빠른 속도는 3가지 장점이 있다. 빠른 속도는 모든 유아들에게 자주 교수를 제공할 수 있고, 유아가 활동에 참여하는 것을 도우며 지루함이나 문제 행동을 감소시킬 수 있다. 여러 상황에서 특별한 기술을 빠른 속도로 가르치기 위해 한 번에 한 유아에게 여러 번 관심을 집중한다. 연습을 통해 교사는 이러한 빠른 속도로 교수를 수행할 수 있게 된다.

주기적 관심 주기는 속도와 관련이 있다. 때때로 무작위로 유아의 이름을 부름으로써 주의집중을 유도하기도 하며, 눈맞춤, 가리키기, 미소 등의 주의집중전략을 사용하기도 한다. 그룹 활동 시 유아의 주의집중을 유지하기 위해 유아가 활동에 참여하는 동안 보상으로 유아에게 주기적으로 관심을 제공한다.

2) 선택적 주의집중

선택적 주의집중은 그룹참여를 촉진하는 또 다른 방법이다. 활동에 참여하면 유아를 칭찬한다. 사회적 강화는 개별적으로 즉시 주어야 한다. 칭찬과 더불어 눈맞춤, 미소, 부드러운 신체 접촉 혹은 다른 사회적 강화를 사용할 수 있다. 활동에 참여하지 않는 유아들은 그들이 강화를 받지 못한다는 것을 알게 되고 강화를 받는 유아들을 모방하려고 할 것이다.

3) 부분적 참여와 수정

어떤 유아들은 독립적으로 전형적인 그룹 활동에 참여할 수 없다. 참여하는 데 필수적인 요건들이 부분적 참여나 수정을 통해 조정될 수 있다. 부분적 참여나 조정은 서로 약간 차이가 있다. 반응 요구조건이 반응의 일부분으로 제한될 경우를 부분적 참여라고 한다(Baumgart et al., 1982). 반응 요구조건이 변경되거나 같은 목적에 기여하는 대안적 반응이 허용될 경우를 수정이라고 한다(Janney & Snell, 2005). 예를 들어, 유아에게 선반에서 필요한 자료를 꺼내도록 할 때, 유아가 자료를 잡을 수 없는 경우 자료에 손을 뻗은 후 손을 펴는 것으로 부분적 참여를 하였다고 간주한다. 이때 교사나 또래유아는 유아가 자료를 잡아서 책상에 놓을 수 있도록 도와준다. 이 유아에게 수정이 제공될 수도 있다. 유아에게 벨크로를 손에 착용하게 한 후 필요한 자료를 벨크로로 잡을 수 있도록 하면 유아가 혼자서 독립적인 수행을 할 수 있게 된다. 부분적 참여와 수정은 제13장에서 자세하게 논의하였다.

4) 그룹상호작용

그룹교수를 제공하여 커다란 이익을 얻기 위해서는 그룹 구성원들 간의 사회적 상호작용을 촉진해 주어야 한다. 그룹 활동은 또래들과의 사회적 상호작용을 가르치는 것이 가능한 유일한 상황이다. 상호작용을 촉진할 수 있는 가장 직접적인 방법은 그룹의 유아들에게 한 가지 이상의 상호작용 기술을 목표로 설정하는 것이다. 이러한 기술들은 IFSP/IEP 목표일 수도 있고 아닐 수도 있다. 사회적 기술들은 그룹 활동에 삽입되거나 기술 연계를 통하여 교수된다.

[그림 11-2]에는 유아가 한 번에 한 개의 물건을 전달할 수 있는 그룹 활동을 보여 주고

| 그룹연계기술: 모래놀이 혹은 물놀이 |

그룹: 토미코(36개월), 숀(32개월), 매튜(40개월), 다리아(36개월)
수업시간: 화요일, 10:00~10:20
중재자: 아니샤
시작일: 2007/07/05 **종료일**:

토미코	숀	매튜	다리아
*한 용기에서 다른 용기로 붓기(소근육활동에서 양손 사용하기)			*활동에 참여하기(또래를 쳐다보기)
용기를 숀에게 전달하기	*"고마워."라고 말하기		
	*토미코를 모방하기		*활동에 참여하기(또래를 쳐다보기)
		한 용기에서 다른 용기로 붓기	*활동에 참여하기(또래를 쳐다보기)
		*호명된 또래 찾기	
		용기를 다리아에게 전달하기	
			*활동에 참여하기(전달된 용기를 받기)
			한 용기에서 다른 용기로 붓기
			용기를 토미코에게 전달하기

토미코가 모래놀이나 물놀이에서 물건들을 양손으로 사용해야 할 다른 활동들을 활용하여 4번 이상 연계활동을 반복한다.
*IEP에 서술된 교수목표들임.

[그림 11-2] 사회적 상호작용기술의 그룹 연계 예시

있다(IFSP/IEP의 목표들은 별표로 명시되어 있다). 이 예에서 또래에게 용기를 전달하는 것은 IEP/IFSP 목표들이 아니며, 사회적 상호작용을 촉진하고 차례 지키기를 학습할 수 있도록 하기 위한 것들이다. IEP 목표 외에 특별한 사회적 상호작용 목표들(진한 글씨체로)이 4명 중 3명의 유아들을 위한 그룹 연계에 포함된다. 네 번째 유아인 다리아는 연계가 이루질 때마다 4번 활동에 주의 집중하기를 연습한다.

그룹교수는 그룹 구성원들이 상호의존적이도록 계획될 수 있다. 상호의존성은 각 유아의 활동 참여가 다른 유아의 참여와 관련될 때 발생한다(Brown et al., 1980). 각 유아는 명확하고 필요한 역할을 한다. 그룹구성원들은 그들의 차례를 알기 위해 또래들이 하는 활동을 알고 있어야 한다. [그림 11-2]에서와 같이 유아들이 또래들에게 차례대로 자료를 전달하도록 하는 요구는 상호의존적인 상황을 만들었다. 그러나 보통 상호의존성은 더 복잡한 활동을 포함한다. 예를 들어, 유아들이 식탁을 차릴 경우 한 유아는 식탁을 닦고 두 번째 유아는 필요한 개수의 접시, 컵, 냅킨들을 준비하고, 세 번째 유아는 식탁을 차린다. 이 과제를 수행하기 위해 그룹 구성원들은 상호의존적이어야 한다. 첫 번째 유아가 먼저 식탁을 깨끗이 닦아야 두 번째 유아가 접시, 컵, 냅킨을 필요한 만큼 준비해서 세 번째 유아에게 전달해야만 식탁을 차릴 수 있게 된다.

5) 그룹반응

그룹교수계획의 예에서, 대부분 한 번에 한 유아씩 참여하고 있으나, 그룹구성원들은 함께 반응할 수도 있다. 합창 반응으로 알려진 그룹반응은 각 유아들이 적극적으로 참여할 기회를 증가시킨다(Heward, Courson, & Narayan, 1989). 그룹반응은 유아들이 질문에 답하고, 노래를 부르거나 기계적 암기(수세기)를 하는 등 언어적으로 또는 동작을 통해 비언어적으로 이루어질 수도 있다. 노래에 맞춰 손 유희하기, 교사 모방하기(예: 4조각으로 종이 접기) 또는 활동 자료(예: 악기)를 갖고 놀이하기 등이 비언어적인 그룹반응의 예다.

그룹이 함께 반응하는 동안 교사는 눈맞춤을 하거나 유아들에게 관심을 기울여 유아들이 적절하게 참여하고 있다는 것을 느끼도록 해 주어야 한다. 이러한 활동은 그룹구성원이 서로 근접해 있어야 한다. 그룹반응이 언어적이든 비언어적이든 혹은 두 가지가 동시에 이루어지든 상관없이 다음과 같은 두 가지의 중요한 장점이 있다. ① 그룹구성원 전체가 활동에 주의를 기울이고 참여하도록 지원한다. ② 유아들이 차례를 기다리는 시간을 줄인다.

그룹 구성원들이 이질적이면 그룹반응 계획을 수립하는 것이 다소 어렵기는 하지만 수행할 수는 있다. 예를 들어, 모든 유아들에게 이야기에서 들은 그림들을 지적하도록 요구한다. 그런 다음 반응요건들을 개별화한다. 그룹반응을 할 때 한 유아에게는 발성하도록 하고, 다른 유아에게는 단어를 말하도록 요구한다. 개별적 반응요건들에 부분적 참여 또는 부분적 수정을 한다. 부분적 참여와 수정된 참여는 제13장에서 자세하게 언급하였다. 부분적 참여는 과제나 기술의 하나 이상의 부분적인 요소를 수행하는 것이며, 과제나 기술 전체를 다 수행하는 것은 아니다. 예를 들어, 유아가 컵으로 마실 때 성인의 도움이 필요하다면 그가 물을 마시고 싶을 때 컵을 향하여 고개를 끄덕이고 마시는 것이 끝났을 때 고개를 끄덕임으로써 끝났다는 것을 표현한다. 이런 방식의 부분적 참여는 유아가 언제 마실 지 그리고 얼마나 많이 마셔야 하는지 유아 스스로 결정할 수 있도록 하기 때문에 의미 있고 중요하다. 부분적 참여와 비교하여 수정된 참여는 기술과 과제를 수행하는 방법을 조정하고 특별한 장비나 선택의 가능성을 제공한다. 유아가 컵으로 물을 마실 때 성인이 도움을 주기보다 수정된 참여형태의 일환으로 유아에게 빨대를 주어서 마시게 할 수 있다. 더 나아가 컵을 안정감 있게 들 수 있도록 장치를 부착한다.

6) 그룹 후속결과

그룹 후속결과는 그룹의 모든 구성원들이 요구된 행동을 하였을 때 강화를 제공하는 교수적 배열이다(Alverto & Troutman, 2002). 그룹강화는 초등학교에서 학급의 전체 학생들에게 특권을 제공하거나 특권을 박탈하는 방법과 유사하다. 예를 들어, 학급전체가 철자쓰기 숙제를 했다면 학급의 모든 학생은 읽기시간 후에 10분간 자유 시간을 갖게 된다. 그러나 학급의 한 학생 혹은 몇몇 학생이 숙제를 하지 않았다면 전체 학급의 학생들은 10분간의 자유 시간을 얻지 못하거나 벌을 받게 된다. 그룹 후속결과는 또래의 압력을 받게 되기 때문에 사회적 관계에 대한 이해가 부족한 어린 영유아들에게는 효과적이지 못하다. 그러나 장애유아들에게 사회적 기술을 가르칠 때는 그룹 후속결과는 개별적 후속결과만큼 효과적인 것으로 보고되고 있다.

4. 교수과정 지원을 위한 그룹 활용

그룹교수는 특별한 교수기회를 제공한다. 사회적 상호작용 기술을 가르치는 것 외에도 그룹 상황은 학습을 촉진하고 일반화 전략을 적용하기에 적합하다.

1) 지원 절차

그룹교수의 가장 중요한 장점은 관찰학습기회를 제공하는 것이다. 그러나 관찰학습은 저절로 일어나는 것이 아니다. 동료들을 관찰하도록 격려해야 한다(나는 네가 지금 카르멘과 똑같이 행동하는 것을 보았는데 참 잘했다). 관찰학습은 또한 서로 서로를 강화하도록 유아들을 격려함으로써 촉진될 수 있다. 올바른 답을 말한 또래에게 박수를 쳐주거나 스티커를 준다. 또래를 강화함으로써 그들에게 주의집중하고 관찰학습을 하도록 촉진할 수 있다(Brown & Holvoet, 1982).

또래 모델링은 원하는 행동을 촉진할 때 사용한다. 예를 들어, 제이슨에게 손을 사용하여 밀가루 반죽을 어떻게 펴는지 시범을 보이게 한다. 브렌든은 미술시간에 제이슨이 어떻게 밀가루 반죽을 펴는지 관찰한다. 그는 또한 제이슨이 밀가루 반죽을 펴면서 칭찬 받는 것을 보고 그와 같은 방법으로 밀가루 반죽을 편다. 유아들은 더 유능한 또래를 모방하고 그들이 강화 받는 것을 관찰한다. 또래모방은 성인에 의해 모델링될 수 없는 사회적, 의사소통적 상호작용을 학습하기 위한 좋은 전략이다.

그룹교수 역시 또래촉진이나 또래교수를 위한 기회를 제공한다. 그룹교수/촉진은 유아를 지원하고 격려하기 위해 그룹 안에 있는 다른 유아를 활용하는 것으로 제12장에서 언급하였다. 연구에 의하면 어린 유아들에게 그렇게 하도록 직접 가르친다면 촉진을 효과적으로 전달할 수 있다(Kohler & Strain, 1997). 촉진은 그룹강화에 의해 유지된다. 모든 유아들이 새로운 기술을 성공적으로 학습하였을 때 강화를 받는다. 유치원 교사는 식당으로 조용히 걸어가도록 가르치기 위해 또래교수나 그룹강화를 사용할 수 있다. 또래 교수자는 상대또래에게 한 줄로 조용히 걷도록 주기적으로 상기시킨다. 모든 유아들이 식당으로 한 줄로 조용히 걸어갔다면 전체 학급은 이야기 시간에 이야기 하나를 덤으로 더 듣게 된다.

한 명 이상의 유아가 같은 목표를 갖고 있는 동질적인 그룹에서는 똑같은 교수절차가 반복되기 때문에 교수효과가 더 촉진된다. 한 유아는 자신이 대답하기 전에 한 번 이상 교수과정이 수행되는 것을 관찰 할 수 있다. 반복은 과외의 학습을 제공하는 효과가 있다. 마찬가지로 촉진을 반복하는 것은 그 행동에 초점을 맞추는 것이 되기 때문에 높은 효과를 보인다(Skinner, 1938). 그리고 또래가 똑같은 목표를 갖고 작업을 하면서 덜 개입적인 촉진을 받는다면 덜 개입적인 촉진에 반응하도록 학습될 수 있다(Brown & Holvoet, 1982).

예를 들어, 옷을 입을 때 손을 잡고 입혀 주어야 하는 걸음마기 유아인 지미는 또래가 시범을 본 후에 혼자서 옷 입는 것을 보았다. 그런 후 지미는 이것을 모방하려고 시도함으로써 결과적으로 그는 덜 개입적인 촉진에 반응하게 되었다.

2) 격려 절차

유아의 주의 집중은 효과적인 교수를 위해 중요하다. 촉진에 주의 집중한 것을 보상해 주기 위해 선택적인 강화를 사용한다. 만약 유아가 주의집중하면 유아에게 활동할 기회를 준다(Snell & Brown, 2006b). 그룹교수는 또한 유아가 주의집중하지 않았을 때 받게 되는 결과를 관찰할 기회를 제공한다(예: 순서에서 제외되기).

앞에서 그룹참여 촉진하기에 대해 논의한 것처럼 또래가 강화를 제공하도록 가르칠 수 있다. 또래가 다른 유아를 칭찬하고 격려하는 방법을 학습하면, 몇 가지 장점이 있다. 첫째, 또래의 관심과 강화는 성인의 관심보다 더 강한 영향력이 있다. 둘째, 또래가 강화를 제공했을 때 우정이 발달한다(우리는 우리에게 강화를 제공하는 사람에게 친근감을 갖는 경향이 있다). 셋째, 유아는 그룹교수 상황 외에도 또래강화의 사용을 일반화한다. 넷째, 유아들은 강화가 제공된 행동을 모방하게 되는데 이것은 그들이 그러한 행동을 하기 전에 다른 유아가 했을 때 강화가 제공되는 것을 보았기 때문이다(강화는 또 다른 강화를 발생시킨다). 교사는 또래가 부정확한 반응을 교정하거나 서로에게 벌을 주도록 해서는 안 된다. 이러한 행동들은 유아들 간의 우정 발달을 저해한다.

3) 일반화 절차

그룹교수는 기술 일반화를 촉진하기 위해 사용될 수 있다. 만일 그룹구성원이 동일하거나 비슷한 목적을 가지고 작업을 하면 각 유아들에게 다른 자료와 교수 자극을 사용한다. 이것은 유아들이 목표행동과 관련된 일련의 자극들을 관찰할 기회를 제공하게 되어 자극 일반화를 촉진하게 된다(Stokes & Baer, 1977; Stokes & Osnes, 1988). 다양한 자료와 교수자극들이 같은 반응을 가르치기 위해 사용될 때 약간 다른 반응들이 자료나 자극의 차이들을 조절하는 데 적합할 수 있다. 약간 다른 적합한 반응들을 관찰함으로써 유아들이 반응 동류(response class)를 학습하는 데 도움이 된다.

가장 중요한 것은 그룹참여를 통해 유아들이 그룹 안에서 학습하는 방법을 배우는 것이다. 일반유아들에게 제공되는 많은 교수방법들은 대그룹교수다. 그렇기 때문에 그룹 크기를 다양(10명 이상의 유아 그룹을 포함하여)하게 하여 유아가 한 그룹 이상에 소속되도록 하는 것이 좋다.

Snell과 Brown은 그룹교수의 장점을 극대화하기 위해 다음과 같은 지침을 제공하였다.

① 개별화된 교수방법을 사용하고, 다양한 수준으로 동일한 개념을 가르치며, 다양한 반응모델과 수정된 자료를 허용함으로써 모든 유아를 참여시킨다.
② 반응할 순서를 짧게 하여 모든 유아들에게 반응할 수 있는 기회를 주고 시범을 보여 주며, 조작할 수 있는 다양한 자료를 사용함으로써 그룹교수에 대한 흥미를 유지시킨다.
③ 자신의 차례가 될 때까지 다른 그룹구성원들의 행동을 관찰하고 이야기를 듣도록 격려한다. 지시대로 행동하였을 때 칭찬한다.
④ 유아를 촉진하고 칭찬하는 과정에 또래를 적극적으로 참여시킨다.
⑤ 교수할 기술이나 개념과 관련된 자료들을 조작해 보고 시범을 보이는 데 유아들이 참여하도록 한다.
⑥ 그룹 크기, 교사의 말 그리고 한 번에 할 수 있는 유아의 반응 수를 통제하여 기다리는 시간을 최소한으로 유지한다.
⑦ 그룹구성원들 간의 협동을 촉진하고 경쟁하지 못하게 한다(2006b, p. 131).

이 장에서는 교사가 제공하는 그룹교수에 대해 초점을 맞추고 있지만, 수업에 대한 직접적 교수보다는 교사는 활동을 준비하고 조정함으로써 그룹이 독립적으로 기능하도록 조치를 취할 수 있다. 협동학습 그룹이 이러한 모형들 중 하나다.

협동학습 그룹

Johnson과 Johnson(1975, 1983, 1986), 그리고 Johnson과 Johnson(1981)에 의해서 처음으로 기술되었던 협동학습 모형은 유아의 사회적 상호작용행동을 증진하고, 긍정적인 또래 상호작용을 촉진한다(Putnam, Rynders, Johnson, & Johnson, 1989). 협동학습 모형은 유아들이 서로를 격려하도록 가르치며, 다른 유아의 성취를 촉진하고 공동의 목적을 위해 함께 작업할 수 있도록 활동을 구조화 한다. 이 모형은 통합 환경에서 다양한 유아들로 구성된 그룹에서 활용하기에 적합하다(McMaster & Fuchs, 2002).

1. 협동학습 요인

협동학습 그룹은 그룹 내의 모든 또래들이 학습목표에 도달해야 그들의 목표를 달성할 수 있다고 유아들이 인식하는 교수 상황이다. 교사의 역할은 유아가 필요한 협동기술을 학습하여 그룹이 효과적으로 기능할 수 있도록 하는 것이다. 협동학습 그룹은 4가지 기본적인 요소를 갖고 있다. ① 긍정적 상호의존성, ② 면대면(face-to-face) 의사소통, ③ 개별적 책임감, ④ 그룹과정.

첫 번째 요소인 긍정적 상호의존성은 그룹구성원이 공동의 목표를 수행하기 위해 함께 일할 것을 요구한다. 긍정적 상호의존성을 촉진하기 위한 방법은 공동의 목표를 제공하고, 작업실, 교재, 자료를 함께 사용하며 그룹구성원들 간에 정보를 공유하고 유아들에게 각자 다른 역할을 할당하며, 보상을 같이 받도록 하는 것이다.

두 번째 요소인 의사소통은 그룹구성원들이 과제나 목표를 성취하기 위해 서로 상호작용 하기를 요구한다. 세 번째 요소인 개별적 책임감의 의미는 그룹구성원들은 각자에게 주어진 과제에 익숙해야 하고 그룹이 행하는 노력에 어떤 식으로든 기여할 책임이 있다는 것이다. 마지막으로 네 번째 요소인 그룹과정에서는 유아들이 적절한 대인관계 기술과 소그룹 기술을 사용하기를 기대한다.

2. 협동학습전략

협동학습은 학령기 아동들에게 일반적으로 사용되는 기술이지만 유치원에서도 활용할 수 있다. 다음에 제시된 전략들은 주요 학습전략들을 유아들에게 사용할 수 있도록 수정하여 제시하였다(D. Johnson & R. Johnson, 1986).

① 명확한 인지적/전학문적 목표들을 선정하고 개발하여, 가르칠 협력기술들의 목록을 만든다. 차례 지키기나 다른 유아 돕기와 같은 대인관계 기술과 소그룹기술이 목표기술들의 예다.

② 일련의 수업안 혹은 활동안을 계획한다. 목표는 인지적/전학문적 수업과 활동들의 맥락에서 협력 기술들을 가르치는 것이다.

③ 유아들을 2인 그룹 또는 3인 그룹으로 만든다. 각 그룹에 장애유아를 한 명 이상 포함시킨다. 한 단원안의 모든 수업이나 활동을 할 때 동일 그룹으로 수행한다.

④ 그룹구성원들 간의 협력을 촉진할 수 있도록 자료를 배분한다. 그룹의 노력을 촉진하기 위한 여러 가지 방법들이 있다. 예를 들어, 각 그룹구성원들에게 전체 활동을 완성하는 데 필요한 자료 중 일부만을 제공하거나 혹은 그룹전체에게 일부 자료만을 제공한다.

⑤ 그룹구성원들에게 협력이 무엇을 의미하는지 명확하게 설명해 주고 수업/활동을 소개한다. 그룹 안에서 이루어지는 적합하고 바람직한 행동들에 대해 구체적으로 말해줌으로써 협력에 대한 조작적 정의를 한다. 시작행동들은 '서로 가까이에 있기' '작은 목소리로 말하기' '차례 지키기' 등을 포함할 수 있다. '친구와 함께 작업하기' '혼자서 작업하기' 등과 같은 대조되는 활동들은 유아들에게 그림을 보여 주고 토론하도록 한다. '친구들 끼리 서로 돕기' 라는 주제로 칠판을 구성해 보자. 하나의 과제를 완성하기 위해 파트너와 함께 작업하는 것이 무엇을 의미하는지 유아가 이해하기 위해서는 한 회기 이상이 필요할 수 있다. 유아들 끼리 서로 돕고 함께 작업한다면 그들은 성공할 것이고 일하면서 즐거움을 느낄 것이라고 강조한다.

⑥ 지원하고 감독한다. 협동하기 위해 혹은 활동을 하기 위해 어디에서 지원이 필요한지 주의 깊게 그룹을 감독한다. 유아들이 서로 도움을 주고 협력할 때 공개적으로 칭찬하고 필요하면 협력을 촉진한다. 예를 들어, '차례 지키기는 무엇을 뜻할까요?" 라고 말한다. 필요할 경우 교수를 명확하게 하고 질문에 답하기 위해 개입한다.

7. 평가하고 피드백을 제공한다. 각 협동학습 그룹 활동이 끝날 때, 각 그룹의 산출결과물에 대해 칭찬한다. 특히 협동적 노력에 대해 말해 준다. 그룹구성원들이 얼마나 잘 협동하였는지 그리고 협동한 예를 물어 본다.

목표를 공동으로 수행해야 하는 협동학습 모형의 기본 전제는 유아들이 서로 협력하여 작업을 완수하는 것이다. 또한 이것은 유아들이 서로에게 현실적이고 다양한 측면을 볼 수 있게 해 주며 서로에 대한 수용과 긍정적인 감정을 느끼도록 촉진한다. 협동학습 모형은 사회적 상호작용과 우정을 촉진하기 위한 수단으로 그룹의 역동성을 활용한 것이다 (Johnson & Johnson, 1981).

요 약

그룹교수는 조기중재와 유아교육 분야에서는 중요한 교수전략이다. 그룹교수는 통합교육환경에서 그룹참여기술이 필요한 2~6세의 유아들에게 특별히 중요하다. 이장에서는 그룹참여를 촉진하기 위한 전략들에 관하여 기술하였다. 빠른 속도, 선택적 주의집중, 부분적/수정된 참여, 그룹상호작용과 그룹반응 그리고 교수과정을 지원하기 위한 그룹 활용 기술들(지원, 촉진 그리고 일반화 전략)에 관하여 서술하였다.

연/구/문/제

1. 장애유아를 위한 그룹교수의 장점을 열거하시오.
2. 1세, 3세, 5세 유아가 일반적으로 경험할 수 있는 그룹활동을 설명하시오. 각각의 활동과 관련하여 필요한 참여기술은 무엇인가?
3. 동질교수그룹과 이질교수그룹에 관하여 찬성과 반대의 입장에서 논하시오.
4. 특수교육요구를 가진 3명의 유아를 찾아서 그들의 IEP 목표에 따른 기술목록을 작성하시오. '우리 동네' 란 그룹수업에 각 유아당 두 가지 기술들을 어떻게 삽입할 것인지 논의하시오.
5. 4번 문제에서 언급한 유아들과 기술을 참고해서, 세 명의 각 유아당 2가지 기술을 사용하여 '우리 동네' 수업계획안에 기술연계를 계획하시오. 교수계획에 일반유아들을 포함시키고 어떻게 그들이 그룹수업에 참여할 것인지 설명하시오.
6. 4번과 5번에서 논의한 그룹수업을 참고로 그룹참여를 촉진시키기 위한 다음의 전략들을 어떻게 적용할 수 있는지 설명하시오. 빠른 속도, 주기적 관심, 선택적 주의집중, 부분적 참여/수정, 그룹상호작용, 그룹반응, 그룹강화.
7. 4번에서 언급된 유아들 중 한명을 포함시켜 곤충에 관한 그룹수업을 계획하시오. 그룹은 3, 4, 5세 유아가 혼합된 이질적인 유치원 학급이고 4번 문제에서 기술된 한명의 장애유아가 포함된다. 다음과 같은 각각의 절차를 이용하여 그룹을 촉진하기 위해 그룹상황을 어떻게 활용할 수 있는지 논의하시오. 지원 절차, 또래모델, 또래교수/촉진, 촉진절차 그리고 일반화 절차. 협동학습 그룹을 위해 이 수업을 어떻게 구조화할 수 있는지 논의하시오.

C.H.A.P.T.E.R. 12

또래 상호작용 촉진 중재

-Linda McCormick-

| 이 장의 주요 내용 |

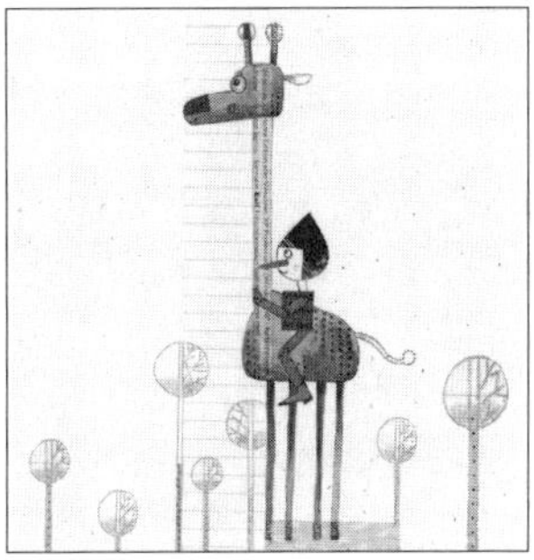

- 사회적 기술 중재의 당위성
- 학급단위 혹은 대그룹 중심의 사회적 기술 중재
- 개별 유아 중심의 사회적 기술 중재
- 사회적 기술에 대한 직접교수와 사회적 통합 활동
- 또래 간 의사소통의 촉진과 지원

유아기에서 또래와 관련된 사회적 능력의 중요성은 널리 알려져 왔다. 또래와의 긍정적인 상호작용은 발달촉진을 위한 중요한 요소로 간주되는 반면 또래 상호작용 문제는 장애유아의 사회적 능력 문제를 예견해 주는 첫 번째 예측변인으로 알려져 있다(Brown, Odom, & Conroy, 2001; McWilliam et al., 2001).

통합유치원 환경은 또래와의 사회적, 의사소통적 능력을 촉진하는 장이 될 수 있다(Bricker, 1995; Lipsky & Gartner, 1997; Peck, 1995; Strain, 1990, 1995, 1999). 그러나 장애유아를 통합 환경에 배치하는 것만으로 이러한 상호작용이 일어나는 것은 아니다. 한 연구에서 통합 환경에 있는 장애유아들 중 1/3은 또래유아들에게 거부당하고 있다고 보고하였다(Odom, Zercher, Li, Marquart, & Sandall, 1998).

많은 장애유아들은 긍정적인 또래 상호작용을 위해 필요한 기본적인 사회적 기술들이 부족하다(Brown, Odom, Li, & Zercher, 1999). 많은 유아들이 또래와 상호작용할 때 위축되거나 상호작용하기를 주저한다. 그들은 사회적 상호작용에 관심이 없고 냉담하거나 시작하는 방법을 모르거나 혹은 또래의 필요를 느끼지 못하며 어떻게 하면 또래의 관심을 받는지 모른다. 또한 긍정적 감정을 갖고 의사소통하는 방법에 대한 이해가 부족하다. 장애유아와 일반유아 사이의 우정을 촉진하는 것이 통합유치원의 주된 목표이며, 이것은 아주 어려운 과제다.

유아들 간의 우정에 대한 명확한 정의는 없지만 몇 가지 합의된 사항은 있다(Danko & Buysse, 2002). 가장 중요한 것은 상호적이어야 한다는 것이다. 우정이란 유아들 간에 서로 가까이 있고 싶은 열정이거나 서로 같이 놀이를 하고 싶은 아주 특별한 관계다. 상호작용은 서로 간의 호감을 전제로 하여 자발적으로 행해지는 것이며 공통의 흥미를 가지고 활동을 함께 하는 것을 의미한다.

이 장에서는 통합 환경에서 장애유아의 우정과 또래와의 사회적 의사소통, 또래와 관련된 사회적 능력을 촉진하는 중재절차에 관한 연구들을 심도 있게 다루고 있다(Brown et al., 2001; Hancock & Kaiser, 2002). 이러한 중재절차의 공통된 강조점은 다음과 같다.

- 유아들이 그룹의 구성원이 되도록 돕기
- 유아들이 사회적으로 유능하게 되도록 돕기
- 또래와의 의사소통을 지원하고 촉진하기

유아들이 그룹의 구성원이 되도록 돕기

Brown 등(2001)은 학급단위 혹은 대그룹에 적용할 수 있는 세 가지 중재방법에 관하여 기술하였다. ① 발달에 적합한 실제, ② 애정적 중재, ③ 그룹우정 활동.

1. 발달에 적합한 실제

제1장에서 언급된 미국유아교육협회가 제공한 발달에 적합한 실제의 지침들은 양질의 유아교육프로그램을 위한 추천 실제들이다(Bredekamp & Copple, 1997). 이러한 추천 실제들은 모든 유아들을 위한 서비스의 표준으로 인정되고 있다.

발달에 적합한 실제의 지침에서는 환경배열의 중요성과 장애유아와 일반유아의 사회적 의사소통의 지원과 촉진을 강조하고 있다. 일과와 공간 배열 방식은 또래들 간의 적극적인 참여와 탐색을 촉진하고 장애유아가 더 유능한 또래들과 상호작용할 수 있는 기회를 많이 갖도록 해 준다. 또한 잘 구성된 학습활동영역(조작영역, 역할영역, 미술영역, 과학영역), 적합한 학습 자료들, 반응적인 성인들 그리고 사회적으로 반응적인 또래들이 필요하다. 발달에 적합한 실제의 실행은 또래 관련된 사회적 능력을 증진시키기 위한 중재를 계획하고 실행하는 것을 기본으로 한다.

발달에 적합한 실제 지침에 따라 Chandler(1998)는 PALS 영역이라 불리는 또래 상호작용을 위한 놀이영역을 추가할 것을 제안하였다. 이 센터는(다른 학습/활동센터에 추가하여) 통합교실에 부가적으로 설치할 수 있는 영역 중 하나다. 10×10의 공간으로 크기를 제한하여 유아들이 서로 밀착될 수 있도록 한다. 이 공간에는 유아용 책상과 의자 그리고 이 영역에서 놀이를 하는 유아들의 사진이 있는 포스터나 기호 표시들을 비치한다. 서로 물건들을 공유할 수 있도록 하기 위해 자료나 장난감의 수를 제한한다. 예를 들어, 콜라주를 만들 때 풀 한 개, 작은 종이상자, 크레용 등을 비치하여 유아들이 서로 물건을 함께 쓰도록 한다. 또래 상호작용을 증진할 수 있는 가능한 게임들로는 낚시하기, 로토, 곰빙고 그리고 캔디랜드 등을 추천할 수 있다.

처음에는 PALS 영역에서 놀이를 하도록 촉진할 필요가 있다. 활동들은 유아의 흥미수준과 활동의 종류에 따라 5~15분 사이로 짧게 한다. 놀이기술이 부족하거나 사회적 상호작용이 어려운 유아는 더 유능한 유아와 짝을 지우고 또래를 바꾸어서 활동함으로써

〈표 12-1〉 PALS 영역에서 또래와의 사회적 상호작용을 증진할 수 있는 변인들

성인변인	
• 성인 부재 • 유아와 최소한의 상호작용 • 활동 후 논의/피드백	• 간단한 교수 • 또래와 상호작용 촉진
또래변인	
• 친근한 또래 • 통합된 놀이그룹 • 동일연령과 성의 또래	• 사회적으로 유능한 또래 • 소집단 놀이그룹
자료	
• 제한된 수 • 자료의 한 부분만 각 유아에게 제공 • 준비된/친근한 자료와 활동들	• 제한된 다양성 • 발달적으로 적합한 자료 • 사회적 자료와 활동들
활동구조	
• 단일 활동 주제/목표 • 협동적 목표 • 명확하고 구체적인 역할과 규칙	• 유아 주도적 • 정의된/친근한 주제

출처: Chandler, 1998.

PALS 영역에 있는 모든 유아들이 서로 상호작용할 기회를 갖게 된다. 교사는 유아가 PALS 영역에 오게 되면 활동들에 대해 설명해 주고, 자료들을 어떻게 사용하는지 시연해 주며, 사회적 활동목표를 제시해 주고 유아가 놀이를 하도록 한다. 유아가 자발적으로 자주 다른 유아들과 상호작용을 하지 못하면 교사는 놀이기술을 촉진하고 모델을 제공하며, 필요한 경우 의사소통의 형태를 바꾸어서 유아를 지원해 준다. 〈표 12-1〉에 PALS 영역에서 또래와의 사회적 상호작용을 증진시킬 때 나타나는 다양한 변인에 대해서 기술하였다(Chandler, 1998). PALS 영역은 성인들이 최소한의 시간과 노력을 들여서 또래와의 상호작용을 증진시킬 수 있는 영역으로 유아들에게 재미있고 덜 강제적인 놀이 활동을 제공한다.

2. 애정적 중재

학급단위 혹은 대그룹 중재를 위한 두 번째 유형은 애정적 중재다. 애정적 중재의 목적

은 장애유아에 대한 긍정적 태도를 촉진하기 위한 것이다. 유아들은 사진이나 책 그리고 다른 인쇄물들을 통해 장애에 대한 지식을 갖게 된다. 일반유아들은 장애유아를 위한 수정된 장비를 경험하고 탐색해 보고, 장애인들과 이야기해 봄으로써 장애에 대한 편견이나 잘못된 견해를 수정할 수 있다. 또한 여러 다양한 경험을 통해 특별한 장애에 대해 다른 사람들에게 정보를 제공해 줄 수 있다.

Favazza와 Odom(1997)이 설명한 애정적 중재는 처음에는 유치원에 다니는 유아들을 대상으로 실시되었다. 그러나 장애유아에 대한 긍정적 태도를 학습하기 위한 이러한 전략들을 수정하여 더 어린 유아들에게도 쉽게 제공할 수 있었다. 이러한 중재는 다음과 같다.

- 장애유아에 대해 이야기 나누기/토론하기
- 장애유아와 구조화된 자유놀이하기
- 가정에서 장애유아에 관해 지침서에 따라 토론하기

첫 번째 요소인 이야기 나누기/토론하기는 일반유아들을 위한 것이다. 장애와 관련된 책을 읽고 이야기와 관련된 장비들(휠체어, 스쿠터 등)을 탐색해 보도록 한다. 이야기를 읽은 후에 토론의 주된 관점은 장애유아와 일반유아의 유사점을 부각시키는 것이다. 이야기와 관련하여 5가지의 주제에 대해서 질문한다. 이야기 내용, 장애, 유사점 강조, 이야기 내용과 관련된 장비, 놀이시간의 경험. 이야기 내용에 대한 질문은 이야기의 사실적 정보와 관련이 있다(예를 들어, 이야기에 나오는 소녀는 누구인가?). 장애에 대한 질문은 장애의 원인과 그러한 장비가 필요한 이유에 초점을 맞춘다(예를 들어, 어떤 사람이 사고가 나서 휠체어가 필요하게 되었다면, 이 사람은 휠체어를 타고도 여전히 많은 것을 잘할 수 있을까?). 다음 질문은 이야기 속의 사람이 자신들과 어떻게 유사한지에 관해 초점을 맞춘다(예를 들어, 이야기 속에 제이슨이 하고 싶은 것들 중에 너희들이 똑같이 하고 싶은 것은 무엇이니?) 만약 이야기 속에 특별한 장애유아를 위한 장비가 소개된다면 유아들에게 그것을 탐색해 보도록 하고 "휠체어의 다른 점이 무엇인가?" "어떤 사람이 어떻게 휠체어를 코너에서 밀었는가?" 등과 같은 질문을 한다. 마지막으로 이야기 속에 나오는 장애유아와 관련된 질문을 한다. 유아들은 또래 장애유아와 함께 한 긍정적인 놀이경험, 의사소통의 어려움과 같은 주제들 혹은 운동제한과 관련된 어려움(예를 들어, 블록 쌓기, 한 학습영역이나 활동에서 다른 곳으로 이동하기 등)에 대해서 이야기 하도록 격려 받는다. 모든 질문들은 사실에 기초해서 대답한다.

15분간의 구조화된 자유놀이는 긍정적인 상호작용을 증가시키기 위해 환경적 전략을 사용한다. 이러한 전략들은 공간의 크기를 제한하고, 사회적 상호작용을 증진할 수 있는 자료나 활동들을 선택하며 자료의 수나 양을 제한하거나 서로 차례대로 사용하도록 하는 것 등이다. 어떤 자료나 놀이 활동(예: 먹기/요리자료, 농장의 동물들과 블록들, 공작용 점토로 만든 과자 모양 틀과 두 명이 할 수 있는 게임들)은 다른 자료들보다 사회적 상호작용을 증진시킬 가능성이 더 크다. 중요한 것은 소그룹에서 장애유아와 일반유아가 즐겁게 놀이할 수 있도록 하는 것이며, 촉진이나 교수는 제공되지 않는다.

마지막으로 주단위로 장애유아에 관해 가정에서 토론을 한다. 장애유아에 관해 학급에서 이야기되었던 것을 복사해서 자녀와 같이 읽을 수 있도록 집으로 보내준다. 부모들에게 학급에서 사용하였던 질문들과 같은 질문을 집으로 보내어 자녀와 이야기하도록 돕는다.

연구에 의하면 유아교실에는 다양한 능력의 유아에 관해 서술된 자료들이 적은 것으로 나타났다(Favazza, La Roe, Phillipsen, & Kumar, 2000). 자료 비치를 통해 발현적 문해 활동이 촉진되며, 동시에 다양한 능력의 유아들을 수용할 수 있는 능력을 증진시킬 수 있다. 다양한 능력을 가진 유아들을 표현한 활동이나 자료들에 포함함으로써 발생하는 또 다른 장점은 모든 유아들의 자아개념이 증진된다는 것이다. 교실환경과 교육과정에서 모든 유아들을 존중하고 인정하는 자료들을 도입하는 것은 전형적이고 획일적인 것들에 대한 도전이 된다. 이것은 모든 유아들에게 소속감을 주는 메시지를 전하기 위한 긍정적이고 가시적인 방법이다.

3. 그룹우정활동

그룹우정활동은 감성과 사회적 행동을 증진시키기 위한 또 다른 형태의 학급단위 혹은 대그룹활동 전략이다(Brown, Ragland & Bishop, 1989; Brown, Ragland, & Fox, 1988; Frea, Craig-Unkefer, Odom, & Williams, 1999). 우정활동은 취학 전 유아들이 전형적으로 신체적 애정행동에 긍정적으로 반응하는 것을 관찰할 때 그 중요성을 느낄 수 있다. 유아들의 사회적 상호작용의 빈도는 취학 전 유아들에게 사용되는 '사이몬이 말하기' 를 '동동동대문을 열어라' '나처럼 해 봐요, 이렇게' 등과 같은 게임이나 노래와 같은 일과적 활동에 친사회적 행동들을 삽입시킴으로써 증가된다. 친사회적 행동은 미소, 친절한 말과 신체적 애정표현 등이다(예: 하이파이브, 포옹하기, 악수하기 등을 포함한다).

이러한 절차의 수행은 직접적이다. 유아들은 새로운 노래 혹은 게임을 배우거나 이와 유사한 활동에 참여한다. 노래나 게임 혹은 일상적 방법으로 수행된 활동 후에 다음과 같이 말한다. "지금 우리는 놀이/노래를 약간 다르게 할 거예요." 그런 후 유아들에게 신체적으로 그리고 다른 형태의 애정표현(예: 포옹하기, 뒤에서 가볍게 두드리기, 하이파이브, 악수하기, 미소 짓기 또는 어떤 물건을 공유하거나 차례로 사용하기)을 어떻게 하는지 가르친다. 예를 들어, 교사가 유아들에게 다음과 같이 말할 수 있다. "'동동동대문을 열어라' 라는 노래 대신 '우리 친구들을 안아 줘.' 혹은 '○○는 ○○를 안아 줘로 노래를 바꾸어서 불러요. 또는 '옆에 서 있는 친구를 안아 주세요.' 라고 바꾸어 불러요."

우정활동에 대한 또 다른 예로 '의자 빼기 놀이' 를 들 수 있다(Brown et al., 1989). 의자 빼기 놀이는 유아가 또래와 사회적 상호작용할 기회를 많이 제공하고 다른 유아가 하는 사회적 상호작용을 관찰할 기회를 갖게 한다. 우정활동을 할 때 음악이 잠시 중단되는 동안(유아들은 의자를 찾는데 의자는 불가피하게 하나가 부족하다) 유아들은 친절한 말과 신체적 애정행동을 함으로써 다른 유아들과 긍정적으로 상호작용을 할 수 있는 기회를 갖게 된다. 모든 유아가 행하는 친사회적 행동들을 장애유아가 특별히 주목하도록 한다. 우정활동은 하루에 약 10분에서 15분 정도 하는 것이 효과적이다.

그룹우정활동의 장점 중 하나는 장애유아에게 그들의 또래가 하는 사회적 상호작용을 관찰할 기회를 제공하는 것이며, 긍정적인 피드백을 받을 수 있는 행동들을 연습해 볼 수 있다는 것이다.(Brown et al., 1988, 2001; Twardosz, Nordquist, Simon, & Botkin, 1983). 또 다른 장점은 이러한 교수기회들이 일상 활동에 삽입될 수 있고 그로 인해 자연적으로 발생하는 선행사건과 후속 결과들을 사용할 수 있다는 것이다.

유아가 사회적으로 유능하도록 돕기

개별 유아 중심의 중재접근법 3가지는 강화된 환경교수, 사회적 통합활동 그리고 직접교수이다(Brown et al., 2001). 이 절차들은 가장 덜 개입적이고 가장 정상적인 중재(강화된 환경교수)에서부터 사회적 기술을 가장 구조화되고 명확하게 가르치는 중재까지의 중재 위계를 구성한다. 사용되는 절차는 유아와 환경에 따라 다르나 일반적인 법칙은 처음에는 학급의 일과를 최소한으로 변화시키고 약간의 부가적인 자원을 사용하는 절차를 사용하고 점차 더 강도가 높고 더 많은 준비가 필요한 절차로 이동한다는 것이다.

위에서 언급하였듯이 학급 단위 혹은 대집단 중심의 중재들인 발달에 적합한 실제, 애정적 중재 그리고 그룹우정활동들은 학급의 일과 안에서 최소한의 변화를 요구하는 것이기 때문에 또래 상호작용중재의 유형 중 가장 강도가 낮은 개입방법이며 정상적인 유형의 중재다. 그러나 또래 상호작용 수준이 낮은 상태로 지속되면 다음에서 언급하는 좀 더 강도가 높은 개별적 또래 상호작용 중재들을 통합하거나 그중의 하나를 사용한다(Brown & Odom, 1995). 이러한 중재는 개입 수준에 따라 설명된다.

1. 사회적 행동에 대한 강화된 환경교수

제9장에서 언급하였듯이 강화된 환경교수는 자연적 교수절차로 사회적 · 의사소통적 행동 기회를 증가시키기 위해 환경을 구조화하는 것으로 유아의 진행 중인 활동과 흥미에 교수전략을 연결시키는 것이다. 성인은 자신의 지시나 촉진에 유아가 반응하기를 기다리기보다 유아의 주도를 따른다.

강화된 환경교수는 사회적 · 의사소통적 상호작용을 증진하기 위해 행동주의 접근법과 사회적 상호작용주의 접근법을 혼합한 자연적 중재방법이다. 이 방법은 활동과 의사소통에 유아의 참여를 증진시키기 위해 환경배열, 사회적 · 의사소통적 상호작용을 촉진하고 바람직한 행동을 모방할 수 있도록 하는 반응적인 상호작용 기법 그리고 기능적 맥락에서 새로운 사회적 · 의사소통적 행동을 촉진하고 모방하고 인식하도록 가르치는 환경교수절차 등을 통합한 것이다.

다음에 제시된 내용은 사회적 행동을 촉진하는 강화된 환경교수를 수행하기 위한 단계다(Brown, McEvoy, & Bishop, 1991).

- 한 명 혹은 여러 명의 일반유아들과 장애유아가 참여하는 비구조화된 활동을 선정한다. 학습영역, 실외놀이, 간식시간, 자유놀이와 전이를 포함한 일과활동들은 사회적 행동을 가르치는 데 적합하다.
- 또래 상호작용이 일어날 가능성이 있는 경우나 일어날 것으로 확인된 활동을 하는 동안 사회적 상호작용을 격려하는 촉진 절차(모델링, 요구모델, 시간지연 혹은 우발적 교수)를 계획한다. 또한 적합한 사회적 반응을 위해 또래 혹은 성인 중 누가 촉진을 제공할 것인지 생각한다. 예를 들어, 간식시간에 테일러에게 많은 양의 과일 혹은 크래커를 주고 친구에게 나누어 주도록 촉진을 준다. 사회적 상호작용을 촉진하기에 적합한 상황인지 확인하는 방법은 유아를 관찰하여 유아가 활동에 포함된 자료나 또래에게 흥미가 있는지 살펴보는 것이다. 만약 테일러가 조작시간에 특정한 자동차와

동물세트를 갖고 놀이를 하고 있는 코니를 자주 쳐다본다면, 그는 아마도 코니나 장난감 혹은 둘 다에 관심이 있다고 볼 수 있다. 만약 유아가 다른 유아의 장난감이나 물건을 뺏는다면 유아는 아마 단지 그 물건들에만 관심이 있다고 말할 수 있을 것이다. 이러한 상황은 모두 사회적 상호작용을 학습할 수 있는 좋은 기회다.

- 교수절차를 수행한다. 목표는 새로운 사회적 반응을 학습하고 유아가 전에 습득한 사회적 행동들을 연습하고 정교화할 기회를 제공하는 것이다. 예를 들어, 제시는 소꿉놀이 영역에서 놀이하는 것을 즐거워하지만 그녀는 또래와의 시작행동을 하지 않는다. 교사가 제시에게 "놀이를 하기 위해 친구에게 어떻게 말해야 하는지 기억해 보아라. 내 생각으로는 캐티가 상을 차릴 수 있도록 도와줄 수 있을 것 같다. 캐티에게 '도와줄래?' 하고 물어보렴." 제시는 교사의 질문을 모방하여 캐티에게 도와줄 수 있는지 물어보았다. 캐티는 "내가 컵들을 놓을게."라고 대답하였다. 제시와 캐티는 작은 테이블에 플라스틱 접시들을 놓았다. 그리고 각자의 의자에 앉아서 컵의 물을 마시는 척했다. 제시가 혼자 놀 때마다 교사는 그녀가 또래와 함께 놀이를 하도록 촉진하였다. 시간이 지남에 따라 교사는 자신이 지시하지 않아도 제시가 또래에게 함께 놀자고 요청하기 시작한다는 것을 알게 되었다. 또한 제시의 또래친구도 놀이를 할 때 그녀를 찾고 비구조적인 활동을 할 때 그녀에게 놀자고 하였다. 이러한 교수절차는 제9장에서 자세하게 언급하였다. 〈표 12-2〉에 사회적 행동을 촉진하기 위한 강화된 교수절차의 사용 사례를 제시하였다.
- 장애유아와 상호작용하는 또래를 인정해 준다. 위의 사례에서 제시의 교사는 제시가 식탁을 차리는 것을 도와주고 같이 차를 마시는 것은 참 좋은 행동이라고 캐티에게 말해 준다.

〈표 12-2〉에 상황, 교사의 촉진 그리고 예측되는 사회적 반응들을 제시하였다(Brown, McEvoy, & Bishop, 1991). 강화된 환경교수를 통해 바람직한 또래 상호작용 형태를 수행하기가 불충분하다면 우정 활동, 사회적 통합 활동, 사회적 기술훈련 등을 수행하는 것이 필요하다.

강화된 환경교수와 우정활동들 모두 유아통합프로그램에 쉽게 적용할 수 있는 자연적 또래 상호작용 중재방법이다. 그러나 프로그램들이 원하는 만큼의 또래 상호작용 수준을 증진시키기에 충분하지 않다면 사회적 통합 활동이나 사회적 기술교수와 같은 더 구조적이고 강력한 절차를 계획한다.

〈표 12-2〉 사회적 행동을 촉진하는 강화된 환경교수 절차의 사용 사례

상황	교사 촉진	유아 반응	또래 반응
놀이: 수지는 서서 리안이 인형을 가지고 놀고 있는 것을 쳐다 보고 있다.	"수지야 리안에게 '함께 놀아도 되니?' 하고 물어보렴." "리안! 수지가 작은 인형에게 옷을 입히게 해 줄래?"	수지는 리안 옆에 앉아서 "놀아도 되니?"라고 물어본다.	리안은 수지에게 작은 인형을 주고 "이것이 인형 옷이야."라고 말한다.
간식시간: 제스는 우유팩을 열기 위해 도움이 필요하다.	"제스! 안젤리카에게 도와달라고 부탁해 보렴. '우유팩을 열어 줄래?' 라고 말해 보렴."	'도와줄래.'	안젤리카는 "도와줄게."라고 말하고 우유팩을 연다.
전이: 크리스토퍼는 미술 시간에 의자를 테이블로 당기는 데 어려움이 있다. 그는 브랜든이 테이블로 의자를 당기는 것을 보았지만 말을 못하였다.	"브랜든! 크리스토퍼에게 의자 당기는 걸 도와줄지 물어 보렴."	브랜든은 "크리스토퍼야 여기 내 옆에 앉을래?" 하고 물어본다.	크리스토퍼는 "응, 니 옆에 앉을게." 하고 말한다.

2. 사회적 통합 활동

사회적 통합 활동(환경배열을 통해 이루어짐)은 사회적 상호작용에 어려움이 있는 유아들이 사회적으로 유능한 또래들과 직접적으로 매일 접할 수 있도록 세심한 계획을 통해 상호작용할 기회(짧은 시간 동안)를 제공하는 것이다. 사회적 상호작용에 어려움이 있는 유아들에게 ① 사회적으로 유능한 또래의 놀이를 관찰하고, ② 또래와 사회적 상호작용에 참여하며, ③ 또래와의 상호작용에 대한 긍정적 감정을 가질 기회를 제공한다(Brown et al., 2001; Jenkins, Odom, & Speltz, 1989). 사회적 통합 활동의 네 가지 구성요소는 다음과 같다.

- 참여할 유아를 정한다: 그룹은 일반적으로 사회적 상호작용의 어려움을 가진 유아 1~2명과 사회적으로 유능한 또래유아를 적어도 2~3명 포함한다.
- 교실의 놀이영역을 매일 계획한다.
- 사회적 상호작용과 긍정적 놀이경험의 기회를 많이 제공할 수 있는 활동을 선택한다.
- 매일의 활동을 계획하고 준비하고 실행하며 점검한다.

사회적 통합 활동이 일어날 수 있는 교실의 특정영역은 매일 변화를 준다. 활동에 참여

하기로 정해진 유아들은 사회적 통합 활동에 5~15분간 참여할 수 있도록 미리 정해진 영역에 가 있도록 한다(교사주도의 놀이그룹). 사회적 상호작용에 어려움을 가진 유아들은 매일 사회적으로 유능한 또래 유아와 근접한 곳에서 놀이를 하도록 한다. 모든 유아들은 이 놀이그룹이 서클타임이나 간식시간 등과 같이 그들의 일상생활의 한 부분임을 곧 학습하게 된다.

그룹을 위한 가능한 놀이들로 기능적 활동, 구성적 활동, 사회극놀이, 규칙 있는 게임 등이 있으며, 사회극놀이는 또래 상호작용을 가장 잘 지원할 수 있는 놀이이다(DeKlyen & Odom, 1989). 활동이 선택되었으면 이러한 활동들이 유아들 간에 공유되고 놀이를 증진할 수 있도록 조직하고 수행한다. 매일 선택된 활동에 대해 소개할 때 유아들에게 그들의 놀이를 구조화할 수 있는 방법을 알려 준다. 사회극놀이 활동(예: 생일 케이크 만들기, 가게 놀이, 차 마시기 준비)은 유아들에게 역할을 분담시키기에 적절한 활동이다. 놀이를 계획하는 동안 유아들에게 친구들과 어떻게 놀이를 할 것인지 물어보는 것도 좋다. 활동을 소개하고 조직한 후에 교사는 부분적으로 뒷자리로 물러나서 지원자의 역할이나 모니터의 역할을 한다. 유아들이 놀이하거나 이야기하고 물건을 공유하거나 서로 상호작용을 하지 않으면 교사는 놀이에 대한 아이디어를 제공하고 놀이에 대한 직접적 지시를 하거나 다른 또래들과 상호작용하도록 직접적으로 촉진한다.

3. 사회적 기술에 대한 직접교수

사회적 기술에 대한 직접교수는 장애유아들만을 대상으로 하거나 또래들만 혹은 두 그룹을 다 대상으로 할 수 있다. 특별한 기술을 가르치기 위해 수업시간을 계획하여 실시한다. 이와 같은 그룹수업은 전형적인 형식을 따른다. ① 목표기술(예: 차례 지키기)을 서술하고, ② 목표기술을 시범 보이기 위해 2명의 유아를 촉진하며, ③ 2개의 그룹으로 나누어서 목표기술을 연습한다(그들이 목표기술을 실제로 수행할 때마다 서로에게 피드백을 준다). 소그룹 수업 후에 유아들이 다른 유아들과 새로운 기술을 연습할 기회를 가질 수 있도록 시간표를 짠다. 교사는 처음에 촉진과 제안을 하기 위해 유아들 근처에 있으며, 모든 유아들이 기술을 활용할 수 있으면 멀리 떨어져 있는다.

사회적 기술에 대한 또 다른 형태의 직접교수는 또래들만을 대상으로 한다. 이러한 접근방법을 또래중재교수라고 한다. 또래들에게 장애유아와 상호작용하고 시작행동을 하도록 가르친다. 특히 그들에게 눈 맞추기, 놀이나 장난감 공유를 요청하기, 놀이 조직하기, 공유하기, 도움주기 그리고 장애유아의 놀이에 반응하기 등과 같은 사회적 전략을 사용하는 방법을 가르친다(Christopher, Hansen, & Macmillan, 1991; Goldstein, English, Shafer, & Kaczmarek, 1997; Goldstein, Kaczmarek, Pennington, & Shafer, 1992; Odom, McConnell, & Chandler, 1994; Werts et al., 1996).

사회적 기술에 대한 세 번째 형태의 직접교수는 장애유아와 유능한 또래유아 모두를 포함한다. 친구기술 훈련이 이 접근법의 예다. 친구기술 훈련은 사회적으로 유능한 또래와 사회적 상호작용에 어려움이 있는 유아를 짝 지어 사회적 상호작용 기술을 가르치는 것이다(English, Goldstein, Shafer, & Kaczmarek, 1997). 또래유아는 또래 상호작용에 어려움을 갖고 있는 유아에게 유아의 이름을 부르고 이야기 하는 동안 가까이에 머물고 그와 놀이를 하도록 일련의 연결된 행동들을 학습한다. 친구기술-훈련에는 두 가지 유형이 있다. 또래 훈련과 짝 훈련. 또래훈련에는 민감성 훈련과 전략사용 훈련이 포함된다. 민감성 훈련에서 또래들은 장애유아들이 의사소통을 시작하기 위해서 하는 주의집중 끌기 행동과 요구하기 행동들을 묘사한 짧은 장면들을 비디오테이프로 본다. 비디오 장면에서 장애유아들은 제스처, 행동, 주의집중, 어휘 또는 이해할 수 없는 단어나 문구와 같은 전형적이지 않은 유형의 의사소통방법을 사용한다. 각각의 짧은 장면을 본 후에 비디오를 함께 본 성인이 또래유아들이 무엇을 보았고 비디오에서 본 유아들의 말이나 행동이 무슨 의도인지에 대해 함께 이야기를 나눈다.

전략 사용훈련에서 유아들은 다음과 같은 친구되기 행동들에 대해 학습한다.

- 각자에게 배정된 친구 근처에 머문다. 친구 옆에 앉거나 서 있는다.
- 친구와 놀이를 한다. 친구 이름을 부르고, 서로에게 주의집중하고 함께 이야기하거나 놀이를 제안한다.
- 친구와 이야기한다. 친구 근처에 지속적으로 머물고 놀이하고 친구와 함께 이야기한다.

위의 세 가지 전략은 '머물기-놀이하기-이야기하기' 로 간단히 요약할 수 있다.

먼저 친구가 될 짝을 지명한다. 유능한 사회적 기술을 가진 또래에 대한 개별적 훈련은 5회기 혹은 6회기로 구성한다(3번의 직접 수업과 2~3번의 연습수업). 각 훈련기간의 전형적 절차는 다음과 같다. ① 토의, ② 성인 모델링, ③ 안내된 연습, ④ 피드백을 통한 독립적 연습. 유아들이 두 번 연속해서 촉진 없이 모든 세 단계를 수행할 수 있으면 전략을 습득했다고 간주한다.

또래전략 사용훈련과 연습회기 후에 짝 훈련은 일반유아와 상호작용에 어려움이 있는 유아가 함께 한다. 이러한 훈련은 학급활동(예: 자유놀이, 간식시간, 대그룹활동)을 할 때 수행한다. 장애유아의 필요에 따라 2회에서 4회에 걸친 짝 훈련 회기가 필요하다. 이 훈련 동안 짝 지어진 장애유아는 '머물기-놀이하기-이야기하기' 전략을 수정해서 학습한다. 가장 중요한 것은 그들이 '머물기-놀이하기-이야기하기' 활동을 그들에게 짝 지워진 친구와 학습한다는 것이다. 짝 활동은 장애유아가 3가지 활동에서 4분간 연속해서 짝 지워진 친구 근처에 머물면서 상호작용하게 될 때 까지 지속한다.

최초의 연구에서 English 등(1997)은 전략 사용훈련을 마친 후 약 3일마다 '친구의 날'에 또래들을 배정하였다. 12주 동안 단지 7번의 '친구의 날'을 실시한 후, 장애유아와 일반유아 간의 의사소통 행동과 사회적 상호작용의 횟수가 기초선과 비교하여 뚜렷하게 증가하였다.

1) 자폐유아를 위한 우정형성 지원

또래 관련 사회적 능력을 발달시키고 우정을 형성하는 데 방해되는 자폐유아의 특징들은 ① 극도로 제한적인 사회적 행동과 의사소통 행동들, ② 장난감이나 다른 물건들의 적절한 사용의 어려움이다. 자폐유아와 중증 장애유아에게는 심도 있는 중재가 필요하다. 초기의 사회적 상호작용 훈련은 사진, 그림 혹은 제스처를 사용하여 기본적 의사소통 행동(예: 요청하기, 말하기 등)을 형성하는 데 초점을 맞추어야 한다. 최근에는 일반유아에게 중증 장애유아가 사용하는 일반적이지 않은 의사소통형태에 대해 반응하도록 학습시키고 있다.

우정을 증진시키기 위한 교사의 역할은 적합한 사회적 파트너를 찾아주고 긍정적인 또래 상호작용을 하도록 환경을 조절하고 유아들이 함께 놀이와 우정을 형성할 수 있는 기회를 자주 제공하는 것이다. 교사는 적극적 파트너, 사회적 기술의 조언자 그리고 사회적 기회의 제공자 역할을 할 수 있다(Danko & Buysse, 2002; Parke & Buriel, 1998). 적극적 파트너가 된다는 것은 유아와 함께 따뜻하고 반응적인 방식으로 놀이한다는 것을 의미한다. 이를 통해 유아에게 또래들과 상호작용하는 방법에 대해 모델링을 제공하고 유아에게 사회적 기술들을 학습할 수 있는 기회를 제공할 수 있다. 사회적 기술의 조언자는 유아가 사회적 목표를 성취하기 위해 사용할 수 있는 구체적 단어들을 가르쳐 주거나 직접적인 지시를 하는 것이다. 사회적 조언자의 지원을 받아 장애유아는 또래와의 놀이그룹에 참여하고 또래들과 사회적 상호작용을 시작하는 방법을 학습한다. 사회적 기회의 제공자는 가능한 잠정적인 사회적 짝꿍들을 주의 깊게 살펴보고 언제 이 유아들이 서로에 대해 관심을 가지는지 주목한다. 그런 후에 학급 안과 밖에서 놀이 기회를 만들어 준다.

언어와 의사소통 능력 그리고 인지 수준은 의심할 여지없이 우정을 발달시키는 데 중요한 역할을 한다. 자폐유아에게 사회적 상호작용을 위해 적합한 파트너는 자폐유아보다 약간 더 어리고 몇 개 영역의 발달이 더 빠르지는 않지만 사회적 능력은 더 뛰어난 유아가 적합하다. 학급의 일반유아는 자폐유아의 결함만을 보기 때문에 자폐유아의 특별한 능력(예: 퍼즐, 컴퓨터, 특별한 영역에 대한 지식)이나 자폐유아가 선호하는 활동과 선호하는 물건들을 인식할 기회를 만드는 것이 중요하다. 공동의 관심과 공동의 관심에 기초한 활동에서 성공적으로 상호작용을 하는 것은 친구가 되기 위한 기초적인 작업이다.

또래와의 의사소통 촉진과 지원

일반유아는 시간이 지남에 따라 사회적 상황들을 경험하면서 의사소통 기술과 사회적 기술을 획득하고 연습한다(Sameroff & Fiese, 1990). 3세가 되면, 유아들은 자신의 의사를 표현하고 상호작용에 참여하며 사회적 호감을 표현할 수 있는 많은 상호작용을 일과를 통해 경험할 수 있다. 그러나 자폐유아나 다른 중증장애유아들은 상호적 의사소통을 발달시키고 연습할 수 있는 또래와 함께하는 활동과 일과에 참여하기 위해 지원이 필요하다.

1. 공동의 주의집중과 상징의 사용

또래와 의사소통하기 위해 두 가지 영역이 중요시 되고 있다. 공동의 주의집중에 참여하는 것과 상징의 사용(Prizant, Wetherby, Rubin, & Laurent, 2003). 공동의 주의집중에 참여하는 것은 다른 사람이 주의 집중하는 관점을 고려하고 공동으로 흥미를 가진 사건이나 물건에 초점을 맞추는 능력이다. 이러한 능력은 유아의 의사소통 능력과 사회적 능력의 발현 그리고 다른 사람의 마음에 대한 이해능력 발달과 객관적인 사고 능력을 습득하는 데 필요한 기초적인 요소다. 공동의 주의 집중에 참여하기는 한 살경의 일반유아들에게 나타나는데 이 능력은 주의집중과 감정을 공유하고 조절하며 의사를 표현하고 사회적 상호작용에 참여하는 능력의 발달에 기초가 된다. 여러 연구에서 지적한 것처럼 대부분의 자폐유아와 중증의 장애유아는 공동의 주의집중에 참여하는 능력이 부족하다(Greenspan & Wieder, 1997). 이런 유아들은 다른 사람과 애정이나 감정을 공유하고, 다른 사람들이 관심을 갖는 사물이나 사건에 함께 관심을 갖는 데 어려움이 있다.

상징의 사용은 또래와 애정적인 의사소통을 하기 위해 필요한 능력이다. 제스처나 단어와 문장 등을 통해 표현된 의미를 이해하기 위해 이러한 능력을 기본적으로 갖추어야 한다. 자폐유아나 다른 중증장애유아들은 의도적인 제스처를 사용하고 학습하는 데 어려움을 갖고 있다. 그들은 또한 관습적인 단어의 의미를 학습하는 데 어려움을 갖고 있다. 따라서 자폐유아가 저항하거나 사회적 통제를 하기 위해 문제 행동을 하는 것은 이러한 제한된 능력 때문으로 보인다.

2. 사회적 의사소통 목표

자폐유아나 다른 중증장애유아를 위한 사회적 의사소통 목표들은 다음과 같다.

- 또래와 눈맞춤하기
- 또래가 가까이 오거나 말을 걸때 쳐다보기
- 다른 사람을 만지기 위해 손을 뻗기
- 또래의 행동과 제스처에 관심 보이기
- 다른 사람의 손잡기
- 또래와 차례대로 활동하기
- 몸짓 단서에 반응하기

이 기술들 각각은 또래와의 관계성 발달을 지원하고 의사소통과 사회적 교환을 위한 촉진제의 역할을 한다. 제10장에서 설명한 것처럼, 일반유아들에게 장애또래의 애매한 사회적 의사소통적 반응을 강화하고 응답하는 방법을 가르친다. 사회적 의사소통기술을 가르치기 위한 지침은 다음과 같다.

1. 성공적인 사회적 경험을 조직한다. 우수한 언어능력, 사회적 모델 및 놀이모델을 제공할 수 있는 또래와 가능한 많은 성공적인 사회적 경험을 할 수 있도록 하며 이러한 경험

이 하루 전체를 통해서 이루어지도록 한다. 또래와 상호작용할 기회가 많을수록 중증의 장애유아는 언어와 의사소통 기술을 획득하고 연습할 기회를 더 많이 갖게 된다. 사회적 경험을 성공적으로 하기 위해 두 가지 요구사항이 있다. 사회적 경험이 일어나는 활동들은 그 활동에 참여한 모든 유아들에게 동기를 부여해야 하며, 짝이 된 유아들(사회적 의사소통 기술이 부족한 유아와 좀 더 유능한 유아)에게 의사소통 기술을 가르쳐야 한다. 이전에 언급한 의사소통을 가르치기 위한 환경교수전략을 사용한다.

2. 공동의 주의집중에 참여하도록 촉진하기 위해 병행언어를 사용한다. 병행언어란 사회적 상황에서 다른 사람의 행동을 이해 할 수 있도록 지원하기 위해 유아가 하고 있는 행동을 말로 표현해 주는 것이다. 병행언어는 보통 '너' 로 시작하며 중요한 것은 언어를 행동과 연결 짓는 것이다. 예를 들어, 타일러가 서서(대부분은 책꽂이에 숨어서) 장난감 자동차와 트럭들을 작은 차고에 넣었다 뺐다하고 있는 또래를 지켜보고 있다. 교사는 서로에게 주의를 기울이도록 하기 위해 유아의 이름을 거론하며 상황을 말로 묘사한다. 그녀는 말하기를 "너는 제이슨이 차고에 차를 넣는 것을 보고 있으며 너도 그 놀이를 하고 싶어 하는구나. 너는 제이슨에게 차 옆에 네 차를 놓고 경사로에 차를 밀어도 되는지 물어보고 싶구나. 너는 제이슨과 함께 놀고 싶어 하는 너의 마음을 그가 알아 주길 원하고 있구나. 제이슨에게 '함께 놀자' 고 말해 보렴." 교사는 타일러의 주의를 끌고 있는 장난감과 행동에 초점을 맞추어 말을 한다. 그 결과 병행언어는 타일러, 제이슨 그리고 교사의 주의집중을 연결할 수 있도록 지원하는 역할을 하였다. 타일러는 교사의 언어적 모델을 모방할 수는 없지만 두 유아는 서로를 보게 되었고 놀이 활동에 참여하게 되었다. 교사는 자연스럽게 타일러가 활동에 참여하도록 촉진하고 유아들이 놀이를 시작하면 조용히 그 자리를 떠난다.

3. 시각적 지원을 제공한다. 보완대체의사소통은 말을 확장하고 지원하는 상징체계다. 보완대체의사소통은 수화, 의사소통판, 사진, 컴퓨터 이미지 혹은 프린트물 등을 사용한다. 보완대체의사소통은 시각적인 언어체계(그림, 상징 혹은 단어들)를 사용하기 때문에 자폐유아와 중증장애유아들의 시각적 처리과정을 활용한다.

사회적 상황에서 언어 이해와 표현을 증진시키기 위해 시각적 상징을 사용하는 것 외에 보완대체의사소통 중재는 다른 사람의 의사소통을 지원하고 확대하기 위해 시각적 상징을 사용한다(Quill, 2000). 시각적 도움을 사용함으로써 사회적 상황에서 발생하는 의사소통의 실패와 관련된 좌절감을 경감시킬 수 있다. 시각적 정보는 정적이고 예측가능하기 때문에 유아의 회상능력을 덜 요구한다. 구조화되고 조직적인 정보는 유아의 참여를 촉진하기 때문에 유아가 더 독립적이 되어 성인에 대한 의존도가 줄어들게 된다.

그림과 같은 낮은 기술 수준의 보완대체의사소통 도구들은 간단하게 개발할 수 있고 비용도 적게 든다. 그림교환의사소통 체계(Picture Exchange Communication System: PECS)(Bondy & Frost, 1994)는 하나의 예다. 그림교환의사소통 체계는 보완대체의사소통의 그림 체계와 어떤 면에서는 비슷하다. 다른 점은 사회적 교환에 초점을 맞추었다는 것이다. 그림교환의사소통 체계는 사회적 의사소통을 지원하고 촉진시키기 위해 고안되었다. 성인의 질문에 대답하기 위해 유아가 단지 항목을 지적하기보다는 의사소통 파트너에게 접근해서 원하는 물건을 갖거나 활동을 하기 위해 그림상징을 교환하도록 하여 의사소통적 질문을 시도하도록 유아를 가르친다. 유아들이 갖고 싶은 물건이나 활동에 참여하기 위해 의사소통하는 법을 가르친다. 그림교환의사소통 체계는 단일 단어에서 여러 단어로 의사소통을 확대하고 단순한 질문에서부터 사물을 명명하고 토론하는 의사소통적 기능으로 확대하는 단계를 포함한다. 여섯 단계의 진행과정을 통해 유아는 단순한 식별능력에서 더 높은 수준의 상징으로 된 간단한 문장형태의 단계까지 진도를 나가게 된다. 그림교환의사소통 체계는 언어적으로 의사소통을 하지 못하는 유아들을 위해 만들어졌지만 유창하게 말을 못하는 유아나 반향어를 사용하는 유아 또는 단순한 기능적 단어만을 사용하는 유아들에게도 사용할 수 있다.

요 약

통합 환경이 장애유아에게 긍정적인 사회적 상호작용을 위해 효과적이라면 유아들이 의사소통적인 상호작용에 참여하고 연습할 수 있도록 체계적이고 계획된 기회들을 제공해야 한다. Brown 등(2001)은 통합 환경에서 장애유아의 또래 관련된 사회적 능력을 촉진하기 위해 교사들이 계획을 수립할 수 있도록 사회적 관계를 위한 중재방법을 단계별로 제공하였다. 기초적이고 가장 낮은 단계의 학급단위 접근방법으로 두 가지를 제시하였다. ① 높은 수준의 통합유치원프로그램, ② 애정적 중재와 그룹우정활동. 두 가지 중재방법은 모두 긍정적 태도와 친사회적 행동을 촉진하기 위한 것이다. 그 다음 단계로는 개별화된 또래 상호작용 중재방법이 제시되었다. 사회적 행동을 위한 강화된 환경교수, 사회적 통합 활동 그리고 사회적 기술의 정확한 교수. 이러한 중재들은 개별유아와 유아의 환경에 따라 달라진다. 절차들은 유아의 특성이나 상황에 맞게 수정되거나 조합된다.

또래와 성공적인 사회적 경험을 할 기회가 적으면 적을수록 언어와 의사소통기술을 학습할 기회도 줄어든다. 통합 환경에서 또래는 자연적인 파트너 이상의 역할을 하게 되며 그들은 언어와 의사소통을 촉진할 수 있는 촉진자다. 이 장은 ① 협동학습과 놀이, ② 사회적 의사소통 기술, ③ 관찰학습을 증가시키기 위한 사회적 상호작용 중재절차에 대해서 설명하였다. 가장 중요한 것은 장애유아가 학습시간뿐 아니라 하루의 전 일과를 통해 또래유아들과 놀이하고 긍정적인 사회적 의사소통을 통해 즐거움을 갖는 것이다.

연/구/문/제

1. 유아들의 우정 발달을 촉진하는 것들에 대해 논의하시오.
2. 학급단위 혹은 대집단 중재 세 가지를 설명하시오.
3. 발달에 적합한 실제에 의거하여 학급에서의 사회적 상호작용의 역할에 대해 설명하시오.
4. 애정적 중재를 수행하는 기본 단계들과 이론적 근거에 대해 논의하시오.
5. 그룹우정활동의 수행에 대해 설명하시오.
6. 개별유아에게 초점을 맞춘 사회적 기술 중재를 하는 세 가지 접근법에 대해 설명하시오.
7. 사회적 기술훈련접근법의 '개입의 연속성'에 관해 설명하시오.
8. 사회적 행동을 촉진하기 위한 강화된 환경 교수의 수행 단계를 설명하시오.
9. 사회적 상호작용 활동의 네 가지 요소에 대해 설명하시오.
10. 사회적 기술 학습을 위한 직접적 교수를 위한 3가지 접근법에 대해 설명하시오.
11. 공동의 주의집중에 참여하기와 상징의 사용에 대해 정의하고 사회적 의사소통에서 그들의 역할에 대해 논의하시오.
12. 자폐유아와 중증 장애유아를 위한 사회적 의사소통 목적은 무엇인가?
13. 사회적 의사소통 기술을 가르치기 위한 세 가지 절차에 대해 설명하시오.

C.H.A.P.T.E.R. 13

독립성 증진을 위한 환경전략

-Mary Jo Noonan-

| 이 장의 주요 내용 |

- 연령에 적합한 독립적 행동
- 독립성을 위한 교수목표와 수업계획
- 적응과 기능적으로 동일한 반응들
- 독립성을 위한 신체적 발달 중재 그리고 전략
- 독립성을 위한 의사소통 능력, 중재 그리고 전략
- 독립성을 위한 자조능력, 중재 그리고 전략

독립적 행동은 자연적으로 발생하는 자극이 있을 때 수행되는 행동이다. 이것은 보통 다른 사람의 도움 없이 수행되는 행동을 의미한다. 장애유아가 연령에 적합한 독립적 행동을 발달시키지 못하는 이유는 많다. 첫째, 적당한 시기에 교수적 촉진을 서서히 제거하는 데 실패하면 유아는 항상 누군가 도와줄 때까지 기다려야 한다는 것을 학습하게 된다. 둘째, 성인들은 장애유아에 대해 낮은 기대를 갖고 있고 그 결과 독립적으로 수행할 기회를 제공하지 않는다(Stoneman & Rugg, 2004). 셋째, 신체적, 감각적 혹은 의사소통적 문제는 독립성을 저해한다. 독립성을 가르치는 절차와 적용은 체계적인 계획하에 수행되어야 한다.

독립적 행동의 교수

장애유아를 위한 독립적 행동목표들은 연령에 적합해야 한다. 예를 들어, 몇 개의 장난감을 놓아두고 담요 위에 앉아서 5분 동안 독립적으로 놀이를 하도록 하는 것은 1세 유아에게 적합한 목표다. 독립적으로 요청하기는 걸음마기 유아에게 적합한 목표다. 걸음마기 유아에게 원하는 사물, 장소 그리고 사람을 요청하는 방법을 가르칠 수 있다. 독립성을 촉진하기 위한 목표를 수립할 때 행동이 성인에 의해 촉진되거나 혹은 시작되는 수행 조건을 진술하지 않아야 한다. 대신 목표는 그 기술이 필요한 상황에서 자연적 상태에서 발생할 수 있는 행동이어야 한다. 예를 들어, "아침에 옷을 입을 때 사라는 옷장에서 티셔츠를 선택한다." 혹은 "자유놀이 영역에서 친구와 놀이를 할 때 토미는 선반에서 장난감을 선택한다." 이러한 목표 설정은 '2개의 티셔츠가 제공될 때' 혹은 '세 가지의 장난감 중에서' 등과 같이 기술하는 것보다 훨씬 자연스럽다.

수행 조건으로 독립성을 구체화하는 것과 함께 독립성은 목표의 준거에 통합될 수 있다. 예를 들어, 유아에게 숟가락 쥐기를 가르칠 때, 준거는 유아가 숟가락을 식판에 떨어뜨렸을 때 독립적으로 다시 주워서 잡는 것으로 기술할 수 있다. 독립적 행동에 대한 준거 수준은 자연적 환경에서 요구되는 독립성과 일치한다. 일단 목표가 기술되면 그 다음 단계는 교수계획을 세우는 것이다.

1. 체계적 교수

체계적 교수에서 교수적 촉진은 유아가 정확한 반응을 학습하도록 도와주기 위해 사용된다는 것을 기억해야 한다. 교수의 기본 과제는 교수적 촉진을 점차적으로 제거해서 궁극적으로 유아가 자연적 촉진에 의해 정확하게 반응하는 것이다. 교수 목표에 수행조건과 준거기준을 구체적으로 제시하는 것은 교수적 촉진을 점차 제거하면 유아는 자연적으로 발생하는 자극에 독립적으로 행동하게 될 것이라고 가정하기 때문이다.

유아가 독립성을 성취하도록 돕기 위한 체계적 교수계획은 ① 최소한으로 개입적이며 ② 자연적이고, ③ 일과와 환경적 수정에 연관되며, ④ 일반화를 촉진하도록 고안되어야 한다. 최소한으로 개입적인 절차는 자연적 학습상황과 다르지 않거나 일상적 일과를 방해하지 않는 절차다. 이 절차는 독립적 행동을 가르칠 때 두 가지 장점이 있다. 첫째, 최소한의 개입절차는 눈에 두드러지게 띄지 않기 때문에 제공했던 촉진을 쉽게 용암법을 통해 제거할 수 있다. 둘째, 사람들이 보통 유아를 도울 때 사용하는 방법과 크게 다르지 않기 때문에 수행하기 쉽다.

강화된 환경교수로서 자연적 교수는 제9장에서 자세히 설명되었다. 자연적 절차들은 유아의 행동이 성인의 촉진에 기인하기보다 자신이 스스로 하는 행동이기 때문에 독립성을 증진한다. 강화된 환경교수를 계획할 때 특정한 유아행동을 교수기회로 삼을 수 있다. 유아가 물건을 쳐다보는 것과 같은 아주 포착하기 어려운 행동이나 원하는 물건에 손을 뻗거나 주의집중을 요하는 발성("나를 봐.") 등과 같은 아주 명백한 유아행동이 교수기회로 이용될 수 있다.

매일의 일과는 유아에게 반복학습의 기회를 제공하고 다음에 어떤 활동이 이어지는지 유아가 예측할 수 있게 해 준다. 예측과 반복은 학습을 촉진한다. 예를 들어, 양육자와 함께 하는 아침 일과는 항상 유아가 장난감과 책을 선택하고 잠시 양육자와 놀이를 한 후 장난감과 책을 다시 제자리에 놓고 간식을 먹는 것으로 시작한다. 이런 일과로 며칠 혹은 몇 주를 보내면 양육자는 도착해서 책을 보고 있는 유아에게 인사를 한다. 양육자가 놀이를 멈추고 간식을 준비하러 부엌으로 가면 유아는 책을 정리하고 간식을 먹게 될 것을 예측하게 된다.

환경 수정은 유아가 독립적으로 수행하도록 돕기 위해 유아를 상기시킬 목적으로 사용될 수 있다. 매우 개입적인 수정에서부터 최소한의 개입적 수정까지 다양하게 물리적 환경을 바꿀 수 있다. 예를 들어, 유아는 간식시간에 독립적으로 컵과 냅킨을 테이블에 놓도록 학습하였다. 유아에게 이 과제를 상기시키면 유아는 보통 독립적으로 수행할 수 있다. 냅킨과 컵을 유아의 자리에 놓아 두는 것은 유아로 하여금 냅킨과 컵을 테이블에 놓도록 하기 위한 자연적이고 비개입적인 촉진이다.

2. 일반화 전략

자연적 교수절차를 사용할 때 교수계획에 일반화 전략을 포함하면 독립성이 증진된다(제6장에서 자세하게 언급하였다). 독립성을 증진하기 위해 적합한 몇 가지 일반화 절차(Stokes & Baer, 1977)가 있다. 일반화를 촉진하기 위해 자연적 후속결과를 교수 상황과 짝지울 수 있다. 시간이 지남에 따라 교수적 후속결과들은 제거되어야 한다. 충분한 사례연습은 자극 동류(특정 반응을 유발하는 일군의 자극들)에 대해 가르치기 때문에 유아의 독립성을 촉진한다. 휠체어를 사용하는 유아에게 복도로 휠체어를 밀고 갈 때, 손에 닿지 않는 물건을 집을 때 그리고 점심식판을 들 때 또래에게 도움을 요청하는 방법을 가르치면(사례 훈련), 이 유아는 이러한 기술을 일반화하여 떨어뜨린 장난감을 또래에게 집어달라고 요청할 것(교수 받지 않은 반응)이다. 자연적 환경하의 교수 상황에서 자료들을 접하는 것(프로그램 공통자극)은 새로운 행동을 촉진할 수 있다. 마지막으로 일반화를 매개하는 일반적 전략인 자기-촉진은 모든 상황과 공간에서 유아의 독립성을 촉진한다.

기능적 독립성을 위한 수정

White(1980)는 행동의 목적과 목적을 수행하는 신체적 행동을 구별하기 위해 '결정적 기능' 이라는 용어를 사용하였다. 예를 들어, 기는 행동은 한 장소에서 다른 장소로 이동하기 위한 목적(이동성의 결정적 기능)으로 수행되는 행동이다. 손을 뻗고 발성하기는 음식을 더 달라고 요구할 목적(표현적 의사소통의 결정적 기능)으로 사용될 수 있다. 기능적으로 동등한 행동은 동일한 결정적 기능(목적)을 성취하는 행동이지만 수행 방법이 다를 뿐이다(Carr & Durand, 1985; Helmshtetter & Durand, 1991). 예를 들어, 사물을 지적하는 행동은 유아가 사물을 지적함으로써 누군가가 유아에게 지적한 물건을 주기 때문에 사물에 손을 뻗어 잡는 행동과 기능적으로 동일하다고 볼 수 있다(유아가 손을 뻗어 장난감을 잡을 수 있다면 같은 효과가 나타난다). 일반적으로 교수 목표는 형태보다 기능에 더 초점을 맞춘다.

의도한 결과를 성취하는 것이 특정행동이나 행동의 형태보다 더 중요하다(Westling & Fox, 2004).

유아가 도움 없이 과제를 수행하기 위해 기능적으로 동등한 행동을 할 때 유아는 기능적 독립성을 성취한 것이다. 다음의 전략들은 영유아에게 기능적 독립성을 학습시키기 위한 것이다. ① 개별화된 참여, ② 환경 촉진, ③ 학습영역, ④ 또래지원, ⑤ 적응보조도구.

1. 개별화된 참여

제11장에서 기술된 그룹교수에서 논의한 바를 상기해 보자. 어린이 집, 유치원 그리고 조기중재프로그램의 많은 활동들은 소그룹이나 대그룹으로 수행된다. 그러나 그룹 활동에 참여하는 모든 유아들이 같은 수준이나 같은 방법으로 참여할 필요는 없으며 참여는 개별적으로 수행될 수 있다. 예를 들어, 차례 지키기를 가르치기 위해 인형놀이를 활용할 수 있다. 언어지체와 청각 손상을 갖고 있는 유아인 제이슨은 다른 유아들이 인형에게 말을 하고 있는 동안 독립적으로 인형을 조작하면서 놀 수 있다.

2. 환경 촉진

영유아가 독립성을 성취하도록 지원하는 또 다른 방법은 유아에게 상기시키거나 부가적인 단서를 제공하기 위해 환경 혹은 자료를 수정하는 것이다. 예를 들어, 유아가 독립적으로 손을 씻도록 상기시키기 위해 과제를 수행하는 단계를 제시한 일련의 그림카드를 사용할 수 있다(Copeland & Hughes, 2000; Klein, Cook, & Richardson-Gibbs, 2002). 색깔 표식(예: 사물함, 의자, 코트, 사각의 양탄자, 크레용 상자, 칫솔)은 유아가 독립적으로 수행할 수 있도록 허용하는 또 다른 유형의 환경 촉진의 예다. 환경 촉진은 영구적(그 장소에 지속적으로 있거나) 또는 임시로 제공될 수 있다.

3. 학습영역

학습영역의 목적 중 하나는 성인의 도움 없이 유아가 놀이를 하도록 가르치는 것이다. 예를 들어, 유치원에는 블록과 다른 구성자료를 갖춘 학습영역과 주별로 바뀌는 과학 자료(예: '공룡주간'에는 공룡책, 플라스틱 공룡모형, 공룡알 게임, 공룡사전, 공룡에 대한 이야기책을 준비한다.)를 갖춘 학습영역이 있을 수 있다. 유아가 그들의 흥미와 기술에 적합한 방식으로 자료와 상호작용하고 그들이 원하는 활동에 참여할지를 결정해야 하기 때문에 학습영역은 기능적인 독립성을 연습할 기회를 제공한다(Klein et al., 2001).

4. 또래지원

또래지원은 여러 상황에서 장애유아가 독립적으로 수행하도록 도와줄 수 있다(Daigre, Johnson, Bauer, & Smith, 1998). 또래는 장애유아가 걸을 때 균형을 잡을 수 있도록 도와주고, 물건을 떨어뜨렸을 때 집어 주고, 과제를 수행할 때 다음 단계가 무엇인지 상기하도록 도와주는 등 다양한 범위의 과제수행을 지원할 수 있다. 어린 형제가 장애형제를 도울 수 있도록 가르치는 것은 유용하다. 이러한 도움은 유아의 발달에 중요한 감정이입과 양육을 촉진하며 장애유아가 성인으로부터 독립할 수 있도록 해 준다. 그러나 형제에게 너무 많은 책임을 지우지 않도록 조심해야 한다.

5. 적응보조장비

지체장애유아는 때때로 보장구와 같은 보조 장비를 통해 도움을 받을 수 있다.손과 발이 없거나 기능하지 못하는 경우 이를 대체해 준다(Hill, 1999). 인공발은 발이 없는 유아를 위한 보장구다. 유아가 손에 크레용을 확실히 잡을 수 있도록 찍찍이 밴드를 사용하는 것은 그러한 방법 외에는 크레용을 잡을 수 없는 유아를 위한 보조 장비다. 보장구를 올바로 사용하여 유아가 기능적인 독립성을 성취할 수 있다면, 이러한 장비들을 사용할 수 있도록 유아를 연습시켜야 한다.

적응장비는 장애유아 특히 지체장애유아를 도와주기 위해 고안된 장비와 특별한 기구들이다(Heller, Forney, Alberto, Schwartzman, & Goeckel, 2000). 적응장비로는 휠체어, 보행보조도구, 자세 보조도구, 서기 보조도구, 수정된 자전거, 변형된 책상 그리고 섭식보조도구들이 있다. 특수교육요구를 가진 많은 유아들은 적절한 적응보조도구를 사용하면 신체적 지원과 치료적으로 유용한 신체적 반응을 하게 되어 기능적 독립성을 성취하게 된다.

기본 기술에서의 기능적 독립성

기본 기술(대근육 운동, 소근육 운동, 의사소통, 자조기술)과 관련된 발달지체나 장애는 가정, 지역사회, 놀이, 보육시설 혹은 학교활동들에서 유아의 독립성 발달을 저해한다. 독립성을 위해 수립되는 목표들은 기능적으로 동등한 반응들로 기술할 필요가 있다.

1. 대근육 운동기술에서의 독립성

대근육 운동기술은 큰 근육 움직임을 포함한다. 대근육 운동기술의 연속적 발달은 발달 이정표로 불리는 중요한 발달기술들을 포함한다(예: 머리 조절, 구르기, 기기, 앉기, 서기, 걷기).

2. 신체적 발달상의 어려움

운동발달은 중추신경계의 발달과 연관이 있으며, 이러한 발달은 출생 전에 시작하여 약 5세까지 지속된다. 중추신경계의 손상이나 미성숙으로 인해 운동발달지체 혹은 비정상적 근긴장도, 비정상적 반사들, 자세반작용 결함 혹은 보상형태들이 발생한다(Pellegrino, 2002). 정상적인 운동발달을 방해하는 이러한 운동발달 이상의 범위는 경증에서 중증에 이르기까지 다양하다.

1) 비정상적 근긴장도

근육의 수동적 움직임에 대한 저항인 근긴장도는 너무 높거나(경직성) 낮을 수(저긴장) 있으며 혹은 불안정(불수의적)할 수 있다. 불규칙한 근긴장도는 너무 많은 움직임이나 너무 적은 움직임, 너무 빠른 움직임이나 너무 느린 움직임 또는 경련적 움직임을 유도한다. 비정상적인 근긴장도는 또한 정상적인 자세의 발달, 움직임의 패턴, 자세를 바꾸는(예: 기기에서 앉기) 능력의 발달을 방해할 수 있다.

2) 비정상적 반사들

중추신경계가 손상을 입거나 미성숙할 때 반사들은 세 가지 형태로 비정상적인 경향을 보인다.

① 정상적인 발달과정에서 반사들은 일정한 시간이 지나면 점차 사라지며 수의적인 운동과 통합되지만 이러한 반사들이 시간이 지나도 계속해서 남아 있다.
② 반사들은 비정상적으로 심하게 나타나거나 쉽게 발생하고 종종 전체적으로 나타난다. 반사들은 정상적인 발달에서처럼 잠시 나타났다 없어지거나 부분적으로만 나타나는 것이 아니다.
③ 반사들은 상투적(obligatory)으로 나타난다. 반사들은 한 번 발생하면 자세와 움직임을 제한하고 형태를 고정시킨다. 반사들은 정상적인 발달에서는 결코 상투적이지 않다.

3) 자세 반작용 손상

운동지체나 중추신경체계가 손상된 유아들은 자세반응(평형과 직립)이 발달하지 못하거나 발달이 불완전하다(Pellegrino, 2002). 직립반응이 없으면 수직 자세와 움직임을 형성하려는 생리학적 욕구가 생기지 않는다. 균형감을 제공해 주는 평형감각 없이는 전형적인 자세와 운동 형태를 획득하거나 유지하기 어렵다.

4) 보상형태

운동장애를 가진 많은 유아들이 운동기술을 수행하지만 보상이라고 불리는 비정상적인 자세를 유지하는 경향이 있다. 보상은 유아가 머리를 들거나 앉기 등과 같은 유용한 자세를 취하도록 해 주지만 운동을 제한하고 연속적인 운동발달을 방해한다(Bly, 1983). 보상의 예로는 목 장애(지나치게 목을 뻗어 머리를 바로 세우고 움츠린 어깨 사이에 머리를 둠)와 엉덩이 장애(하반신의 등뼈를 뻗고 개구리 다리 자세를 취하여 앉기) 등이 있다.

3. 신체발달중재절차

운동중재는 기능적인 활동 상황에서 이루어진다. 이것을 통합적 치료라고 한다. 통합적 치료는 새로운 운동기술을 가르치고 일반화를 촉진한다(McWilliam, 1996). 경증 운동지체 유아나 운동장애유아를 위한 중재는 보통 정상적인 대근육과 소근육 운동기술의 습득을 목표로 한다. 중증의 운동지체나 장애유아에게는 선택된 운동기술과 적응기술의 기능적 사용을 강조한다.

1) 경증의 신체장애

경증장애의 경우 대근육 운동기술 중재는 연속적인 발달단계의 선상에서 다음단계의 기술을 가르치고 자세반응을 개선시키며, 특히 평형반응(균형)에 초점을 맞춘다. 유아가 기술을 연습할 수 있도록 촉진하는 신체적 지침과 활동들은 통상적인 중재절차다. 예를 들어, 유아가 기기 시작하면(손과 무릎을 사용하여 앞으로 움직임) 촉진은 짧은 거리에 유아가 원하는 물건을 놓아 두어 유아가 그곳까지 기어서 가게 하는 것이다. 이 경우 사용되는 지침은 유아의 엉덩이와 발을 기기형태로 앞뒤로 움직일 수 있도록 지지해 주는 것이다. 기기 위한 균형반응을 향상시키기 위해 유아의 한쪽 편에 유아가 원하는 장난감이나 물건을 놓고 유아로 하여금 한쪽 손을 들어 올려 물건을 잡도록 한다. 물건을 잡기위해 유아는 이동할 때 몸무게를 지탱하며 기기자세를 유지하고 넘어지지 않아야 한다. 유아가 물건이 있는 방향에 도달하지 못하면 유아가 몸무게를 지탱하며 움직일 수 있도록 신체적 촉진을 제공한다.

2) 중증신체 장애

보통 중증의 신체장애는 중추신경계의 손상이나 신경근육계의 질병보다는 발달장애로 인한 것이다. 중증의 신체장애가 있을 때, 비정상적인 근긴장도의 문제, 원시반사의 유지, 자세반응발달의 지체나 부재 그리고 보상형태의 문제 등이 운동 발달의 특징으로 나타난다. 이러한 문제들은 기능적인 대근육 운동과 소근육 운동기술의 발달에 영향을 미친다.

자세잡기와 이동하기 절차들은 안정된 자세와 정상적인 근긴장도를 제공하고 비정상적 반사들을 방지하는 치료기법들이다(Heller et al., 2000). 비정상적인 형태와 반대로 보이는 자세가 일반적으로 효과적이다. 예를 들어, 높은 의자에 앉아 있을 때 유아는 비대칭 경직성 목반사를 보이게 되며, 유아의 자세는 지나치게 높은 근긴장도, 비대칭 그리고 과도한 확장(유아의 몸통, 목, 머리가 한쪽으로 돌아가고 사지가 얼굴 쪽에 놓이고, 반대쪽 사지는 수축되어 있다.)을 보인다.

이러한 비정상적인 형태는 베개, 자세고정을 위한 보정물 그리고 특수한 의자를 사용함으로써 방지하거나 최소화할 수 있다. 이들은 유아의 머리와 어깨를 약간 앞으로 향하게 하고 엉덩이, 무릎, 발목을 유연하게 하여 몸, 수족 그리고 머리를 똑바로 할 수 있도록 해 준다. [그림 13-1]은 이러한 자세고정 기법에 대해서 예시하고 있다. 적절한 자세잡기와 이동 절차는 정상적인 운동형태의 발달을 촉진한다. 이것은 자세 잡아 주기가 너무 고정적이어서는 안 된다는 것을 의미한다. 만약 유아의 자세를 과도하게 고정시키면 움직임이 제한되고 새로운 운동기술을 연습하고 시도해 볼 기회가 없게 된다.

가구, 베개 혹은 특별한 장비(적응기구)를 사용하여 자세잡기나 이동시키는 것을 정적 자세잡기라고 한다. 이 장비들은 일정한 위치에 고정되며 근긴장도, 움직임 혹은 상황적

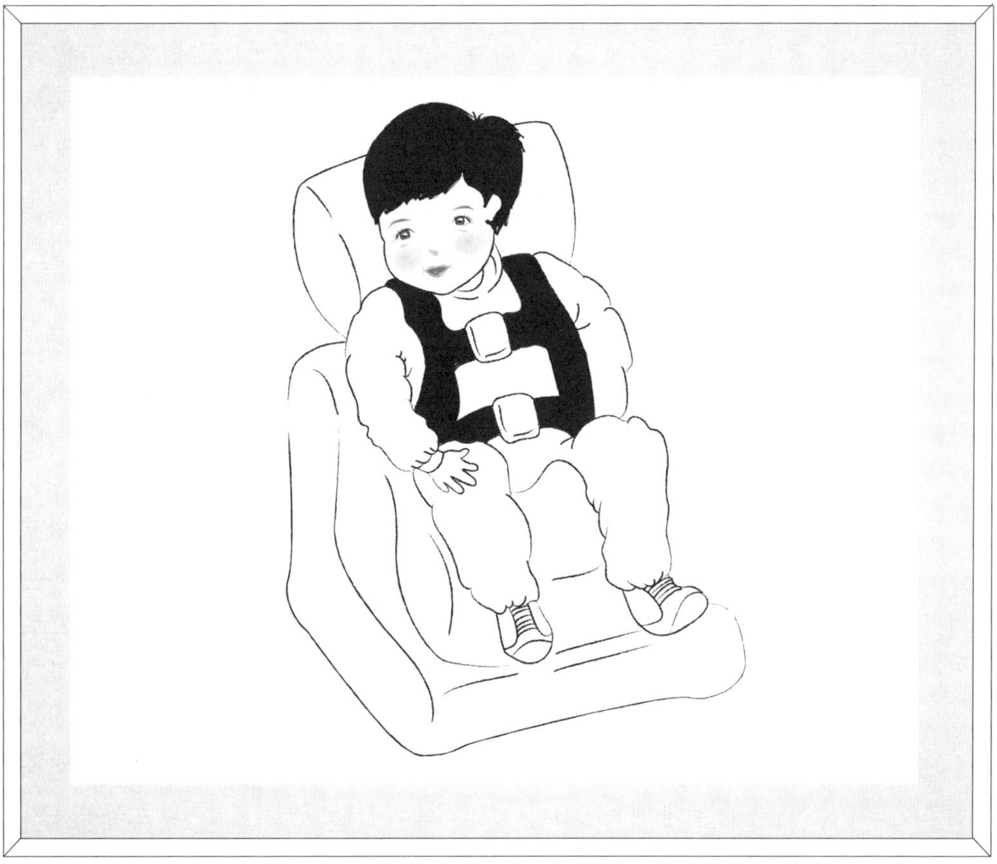

[그림 13-1] 비정상적 확장 형태를 억제하는 자세잡기 기법의 예시

요구의 변화에 따라 쉽게 조정될 수 없다. 그러나 정적 자세잡기와 이동하기 절차들은 유아가 성인으로부터 독립할 수 있도록 해 주며, 손이 닿지 않는 활동이나 성인이 유아를 잡고 있어야 하는 활동들을 할 때 유아가 성인으로부터 자유로울 수 있다. 정적 자세잡기와 이동하기 절차의 대안은 역동적 자세잡기로 성인의 몸(장비 대신)을 이용해 유아의 자세를 바로 잡아 준다. 역동적 자세잡기의 장점은 성인이 유아나 상황의 요구에 즉각적으로 반응할 수 있다는 것이다.

유아가 정상적 자세와 움직임을 성취할 수 있도록 돕는 신체적 지원과 격려 기법을 촉진기술이라 한다. 예를 들어, 옷 입기를 보조하는 동안 아버지는 두 살 된 딸을 무릎 위에 앉히고 유아가 자신의 무릎 위에 자신의 손을 얹고 몸을 지탱할 수 있도록 도와준다. 이러한 자세는 목과 몸통을 통제할 수 있도록 해 주며(목을 지탱하고 몸통을 세워 똑바로 유지하게 해 줌) 높아지는 근긴장도를 감소시켜 준다. 유아가 티셔츠를 입도록 하기 위해 아버지는 유아의 몸무게가 한쪽으로 가게 하고 유아가 그의 반대쪽 티셔츠 소매 안으로 팔을 들어 올릴 수 있도록 해 준다. 이것은 앉은 자세에서 균형반응을 촉진한다. 이러한 행동은 또한 목과 몸통을 통제하는 것과 관련된 수직반응을 촉진하며, 유아가 머리와 몸통을 똑바로 세워 자세를 유지할 수 있도록 촉진한다. 적절한 자세잡기와 이동하기 절차는(적응장비 사용을 포함하여) 더 독립적인 자세잡기와 이동하기를 가능하게 해 주는 촉진기법의 역할을 한다.

일반적으로 물리치료사와 작업치료사는 운동 평가, 발달적 중재계획 그리고 유아의 중재계획에 포함된 구성원들에게 치료에 관해 조언을 해 주는 역할을 한다. 치료사들이 신체적 발달에 관한 전문가라고 할지라도 의미 있고 기능적인 활동과 관련된 유아의 움직임에 대한 요구를 강조하기 위한 운동중재계획을 수립하기 위해 팀 접근을 하는 것이 바람직하다.

신체적 지체나 손상, 신경운동장애를 가진 유아들은 정상적 순서대로 대근육 운동발달을 하지 않는다. 몇 가지 운동기술들을 건너뛰거나 기술 중 일부분만을 습득하거나 혹은 비정상적인 형태로 발달할 수 있다(Illingworth, 1983). 예를 들어, 뇌성마비 유아는 앞으로 기지는 못하지만 뒤로 가는 것을 학습할 수 있다. 운동지체나 장애상태가 독립성을 불가능하게 하거나 방해할 때 기능적으로 동등한 대근육 운동 목표들을 목표행동으로 설정할 수 있다. 몇 가지의 대근육 운동기능들은 가정, 지역사회 그리고 학교환경에서 사회적 독립성과 신체적 독립성을 위해 매우 중요하다. 이러한 기술들에는 자세잡기와 이동하기 기능이 포함된다. 〈표 13-1〉에 유아에게 필요한 몇 가지 대근육 운동반응들과 이러한 운동반응에 의해 성취되는 중요한 기능들을 예시하였다. 예시에는 적응장비뿐 아니라 치료적 자세잡기와 이동하기 기법이 포함되어 있다.

4. 소근육 운동기술에서의 독립성

정상적 신체발달에서는 소근육 운동기술은 대근육 운동기술이 수행됨에 따라 더 정교하게 발달된다. 앞에서 언급하였듯이 대근육 운동기술의 지체는 자세반응의 지체와 연관이 있다. 자세반응의 지체는 자세불안정을 초래하고 골격과 몸통을 지탱하고 균형을 유지하는 데 어려움을 초래한다. 자세불안정 문제는 소근육 운동지체를 가속화시킨다. 예를 들어, 앉을 때 자세가 불안정한 유아는 몸통과 어깨가 불안정해서 넘어질 염려가 있기 때문에 혼자 독립적으로 음식을 먹기 어렵다.

〈표 13-1〉 독립성에 중요한 대근육 운동반응들, 결정적 기능 그리고 기능적으로 동등한 반응을 성취하도록 돕는 방법들

대근육 운동반응들	결정적 기능들	동등한 기능들
머리를 몸 중앙에 똑바로 세우기	시각적 주의집중	머리를 의자에 기댐(끈 사용 가능)
	시각적 주시	머리를 잠시 똑바로 세우기
	입-운동 통제	목 버팀목
바닥과 의자에 앉기	소근육 운동과제, 자료 그리고 장난감 사용을 위해 팔을 자유롭게 함	마룻바닥에 앉기 위해 벽이나 다른 지지물에 기댐
	먹고 마시기 위한 수직 자세	꿇어앉기(지원 혹은 적응보조기구 사용 가능)
	적응적, 일상적 그리고 다른 기능적 기술을 위한 수직 자세	참여 혹은 접근할 필요를 의사소통
걷기	지정된 장소, 자료, 장난감에 접근	휠체어, 목발
	자료를 조작하기 위해 팔을 자유롭게 움직임	무릎으로 걷기
	적응적, 일상적 그리고 다른 기능적 기술을 위한 수직 자세	앉아서 스쿠터 타기
	동작 활동에 또래와 함께 참여하기	자료를 운반하기 위해 어깨에 걸치는 가방 사용

자세의 안정을 증진하기 위한 중재는 소근육 운동기술의 향상으로 이어진다. 이러한 중재들은 신체적 지원과 적응을 통해 제공될 수 있다. 예를 들어, 유아가 양치질할 때 칫솔 조작하기를 통제할 수 없다면 발을 넓게 벌리도록 하여 좀 더 견고한 지지 기반을 만들도록 해 준다. 또한 균형을 유지하기 위해 세면대 끝을 붙잡고 지탱하도록 도와준다. 더 견고한 지지 기반을 확보하고 균형을 유지하도록 지원해 줌으로써 칫솔의 움직임을 통제하는 것이 더 수월해진다.

많은 소근육 운동과제들이 앉은 자세에서 수행된다. 안정된 자세는 적당한 크기의 의자에 유아가 앉아서 발이 마룻바닥에 닿았을 때 촉진된다. 유아가 의자 뒤에 엉덩이를 붙이고 등을 똑바로 세운 자세로 앉는 데 어려움이 있다면 의자 뒤에서 그의 엉덩이를 지탱해 줄 넓은 가죽끈이 필요하다. 또한 안정된 자세를 향상시키기 위해 책상 높이를 수정할 수 있다. 책상 높이는 유아의 팔꿈치 높이보다 적어도 몇 인치 더 높아야 한다. 또한 부가적 지지를 주기 위해 책상은 유아의 겨드랑이 아래보다 약간 낮아야 한다.

소근육 운동기술들은 대부분의 일상생활, 적응, 놀이 그리고 학교생활에 필요한 독립성을 성취하는 데 중요하다. 소근육 운동기술이 지체되거나 손상된 경우, 기능적으로 동등한 반응들이 독립성을 성취하기 위한 대안책을 제공해 줄 수 있다. 중요한 소근육 운동반응들, 그들이 수행되었을 때 성취되는 중요한 기능들 그리고 기능적으로 동등한 반응들이 〈표 13-2〉에 제시되었다.

5. 의사소통 기술에서의 독립성

영아들은 말을 시작하기 훨씬 전부터 효과적으로 의사소통을 한다. 예를 들어, 음식에 대한 선호와 혐오감을 표현하기 위해 미소 짓거나 침을 흘리거나, 입술을 오므리거나 침을 삼키며, 형제자매와 놀이를 계속하고 싶어서 미소 짓거나 소리를 낸다. 영아들이 단어와 비슷한 발성을 하기 시작하면 효율적인 의사소통이 증가한다. 의사소통은 욕구를 충족시키고 사회적 관계를 확립하며, 가족활동에 참여하여 새로운 기술과 개념을 습득하는 데 중요한 기술이다. 환경 통제기술은 의사소통능력의 기초가 된다. 만약 영아가 아버지에게 다가 갈 때마다 아버지가 영아를 앉아 올림으로써 즉각적인 반응을 보여 준다면 영아는 환경을 통제한 것이다. 통제할 수 있는 기술이 초기 의사소통능력으로 일단 확립되면 이후에는 그 기술들이 확장된다. 의사소통은 점점 세련되고 효율적으로 된다.

〈표 13-2〉 독립성에 중요한 소근육 운동반응, 결정적 기능 그리고 기능적으로 동등한 반응을 성취하도록 돕는 방법들

소근육 운동반응	결정적 기능	동등한 기능
뻗기	장난감과 자료들을 만지고 탐색해 봄	접근할 수 있도록 가까운 거리에 장난감과 자료를 놓아두기
	자료와 장소에 접근	자세잡기나 적응보조기구를 통해 어깨와 몸통을 안정되게 함 잡을 필요가 없도록 몸에 부착 (예: 고리) 뻗기를 돕는 인공 막대
잡기	자료에 접근 자료를 잡고 운반하기 장난감 갖고 놀기	자세잡기나 적응보조기구를 통해 어깨와 몸통을 안정되게 함
	적응적인 하루 일과와 다른 기능적 기술에 종사하기	조정 식사도구 혹은 표시를 한 식사도구 자료를 운반하고 잡을 수 있는 수정된 정리 상자나 어깨에 멜 수 있는 가방
	물체나 자료 선택을 위해 지적함	손에 자료를 묶어 줌(찍찍이를 사용) 자료가 미끄러지거나 떨어지는 것을 방지하는 자료를 표면에 부착시킴 팔이나 입, 발에 자료를 고정시킴
지적하기	흥미 있는 것을 가리키기 의사소통할 사물을 명료화하기	자세잡기 혹은 적응보조기구를 통해 어깨와 몸통을 안정되게 함
	원하는 물건이나 사건을 지적하기	지적하거나 명확히 하기 위해 주먹이나 손 전체를 사용함 눈으로 지적하기 지적하기 위해 보안대체 의사소통하기(손/주먹, 눈으로 지적, 머리로 스위치 누르기 등)

6. 환경통제 기술의 확립

환경을 통제하고자 하는 영아의 초기 노력은 눈 맞추기, 가리키기, 손(팔) 뻗기, 만지기, 소리내기 등과 같이 비상징적 행동들로 매우 간단한 것들이다. 환경통제기술의 발달단계는 다음과 같이 5단계다.

① 주의 집중적 상호작용: 사람, 사물 또는 사건을 인식하거나 예상하기(예: 친근한 사람

을 인식하고 미소 짓기)

② 후속적 상호작용: 강화하는 후속결과를 통제하기 위해 간단한 행동하기(예: 성인과 후속적 상호작용을 지속하기 위해 베이비용 게임하기)

③ 변별적 상호작용: 사회적으로 인정된 의미를 갖는 반응으로 다른 사람의 행동을 통제하기(예: 가리키기, 주기, 다른 비언어적 제스처)

④ 부호화된 상호작용: 주어진 상황을 이해하고 정확한 의미를 가진 행동을 활용하기–환경적 자극이나 사건에 반응하여 한두 단어 혹은 수화를 사용하기(예: 형제자매가 공을 들고 방으로 들어올 때 "공" "엄마" "엄마, 공" 이라고 말한다).

⑤ 상징적 상호작용: 상황에 의존하지 않고 의사소통하기 위해 정확한 의미(예: 언어, 가장 놀이)를 가진 행동하기(예를 들면; "물 주세요.") (Dunst et al., 1987).

교수목표는 날마다 행해지는 기능적 활동에서 유아의 의사소통 필요에 기초하여 설정된다(제5장에서 언급한 평가 전략에서 기인됨). 목표는 현재 유아가 할 수 있는 것을 토대로 만들어지며 환경통제를 위한 다음 단계의 기술발달을 증진시킨다. 예를 들어, 티미의 부모는 티미의 교수목표로 언니와 놀이를 할 때와 식사시간에 무엇을 선호하는지 표현할 수 있기를 원한다. 티미는 뇌성마비 유아로 말을 할 수 없어서 좋아하는 음식이나 장난감을 보면 팔을 움직이거나 미소 짓는다. 티미의 목표 중 하나는 2가지 중 하나를 선택하도록 요구하였을 때 5초 동안 좋아하는 음식이나 장난감을 쳐다보는 것이다. 티미에게 좋아하는 음식이나 장난감을 보도록 요구하면 티미는 쳐다보는 것을 통해 자기가 좋아하는 것을 얻을 수 있다는 것을 학습하게 된다. 이러한 목표는 티미가 현재의 수준인 인식의 단계에서 후속적 상호작용의 단계로 갈 수 있도록 해 준다.

환경통제기술 단계들을 학습하도록 영유아를 가르치는 5가지의 교수접근법이 있다. ① 민감성 증진하기, ② 기회 증가시키기, ③ 예측가능한 일과 구성하기 ④ 입력정보 증대하기, ⑤ 환경 수정하기(Noonan & Siegel, 2003). 이 다섯 가지 접근법은 동시에 사용할 수 있다.

1) 민감성 증진하기

교사는 유아가 비상징적으로 의사소통하는 방법을 배워서 그러한 행동이 나타날 때 즉각적으로 반응해야 한다. 또한 비언어적으로 의사소통하려고 시도(영아의 의도)하는 행동에도 반응한다. 이러한 전략은 유아의 반응이 알아차리기 어렵고, 지속적이지 않으며 빈번하지 않을 때 부모-유아 간 상호작용을 증진하는 데 특히 유용하다. 예를 들어, 샐리의 어머니는 샐리가 상호작용을 하고 싶으면 의도적으로 쳐다보고 피곤하면 멀어진다는 것을 알아차렸다. 샐리의 어머니는 그녀가 쳐다볼 때 샐리와 이야기하고 놀이하면서 즉각적으로 반응하고, 샐리가 눈을 피하면 상호작용을 끝내고 편안하게 해 주었다. 어머니의 이러한 즉각적인 반응결과, 샐리는 상호작용 시간을 통제할 수 있게 되었다. 또한 상호작용은 샐리와 어머니에게 더 만족스런 시간이 되었다.

2) 기회 증가시키기

유아에게 모든 것을 해 줌으로써 유아가 의사소통할 필요가 없어져 버리지 않도록 조심한다. 사물들을 손이 닿지 않는 곳에 놓아두거나 기대하는 일들이 늦게 일어나도록 하는 것과 같이 환경을 변화시킴으로써 의사소통의 기회를 증가시킨다. 예를 들어, 유아의 의자위에 있는 접시에 음식(사과조각)을 단지 두 조각만 놓아 준다. 그러면 유아는 더 많은 음식을 원하게 되고 의사소통을 하게 된다.

3) 예측가능한 일과 구성하기

기저귀를 채우는 동안 까꿍놀이와 같은 예측가능한 일과를 수행하여 유아의 예측능력의 발달을 돕는다. 일과에 대한 학습이 이루어진 다음에는 의사소통할 동기를 제공해 주기 위해 변화를 주거나 일과 진행을 잠시 중단한다. 예를 들어, 영아 위에 기저귀를 들고 영아가 기저귀를 잡거나 혹은 킥킥거리는 것과 같은 게임에 대한 기대를 보여 주기까지는 까꿍놀이를 하지 않는다.

4) 입력정보 증대하기

부가적인 의사소통 방법으로 구어를 보완할 의사소통적 입력정보를 증대시킨다. 예를 들어, 유아에게 이야기하는 동안 사진을 지적하거나 혹은 단서를 만져 보도록 한다. 증대된 방식은 유아의 이해수준에 맞아야 한다. 이러한 입력정보는 유아의 이해를 높일 수 있다.

5) 환경 수정하기

환경 수정은 유아가 다른 사람과 상호작용할 수 있도록 지원하거나 보다 민감하고 반응적인 행동을 제공하기 위해 사용될 수 있다. 예를 들어, 유아가 블록영역에서 또래와 같은 눈높이 수준에서 놀 수 있도록 유아를 휠체어에서 내려 바닥에 둘 수 있다. 다른 사람과 눈높이를 같이 하고 자료에 접근 가능하게 하는 것은 상호작용을 증가시킨다. 또한 활동의 감각적 질을 향상시켜 유아가 좀 더 민감하고 반응적이 되도록 도울 수 있다. 또한 자료의 시각적 매력은 뒷배경을 밝게 해 주면 증진될 수 있다.

7. 초기의 환경통제기술 확장하기

유아가 간단하고 비상징적 행동(예: 주위를 끌기 위한 소리내기, 원하는 장난감 가리키기)으로 환경통제기술을 습득했다면, 다음 목표는 더 많이 활용하고 기능할 수 있는 의사소통 반응을 포함하도록 유아의 기술을 확장시키는 것이다. 의사소통적 기능에는 요청하기, 관심 얻기, 인사하기 그리고 저항하기 등이 포함된다. 이러한 기능들은 보통 처음에는 신호(예: 안녕하며 손을 흔드는 것과 같은 특별한 몸짓이나 '노력하고 있지만 도움이 필요하다' 는 것을 전하기 위한 발성)를 통해 나타난다. 후에 이러한 기능들은 단어나 수화 등과 같은 상징을 통해 나타나게 된다.

유아가 몇 개의 의사소통적 기능을 자주 그리고 효율적으로 사용하게 될 때 의사소통기술들은 복잡해지면서 증가하게 된다. 복잡성은 두 가지 방법으로 증가하게 된다. 첫째, 유아가 말하고자 하는 내용이 확장된다. 내용과 뜻은 의미론에 해당된다. 유아는 사람, 장소, 사건, 사물과 같은 내용에 대해 그리고 사람, 장소, 사건, 사물들의 특징 등에 대해 의사소통한다. 둘째, 복잡성은 의사소통의 구조를 확장시킴으로써 증가한다. 구조 혹은 문법은 구문론에 해당되며 명사, 동사, 형용사와 같은 형태를 포함한다. 유아가 말하는 내용과 의사소통을 위해 사용하는 말의 구조를 확장시키는 것은 유아로 하여금 더 정확하게 의사소통할 수 있게 하며 그 결과 더 효과적으로 의사소통할 수 있게 된다.

집이나 사회에 참여하고 싶은 욕구와 마찬가지로 설정한 목표에 복잡성을 부여하기 위해서는 의사소통의 화용론적, 의미론적 그리고 구문론적 측면을 고려해야 하며 팀 접근이 필수적이다. 또한 팀 접근에서 가족의 역할이 가장 중요하다. 언어치료사(의사소통의 욕구를 측정하고 중재계획을 수립하는 전문가) 역시 중요한 팀 구성원이다.

의사소통 목표를 설정할 때는 환경적 평가와 발달평가를 병행한다. 예를 들어, '형제에게 활동을 하자고 요청하기' 와 같은 목표는 가족의 일상을 분석함으로써 확인할 수 있다. 환경평가는 필요한 어휘를 확인하기 위한 원천이기도 하다. 예를 들어, 놀이 활동에서 게임 이름 학습하기는 어휘의 필요성에 의한 것이다.

목표의 수준이나 복잡성은 유아의 현 수행능력에 기초한다. 구문론과 의미론은 발달 순서에 따라 확장된다. 활동을 요청하는 예의 경우, 유아의 현 수행수준을 살펴보면 유아는 한 단어를 사용하고, 명사 혹은 동사로 구성된 문법을 사용하며, 활동이나 활동을 수행한 사람에 대해서 말한다. 이러한 현 수행수준에 비추어 구문론적 목표는 명사+동사의 형태를 갖춘 말을 사용하는 것이고 의미론적인 목표는 '행위자+행동' 을 표현하는 것(예: 티미+잡는다)이다.

1) 대체의사소통양식

의사소통 목표를 설정할 때 고려해야 할 또 다른 사항은 어떤 의사소통 양식이 더 효율적인지 결정하는 것이다. 보완의사소통으로 제스처, 그림 혹은 상징의사소통체계 등이 있다. 보완의사소통체계는 영구적으로 말을 할 수 없는 유아들에게는 대체의사소통체계가 된다. 어떤 유아들에게 보완의사소통체계는 구어를 대체하는 것이 아니라 구어적 의사소통을 보완하고 향상시킨다. 보완대체시스템의 예로 미국수화, 공통적인 제스처(예: 누구에게 이리오라고 손짓하기), 커다란 판(의사소통판)이나 책에 나열된 그림, 상징 또는 단어들, 눈으로 가리킬 수 있도록 플렉시 글라스에 나열된 그림, 상징 또는 단어들(시선 응시 시스템) 그리고 음성합성컴퓨터 공학을 활용하여 말할 수 있는 전자 의사소통판 등이 있다. 최선의 해결책은 이러한 다양한 대체의사소통체계를 병행해서 사용하는 것이다(McCormick & Wegner, 2003). 예를 들어, 유아는 주의를 끌기위해 휠체어에 부착되어 있는 벨을 누른다. 누군가 대답을 하면 유아는 그녀의 의사소통판에 있는 마시기 그림을 가리키거나, 마시고 싶은지 누가 물어보면 고개를 끄덕일 수 있다. [그림 13-2]에 휠체어 앞 상판에 부착된 의사소통판이 그림으로 제시되어 있다.

보완체계의 사용을 결정하고 체계를 선택하는 것은 조기중재 팀에 의해 행해지며 조기중재 팀은 가족, 언어치료사, 교사 혹은 유아전문가, 작업치료사 그리고 물리치료사로 구성된다. 이 책 전체를 통해서 언급하였듯이 부모들의 선호는 유아에 대한 결정을 할 때 가장 중요하게 고려되어야 한다. 보완의사소통체계의 사용과 선택에 대한 결정은 한 번으로 끝나는 것이 아니다. 유아가 발달하고 환경이 변화함에 따라 그 체계에 대한 적합성과 필요는 계속적으로 평가되어야 한다.

[그림 13-2] 휠체어 앞 상판에 부착된 의사소통판

2) 교수 절차

강화된 환경교수는 장애유아가 일반화된 의사소통기술을 학습하고 사용하도록 돕는 데 특히 성공적이었다고 보고되었다(Kaiser, 1993b; Kaiser et al., 1991). 제9장에서 언급하였듯이 강화된 환경교수는 의사소통 중재를 위한 자연적 접근법으로 환경배열, 반응적 상호작용 그리고 환경교수가 포함된다(McCormick, 2003c). 교수절차는 유아의 진행 중인 일상 활동에 삽입되고 유아의 주도를 따르기 때문에 통합 환경에 적합하다. [그림 13-3]은 강화된 환경교수 절차를 사용하여 요청하기를 학습하는 유아를 지원하는 전략을 예시한 교수계획서다.

대근육과 소근육 운동기술로 인해 의사소통의 지체나 손상이 있는 경우, 의사소통기능을 수행하기 위해 기능적으로 동등한 반응들을 선택할수 있다(McCormick & Wegner, 2003). 〈표 13-3〉에 의사소통 반응들, 반응에 의해 성취되는 기능들, 기능적으로 동등한 반응들에 대한 예를 제시하였다. 기능적으로 동등한 반응들 대부분은 근접기술 혹은 보완의사소통체계를 통해 성취되는 근접기술 혹은 의사소통 반응들이다.

시작일: 2006/03/05
유아: 조셉 **종료일:**
목표: 요청하기("주세요.") **중재자:** 자넷
상황: 조셉이 손에 닿지 않는 물건을 원할 때
반응: 조셉이 "주세요."라고 말한다.
준거: 3일 이내에 5번 명확히 들을 수 있도록 말한다.

중재 맥락	촉진 기법	후속 결과
환경: 가정, 유치원, 가게 혹은 식당	**자세잡기; 특수장비/자료:** 해당사항 없음	**강화:** "주세요."라고 말하면 원하는 것을 얻을 수 있다고 조셉에게 말한다. 그에게 즉시 원하는 물건을 준다. 만일 조셉이 그 물건을 갖고 놀지 않으면 그가 그 물건을 사용하고 탐색하고 놀 수 있도록 지원해 준다.
일과/활동: 집이나 유치원의 놀이시간, 간식시간, 쇼핑할 때	**환경 수정:** 유아가 원하는 몇 가지 물건이나 장난감을 눈에 보이나 손이 닿지 않는 곳에 놓아 둔다(판매대 가장자리에 컵 놓기, 장난감 선반 중 제일 높은 선반에 장난감을 놓기, 책상 가장자리에 책 놓기).	
기술순서: 해당사항 없음		**교정:** "주세요."라고 말하고 5초간 기다리고, 바르게 말하면 강화를 제공한다.
우발적 중재기회: 조셉이 10초간 어떤 물건에 관심을 가질 때마다 혹은 조셉이 손에 닿지 않는 물건을 잡을 때마다	**촉진:** 조셉에게 다가가서 눈을 맞추고 묻는다. "조셉, 무엇이라고 말해야지?" 5초간 기다린다.	여전히 바른 답을 하지 않거나 반응이 없으면 "주세요."라고 말하고 조셉에게 물건을 준다. 그를 칭찬하거나 더 이상의 상호작용을 하지 않는다.

[그림 13-3] 요청하기를 가르치는 교수계획서

8. 자조기술에서의 독립성

자조기술은 개인적인 신변처리 기술(예: 옷 입기, 목욕하기, 이 닦기, 용변 보기, 먹기)이다.

일반유아가 이러한 기술을 습득하는 연령은 AEPS(Bricker, 2002)나 장애영아를 위한 캐롤라이나 교육과정(Johnson-Martin, Attermeier, & Hacker, 2004)과 같은 대부분의 발달척도에 포함되어 있다. 이러한 정보는 어디에서부터 교수를 시작할지 결정하는 데 유용하며 연령에 적합한 기술에 관해 알려 준다.

많은 자조기술들은 제6장에 설명한 과제분석과 지원과 촉진 절차를 사용하여 가르친다. 예를 들어, 걸음마기 유아에게 손 닦기를 가르치기 위해 과제분석 평가를 먼저 해야 한다. 이 과제의 단계는 다음과 같다.

① 찬물 수도꼭지를 돌린다.
② 손을 적신다.
③ 비누를 집는다.
④ 손에 비누칠을 한다.
⑤ 비누를 제자리에 놓는다.
⑥ 손등에 비누칠을 한다.
⑦ 비누거품을 물로 씻는다.
⑧ 물을 잠근다.
⑨ 수건을 집는다.
⑩ 수건으로 손을 닦는다.
⑪ 수건을 제자리에 놓는다.

걸음마기 유아는 손 닦을 때 도움이 필요하며 각 단계를 수행할 때마다 지원이 필요하다. 걸음마기 유아가 각 단계를 수행 할 수 없으면 교수계획에 포함된 교수전략을 제공한다. 과제분석평가는 또한 유아가 과제를 수행하는 데 불필요한 단계가 있다면 제거하거나 다른 단계들과 통합시키고 단계가 너무 포괄적이어서 작은 단계로 나누는 등의 결정을 할 때 교사에게 도움이 된다. 과제분석 평가 후에는 과제분석이 포함된 교수계획을 수립해야 한다. 과제의 각 단계에 따라 촉진과 동기 절차를 결정한다.

자조능력에 관한 목표가 너무 어렵거나 유아의 현재 능력 이상의 참여를 요구한다면 부분적 참여가 가능한 과제분석을 개발한다(Snell, 1987). 부분적 참여를 위한 과제분석에서 유아가 의미 있게 참여할 수 있는 능력수준의 범위에 있는 단계의 윤곽이 드러난다. 예를 들어, Snell(1987)은 이 닦기의 부분적 참여 과제분석에 대해 설명하였다. 유아의 참여는 교사가 치아를 닦아 줄 때 입 벌리기와 치아를 닦은 후 물 한 모금 머금기다. 유아가 입을 벌리고 있고 물을 한 모금 머금고 있는 행동은 이 닦기를 수행하는 어른의 과제를 훨씬 수월하게 해 주며, 이 닦기를 지원해 주는 아주 중요한 단계다. [그림 13-4]에는 손 씻기 교수계획에 포함된 부분적 참여과제분석 예를 제시하였다.

용변 보기와 식사기술은 독립적 수행을 위해 중요한 복잡한 자조기술이다. 이러한 기술을 용이하게 해 주는 간호학, 심리학, 작업치료, 언어치료 그리고 물리치료분야에서 제공되었던 치료적이고 특별한 교수절차를 제시하였다.

9. 용변 보기

용변 보기는 몇 가지 기술들로 구성되었다. 필요의 인식, 화장실 가기, 옷 내리고 올리기, 앉기와 용변 보기, 닦기, 물 내리기, 손 닦기와 손 말리기다. 일반유아는 보통 24개월에서 30개월 사이에 이러한 용변 보기 기술을 습득한다. 용변 처리는 다음과 같은 요구가 필요하기 때문에 일반적으로 더 일찍 학습되지는 않는다(Farlow & Snell, 2006).

① 유아의 소변 보기와 방광 움직임이 예측 가능한 일정으로 발생한다.
② 유아는 날마다 일관성 있게 1~2시간 용변을 보지 않는다.
③ 유아는 적어도 2세는 되어야 한다.

앞에서 언급하였듯이 일반적으로 유아는 야간 용변 보기를 학습하기 전에 주간 용변처리를 먼저 학습한다.

유아가 사전준비학습을 하는 동안 용변 보기는 정해진 시간에 실시한다. 정해진 시간에 용변 보기는 유아가 보통 용변 보는 시간에 몇 분 정도 화장실에 앉아 있는 것이다(10분 이상이어서는 안 된다). 유아가 용변을 보면 강화를 제공한다. 유아가 용변을 보지 못하면 보상을 주지 않고 화장실을 나가게 한다. 정해진 시간에 용변 보기는 유아가 왜, 언제 화장실을 사용해야 하는지를 학습할 수 있도록 해 준다. 정해진 시간에 용변 보기는 이동과 소근육 운동기술에 문제가 있는 지체장애유아에게 적합한 목표일 수 있다. 이러한 운동기술이 습득되지 못하면 유아의 독립성을 방해하게 된다.

용변 보기에 있어서 화장실 사용의 필요를 인식하거나 정해진 시간에 용변 보기와 절차를 따르는 데 지체를 보이는 경증의 장애유아를 가르친다. 기저귀를 자주 점검하여 마른

시작일: 2006/06/05

유아: 토드 **종료일:**

목표: 손 씻기를 돕기 **중재자:** 셀리나와 마이크

상황: 요청할 때 손을 씻는다.

반응: 토드는 손을 닦고 말릴 때 협조할 것이다.

준거: 5번 연속적으로

중재 맥락	촉진 기법	후속 결과
상황: 유치원에서 점심식사 전 가정에서 저녁식사 전 **일과/활동** 1. 한 손을 들고 손은 편 상태에서 손가락을 벌린다(성인은 손을 씻어 준다.). 2. 다른 손을 들고 손가락을 벌린다(성인은 손을 씻어 준다.). 3. 손가락을 벌린 채 두 손을 든다(성인은 수건으로 두 손을 말려 준다.).	**자세잡기;** **특수장비/자료:** 토드는 그의 섭식용 의자에 앉는다. **촉진:** 손을 건드리면서 말한다. "자, 이제 손 씻자(혹은 말리자.")."	**강화:** 손을 편 상태를 유지하고 있는 동안 토드에게 웃으면서 말한다. **수정:** 근긴장도를 완화하기 위해 팔을 흔든다. 손등을 문지르고 손가락을 펴도록 토드를 부드럽게 돕는다.

[그림 13-4] 자조기술을 위한 부분적 참여 중재계획

시간과 젖은 시간을 기록한다(매 30분마다 한 번씩). 용변 보는 시간 5~10분 전에 유아에게 화장실에 가고 싶은지 물어본다. 유아가 가고 싶다고 대답하면 약 5분 동안 유아를 변기에 앉아 있게 한다. 유아가 화장실에서 용변을 보면 칭찬해 주고, 용변을 보지 못하면 후에 다시 시도해 보도록 한다. 대부분의 경증 장애유아들은 이러한 간단한 절차로 화장실 사용법을 학습한다.

더 중증의 장애유아를 위해서는 물 섭취량을 증가시켜서 화장실 사용을 빈번하게 하여 용변 보기를 가르친다. 이러한 절차를 통해 교수기회가 증가된다. 이러한 화장실 훈련방

법을 급속법이라 부른다(Azrin & Foxx, 1974).

급속법과 같은 화장실 훈련절차를 수행하기 전에 의학적 문제가 있는지 점검한다. 급속법을 수행할 때 유아의 하루 물 섭취량을 초과해서는 안 되며, 몸무게가 약 4.22파운드인 유아는 하루에 1컵 내지는 4컵의 물을 마시고, 22.88파운드인 유아는 하루에 4컵에서 7컵의 물을 마신다(Thompson & Hanson, 1983). 물을 너무 많이 마시면 구역질, 토하기, 근육경련, 발작, 혼수상태 등의 부작용이 발생하게 된다. 물을 너무 많이 섭취한 유아들은 고긴장, 심장, 간 혹은 신장의 문제 등과 같은 의학적 문제가 발생하기도 한다. 물 섭취법은 간 질환자, 수두증 혹은 중추신경손상의 문제를 갖고 있는 유아에게 사용하지 않는다.

야뇨증은 유아들에게 흔한 일이다. 낮에 용변 보기를 성공적으로 할 수 있게 되면 밤에 용변 보기를 학습할 준비가 된 것이다. 야간 화장실 훈련법은 세 가지가 있다. 가장 간단한 방법은 잠자기 1시간 30분 혹은 2시간 전에 물을 먹지 않는 것이다. 소변 보기 몇 분 전에 유아를 깨워서 5분간 변기에 앉혀 둔다(대부분의 유아들은 밤에 1번 화장실에 간다.). 밤에 침대를 적시지 않고 화장실에 간 경우에는 칭찬을 해 준다. 만약 유아가 침대에 소변을 보았다면 야단을 치지 말고 시트를 갈아 준다. 유아가 밤에 침대에 소변을 보지 않았다면 아침에 좋아하는 강화제를 제공한다. 밤에 유아를 깨우는 시간 간격을 점차적으로 늘려서(10분씩) 오랜 기간 동안 유아가 소변을 보지 않은 상태로 머무르도록 한다.

야뇨증을 치료하는 두 번째 방법은 침대 시트 밑에 신호 장치를 부착하여 침대가 젖으면 소리가 나도록 하는 것이다. 이러한 방법은 5세 이상의 유아들에게 가장 적합한 방법이다. 신호음이 들리면 유아를 깨우고 화장실 사용기술을 연습시킨다(화장실에 가서 화장실을 사용하고 잠옷을 갈아입고 그리고 다시 잠자리에 든다). 유아가 침대를 적시지 않고 밤새 잔 경우에는 칭찬을 한다.

세 번째 방법은 급속법으로 낮에 빨리 많은 연습을 하는 방법과 비슷한 방법을 밤에 하는 것이다(Azrin, Sneed, & Foxx, 1973). 이 방법은 하루 동안 물 섭취량을 늘리고 침대에 신호 장치를 부착하고 매시간 체크하여 화장실 훈련을 하고 화장실에서 소변을 보아서 침대가 젖지 않은 경우에 칭찬을 한다. 밤새도록 이러한 절차를 수행할 필요는 없다. 새벽 1시까지 이러한 방법을 사용하는 것이 효과적이다(Azrin & Besalel, 1979).

10. 섭식기술

먹고 마시는 것은 운동기술과 입-구강운동기술 등 일련의 복잡한 기술들을 포함한다.

이러한 기술들의 전형적인 절차는 〈표 13-4〉에 제시되어 있으며 이러한 절차는 발달적으로 적당한 섭식목표를 결정하기 위한 지침서로 사용될 수 있다. 경증의 영유아를 위한 섭식기술은 제6장에서 제시한 과제분석과 직접교수를 통해 가르친다. 예를 들어, 컵으로 마시는 행동에 대한 과제분석은 다음과 같다.

① 컵을 잡는다.
② 컵을 들어 입으로 가져간다.
③ 조금씩 마신다.
④ 컵을 테이블 위에 다시 놓는다.
⑤ 컵에서 손을 뗀다.

과제분석을 가르치기 위해 역연쇄법을 사용할 수 있다. 예를 들어, 처음 4단계를 수행하기 위해 유아를 지원하고 컵이 테이블에 닿으면 유아가 컵을 놓도록 언어적으로 촉진한다(5단계). 유아가 5단계를 성공적으로 수행하면 4단계와 5단계를 함께 가르친다. 각각의 새로운 단계의 조합이 학습되면 전체 단계를 습득할 때 까지 다른 단계를 더하여 학습한다. [그림 13-5]는 역연쇄법을 사용하여 체계적으로 교수계획을 수립한 예다. 독립성을 획득하기 위해 유아를 도와줄 보조섭식 장비를 사용할 수도 있다. 독립적 섭식기술에 자주 사용되는 또 다른 직접교수 절차는 손위에 손을 얹는 지원이다. 성인은 유아의 손을 가볍게 잡고 필요에 따라 지원한다(예: 숟가락을 들기 위해, 크래커를 집기 위해).

중증장애유아를 위해 특별한 섭식기술이 필요하다. 작업치료사, 물리치료사, 때로 언어치료사는 조기중재 분야 혹은 섭식과 관련된 문제에서 가족과 협력해야 하는 특수교육 팀의 전문가다. 중증장애유아를 위한 섭식중재계획은 섭식을 위한 치료적 위치, 보조 장비, 선행 섭식기술들, 치료적 섭식기술과 체계적인 교수를 포함할 수 있다. 먹이고 먹고 마시기 위한 치료적 자세잡기의 목적은 근긴장도를 정상적으로 만들고, 비정상적인 반사를 억제하며, 정상적인 운동 형태를 촉진하는 것이다.

식사하는 동안 유아의 자세잡기를 위해 몇 가지 목표들이 성취되어야 한다. 첫째, 유아는 가능한 한 수직 자세로 의자에 앉아야 한다(유아가 우유나 모유를 먹지 않는다면). 유아의 몸은 좌우 균형이 맞아야 하며, 일렬로 정렬되어 있어야 한다. 일반적으로 몸의 좌우 균형과 정렬은 불균형적인 자세와 강도를 억제한다. 이러한 불균형이 억제되면(예외적으로) 근육의 이완을 촉진하고 강직을 감소시켜 몸을 돌릴 수 있게 유아의 자세를 잡을 수 있다.

〈표 13-4〉 먹고 마시기 기술의 전형적 발달

연령	기술
출생	빨고 삼킨다. 입술을 불완전하게 다문다. 젖꼭지를 임의대로 입에서 놓지 못한다.
4주	입을 벌리고 음식을 기다린다. 입술을 좀 더 잘 다문다. 씹을 때 입술을 적극적으로 움직인다. 숟가락으로 주는 음식 먹는다.
6주	숟가락으로 주는 갈은 과일을 먹는다.
3개월	음식 먹기를 예상한다.
4개월	젖병을 인식하고 젖꼭지를 빨기 위해 입모양을 만든다. 컵으로 마시기를 시도할 수 있다. – 흘리기는 하지만 컵으로 마시기를 즐긴다. 스스로 혀의 움직임과 통제를 더 잘한다. – 반사에 의한 것은 아니며 식욕은 다소 불규칙하다. 음식을 세 끼 다 먹으려고 하지 않는다. 갈증은 숟가락보다 컵으로 마실 때 해소된다.
5개월	숟가락으로 먹기 위해 입을 벌려 준비한다. 젖병을 입으로 가져가기 위해 손을 사용하나 젖꼭지를 입에 넣을 때는 놓친다. 숟가락에서 음식을 취한 다음 혀의 위치를 제자리에 놓으며, 무의식적으로 음식을 뱉어 낸다.
5 1/2개월	입술을 잘 오무린다. 스스로 마시기 위해 두 손으로 컵을 잡는다.
6개월	입술과 혀를 원활하게 조종한다. 씹는 음식을 먹을 때 정교하게 씹는 동작을 시작한다.
7개월	숟가락으로 큰 덩어리 음식을 먹는다. 부드러운 음식(바나나, 야채)을 스스로 먹는다. 입을 움직여 침을 분비한다. 머리를 음식을 향해 뻗친다.
8개월	두 손으로 컵을 사용한다. – 흘린다. 자기의 젖병을 잡고 있는다. 엄지와 집게손가락으로 음식을 집는다. 대부분의 음식을 손으로 먹는다. 컵으로 마실 때 약간 숨이 막힌다.
9개월	음식 준비하는 것을 보면서 참을성이 증가한다. 씹는 것을 즐긴다. 손으로 먹는 것을 즐긴다. – 지저분하게 먹는다. 식욕이 까다롭다.

연령	기술
10개월	턱의 측면 운동을 한다. 컵을 잡고 입으로 가져간다. 음식을 느끼고 맛보고 바닥에 떨어뜨려서 더럽힌다.
11개월	엄마가 먹여 주려 하면 거절한다. 스스로 컵을 사용할 수 있다.
12개월	음식에 대해 점점 더 까다로워진다. 독립적으로 음식을 다 먹을 수 있다. - 바닥에 남은 음식을 버린다. 점심은 잘 먹으려 하지 않는다.
15개월	손가락으로 컵을 잡을 수 있다. 많이 흘린다. 숟가락으로 잡는다. - 조작이 서투르다. 입에 넣기 전에 숟가락을 뒤집는다. 음식에 대한 명백한 선호를 보인다.
18개월	컵으로 잘 마신다. 빈 컵이나 접시를 엄마에게 준다. 엄마가 보지 못하면 그것을 떨어뜨린다. 음식을 잘 씹는다. 숟가락을 더 잘 조절한다.
21개월	컵을 잘 다룬다. 먹는 것을 잘 조직할 수 있다. - 모든 것을 일과에 따라 같은 방법으로 요구한다.
2세	부분적으로 채워져 있는 작은 컵을 한 손으로 잡을 수 있다. 숟가락으로 음식을 먹을 때 적당량 흘린다. 전에 좋아했던 음식을 거부한다. 숟가락을 돌리지 않고 음식을 입에 집어넣는다. 음식에 대한 선호하는 맛, 견고함 혹은 색깔에 기인할 수 있다.
3세	숟가락으로 음식을 먹을 때 조금 흘린다. 식사시간에 빈둥거린다. 포크로 음식 찌르는 것을 좋아한다.
4세	테이블 정리를 잘한다. 스스로 하는 것을 좋아한다. 얼굴과 손을 씻고 수건으로 닦는다.
5세	식욕이 증가하고 간단한 음식을 좋아한다. 버터를 펴 바르기 위해 칼을 사용하기 시작한다. 식사시간에 말이 많아진다. 스스로 음식 먹기를 항상 마치지 못한다. - 도움이 필요할 수도 있다; 자주 도움을 요청한다.

연령	기술
6세	매우 활동적이고 가만히 앉아 있지 못한다. 필요한 것 이상으로 음식을 요구한다. 밥보다는 간식을 즐긴다. 우유를 흘린다. – 이 연령대의 유아에게는 일반적이다. 아침식사는 가장 힘든 식사가 될 수 있다. 후식에 관심이 없다. 다시 손으로 먹기 시작할 수 있다.
7세	여아는 식욕이 줄어든다. 남아는 대단한 식욕을 느낄 수 있다. 좋아하지 않는 음식을 먹을 수 있다. 디저트에 관심이 있다. 냅킨 사용이 일정하지 않다.
8세	여아는 어른이 사용하는 방식으로 포크를 잡는다. 남아는 식욕을 좀 더 잘 통제한다. 음식 만드는 것을 돕고 싶어 한다. 냅킨을 용도대로 잘 사용하지 못한다. 적당한 크기로 음식을 자르는 데 어려움이 있으며 너무 크게 자르는 경향이 있다.
11세	음식을 먹은 후에 만족감을 갖는다.
12세	꾸준히 먹는다.
13세	식욕이 더 안정적이다.
14세	성인과 더 비슷해진다.

머리는 삼키기 위해 약간 앞쪽 아래를 향한 자세를 취한다. 정렬, 좌우 대칭과 곧은 자세는 일반적으로 삼키기, 삼키기와 숨쉬기의 협응, 기관지나 폐로 음식이 들어가는 것과 질식을 방지하는 데 중요하다. 다음으로 유아의 발이 바닥에 평평하게 놓여지거나 자세의 안정성을 제공하기 위해 지원해 주어야 한다. 어깨와 팔은 긴장을 풀고 자유롭게 움직일 수 있도록 하여 유아가 손과 입을 움직일 수 있어서 스스로 음식 먹는 것에 참여할 수 있어야 한다. 조기중재 혹은 특수교육 팀에서 작업치료사와 물리치료사는 신경운동 장애유아를 위해 최상의 섭식자세를 취하도록 하여야 한다.

치료적 섭식기술은 비정상적인 입–구강운동 형태를 지양하고 정상적인 입–구강운동 형태를 촉진한다. 위에서 언급한 자세잡기 기술은 치료적 섭식기술의 중요한 요소다. 전 섭식기술로서 과도한 예민성을 감소시키고 얼굴근육의 정상적 강도와 움직임을 촉진하기 위해 입 주변과 입 안을 쓰다듬고 문질러 준다. 또한 유아의 먹고 마시는 행동기술을 지원하기 위한 턱 조절, 입술 다물기, 혀 조정, 씹기, 삼키기와 같은 기술들이 있다. 작업치료사, 물리치료사, 언어치료사는 적절한 치료적 전 섭식기술과 섭식기술을 시연해 주고 조언해 줄 수 있다.

먹고 마시기를 위해 강력한 지원이 필요한 영유아는 질식할 위험에 자주 처하게 된다. 질식은 음식물이나 다른 물체가 유아의 기도를 막을 때 발생한다. 질식증상은 유아가 갑자기 기침을 하거나 웩웩거리거나 높은 강도의 소리로 숨을 거칠게 쉬는 것; 목을 잡기(질식의 증후); 입술이나 피부가 퍼렇게 되는 것이다(미국심장협회, 2004). 유아가 크게 기침을 하거나 말을 할 수 있다면 기도가 완전히 막힌 것은 아니다. 유아의 호흡이 문제라면 119로 긴급지원을 요청한다. 유아의 기도가 완전히 막힌 것처럼 보이면 119로 긴급지원을 요청함과 더불어 하임리크 처치법(목구멍에 걸린 이물질을 토해 내게 하는 응급 처치법)을 시행한다. 만약 하임리크 처치법이 효과가 없고 유아의 반응이 없으면 심폐소생술을 제공한다(미국 심장협회, 2004). 조기중재자와 유아특수교사들은 응급 처치법을 매년 훈련받아서 질식이나 다른 응급상황에 즉시 대처할 수 있어야 한다. 입으로 적절한 영양섭취를 못하는 유아에게 섭식튜브를 사용할 수 있다(Heller et al., 2000). 섭식튜브는 위장, 코 혹은 입에 관을 삽입한다. 음식은 중력방식이나 펌프방식으로 삽입된다. 중력방식에서는 섭식튜브에 부착된 커다란 주사기에 음식을 담는다. 위장에 섭식튜브를 삽입한다면 주사기를 유아의 위장 위 45인치 위에 올려놓고, 코나 입으로 삽입하는 경우 주사기를 유아의 머리보다 45인치 위에 올려놓는다. 음식은 튜브를 천천히 통과하여 위로 들어가게 된다. 음식을 먹은 후 튜브를 통해 물을 넣어 줄 수 있다. 펌프방식은 음식이 음식튜브를 통해서 이동하기 위해 전기적인 펌프가 사용된다는 것을 제외하고는 중력방식과 동일한 방법으로 섭식이 이루어진다. 코와 위벽에 튜브를 삽입하는 방법은 사용하지 않을 때 장비를 몸에 테이프로 부착하여 그대로 둘 수 있다. 그러나 입에 삽입하는 방법은 섭식할 때마다 장비를 부착했다가 섭식이 끝나면 제거해야 한다.

섭식튜브를 삽입하는 것은 특별한 훈련을 요한다. 부모는 간호사나 의사에게 튜브 삽입 방법을 충분히 배웠다고 할지라도 학교당국에서는 유아에게 튜브를 삽입할 때 면허가 있는 건강관리사가 할 것을 요구한다. 교사나 영아 담당전문가는 섭식과 관련된 건강문제가 있다는 것을 알고 있어야 한다. 위에 튜브를 사용할 경우 감염의 위험이 있으며, 코나 입으로 삽입할 경우 체내로 흡입될 위험이 있다. 튜브섭식을 시행하는 교사와 영아전문가들은 정확한 훈련을 받아야 한다(Heller et al., 2000).

시작일: 2006/06/05
유아: 프란시아 **종료일:**
목표: 숟가락으로 뜨기 **중재자:** 어머니
상태: 점심으로 평평한 접시에 끈적한 음식을 주면
반응: 프란시아는 숟가락으로 떠서 점심을 먹는다.
준거: 도움을 받지 않고 10분 동안 2회 연속해서

중재 맥락	촉진 기법	후속 결과
환경: 점심시간 **일과/활동:** 1. 숟가락 손잡이를 잡는다. 2. 한 숟가락의 음식을 숟가락으로 뜬다. 3. 숟가락을 들고 입으로 가져간다. 4. 입안으로 숟가락을 넣고 음식을 취한다. 5. 숟가락을 그릇이나 식탁 위에 다시 놓는다.	**자세잡기;** **특수장비/자료들, 환경수정:** 테두리 있는 접시와 작은 플라스틱으로 도금된 숟가락을 사용한다. **촉진:** 1. 숟가락을 사용하도록 지적한다. 2. 6초간 기다린다. 3. 입을 벌리도록 시범보인다. 4. 6초간 기다린다. **역연쇄:** 가르치지 않고 매 단계를 지원한다. 이 계획에 따라 현재 단계를 촉진하고 수정한다(이전 단계를 추가하기 위해 2번 연속해서 바르게 수행).	**강화:** 주스 한 모금을 준다. **교정:** 1. 숟가락을 잡을 수 있도록 프란시아에게 신체적 지원을 한다. 2. 음식을 한 숟가락 뜰 수 있도록 돕는다. 3. 올바른 반응을 할 수 있도록 프란시아를 신체적으로 지원한다.

[그림 13-5] 역연쇄법과 적응보조장비를 사용한 섭식기술을 위한 중재계획

독립성을 증진하는 교수프로그램 설계

독립성을 증진하는 교수프로그램을 설계할 때 3~4개월 이내에 성취할 수 있는 단기목표를 기술한다. 독립성을 촉진하는 목표를 기술할 때 다음과 같은 점에 유의한다. ① 목표

의 수행조건은 독립적 수행 조건으로 진술되어야 한다. 성인의 촉진이나 도움이 유아의 행동에 선행되지 않는다면 이러한 성인의 도움을 목표 수행 조건에 포함시키지 말아야 한다. ② 가능한 목표로 명시된 반응은 일반화 사례 반응으로 진술한다. ③ 기대하는 유아의 행동이 유아 혼자 수행하기에는 너무 어려운 경우 기능적으로 동등한 반응이나 부분적 참여만 하도록 가르친다. 또는 조정이나 환경 수정을 하여 과제를 쉽게 만들거나 유아를 지원할 수 있도록 한다. ④ 유아가 독립적 수행을 할 수 있는 수준으로 목표행동의 수행준거를 진술한다. 유아의 다른 행동기술들을 관찰하여 정확성, 유창성 혹은 다른 행동특성을 감안하여 독립적 수행준거를 가장 잘 나타낼 수 있는 방법을 모색한다.

1. 교수맥락

교수계획 수립 시 독립성을 지원하고 촉진할 수 있는 교수 맥락을 기술한다. 교수맥락은 언제, 어디서, 어떤 조건 하에 교수가 수행되는지를 구체적으로 기술한다. 다음의 상황적 변수들은 독립성을 증진하기 위해 고려되어야 한다.

- 기술이 일반적으로 발생 수 있는 자연적 상황에서 교수하고 가능하면 한 가지 이상의 자연적 상황에서 교수한다. 이러한 방법은 일반화를 촉진한다.
- 교수를 위한 별도의 시간을 마련하기보다 자연적으로 발생하는 일과와 활동을 활용한다. 자연적으로 발생하는 일과와 활동을 통한 교수는 유아에게 언제 그 기술이 필요한지 그리고 기술을 사용하는 목적이 무엇인지 인식하게 해 준다.
- 연속적 기술을 가르치도록 계획하고 한 번에 하나 이상의 기술을 학습할 수 있도록 교수한다. 연속기술은 행동 사이의 관계를 학습하는 것이다.
- 강화된 환경교수절차를 사용하고 교수 신호에 대한 유아의 반응을 확인한다. 교수를 위해 유아가 선택한 기회를 사용하는 것은 유아의 흥미에 반응하고 학습을 위한 의미 있는 동기 상황을 제공하는 것이다.

독립성을 증진하는 맥락적 전략들은 목표 달성을 위해 성인에 대한 지나친 의존성을 제거하는 환경 지원과 교수 방법들을 포함한다.

2. 촉진 방법

독립성을 증진하기 위해 촉진 방법을 선택하는 것은 중요하다. 다음과 같은 사항이 강조된다.

① 최소한의 개입절차를 사용한다. 촉진절차는 자연적으로 발생하는 사건이나 상호작용에 필요한 것 이상으로 제공되어서는 안 된다. 교수적 개입이 자연적 상황을 방해하면 할수록 유아의 반응이 일반화되는 정도가 줄어든다.

② 강화된 환경교수나 시간 지연과 같은 자연적 교수절차를 사용한다. 이와 같은 절차는 환경에서 제시되는 자연적 촉진에 유아가 독립적으로 반응할 수 있도록 해 준다.

③ 일반화 전략에는 충분한 사례 제공, 공동 자극 혹은 촉진/증진기술과 같은 중재전략들이 포함된다. 자연적 교수절차와 더불어 교수계획에는 일반화를 촉진하기 위해 다중접근이 포함되어야 한다. 독립성은 반응이 일반화되었을 때 촉진된다.

④ 독립적 수행이 유아에게 너무 어려우면(기술이 복잡하거나 기술이 유아의 현 수행능력을 벗어난 신체적인 반응을 포함하거나) 독립성을 현실적 목표로 만들기 위해 환경 촉진 혹은 수정을 개발한다. 환경적 촉진 혹은 수정은 환경에 영구히 부가되거나 교수계획에 따라 점차 제거될 수 있다.

⑤ 유아에게 신체 혹은 감각장애가 있을 때 독립적 반응을 촉진하기 위해 보철장비, 특수 장비 혹은 치료적 자세잡기 등을 사용한다. 때때로 이러한 장비를 통한 수정만으로도 유아는 독립적 반응을 수행할 수 있게 된다.

⑥ 특수교육요구 유아의 성인에 대한 의존도를 낮추기 위해 또래지원을 활용한다. 또래지원은 그룹 활동과 자유놀이상황에서 가장 적합하다.

촉진과 증진전략을 기술한 후 교수계획은 유아의 반응에 적합한 후속결과를 지적해야 한다. 이를 위해 독립성을 촉진할 수 있는 두 가지 방법을 추천한다.

첫째, 최소한의 개입적 수정을 한다. 유아의 반응을 최대한 적게 방해하면서 유아의 반응을 수정한다. 촉진과 증진전략사용에 대한 지침으로 교수적 개입이 적게 눈에 띄면 띌수록 유아는 기술을 더 많이 일반화시키고, 독립적으로 사용하게 된다. 둘째, 가능한 자연적으로 발생하는 강화와 반응에 대한 수정을 한다. 유아가 자연적 강화를 인식하고 사용하게 되면, 교수적 지원과 성인의 도움에 적게 의존하게 될 것이다. 자연적 강화와 더불어 인위적 강화를 첨가하거나 자연적 강화를 과장하는 것은 자연적 후속결과에 초점을 맞출 수 있는 가장 간단한 방법이다. 이러한 지침들은 독립성 증진을 위해 개별적 교수를 계획할 때 고려해야 할 교수전략들이다. 이 장에서 제시된 교수계획의 사례들은 이러한 지침을 예시하고 있다. 이 장의 전체에서 강조한 것처럼 독립성은 우리가 성취되기를 희망하는 목표가 아니라 효과적 교수전략을 통해 다루어져야 할 목표다.

요 약

자연적 상황에 의미 있게 참여하도록 해 주는 독립성 기술에 관해 지금까지 논의하였다. 교수절차는 최소한으로 개입적이며, 자연적이고, 매일의 일과에 삽입할 수 있어야 하며, 일반화를 촉진할 수 있도록 고안되어야 한다. 유아의 연령 혹은 장애가 유아의 독립성을 제한한다면 기능적 독립성을 목표로 하는 것이 적합하다. 기능적 독립성은 유아에게 기능적으로 동등한 반응을 가르치거나 조정전략을 제공함으로써 성취될 수 있다. 동등한 반응이란 같은 기능이나 목적을 수행할 수 있는 반응들이다. 만약 유아가 장애나 지체 때문에 목표행동을 수행할 수 없다면 유아에게 그때마다 동등한 반응을 가르친다. 조정 전략에는 조정장비나 자료의 사용뿐 아니라 기능적으로 동등한 반응도 포함된다. 독립성이 어떤 유아에게는, 특히 중증 중복장애를 가진 유아에게, 성취하기 어려운 목표행동으로 간주된다고 할지라도, 기능적 독립성은 약간의 창조성과 문제해결능력만 있다면 언제든지 성취될 수 있다.

연/구/문/제

1. 1세, 3세 그리고 5세 유아에게 자유놀이, 식사시간, 목욕시간과 관련된 적합한 독립적 행동을 설명하시오.
2. 유아가 독립성을 성취하도록 도와주기 위해 체계적 교수계획에 통합될 수 있는 특수한 전략들을 설명하시오.
3. 결정적 기능, 기능적으로 동등한 반응들, 기능적 독립성에 대해 정의하시오.
4. 다음의 전략들이 기능적 독립성을 성취하기 위해 어떻게 유아를 도울 수 있는지 설명하시오.

개별적 참여, 환경 촉진, 학습영역, 또래지원, 보철장비와 조정장비.

5. 중추신경계의 손상이 근긴장도, 자세반사와 운동발달에 주는 영향에 대해 논의하시오.
6. 자세잡기와 이동하기 기법의 목적은 무엇인가?
7. 정적 자세잡기와 역동적 자세잡기에 관해 비교하시오.
8. 지체장애유아를 위한 기능적으로 동등한 대근육 반응의 세 가지 예를 제시하고 논의하시오.
9. 소근육 운동발달과 대근육 운동발달의 관계에 대해 설명하시오.
10. 소근육 운동요구를 갖고 있는 유아를 위한 기능적으로 동등한 소근육 운동 반응을 세 가지 제시하고 논의하시오.
11. 의사소통의 중요한 기능에 대해 논의하시오.
12. 환경통제기술의 발달에서 Dunst가 제시한 5단계를 설명하시오.
13. 영아에게 환경통제기술을 가르치기 위해 다음의 전략을 어떻게 사용할 수 있는지 설명하시오. 민감성 증진하기, 기회 증가시키기, 예측가능한 일과 구성하기, 투입정보 증대하기 그리고 환경 수정하기.
14. 어떤 것을 요구하거나 거절하기 위해 의사소통판의 한 가지 단어만 사용할 수 있는 4세 유아의 사례를 생각해 보자. 세 가지 의사소통 목표를 작성하고 어떻게 의사소통 기술을 증진시킬 수 있는지 설명하시오.
15. 의사소통 요구를 가진 유아를 위해 기능적으로 동등한 세 가지 의사소통 반응을 설명하고 그것에 관해 논의하시오.
16. 과제분석과 부분적 참여과제분석을 비교 설명하시오.
17. 용변 훈련방법 중 급속법에 대해 설명하시오. 급속법으로 독립적인 화장실 기술을 가르쳤을 때의 장단점에 대해 논의하시오
18. 대근육 운동기술, 소근육 운동기술 그리고 섭식기술 간의 관계에 대해 논의하시오.
19. 세 가지 유형의 섭식튜브에 대해 설명하시오.

C.H.A.P.T.E.R. 14

전이

-Linda McCormick-

| 이 장의 주요 내용 |

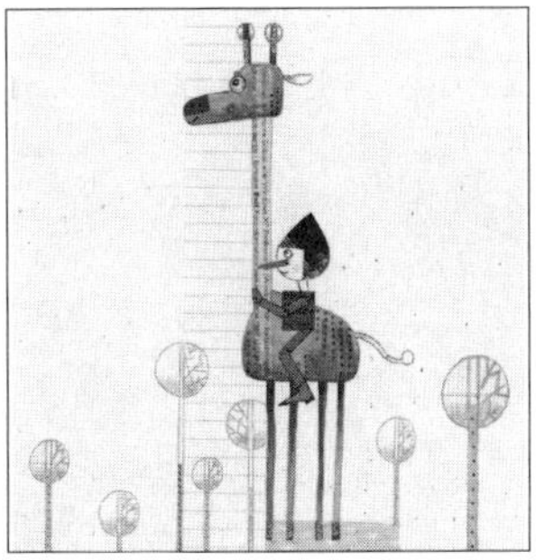

- 전이와 관련된 법 규정
- 유아기 전이와 관련된 중점사항: 병원에서 가정으로, 조기중재서비스에서 취학 전 프로그램으로, 취학 전 프로그램에서 유치원으로
- 전이와 관련된 특수아동협회 유아기 분과의 추천 실제
- 성공적 전이를 촉진하기 위한 전략들: 병원에서 가정으로, 조기중재서비스에서 취학 전 프로그램으로, 취학 전 프로그램에서 유치원으로
- 연속적 공립학교 교육으로의 전이(STEPS) 모형

전이의 개념은 초기에 특수교육을 받는 고등학생이 학교에서 취업환경으로 이동하기 위한 용어로 널리 사용되었다(Wehman, Moon, & McCarthy, 1986). 그러나 전이와 관련된 관심과 과정은 단순히 취업환경에 적응하기 위한 것보다 더 넓은 의미로 적용되기 시작했다. 모든 인생의 주기는 전이의 연속이거나 저마다 중요한 전환점이 있다. 전이는 항상 변화가 기본이기 때문에 목표를 성취한 긍정적인 전이조차도 많은 어려움이 뒤따르게 되어 스트레스 상황이 된다. 전이와 관련된 고통은 피할 수는 없지만 줄일 수는 있다. 영아와 가족들에게 프로그램을 제공하는 전문가들의 목적은 전이와 관련된 고통을 줄여 주는 것이다.

유아기 전이서비스의 목적은 프로그램 안팎에서 변화가 발생해도 유아와 가족이 지속적으로 최대한의 서비스를 받을 수 있도록 하는 것이다. 장애유아의 생애 초기에 발생하는 중요한 전이는 병원에서 가정 혹은 조기중재프로그램으로, 영아와 걸음마기 서비스에서 유치원으로 그리고 궁극적으로 초등학교로 이동하는 것이다.

전이는 수평적 혹은 수직적으로 이루어진다(Kagan, 1992). 수직적 전이는 시간의 흐름에 따른 환경의 이동으로 예를 들어, 병원에서 조기중재프로그램, 통합프로그램 또는 특수유치원 등으로 이동하는 것이다. 수평적 전이는 유아와 가족이 장소를 달리해서 동시에 여러 개의 지원서비스를 제공받는 것을 의미한다. 예를 들어, 유아는 오전에 유아통합프로그램에서 서비스를 제공받고 오후에는 분리학급에서 특수치료서비스를 제공받으며, 그 후에는 또 다른 환경에서 서비스를 제공받는다.

1997년의 장애인교육법(PL 105-17)은 장애영유아와 그 가족을 위한 프로그램의 연속성과 서비스 연계의 중요성을 강조하였다. 장애인교육법에는 영아(Part C)를 위한 서비스와 유아(Part B)를 위한 서비스가 구별되어야 하고 유아를 위한 서비스와 초등학생을 위한 서비스 간의 구별이 있어야 한다는 것을 명시하고 있다. 이 모든 경우에서 전이는 서비스의 연속성을 보장하고 프로그램 간의 이동이 원활할 수 있도록 보장한다. 3세 유아의 전이계획을 위한 요구사항에 유아가 3세가 되기 90일 전에 가족이 소속되어 있는 지역의 교육부처와 의사소통한 증거서류와 가족 중재 등을 관장할 주무부처를 기입하도록 하고 있다. 어떤 주(예: 일리노이 주)는 주법에 전이계획을 명시하고 있다.

전이에 대한 지속적 관심은 2004년의 장애인교육법에도 반영되어 있다. 제1장과 제3장을 돌아보면 전이와 관련하여 최근에 개정된 법조항에서 몇 가지 변화를 발견할 수 있다. 첫 번째 변화는 조기중재프로그램의 가족서비스 조정자(혹은 적합한 사례대표자)는 유아가 유치원(가족이 유아가 5세가 될 때까지 조기중재 서비스를 받기 원할 경우)으로 전이할 때 IEP

회의에 참여해야 한다. 두 번째 변화는 IEP를 개발할 때 팀은 IFSP에 기술된 정보/자료를 고려해야 한다. 이러한 요구들은 가족과 유아가 Part C에서 Part B로 원활하게 이동하도록 해 주기 위함이다.

취학 전 프로그램에서 유치원과 초등학교로의 전이에 대한 합법적인 요구가 없기 때문에 이러한 전이를 위한 서비스는 주에 따라 그리고 주 안에 있는 프로그램과 정부기관에 따라 아주 다양하다(때때로 5세 유아를 위한 전이계획과 지원이 전혀 없는 경우도 있다.). 이 장에서는 장애영유아와 가족을 위한 전이의 중요성에 대해 전반적으로 살펴본 후 가능한 성공적으로 유아기 전이를 지원할 수 있는 전략들에 대해 설명할 것이다.

유아기의 중요한 전이

위에서 언급하였듯이 유아기는 장애영유아와 가족들에게 전이가 많이 일어나는 시기다. 전형적인 전이는 병원에서 가정으로, 추후 클리닉, 공사립 건강서비스센터, 조기중재 프로그램, 공사립 어린이 집, 취학 전 프로그램 또는 유치원으로 이동하는 것이다.

1. 병원에서 가정으로 전이

신생아를 날마다 안전하게 돌보는 일은 가족의 일상생활에 상당한 변화를 요구한다. 이러한 변화는 신생아가 특별한 건강의 위험이 있거나 혹은 이미 건강에 문제가 있는 경우 더 가중된다. 가족은 생물학적 위험이 있거나 이미 위험이 고착된 신생아가 병원에서 집으로 오게 되면 겁을 먹게 되고 스트레스 상황에 처하게 된다. 신생아는 신생아 중환자실에서 고도로 숙련된 의사, 간호사, 사회사업가 그리고 다른 전문가들에 의해 돌보아져 왔다. 그러나 신생아가 가정으로 돌아옴에 따라 가족은 신생아의 기본적 생존욕구를 충족시켜야 하며, 이러한 일은 가족을 매우 당황스럽게 만든다.

병원에서 가정으로의 전이 시 부모가 관심을 두는 점은 ① 신생아의 상태에 대한 이해, ② 기초적인 양육책임, ③ 자아정체감과 확신, ④ 필요한 서비스에 대한 결정 등이다(Hanline & Deppe, 1990). 첫째, 부모는 자녀의 상태(예: 미숙, 감각손상, 운동손상)를 이해하려고 노력해야 한다. 이 문제와 관련하여 부모의 초조감, 걱정 그리고 근심은 자녀의 생존여부와 앞으로의 발달 조건에 대한 불확실성, 정신적 쇼크, 슬픔, 화, 비탄, 실망 또는 죄의식 때문에 더 악화된다. 유아가 신생아 중환자실에서 나오게 되면 부모는 정서적 지원에 대한 상실감을 느끼게 된다. 그들은 혼자 버려졌고 고립되었다고 느끼게 된다. 그들은 자녀의 상태에 대한 원인을 이해하고 유아의 발달을 촉진하는 방법과 생존을 위한 유아의 변화를 이해하려고 노력하게 된다. 이러한 상황에 있는 부모를 돕기 위한 조기중재자의 목표는 다음과 같다. ① 특수한 요구를 가진 다른 가족과 관계를 맺게 하고 유지하게 한다. ② 필요한 경우, 유아양육서비스와 휴식서비스를 제공받을 수 있는 곳을 알려 주고 제공받을 수 있도록 해 준다. ③ 지역사회 중심의 가족지원서비스를 받을 수 있는 곳에 대한 정보를 제공한다.

둘째, 부모는 자녀가 신생아 중환자실에서 퇴원하기를 간절히 원하지만 막상 자녀가 병원에서 집으로 오는 것을 두려워하고 있다. 그들은 자녀를 돌보는 것에 대해 걱정을 많이 하게 되며 특히 첫아이일 경우에 이러한 걱정은 더 커진다. 부모가 자녀의 기본적 욕구를 충족시키는 데 불안감을 갖고 있는 것은 당연한 일이다. 많은 신생아들은 퇴원하여 집으로 돌아올 때 여전히 산소통, 섭식튜브 혹은 무호흡 모니터에 의지하게 된다. 특수한 요구를 가진 유아는 여기에 더하여 대개 예민하고 불안정하다. 부모들은 얼마 전까지만 해도 숙련된 전문가에 의해 돌보아졌던 아이를 매일 혼자서 돌보게 된 것이다.

부모가 직면하게 되는 세 번째 문제는 자아정체감과 확신과 관련된다. 미숙아는 중환자실에 있게 되며, 이는 부모가 임신기를 잘 관리하지 못한 결과로 간주되기 때문에 신생아가 중환자실에 있는 동안 부모는 유아의 양육에 관여하지 못하게 되고 이때 부모의 스트레스는 최고조에 달하게 된다. 그들이 신생아의 보육자로 그들 자신을 확신하지 못하는 것은 이해할 만한 일이다. 조기중재 서비스 제공자는 부모가 그들 자신과 신생아의 일에 대해 결정하며 그들 자신의 생을 다시 통제하고 싶어 하는 부모의 욕구를 인식하고 이해해야 한다.

마지막으로 부모들은 지역사회 중심의 지원서비스에 그들이 원하는 방식으로 참여할 수 있도록 결정해야 한다. 이것은 수월한 것처럼 보여도 사실 그렇지 않다. 문제는 서비스 제공 장소나 접근성보다 더 기본적이고 더 많은 것이 포함되어 있다. 부모들 스스로 마음의 문을 열고 정보를 수집하려고 하는 자세가 중요하다. 그들은 자기 자녀가 발달지체의 가능성이 있다는 말을 감수해야 하고 지금까지 알지 못했던 전문가들이 그들 자신의 삶에 들어오도록 허용해야 한다. 조기중재서비스 제공자는 신생아가 퇴원하기 전에 부모와 좋은 관계를 형성하였다면 중재자는 부모가 이러한 결정을 할 수 있도록 도울 수 있는 좋은 위치에 서 있게 된다.

2. 조기중재서비스에서 취학 전 프로그램으로 전이

병원에서 집으로 전이하는 것과 비슷하게 신생아 서비스에서 취학 전 프로그램으로 전이하기 위해 서비스에 대한 많은 결정을 해야 한다. 전이할 때 대다수의 부모들은 유아의 장애와 관련하여 스트레스 사건들에 많이 직면하게 된다. 최초의 계획단계에서 취학 전 유아는 새로운 프로그램에 입학하여 참여하게 되며, 이때의 전이는 새로운 역할과 책임감에 더하여 완전히 새로운 문제에 직면하게 된다. 전이와 관련된 가장 심각한 문제는 서비스의 연속성, 변화에 대한 적응 그리고 새로운 프로그램의 기대에 부응하는 것이다. 이러한 도전은 특별히 문화적, 언어적으로 다른 집단의 가족에게 더 가중된다. 전이계획과 관련된 몇 가지 문제들은 이러한 가족들에게만 해당된다(Bruns & Fowler, 2001).

3. 취학 전 프로그램에서 유치원으로 전이

위에서 언급하였듯이 연방법과 주법은 Part C의 영아와 걸음마기 프로그램에서 Part B 취학 전 프로그램으로 유아가 이동할 때 전이계획을 수립하도록 요구하고 있으나, Part B에서 일반유치원이나 초등학교 1학년으로 이동할 때는 전이계획수립을 의무화하지 않고 있다. 이 시기의 전이는 특수교육요구 유아와 가족에게 복잡한 상황이기 때문에 전이계획을 요구하지 않는 것은 문제가 많다. 또한 학급 상황(예: 높은 유아 대 전문가 비율, 더 큰 대그룹교수)과 교사의 기대(예: 더 많은 자율성과 학업기술습득)에 많은 변화가 있는 시기로 가족은 새로운 규칙과 일정을 학습해야 하고 새로운 교사, 새로운 서비스 관계자 그리고 새로운 학습에 대해 어떻게 상호작용할지 학습해야만 한다.

성공적 전이를 촉진하는 전략들

전이전략은 두 가지 유형으로 분류할 수 있다. 기관과 프로그램 간의 의사소통과 협력을 위한 전략, 프로그램에 참여하기 위해 가족과 유아를 준비시키기 위한 전략이다. 문헌들에는 의사소통과 협력을 촉진하기 위한 일련의 활동들에 대해 기술하고 있다. 이러한 활동들에는 ① 프로그램 방문하기, ② 기관 간 협상을 위한 형식적 정책과 절차들, ③ 가족과 교직원을 위한 공동체 훈련, ④ 유아를 의뢰, 평가, 배치할 수 있는 형식적 체계들이다(Rous, Hemmeter, & Schustser, 1999). 프로그램에 참여할 때 교사가 무엇을 기대하는지에 대한 연구는 다음에서 논의할 것이다. 전이계획은 유아와 가족을 준비시키고, 필요한 수정을 확인하고 수행하며 유아가 가게 될 새로운 환경에 대해 지원해 주는 데 초점을 맞춰야 한다.

1. 병원에서 가정으로 전이

위에서 언급하였듯이 병원에서 가정으로 전이할 때 조기중재자의 목표는 다음과 같이 부모를 돕는 것이다. ① 다른 특수교육요구 영아 가족과 관계를 갖고 유지하도록 돕는다. ② 필요한 경우 주간보호소나 유아양육서비스센터에 대한 정보를 제공하고 프로그램에 참여할 수 있도록 돕는다. ③ 지역사회 중심의 가족서비스를 제공 받을 수 있도록 정보를 제공한다. 가족구성원의 대다수는 퇴원하기 전에 신생아 중환자실의 직원들로부터 필요한 훈련을 받는다. 이러한 훈련은 신생아의 특별한 영양섭취 요구, 특수 장비 조작, 신생아를 위한 적절한 자세잡기 등에 역점을 둔다. 적어도 조기중재서비스 제공자 중 한 사람(보통은 사례대표자)은 전이과정에서 부모와 함께 이러한 훈련에 참여해야 한다. 이러한 훈련이 가장 효과적이기 위해서는 유아가 중환자실에 입원하자마자 바로 부모를 준비시키기 위한 훈련이 제공되어야 한다. 유아가 병원에 있는 동안 똑같은 정보를 반복적으로 제공하지 않으면 대부분의 부모들은 이러한 정보를 기억하기 어렵다. 따라서 훈련은 반복적으로 제공되어야 한다. 부모들에게 유아가 퇴원해서 집으로 돌아 왔을 때 수행해야 하는 지시사항에 대해 연습할 기회를 많이 제공해야 한다(Sheikh, O' Brien, & McCluskey-Fawcett, 1993). 부모에게 제공되는 정보는 기회가 있을 때마다 구두로 제공하며, 또한 유아가 퇴원했을 때 집에서 수행해야 하는 절차와 유아의 상태에 대해 간략히 서술한 팸플릿, 책, 카세트테이프와 비디오도 제공되어야 한다.

많은 병원들은 병원에서 집으로의 전이를 용이하게 하기 위해 퇴원 정보/계획서를 사용한다(Bruder & Walker, 1990; Hadden, 2000; Meck, Fowler, Chaflin, & Rasmussen, 1995). 이 계획서는 이전의 신생아중환자실에서 사용되어 왔던 퇴원에 관한 의학적 요약서와 완전히 다른 것이다. 의학적 요약서는 의학적 전문지식이 없는 사람들이 해석하기 어려운 것이었다.

정보/계획서의 목적은 전문가와 가족 사이의 요구와 정보공유를 지원하고 촉진하기 위한 것이다. 정보/계획서에는 영아의 현재와 미래의 양육요구에 관해 자세하게 기술하고 있으며, 부모들이 강조하고 싶은 주제나 그들의 요구 영역을 기술할 수 있도록 여백을 제공하고 있다. 영아의 상태나 양육에 대한 정보 외에 유아의 미래와 관련하여 부모들은 발달(예: 발달척도에 따른 발달비율)과 관련된 특별한 정보를 원한다.

영아가 집에 오면, 조기중재자의 지원서비스 초점은 다음과 같이 바뀐다. ① 신생아중환자실과 그 외의 의학 전문가가 추천한 절차를 부모가 수행할 수 있도록 돕는다. ② 퇴원 전에 대답하지 못했던 질문에 대해 답해 준다. ③ 영아의 사회적, 의사소통적 단서를 이해하고 반응할 수 있도록 부모를 돕는다. ④ 영아의 발달진척 사항을 점검한다. ⑤ 영아가 건강하게 성장할 수 있도록 한다. 많은 영아는 퇴원 후에도 계속해서 의료진의 도움을 필요로 한다. 조기중재자는 가족, 신생아 중환자실의 직원들 그리고 지역사회의 건강센터 종사자들이 서로 협력할 수 있도록 지원한다.

전체 진행과정 중에서 가장 유용한 도움은 다른 가족의 지원이다. 동일한 의학적 경험을 이미 해 본 가족만이 똑같은 문제에 직면한 가족에게 필요한 것이 무엇인지 알 수 있다. 따라서 부모모임은 가장 이상적인 지원이다. 부모그룹을 통해 부모들은 예정보다 일찍 태어난 조산아, 지역사회 서비스 그리고 장애에 대한 정보를 공유할 수 있게 되며, 많은 위로를 받을 수 있다. 국내외의 부모모임은 미숙아의 부모들도 이용할 수 있다. 부모들은 그들 가족과 자녀의 요구에 부응할 수 있게 됨에 따라 점차로 자신감을 갖게 된다.

2. 조기중재 프로그램에서 취학 전 프로그램으로 전이

가족의 요구와 두려움에 대한 민감성, 사려 깊은 초기의 계획 그리고 계속되는 협력을 통해 유아와 가족이 조기중재서비스에서 취학 전 프로그램으로 전이할 때 발생하는 혼란과 서비스의 중복을 피할 수 있다. 계획 팀에는 가족과 더불어 적합한 조기중재 제공자와 취학 전 프로그램 제공자가 포함된다. 특수아동협회 유아기 분과의 추천 실제가 이 계획을 위한 특별한 지침을 제공하고 있다(Bruder & Chandler, 1993; Odom & McLean, 1996; Sandall, Hemmeter, Smith, & McLean, 2005). 특수아동협회 유아기 분과의 추천 실제는 전이 영역에서 가장 실제적인 지침으로 전문가에 의해 개발되고 서비스 제공자, 부모, 상급교육기관, 관리자 그리고 연구자에 의해 타당성을 인정받았다.

특수아동협회 유아기 분과의 추천 실제는 두 가지 점을 강조하고 있다. 가족참여와 지속적인 평가의 중요성이다. 구체적인 추천 실제는 다음과 같다.

- 프로그램 제공자, 관리자 그리고 부모는 계획과 준비를 위해 충분한 시간을 가져야

한다.

- 가족은 전이과정의 단계와 구성요소, 전이과정에서 그들의 역할 그리고 유아와 가족을 위한 향후 서비스에 대한 정보를 제공받아야 한다.
- 가족에게 잠정적인 프로그램을 방문할 기회를 제공해야 하며, 잠정적 프로그램에 대해 서비스 제공자뿐 아니라 다른 가족과도 이야기할 기회를 제공해야 한다.
- 조기중재프로그램 제공자는 전이와 관련된 문제를 발견해서 전이과정 중 가족을 도울 방법에 대해 훈련받아야 한다.
- 조기중재프로그램 제공자는 지역사회 내의 서비스와 자원에 대해 알아야 하며, 적절하게 의뢰할 수 있어야 한다.
- 조기중재프로그램 제공자, 유아교사 그리고 유아특수교사는 서로 다른 프로그램들을 방문하여 전이과정을 함께 관찰해야 한다.
- 서비스 제공자와 가족구성원을 포함하여 모든 사람들은 유아가 새로운 환경과 프로그램들에서 필요로 하는 기술들에 대해 결정해야 한다.
- 조기중재프로그램 제공자와 가족구성원이 필요한 전이기술의 습득을 촉진할 수 있도록 지원해야 하며 발생할 가능성이 있는 문제를 찾아야 한다.

전이는 크게 준비, 실행, 추후지도 및 평가의 세단계로 구분할 수 있다. 각각의 단계는 유아와 가족에게 중요한 관점을 갖고 있다.

1) 전이를 위한 유아의 준비

Fowler 와 Titus(1993)는 가정 중심 조기중재 프로그램에서 기관 중심 취학 전 프로그램으로 전이할 때 유아들의 참여를 저해하는 네 가지 요인에 대해 언급하였다. 네 가지 요인은 ① 부모와 집으로부터 분리되기, ② 또래들과의 놀이 및 활동그룹에 참여하기 ③ 지시, 일과 그리고 규칙 따르기, ④ 기본적인 안전기술 습득하기다.

새로운 프로그램에서 필요한 기술을 학습하고 연습하는 것은 새로운 환경으로 전이가 실제적으로 일어나기 바로 전에 시작해야 한다. 조기중재 제공자와 가족구성원들은 새로운 프로그램을 방문하여 하루의 일과와 활동들을 관찰하여 일과에 참여하는 데 필요한 사회적 기술과 자조기술이 무엇인지 살펴본다. 프로그램을 방문하면서 가족구성원, 기존 프로그램과 새로운 프로그램의 서비스 제공자들은 프로그램의 활동들에 대해 논의하고 두 가지 프로그램 사이에서 발생하는 기대의 차이를 어떻게 극복할 것인지 논의한다. 제5장에서 기술한 환경적 평가절차를 활용하여 새로운 프로그램에서 유아에게 기대하는 것, 일과와 활동에 참여하기 위한 필요한 기술들 그리고 필요한 수정과 지원이 무엇인지 평가한다. 수정과 지원을 위한 계획은 새로운 프로그램에서 해야 할 책임 중 하나다.

2) 전이를 위한 가족의 준비

전이 계획 전에 선행되어야 하는 것이 가족을 위한 준비다(Lazzari & Kilgo, 1989). 가장 중요한 것은 부모가 그들의 권리와 책임에 대해 충분히 알고 있어야 한다는 것이며, 또한 관련서비스, IEP, 유아의 이후 발달 예정, 취학 전 프로그램의 교육과정, 지역사회의 서비스뿐 아니라 그들이 사는 지역의 취학 전 프로그램 학급에 관한 정보를 갖고 있어야 한다(Hanline, 1988). 부모는 전문가들이 서비스전달체계와 그 차이에 관하여 잘 알고 있다는 것을 인식해야 하며, 전이계획과정의 한 부분이 되어야 한다. 조기중재서비스와 취학 전 프로그램 간의 기대, 절차, 활동에서의 상이점은 가족에게 매우 어려운 문제이며 특히 문화와 언어가 다른 가족들에게는 더욱더 어려운 문제다.

다음 환경에서 필요한 기술을 결정하기 위한 과정에 동반자로 가족을 포함시키는 것과 서비스 제공자들 간에 정보를 교환하는 것은 중요한 일이다. 초기의 전이계획 모임을 위한 회의에 중요한 주제들은 ① 예상되는 전이 날짜, ② 언제, 누가 계획할 것인지 결정, ③ 전이과정에서 가족의 역할, ④ 가능한 변인들, ⑤ 배치결정에 대한 정보를 제공 받을 수 있는 곳 그리고 ⑥ 변화에 대비한 유아 준비 방법 등이다.

전이를 위해 가족을 준비시키는 데 가장 효과적인 방법은 워크숍이다(Noonan & Ratokalau, 1992). 워크숍을 통해 취학 전 프로그램과 부모를 지원할 수 있다. 부모가 교육과 정보를 얻고 그들의 서비스와 관련된 요구가 무엇인지 알게 되면 그들에게 필요하다고 확인된 욕구를 충족시키기 위한 활동(예: 의뢰, 잠정적 프로그램 방문)들로 초점을 전환하게 된다.

3) 새로운 프로그램의 준비

유아와 가족을 준비시키는 것만으로는 충분하지 않으며, 새로운 프로그램의 교직원들도 장애유아와 가족을 지원하고 촉진하기 위해 준비해야 한다. 위에서 언급하였듯이 제5장에서 기술한 환경적 평가절차는 취학 전 프로그램에서 필요한 수정과 지원을 평가하기 위해 사용할 수 있다.

특별히 전이를 위한 특수아동협회 유아기 분과와 미국유아교육협회의 지침은 보내는 프로그램과 받는 프로그램의 교직원 간 협력과 의사소통의 중요성에 대해 강조하고 있다. 프로그램의 교직원은 가족의 관심, 선호도 그리고 특별히 문화적 · 언어적으로 다른 가족들의 전이과정에 대한 기대와 관련된 평가를 중요하게 생각한다. 가정과 학교의 가치와 기대의 차이는 가족에게 갈등을 야기하게 되며, 그 결과 참여를 저해하고 마침내 스트레스를 증가시킨다.

3. 취학 전 프로그램에서 유치원으로 전이

다른 전이들과 마찬가지로 서비스 제공자와 관리자들 사이의 협력과 조화는 취학 전 프로그램에서 유치원으로의 원활한 전이에도 중요하다. 가정방문과 같은 효과적인 전이 실제들은 서비스 제공자들에게 정규 업무시간 외에 별도의 시간을 필요로 한다. 따라서 전이를 위해 적은 시간을 사용할 방법을 찾게 된다.

유치원교사에게 설문조사를 실시한 결과 가장 빈번하게 사용되는 전이방법은 학교 입학 후 부모들에게 편지를 보내 1학년 학급을 방문하도록 하는 것이었다(LaParo, Pianta, & Cox, 2000). 가장 드물게 사용되는 전이실제는 유치원에서 1학년으로 전이하기 위한 논의를 위한 만남이나 가정방문 등이었다. 일반적으로 교사들은 특수교육요구 유아의 전이활동을 위해 많은 방법을 사용하지 않는다. 그들은 보통 요구 여부와는 무관하게 모든 유아들에게 똑같은 전이방법을 사용한다.

1) 유치원으로 전이하는 유아의 준비

취학 전 프로그램에서 유치원으로의 전이를 위한 계획은 1980년대에 최초로 이루어졌다. Vincent 등(1980)은 유치원 교사들에게 설문조사를 실시하여 유치원에서 생활하기 위해 필요한 84가지의 행동목록을 만들었다. 유치원에서 기대되는 기술들을 확인하여 가르치는 목적은 장애유아를 일반유치원에 배치하여 교육하기 위한 것이다.

미래의 환경을 평가하기 위한 몇 가지 방법은 초기에 저술되었던 전이관련 저서들에서 찾아볼 수 있다. 교사용 체크리스트, 인터뷰, 직접 관찰 등이다. 예를 들어, McCormick과 Kawate(1982)는 하와이의 유치원과 초등학교 1학년 교사들에게 유치원에서 사용하는 일반적으로 중요한 기술에 대해 설문조사를 실시하였다. 설문 문항 중 '매우 중요하다' 혹은 '절대적으로 필요하다' 로 체크된 항목들은 다음과 같다.

- 독립적으로 작업하기(5문항)
- 그룹에 참여하기(6문항)
- 일과 따르기(6문항)
- 자조기술(예: 용변보기 등) 연습하기(4문항)
- 지시 따르기(3문항)
- 사회적/놀이기술 연습하기(5문항)
- 기능적으로 의사소통하기(2문항)

McCormick과 Kawate는 전통적 평가도구들이 교사들이 관심을 가진 행동을 평가하는 정도를 결정하기 위해 기존의 9가지 전통적 평가도구들에 포함된 문항들과 교사들이 평정한 목록을 비교하였다. 비교결과, 교사들이 유치원 학급에서 중요한 기술이라고 평가한 행동들 중 단 몇 가지만이 전통적 평가절차를 통해서도 중요한 것으로 평가되었다

몇 년 후 Hains, Fowler, Schwartz와 Rosenkoetter(1989)가 비슷한 연구를 수행하였다. 그들은 유치원 교사들에게 153개의 기술목록을 제시하고 유치원에서 중요한 기술이 무엇인지 평가하도록 하였다. 평가된 목록 중 불과 4%의 항목만이 중요한 것으로 평정되었다. 그러나 학교의 수업 첫날 이루어졌던 직접 관찰 결과 교사들이 중요하다고 평정하였던 기술 외에도 교사들은 유아들에게 더 많은 기술을 요구하였으며, 특히 지시 따르기, 자조기술 그리고 사회적 행동들에 대한 요구를 많이 하였다. 취학 전 프로그램 교사와 유치원 교사에게 행해졌던 1990년대의 또 다른 연구에 의하면 교사들은 학문적 준비도와 관련된 기술들을 독립성이나 참여 등과 관련된 기술들만큼 중요한 기술이라고 간주하지 않았다(Hemmeter & Rous, 1997; Gallagher, Cook, & Wong, 1995). 연구 결과들은 지시 따르기, 학급 규칙 따르기, 일과와 그룹 활동에 참여하기 등의 독립성과 관련된 학급기술이 중요하다고 일치된 결과를 보여 주고 있다.

특별히 장애유아에게 생존기술을 가르치는 프로그램에 관해 2가지의 연구가 수행되었다(Carta, Atwater, Schwartz, & Miller, 1999; Rule, Fiechtl, & Innocenti, 1990). 두 연구 모두 지역사회의 유치원 프로그램에서 요구되는 행동들을 평가하였다. 9가지 영역의 기술들을 목록화하였다. 그들은 교육과정을 개발하여 2개의 유아센터에서 18명의 장애유아를 대상으

로 이 기술들을 가르쳤다.

1995년 Le Ager와 Shapiro는 유아 행동과 여러 환경에서의 환경적 변인을 체계적으로 분석하고 비교하기 위하여 모형정합(template matching)이라고 불리는 전략을 적용하여 연구를 확장하였다(Cone, 1987; Hoier, McConnell, & Palley, 1987). 모형정합에서 보내는 프로그램과 받는 교육환경에서의 환경적 변인과 각 환경에 있는 사람들의 수행에 대한 정보를 포함하여 행동목록들이 개발되었다. 제5장에서 기술한 생태학적 평가절차가 모형정합 접근법이다.

Ager와 Shapiro의 연구에서 모형정합은 보내는 프로그램(취학 전 프로그램)과 받는 프로그램(유치원) 사이의 차이를 평가하기 위해 개발되었다. 취학 전 환경에서의 활동들과 교사의 행동들을 유치원 환경에서의 활동들과 교사의 행동들에 맞추기 위해 수정하였다. 이러한 중재는 효과적이었다. 추후연구에서 모형정합전략에 의해 중재를 받았던 유아들은 통제집단에 비해 경쟁적 행동을 더 적게 하고 유치원 환경에 더 독립적으로 참여하였다.

유치원 학급의 관찰을 통해 얻은 정보는 취학 전 프로그램과 유치원 환경 간의 학업적, 사회적 그리고 행동적 요구의 차이점을 확인하는 데 도움이 된다. 그러나 다음 환경에서 수행되어야 하는 기술과 기대들에 미리 관심을 가지는 것이 함정이 될 수 있다. 어떠한 경우에도 이러한 기술들이 일반교육현장의 배치를 위한 선행기술로 간주되어서는 안 된다. 다음 환경에 대한 관찰과 생태학적 평가에 의해 도출된 목표들은 전이를 위해 중요한 중재목표를 확인하고 유아를 준비시키기 위해 활용되어야 한다. 어떤 환경에서든지 이러한 기술이 부족하다는 이유로 일반교육현장으로 전이될 준비가 되어 있지 않다고 간주되어서는 안 된다.

2) 공립학교로의 연속적 전이 모형(STEPS)

STEPS(Sequenced Transition to Education in the Public Schools)는 장애유아의 조기교육프로그램(HCEEP)의 시범모델로써 시작되었다(1984~1987). 조기교육프로그램 모델은 계속하여 몇 개의 자금에 의해 지속되고 확장되었다(Rous et al., 1999). STEPS의 목적은 한 프로그램이나 기관에서 다른 프로그램이나 기관으로의 전이를 촉진하기 위한 형식적이고 체계적인 과정을 만들기 위한 것이다. 이것은 전이과정을 촉진하기 위한 기술들을 관리자, 교직원 그리고 가족이 습득하도록 하기 위한 것이다. 주나 지역수준에서 수행되는 STEPS는 네 가지 영역이 있다. 네 가지 영역은 ① 기관 간 협력과 정책개발을 촉진하기 위해 행적적 구조 만들기, ② 전이과정에 적극적이고 효과적으로 참여하는 가족의 능력 증진하기, ③ 새로운 프로그램을 위한 유아의 준비 지원, ④ 전이과정을 촉진하기 위해 교직원들을 준비시키기 등이다.

더 특별하게 STEPS는 다음의 영역에서 주나 지방의 요원에 대한 훈련과 기술적인 지원을 제공한다.

- 지역사회 전체의 전이체계 구축
- 효율적 팀 회의 유지
- 지도력 개발
- 효율적인 기관 간 협력 보장
- 유아의 사회적, 행동적 그리고 기능적 기술에 대한 평가와 적합한 중재계획
- 가족참여 보장
- 효과적 촉진과 훈련(성인학습) 보장

STEPS는 주와 지역수준의 기관 간 협력을 촉진하기 위한 효과적 모델로 입증되었다. 이러한 협력을 위한 주안점은 특수교육요구유아와 가족이 영아프로그램에서 취학 전 프로그램으로, 취학 전 프로그램에서 유치원으로의 전이를 촉진하는 데 있다.

요 약

영아기와 유아기에 일어나는 많은 전이는—병원에서 가정으로, 조기중재서비스에서 취학 전 프로그램으로, 취학 전 프로그램에서 유치원으로—유아, 가족, 서비스 제공자 그리고 프로그램에서 해결해야 하는 많은 문제점들을 제시한다. 특히 문화적, 언어적으로 다양한 집단의 가족들의 요구와 선호도는 전이에 더 어려움을 가져다준다. 이 장은 유아특수교육에서 나타나는 전이형태에 대해 기술하였으며, 각각의 전이에 따른 도전적 문제들에 대해 설명하였다. 전이에서 가장 중요한 것은 보내는 기관과 받는 기관의 서비스 제공자와 장애유아의 부모 간의 의사소통이다.

연/구/문/제

1. 전이의 개념에 대해 논의하시오.
2. 전이와 관련하여 장애인교육법의 Part B와 Part C를 비교하시오.
3. 장애를 가진 영아가 병원에서 가정으로 옮겨 올 때 부모의 느낌과 염려에 대해 논의하시오.
4. 조기중재서비스에서 취학 전 프로그램으로, 취학 전 프로그램에서 유치원으로 전이할 때 야기되는 문제에 대해 논의하시오.
5. 병원에서 가정으로 전이할 때 서비스 제공자는 어떤 목표를 설정하는가?
6. 병원에서 가정으로 전이할 때 부모를 준비시키기 위한 전략과 영아가 집에 있게 될 때 제공할 수 있는 지원서비스에 대해 논의하시오.
7. 전이를 위한 특수아동협회 유아기 분과 추천 실제를 요약하시오.
8. 조기중재프로그램에서 취학 전 프로그램으로 전이하기 위한 세 가지 단계에 대해 논의하시오.
9. 유치원을 위한 유아준비에 대해 설명하시오.
10. STEPS 모형이란 무엇인가?

[참고문헌]

Alberto, P. A., & Troutman, A. C. (2002). *Applied behavior analysis for teachers* (6th ed.). Upper Saddle River, NJ: Pearson Education.

Allen, B., & Boykin, A. (1992). African-American children and the educational process: Alleviating cultural discontinuity through prescriptive pedagogy. *School Psychology Review, 21, 586-596.*

Als, H., Lester, B. M., & Brazelton, T. B. (1979). Dynamics of the behavioral organization of the premature infant. In T. M. Field, A. M. Sostek, S. Goldberg, & H. H. Shuman (Eds.), *Infants born at risk* (pp. 173-192). New York: Spectrum.

American Heart Association (n.d.). *Relief of choking in children.* Retrieved November 15, 2004, from http://americanheart.org/presenter.jhtml?idntifier=3025002.

Americans with Disabilities Act (ADA) of 1990, PL 101-336, 42 U.S.C. 12101 *et seq.*

Anderson, L. W. (1976). An empirical investigation of individual differences in time to learn. *Journal of Educational Psychology, 68*, 226-233.

Andrson, S. P., & Spradlin, J. E. (1980). The generalized effects of productive labeling training involving common object classes. *Journal of the Association for the Severely Handicapped, 6, 143-157.*

Asian American Heritage (1995). *A resource guide for teachers, grades k-.* New York: New york City Board of Education, Brooklyn, Office of Multicultural Education.

Au, K. (1980). Participation structures in a reading lesson with Hawaiian children finding a culturally appropriate instructional event. *Anthropology and Education Quarterly, 11,* 91-116.

Au, K., & Mason, J. (1981~1982). Social organizational factors in learning to read: The balance of rights hypothesis. *Reading Research Quarterly, 17,* 115-152.

Au, M. J., Gast, D. L., & Wolery, M. (1988). Comparison of progressive and constant time delay procedures in teaching community sign word reading. *American Journal of Mental Retardation, 93*(1), 44-56.

Ayabe, H. I., & Santos, S. (1972). Conceptual tempo and the Oriental American. *Journal of Psychology, 81,* 121-123.

Azrin, N. H., & Besalel, V. A. (1979). *A parent's guide to bedwetting control: A step-by-step method.* New York: Simon & Schuster

Azrin, N. H., & Foxx, R. M. (1971). A rapid method of toilet training the institutionalized retarded. *Journal of Applied Behavior Analysis, 4,* 89-99.

Azrin, N. H., & Foxx, R. M. (1974). Toilet training in less than a day. New York: Simon & Schuster

Azrin, N. H., Sneed, T. J., & Foxx, R. M. (1973). Dry-bed: A rapid method of eliminating bedwetting (enuresis) of the retarded. *Behavior Research and Therapy, 11,* 427-434.

Azrin, N. H., Sneed, T. J., & Foxx, R. M. (1974). Dry-bed training: Rapid elimination of childhood enuresis. *Behavior Research and Therapy, 12,* 147-156.

Bare, D. M. (1970). An age-irrelevant concept of development. *Merrill-Palmer Quarterly, 16,* 238-245.

Bailey, D. B., Jens, K. G., & Johnson, N. (1983). Curricula for handicapped infants. In S. G. Garwood & R. R. Fewell (Eds.), *Educating handicapped infants: Issues in development and intervention* (pp. 387-415). Rockville, MD: Aspen.

Bailey, D. B., & McWilliam, R. A. (1990). Normalizing early intervention. *Topics in Early Childhood Special Education, 10*(2), 33-47

Bailey, D. B., & Simeonsson, R. J. (1990). *Family needs survey.* Chapel Hill, NC: University of North Carolina, Frank Porter Graham Child Development Center.

Bambara, L. M., & Warren, S. F. (1993). Massed trials revisited: Appropriate applications in functional skill training. In R. A. Gable & S. F. Warren (Eds.), *Strategies for teaching students with mild to severe mental retardation* (pp. 165-190). Baltimore: Paul H. Brookes Publishing Co.

Bambara, L. M., Warren, S. F., & Komisar, S. (1988). The individualized curriculum sequencing model: Effects on skill acquisition and generalization. *The Journal of the Association for Persons with Severe Handicaps, 13,* 8-19.

Banks, J. A. (1997a). Multicultual education: Characteristics and goals. In J. A. Banks & C. A. McGee Banks (Eds.), *Multicultural education: Issues and perspectives* (3rd ed., pp. 3-31). Needham Heights, MA: Allyn & Bacon.

Banks, J. A. (1997b). *Teaching strategies for ethnic studies* (6th ed.). Needham Heights, MA: Allyn&Bacon.

Banks, J. A., & Banks, C. A. M. (1997). *Multicultural education: Issues and perspectives.* Boston: Allyn & Bacon.

Banks, R. A., Santosm, R. M., & Roof, V. (2003). Sensitive family information gathering. *Young Exceptional Children, 6*(2), 11-20.

Barker, R. G. (1968). *Ecological psychology.* Stanford, CA: Stanford University Press.

Barker, R. G., & Gump, P. V. (1964). *Big school, small school.* Stanford, CA: Stanford University Press.

Barrera, I. (1993). Effective and appropriate instruction for all children: The challenge of cultural/linguistic diversity and young children with special needs. *Topics In Early Childhood Special Education, 13,* 461-487.

Barrera, I. (1996). Thoughts on the assessment of young children whose sociocultural background is unfamiliar to the assessor. In S. J. Meisels & E. Fenichel (Eds.), *New visions for the developmental assessment of infants and young children* (pp. 69-84). Washington, DC: ZERO TO THREE: National Center for Infants, Toddlers, and Families.

Barrera, I. (2000). Honoring differences: Essential features of appropriate ECSE services for young children from diverse sociocultural environments. *Young Exceptional Children, 3*(4), 17-24.

Barsch, R. H. (1971). The processing mode hierarchy as a potential deterrent to cognitive efficiency. In J. Hellmuth (Ed.). *Cognitive studies: Deficits in cognition.* New York: Bruner/Mazel.

Bateman, B. (1992). *Writing measurable IEP goals and objectives.* Verona, WI: Attainment Company, Inc.

Bateman, B. D., & Linden, M. A. (1998).*Better IEPs: How to develop legally correct and educationally useful programs* (3rd ed.). Longmont, CO: Sopris West.

Baumgart, D., Brown, L., Pumpian, I., Nisbet, J., Ford, A., & Sweet, M., et al. (1982). The principal of partial participation and individualized adaptations in educational programs for severely handicapped students. *Journal of the Association for Persons with Severe Handicaps, 7*(2), 17-27.

Becker, W., Enelmann, S., & Thomas, D. (1975). *Teaching2: Cognitive learning and Instruction.*

Chicago: Science Research Associates.

Benedict, R. (1934). *Patterns of culture. Boston*: Houghton Mifflin Co.

Bereiter, C., & Engelmann, S. (1966). *Teaching disadvantaged children in the preschool.* Englewood Cliffs, NJ: Prentice-Hall.

Beukelman, D. R., & Murenda, P. (1992). *Augmentative and alternative communication management of severe communication disorders in children and adults.* Baltimore: Paul H. Brookes Publishing Co.

Bijou, S. W., Peterson, R. F., & Adult, M. H. (1968). A method to integrate descriptive and experimental field studies at the level of data and empirical concepts. *Journal of Applied Behavior Analysis, 1,* 175-191.

Bloom, B. (1964). *Stability and change in human characteristics.* New York: Wiley.

Bly, L. (1983). *The components of normal movement during the first year of life and abnormal motor development.* Chicago: Neurodevelopmental Treatment Association.

Bondy, A. S., & Frost, L. A. (1993). Mands across the water: A report on the application of the picture exchange communication system in Peru. *The Behavior Analyst, 16,* 123-128.

Bondy, A., & Frost, L. (1994). The picture exchange communication system. *Focus on Autistic Behavior, 9,* 1-19.

Bowers, C. A. (1984). *The promise of theory: Education and the politics of cultural Change.* New York: Longman.

Brazelton, T. B. (1982). Early intervention: What does it mean? In H. E. Fitzgerald, B. N. Lester, &.W. Yogman (Eds.), *Theory and research in behavioral pediatrics* (Vol. 1, pp. 1-34). New York: Plenum.

Bredekamp, S., & Copple, C. (Eds.). (1997). *Developmentally appropriate practice in early childhood programs* (Rev. ed.). Washington, DC: National Association for the Education of Young Children.

Bricker, D. D. (1989). *Early intervention for at-risk and handicapped infants, toddlers, and preschool children.* Palo Alto, CA: VORT Corporation.

Bricker, D. (1993). *Assessment, evaluation, abd programming system (AEPS®) for birth to three years* (Vol. 1). Baltimore: Paul H. Brookes Publishing Co.

Bricker, D. (1995). The challenge of inclusion. *Journal of Early intervention, 19,* 179-194.

Bricker, D. (Ed.). (2002). *Assessment, evaluation, and programming system (AEPS®) for infants and children: Vol. 2. AEPS® Test for Birth to Three years and Three to Six Years.* Baltimore:

Paul H. Brookes Publishing Co.

Bricker, D., Bricker, W., Lacino, R., & Dennison, L. (1976). Intervention strategies for the severely and profoundly handicapped child. In N. Haring & L. Brown (Eds.), *Teaching the severely handicapped* (Vol. 1, pp. 277-299). New York: Grune & Stratton.

Bricker, D., & Cripe, J. (1992). *An activity-based approach to early intervention.* Baltimore: Paul H. Brookes Publishing Co.

Bricker, D. D., Cripe, J., & Norstad, S. (1990, October). *Activity-based intervention.* Paper presented at Post Conference Workshop, Council for Exceptional Children Conference, Albuquerque, New Mexico.

Brislin, R. W., Cushner, K., Cherrie, C., & Yong, M. (1986). *Intercultural interactions: A practical guide.* Beverly Hills: Sage Publications.

Bronfenbrenner, U. (1977). Toward an experimental ecology of human behavior. *American Psychologist, 32,* 513-531.

Bronfenbrenner, U. (1979). The ecology of human development: *Experiments by nature and design.* Cambridge, MA: Harvard University Press.

Bronfenbrenner, U. (1992). Ecological systems theory. In R. Vasa (Ed.), *Six theories of child development: Revised formulations and current issues* (pp. 187-248). Philadelphia: Kingsley.

Browder, D. M. (2001). *Curriculum and assessment for students with moderate and severe disabilities.* New York: Guilford Press.

Bowder, D., Demchack, M. A., Heller, M., & King, D. (1989). An in vivo evaluation of the use of data-based rules to gide instructional decisions. *Journal of the Association for Persons with Severe Handicaps, 14,* 234-240.

Brown, F., & Holvoet, J. (1982). Effects of systematic peer interaction on the incidental learning of two severely handicapped students. *Journal of the Association for Persons with Severe Handicaps, 7*(4), 19-28.

Brown, F., Holvoet, J., Guess, D., & Mulligan, M. (1980). The individualized curriculum sequencing model (III): Small group instruction. *Journal of the Association for the Severely Handicapped, 5*(4), 352-267.

Brown, L., Branston, M. B., Hamre-Nietupski, S., Pumpian, L., Certo, N., & Gruenewald, L. (1979). A strategy for developing chronological age-appropriate functional curricular content for severely handicapped adolescents and young adults. *Journal of Special Education, 13,* 81-90.

Brown, W. H., & Odom, S. L. (1995). Naturalistic peer interventions for promoting preschool children' s social interactions. *Preventing School Failure, 39*, 38-42.

Brown, W. H., McEvoy, M. A., & Bishop, N. (1991). Incidental teaching of social behavior. *Teaching Exceptional Children, 24*(1), 35-38.

Brown, W. H., Odom, S. L., & Conroy, M. A. (2001). An intervention hierarchy for promoting young children' s peer interactions in natural environments. *Topics in Rarly Childhood Special Education, 21*, 162-175.

Brown, W. H., Odom, S. L., Li, S., & Zercher, C. (1999). Ecobehavioral assessment in inclusive early childhood programs: A portrait of preschool inclusion. *The Journal of Special Education, 33*, 138-153.

Brown, W. H., Ragland, E. U., & Bishop, J. N. (1989). A naturalistic teaching strategy to promote young children' s peer interactions. *Teaching Exceptional Children, 21*, 8-10.

Brown, W. H., Ragland, E. U., & Fox, J. J. (1988). Effects of group socialization procedures on the social interactions of preschool children. *Research in Developmental Disabilities, 9*, 359-376.

Brown, W. H., McRvory, M. A., & Bishop, N. (1991). Incidental teaching of social behavior. *Teaching Exceptional Children, 24*, 35-38.

Bruderm, M. B. (1997). The effectiveness of specific educational/developmental curricula for children with established disabilities. In M. J. Guralnick (Ed.), *The effectiveness of early intervention* (pp. 523-548). Baltimore: Paul H. Brookes Publishing Co.

Bruder, M. B. (2000a). Family centered early intervention: Clarifying our values for the millenium. *Topics in Early Children Special Education, 20*, 105-115.

Bruder, M. B. (2000b). The Individualized Family Service Plan (IFSP). *ERIC ED Digest #E605*. Arlington, VA: ERIC Clearinghouse of Disabilities and Gifted Education.

Bruder, M. B. (2001). Inclusion of infants and toddlers. In M. J. Guralnick (Ed.), *Early childhood inclusion* (pp. 203-228). Baltimore: Paul H. Brookes Publishing Co.

Bruder, M. B., & Chandler, L. K. (1993). Transition: DEC recommended practices. In Council for Exceptional Children, Division for Early Childhood, *DEC recommended practices: Indicators of quality in programs for infants and young children with special needs and their families* (pp. 96-106). Reston, VA: Council for Exceptional Children.

Bruder, M. B., & Walker, L. (1990). Discharge planning Hospital to home transitions for infants. *Topic in Early Childhood Special Education, 9*(4), 26-42.

Bruner, J. S. (1960). *The process of education.* New York: Vintage.

Bruner, J. (1975). The ontogenesis of speech acts. *Journal of Child Language, 2*, 1-19.

Bruner, J. (1977). Early social interaction and language acquisition. In H. Schaffer (Ed.), *Studies in mother-infant interaction* (pp. 271-289). New York: Academic Press.

Bruns, D. A., & Fowler, S. A. (2001). *Transition is more than a change in services: The need for a multicultural perspective.* Champaign. IL: Early Childhood Research Institute on Culturally and Linguistically Appropriate Services, University of Illinois at Urbana-Champaign. Retrieved on September 11, 2004, from http://clas.uiuc.edu/tech_report/tech4.html

Bunce, B. (2003). Children with culturally diverse backgrounds. In L. McCormick, D. F. Loeb, & R. L. Schiefelbusch (Eds.), *Supporting children with communication difficulties in inclusive settings: School based language intervention* (pp. 367-407). Boston: Allyn & Bacon.

Butterfield, R. A. (1983). The development and use of culturally appropriate curriculum for American Indian students. *Peabody Journal of Education, 61*, 50-66.

Caldwell, B. M., & Bradley, R. H. (1984). *Home observation for measurement of the environment(HOME).* Little Rock, AR: University of Arkansas at Little Rock, Center for Research on Teaching and Learning.

Cameron, M. J., Maguire, R. W., & Maguire, M. (1998). Lifeway influences on challenging behaviors (pp. 273-288). In J. K. Luiselli & M. J. Cameron (Eds.), *Antecedent control: Innovative approaches to behavioral support.* Baltimore: Paul H. Brookes Publishing Co.

Capone, A., & Hull, K. (1994, June). *Discipline-Free IEP Workship Presentation.* Kansas Inservice Training System (KITS), First Summer Institute, Lawrence, Kansas: University of Kansas, Department of Special Education.

Carr, E. G. (1977). The motivation of self-injurious behavior: A review of some hypotheses. *Psychological Bulletin, 84,* 800-816.

Carr, E. G., Carlson, J. I., Langdon, N. A., Magito-McLaughkin, D., & Yarbrough, S. C. (1998). Two perspectives on antecedent control: Molecular and molar. In J. K. Luiselli & M. J. Cameron (Eds.), *Antecedent control: Innovative approaches to behavioral support* (pp. 3-28). Baltimore: Paul H. Brookes Publishing Co.

Carr, E. G., & Durand, V. N. (1985). Reducing behavior problems through functional communication training. *Journal of Applied Behavior Analysis, 18*, 111-126.

Carr, E. G., Levin, L., McConnachie, G., Carlson, J. L., Kemp, D. C., & Smith, C. E. (1994). *Communication-based intervention for problem behavior: A user' s guide for producing pos-*

itive change. Baltimore: Paul H. Brookes Publishing Co.

Carr, E. G., Reeve, C. E., & Magito-McLaughlin, D. (1996). Contextual influences on problem behavior in people with developmental disabilities. In L. K. Koegel, R. L. Koegel, & G. Dunlap (Eds.), *Positive behavioral support: Including people with difficult behavior in the community* (pp. 403-423). Baltimore: Paul H. Brookes Publishing Co.

Carr, E. G., Robinson, S., & Palumbo, L. W. (1990). The wrong issue: Aversive vs. nonfunctional treatment. The right issue: Functional vs. nonfunctional treatment. In A. C. Repp & N. B. Singh (Eds.), *Perspectives on the use of nonaversive and aversive interventions for persons with developmental disabilities* (pp. 361-380). Sycamore, IL: Sycamore.

Carta, J. J., Atwater, J. B., Schwartz, T. S., & Miller, P. A. (1990). Applications of ecobehavioral analysis to the study of transitions across early education settings. *Education and Treatment of Children, 13*, 298-315.

Carta, J. J., Schwartz, I. S., Atwater, J. B., & McConnell, S. R. (1991). Developmentally appropriate practice: Appraising its usefulness for young children with disabilities. *Topics in Early Childhood Special Education, 11*, 1-20.

Castenada, A. (1976). Cultural democracy and the educational needs of Mexican American children. In R. L. Jones (Ed.), *Mainstreaming and the minority child*. Reston, VA: Council for Exceptional Children.

Chandler, L. (1998). Promoting positive interaction between preschool-age children during free play: The PALS Center. *Young Exceptional Children, 1*(3), 14-19.

Charlop-Christy, M. H., Carpenter, M., Le, L., LeBlanc, L. A., & Kellet, K. (2002). Using the Picture Exchange Communications System (PECS) with children with autism: Assessment of PECS acquisition, speech, social-communication behavior, and problem behavior. *Journal of Applied Behavior Analysis, 35*, 213-231.

Charner, K. (1993). *The giant encyclopedia of theme activities for children 2 to 5: Over 600 favorite activities created by teachers and for teachers*. Beltsville, MD: Gryphon House.

Chen, Y. J., & McCollum, J. A. (2001). Taiwanese mothers' perspectives of parent-infant interaction with children with Down Syndrome, *Journal of Early Intervention, 24*, 252-265.

Children's Defense Fund. (1998). *The state of America's children: Yearbook 1998*. Washington, DC: Author. ERIC Document Reproduction Service No. ED 418 794.

Christensen, C. M. (1992). Multicultural competencies in early intervention: Training professionals for a pluralistic society. *Infants and Young Children, 4*(3), 49-63.

Christopher, J., Hansen, D., & Macmillan, V. (1991). Effectiveness of a peer-helper intervention to increase children' s social interactions. *Behavior Modification, 15*(1), 2-50.

Chung, D. K. (1992). Asian cultural commonailities: A comparison with mainstream American culture. In S. M. Furuto, R. Biswas, D. K. Chung, K. Murase, & R. Ross-Sheriff (Eds.), *Social work practice with Asian Americans* (pp. 27-44). Thousand Oaks, CA: Sage Publications.

Collier, C. (2000). *Separating difference from disability: Assessing diverse learners.* Vancouver, WA: Cross Cultural Developmental Education Services.

Collins, B. C., Gast, D. L., Ault, M. J., & Wolery, M. (1991). Small group instruction: Guidelines for teachers of students with moderate to severe handicaps. *Education and Training in Mental Retardation, 26*, 18-32.

Cone, J. D. (1987). Intervention planning using adaptive behavior instruments. *The Journal of Education, 21*, 127-148.

Copeland, M., Ford, L., & Solon, N. (1976). *Occupational therapy for mentally retarded children.* Baltimore: University Park Press.

Copeland, S. R., & Hughes, C. (2000). Acquisition of a picture prompt strategy to increase independent performance. *Education and Training in Mental Retardation and Developmental Disabilities, 35*, 294-305.

Correa, V., & Tulbert, B. (1991). Teaching culturally diverse students. *Preventing School Failure, 35*(3), 20-25.

Cripe, J. W., & Venn, M. L. (1996). Family guided routines for early intervention services. *Young Exceptional Children, 1*(1), 18-26.

Cristophel, D. (1990). The relationships among teacher immediacy behaviors, student motivation, and learning. *Communication Education, 39*, 335-345.

Csapo, M. (1981). Comparison of two prompting procedures to increase response fluency among severely handicapped learners. *Journal of the Association for the Severely Handicapped, 6*(1), 39-47.

Cummins, J. (1984). *Bilingualism and special education: Issues in assessment and pedagogy.* Clevedon Avon, England: Multilingual Matters.

Daigre, I. R., Johnson, L. J., Bauser, A. N., & Smith, D. A. (1998). Developing an inclusive, prosocial curriculum. In L. J. Johnson, M. J. Montagne, P. M. Elgas, & A. M. Bauer (Eds.), *Early childhood education: Blending theory, blending practic* (pp. 173-186). Baltimore: Paul H. Brookes Publishing Co.

D' Amato, J. (1981). *Power in the classroom.* Paper presenter at the annual meeting of the American Anthropological Association, Los Angeles.

Damen, L. (1987). *Culture learning: The fifth dimension in the language classroom.* Reading, MA: Addison-Wessley.

Daniels, M. (1994). The effect of sign on hearing children' s language. *Communication Education, 43,* 291-298.

Danko, C. D., & Buysse, V. (2002). Thank you for being a friend. *Young Exceptional Children, 6*(1), 2-9.

Darnell, R. (1979). *Reflections on Cree interactional etiquette: Educational implications*(Working Papers in Sociolinguistics No. 57). Austin, TX: Southwestern Educational Development Laboratory.

Davis, C. A., & Brady, M. P. (1993). Expanding the utility of behavioral momentum with young children: Where we' ve been, where we need to go, *Journal of Early Intervention, 17,* 211-223.

Davis, C. A., Brady, M. P., Hamilton, R., McEvory, M. A., & Williams, R. E. (1994). Effects of high-probability requests on the social interactions of young children with severe disabilities, *Journal of Applied Behavior Analysis, 17,* 619-637.

Davis, C. A., Brady, M. P., Williams, R. E., & Hamilton, R. (1992). Effects of high-probability requests on the acquisition and generalization of responses to requests in young children with behavior disorders. *Journal of Applied Behavior Analysis, 25,* 905-916.

Davis, C. A., & Reichle, J. (1996). Variant and invariant high-probability requests: Increasing appropriate behaviors in children with emotional-behavioral disorder. *Journal of Applied Behavior Analysis, 19,* 471-482.

Dawson, G., & Osterling, J. (1997). Early intervention in autism. In M. J. Gualnick (Ed.), *The effectiveness of early intervention* (pp. 307-326). Baltimore: Paul H. Brookes Publishing Co.

Day, H. M. (1987). Comparison of two prompting procedures to facilitate skill acquisition among severely mentally retarded adolescents. *American Journal of Mental Deficiency, 91,* 366-372.

DeKlyen, M., & Odom, S. L. (1989). Activity structure and interactions with peers in developmentally integrated play groups. *Journal of Early Intervention, 13,* 342-352.

Denny, M. K., Singer, G. H. S., Singer, J., Brenner, M. E., Okamoto, Y., & Fredeen, R. M. (2001). Mexican immigrant families' beliefs and goals for their infants in the neonatal intensive care unit. *JASH, 26,* 148-157.

Dentler, R. A., & Hafner, A. L. (1997). *Hosting newcomers: Structuring educational opportunities for immigrant children.* New York: Teachers College Press.

Dinnebeil, L. A., Hale, L. M., & Rule, S. (1996). A qualitative analysis of parents' and service coordinators' description of variables that influence collaborative relationships. *Topics in early Childhood Special Education, 16,* 322-347.

Division for Early Childhood Task Force on Recommended Practices. (1993). *DEC recommended practices: Indicators of quality in programs for infants and young children with special needs and their families.* Reston, VA: Council for Exceptional Children.

Division for Early Childhood (DEC). (1998, April). *Position statement on interventions for challenging behavior.* Denver, CO: Author.

Division for Early Childhood (DEC). (1999). *Concept paper on the identification of and intervention with challenging behavior.* Rston, VA: Council for Exceptional Children.

Dunlap, G., & Conroy, M. (2003). Positive behavior support for young children with challenging bahavior. In G. Dunlap, M. Conroy, L, Kern, G, Dupaul, J. VanBrakle. & P. Strain, et al. (Eds.), *Research synthesis on effective intervention procedures: Executive summary*(Chapter 1). Tampa, FL: University of South Florida, Center for Evidence-Based Practice: Young Children with Challenging Behavior.

Dunlap, G., DePerczel, M., Clarke, S., Wilson, D., Wright, S., & White, R., et al. (1994). Choice making to promote adaptive behavior for students with emotional and behavioral challenges. *Journal of Applied Behavior Analysis, 27,* 505-518.

Dunst, C. J. (1981). *Infant learning.* Allen, TX: DLM/Teaching Resources.

Dunst, C. J. (1997). Conceptual and empirical foundation of family-centered practice. In R. Illback, C. Cobb, & J. H. Joseph (Eds.), *Integrated services for children and families: Opportunities for psychological practice* (pp. 75-91). Washington, DC: American Psychological Association.

Dunst, C. J. (2001). Participation of young children with disabilities in community learning activities. In M. J. Guraklnick (Ed.), *Early childhood inclusion* (pp. 307-333). Baltimore: Paul H. Brookes Publishing Co.

Dunst, C. J., Bruder, M. B., Trivette, C. M., Raab, M., & McLean, M. (2001). Natural learning opportunities for infants, toddlers, and preschoolers. *Young Exceptional Children, 4*(3), 18-25.

Dunst, C. J., Cooper, C. S., Weeldreyer, J. C., Snyder, K. D., & Chase, J. J. (1988). Family needs scale. In C. J. Dunst, C. M. Trivette, & A. G. Deal (Eds.), *Enabling and empowering fami-*

lies: Principles and guidelines for practice. Cambridge, MA: Brookline Books.

Dunst, C. J., Cushing, P. J., & Vance, S. D. (1985). Response-contingent learning in profoundly handicapped infants: A social systems perspective. *Analysis and Intervention in Developmental Disabilities, 5,* 33-47.

Dunst, C. J., Hmaby, D., Trivette, C. M., Raab, M., & Bruder, M. B. (2000). Everyday family and community life and children' s naturally occurring learning opportunities. *Journal of Early Intervention, 23,* 151-164.

Dunst, C. J., Johanson, C., Trivette, C., & Hamby, D. (1991). Family-oriented early intervention policies and practices: Family-centered or not? *Exceptional Children, 58,* 115-126.

Dunst, C. J., Lesko., Holbert, K. A., Wilson, L. L., Sharpe, K. L., & Liles, R. F. (1987). A systematic approach to infant intervention. *Topics in Early Childhood Special Education, 7*(2), 19-37.

Dunst, C. J., & Paget, K. (1991). Parent-professional partnerships and family empowerment. In M. Fine (Ed.), *Collaboration with parents of exceptional children* (pp. 25-44). Brandon, VT: Clinical Psychology.

Dyer, K., Dunlap, G., & Winterling, V. (1990). The effects of choice making on the serious problem behaviors of students with developmental disabilities. *Journal of Applied Behavior Analysis, 23,* 515-524.

Edmiaston, R., Dolezal, V., Doolittle, S., Erickson, C., & Merritt, S. (2000). Developing individualized education programs for children in inclusive settings: A developmentally appropriate framework. *Young Children, 55*(4), 36-41.

Education for All handicapped Children Act of 1975, PL 94-142, 20 U.S.C. 1400 *et seq.*

Elgas, P. M., & Lynch, E. (1998). Group structures. In L. J. Johnson, M. J. LaMontagne, P. Elgas, & A.M. Bauer (Eds.), *Early childhood education: Blending theory, blending practice* (pp. 187-199). Baltimore: Paul H. Brookes Publishing Co.

English, K., Goldstein, H., Shafer, K., & Kaczmarek, L. (1997). Promoting interactions among preschoolers with and without disabilities: Effects of a buddy skills-training program. *Exceptional Children, 63,* 229-243.

Epstein, M. H., Hallahan, D. P., & Kauffman, J. M. (1975). Implications of the reflectivity-impulsivity dimension for special education. *Journal of Special Education, 9,* 11-25.

Erickson, F., & Mohatt, G. (1982). Cultural organization of participation structures in two classrooms of Indian students. In G. Spindler (Ed.), *Doing the ethnography of schooling: Educational anthropology in action* (pp. 132-174). New York: Holt, Rinehart & Winston.

Esmailka, W., & Barnhardt, C. (1981). *The social organization of participation in three Athabaskan cross-cultural classrooms.* Fairbanks, AK: University of Alaska Center for Cross Cultural Studies. (ERIC Document Reproduction Service No. ED 231 571).

Falvey, M., Brown, L., Lyon, S., Baumgart, D., & Schroederm, J. (1980). Strategies for using cues and correction procedures. In W. Sailor, B. Wilcox, & L. Brown (Eds.), *Methods of instruction for severely handicapped students* (pp. 109-133). Baltimore: Paul H. Brookes Publishing Co.

Farlow, L. J., & Snell, M. E. (2006). Teaching basic self-care skills. In M.E. Snell & F. Bronw (Eds.), *Instruction of students with severe disabilities* (6th ed., pp. 328-374). Upper Saddle River, NJ Prentice-Hall.

Favazza, P. C., La Roe, J., Phillipsen, L., & Kumar, P. (2000). Representing young children with disabilities in classroom environments. *Young Exceptional Children, 3*(3), 2-8.

Favazza, P. C., & Odom, S. L. (1997). Promoting positive attitudes of kindergarten-age children toward people with disabilities. *Exceptional Children, 63,* 405-418.

Fowler, S. A., & Titus, P. F. (1993). Handling transitions. In P. J. Beckman & G. B. Boyes (Eds.), *Deciphering the system: A guide for families of young children with disabilities* (pp. 101-116). Cambridge, MA: Brookline.

Franklin, M. E. (1992). Culturally sensitive instructional practices for African-American learnings with disabilities. *Exceptional Children, 59,* 115-122.

Frea, W., Craig-Unkefer, L., Odom, S. L., & Williams, D. (1999). Differential effects of structured social integration and group friendship activities for promoting social interaction with peers. *Journal of Early Intervention, 22,* 230-242.

French, J. E. (2000). Itard, Jean-Marc-Gaspard. In A. E. Kazdin (Ed.), *Encyclopedia of psychology.* Oxford: Oxford University Press.

Friend, M. (2000). Myths and misunderstandings about professional collaboration. *Remedial and Special Education, 21,* 130-132.

Friend, M., & Cook, L. (1996). *Interactions: Collaboration skills for school professionals* (2nd ed.). New York: Longman.

Frost, L. A., & Bondy, A. S. (1994). *The picture exchange communication system training manual.* Cherry Hill, NJ: Pyramid Educational Consultants.

Gallimorem, R., Boggs, J. W., & Jordan, C. (1974). *Culture, Behavior, and education: A study of Hawaiian-Americans.* Beverly Hills: Sage.

Gesell, A., & Amatruda, C. S. (1947). *Developmental diagnosis* (2nd ed.). New York: Paul B. Hoeber.

Gesell, A., & Ilg, F. L. (1946). *Youth: The years from ten to sixteen.* New York: Harper & Row.

Glendenning, N. J., Adams, G. L., & Sternberg, L. (1983). Comparison of prompt sequences. *American Journal of Mental Deficiency, 88,* 321-325.

Gold, M. W. (1980). *Try another way. Training manual.* Champaign, IL: Research Press.

Goldenberg, C. (2004). Literacy for all children in the increasingly diverse schools of the United States. In N. Unrau & R. Ruddell (Eds.), *Theoretical models and processes of reading* (5th ed., pp. 1636-1666). Newark, DE: International Reading Association.

Goldengerg, C., & Gallimore, R. (1991). Local knowledge, research knowledge, and educational change: A Case study of first-grade Spanish reading improvement. *Educational Researcher, 20*(8), 2-14.

Goldfarb, W. (1945). Psychological deprivation in infancy and subsequent adjustment. *American Journal of Orthopsychiatry, 15,* 247-255.

Goldfarb, W. (1949). Rorschach test differences between family-reared, institution-reared, and schizophrenic children. *American Journal of Orthopsychiatry, 19,* 624-633.

Goldfarb, W. (1955). Emotional and intellectual consequences of psychologic deprivation in infancy: A re-evaluation. In P. H. Hoch & J. Zubin (Eds.), *Psychopathology of childhood* (pp. 29-44). New York: Grune & Stratton.

Goldstein, H., English, K., Shafer, K., & Kaczmarek, L. (1997). Interaction among preschoolers with and without disabilities: Effects of across-the-day peer intervention. *Journal of Speech, Language, and Hearing Research, 40,* 33-48.

Goldstein, H., Kaczmarek, L., Pennington, R., & Shafer, K. (1992). Peer-mediated intervention: Attending to, commenting on, and acknowledge the behavior of preschoolers with autism. *Journal of Applied Behavior Analysis, 25,* 289-305.

Goodenough, F., & Maurer, K. (1961). The relative potency of the nursery school and the statistical laboratory in boosting I.Q. In J. Jebkins & Paterson (Eds.), *Studies in individual differences.* New York: Appleton-Century-Crofts.

Goodenough, W. H. (1981). *Culture, language, and society* (2nd ed.). Menlo Park, CA: Benjamin/Cummings.

Goodman, J. R. (1992). *When slow is fast enough: Education the delayed preschool child.* New York: Guilford Press.

Goodman, J. R., & Bond, L. (1993). The individualized education program: A retrospective critique. *Journal of Special Education, 26,* 408-422.

Greenbaum, P. (1983). *Nonverbal communications between American Indian children and their teachers.* Lawrence, KS: Native American Research Associates. (ERIC Document Reproduction Service No. ED 239 804).

Greenspan, S., & Meisels, S. J. (1996). Toward anew vision for the developmental assessment of infants and young children. In S.J. Meisels & E. Fenichel (Eds.), *New visions for the developmental assessment of infants and young children* (pp. 11-26). Washington, DC: ZERO TO THREE: National Center for Infant, Toddlers, and Families.

Greenspan, S. I., & Wieder, S. (1997). Developmental patterns and outcomes in infants and children with disorders in relating and communicating: A chart review of 200cases of children with autism spectrum diagnoses. *Journal of Developmental and Learning Disorders, 1,* 87-141.

Greenspan, S. I., & Wieder, S. (1999). A functional developmental approach to autism spectrum disorder. *Journal of the Association for Persons with Severe Handicaps, 24,* 147-161.

Greenspan, S. I., & Wieder, S., & Simons, R. (1998). *The child with special needs: Encouraging intellectual and emotional growth.* Cambridge, MA: Perseus.

Greismann, Z. (1990). Medically Fragile children. *West' s Education Law Reporter, 61*(2), 402-408.

Crisham-Brown, J., & Hemmeter, M. L. (1998). Writing IEP goals and objective: Reflecting an activity-based approach to instruction for young children with disabilities. *Young Exceptional Children, 3*(1), 2-10.

Grossman, H. (1995). *Special education in a diverse society.* Boston: Allyn & Bacon.

Guess, D., Horner, D., Utley, B., Holvoet, J., Maxon, D., Tucker, D., & Warren, S. (1978). A functional curriculum sequencing model for teaching the severely handicapped. *AAESPH Rebiew, 3,* 202-215.

Guess, D., & Noonan, M. J. (1982). Curricula and instructional procedures for severely handicapped students. *Focus on Exceptional Children, 14,* 1-12.

Guralnick, M. J. (1997). Second-generation research in the field of early intervention. In M. J. Guralnick (Ed.), *The effectiveness of early intervention* (pp. 3-20). Baltimore: Paul H. Brookes Publishing Co.

Guralnick, M. J. (2001). Framework for change in early childhood inclusion. In M. J. Guranick (Ed.), *Early childhood inclusion* (pp. 1-35). Baltimore: Paul H. Brookes Publishing Co.

Gutierrez-Clellen, V. F. (1996). Language diversity: Implications for assessment. In S. F. Warren & J. Reichel (Series Eds.) & K. N. Cole, P. S. Dale, & D. J. Thal (Vol. 6, Eds.), *Communication and language intervention series: Vol. 6. Assessment of communication and language* (pp. 29-56). Baltimore: Paul H. Brookes Publishing Co.

Hadden, D. S. (2000). The long anticipated day: Strategies for success when a premature infant comes home from the neonatal intensive care unit. *Young Exceptional Children, 3*(2), 21-27

Hagopian, L. P., Rush, K. S., Lewin, A. B., & Long, E. S. (2001). Evaluating the predictive validity of a single stimulus engagement preference assessment. *Journal of Applied Behavior Analysis, 34*, 475-485.

Hains, A. H., Fowler, S. A., Schwartz, I. S., Kottwitz, E., & Rosenkoetter, S. (1989). Planning school transitions: Family and professional collaboration. *Early Childhood Research Quarterly, 4*, 75-88.

Hains, A. H., Lynch, E. W., & Winton, P. J. (2000). *Moving towards cross0cultural competence in lifelong personnel development: A review of the literature*(CLAS Technical Report#3). Champaign, IL: University of Illinois at Urabana-Champaign, Early Childhood Research Institute on Culturally and Linguistically Appropriate Services, retrieved February 27, 2001, from http://clas.uiuc.edu/techreport/tech3.html

Hale-Benson, J. E. (1986). *Black children: Their roots, culture and learning styles* (Rev. ed.). Baltimore: Johns Hopkins University Press.

Hale-Benson, J. E. (1990). Visions for children: African-American early childhood education programs. *Early Childhood Research Quarterly, 5*, 199-213.

Halle, J. W. (1982). Teaching functional language to the handicapped: An integrative model of natural environment teaching techniques. *Journal of the Association for the Severely Handicapped, 7*(4), 29-37.

Halle, J., Marchall, A., & Spradlin, J. (1979). Time delay: A technique to increase language use and facilitate generalization in retarded children. *Journal of Applied Behavior Analysis, 12*, 431-439.

Hancock, T. B., & Kaiser, A. P. (2002). The effect of trainer-implemented Enhanced Milieu Teaching on the social communication of children with autism. *Topics in Early Childhood Special Education, 22*(1), 39-54.

Haney, M., & Cavallaro, C. C. (1996). Using ecological assessment in daily program planning for children with disabilities in typical preschool settings. *Topics in Early Childhood Special*

Education, 16, 76-81.

Hanley, G. P., Iwata, B. A., Thompson, R. H., & Lindberg, J. S. (2000). A component analysis of "stereotypy as reinforcement" for alternative behavior. *Journal of Applied Behavior Analysis, 33*, 285-297.

Hanline, M. F. (1988). Making the transition to preschool: Identification of parent needs. *Journal of the Division for Early Childhood, 12*, 98-107.

Hanline, M. F., & Deppe, J. (1990). Discharging the premature infant: Family issues and implications for intervention. *Topics in Early Childhood Special Education, 9*(4), 15-25.

Hanson, M. J. (2004). Ethnic, cultural, and language diversity in service settings. In E. W. Lynch & M. J. Hanson (Eds.), *Developing cross0cultural competence: A guide for working with children and families* (3rd ed., pp. 3-18). Baltimore: Paul H. Brookes Publishing Co.

Hanson, M. J., & Lynch, E. W. (1989). *Early intervention: Implementing child and family services for infants and toddlers who are at-risk or disabled*. Austin, TX: Pro-ed.

Hanson, M. J., & Zercher, C. (2001). The impact of cultural and linguistic diversity in inclusive preschool environments. In M.J. Guralnick (Ed.), *Early childhood inclusion: Focus for change* (pp. 413-432). Baltimore: Paul H. Brookes Publishing Co.

Hanson, M. J., Gutierrez, S., Morgan, M., Brennan, E. L., & Zercher, C. (1997). Language, culture, and disability: Interacting influences on preschool inclusion. *Topics in Early Childhood Special Education, 17*, 307-337.

Hanson, M. J., Wolfberg, P., Zercher, C., Morgan, M., Gutierrez, S., Barnwell, D., & Beckman, P. J. (1998). The culture of inclusion: Recognizing diversity at multiple levels. *Early Childhood Research Quarterly, 13*, 185-209.

Haring, N., Liberty, K., & White, O. (1981). *Final report: Field initiated research studies of phases of learning and facilitating instructional events for severly/profoundly handicapped*. (U.S. Department of Education, Contract No. G007500593) Seattle: University of Washington: Collage of Education.

Harris, S. L., & Delmolino, L. (2002). Applied behavior analysis: Its application in the treatment of autism and related disorders in young children. *Infants and Young children, 14*(3), 11-17.

Harrison, P. J., Lynch, E. W., Rosander, K., & Borton, W. (1990). Determining success in interagency collaboration. An evaluation of processes and behaviors. *Infants and Young Children, 3*, 69-78.

Harry, B. (1992). Developing cultural self-awareness: The first step in values clarification for early interventionist. *Topics in Early Childhood Special Education, 12*, 333-350.

Harry, B. (1998). Parental visions of "una vida normal/a normal life": Cultural variations on a theme. In L. J. Meyer, H. S. Park, M. Grenot-Scheyer, I. S. Schwartz, & B. Harry (Ed.), *Making friends: The influences of culture and development* (pp. 47-62). Baltimore: Paul H. Brookes Publishing Co.

Harry, B. (2002). Trends and issues in serving culturally diverse families of children with disabilities. *Journal of Special Education, 36*(3), 131-138.

Hart, B. (1982). So that teachers can teach: Assigning roles and responsibilities. *Topics in Early Childhood Special Education, 2*(1), 1-8.

Hart, B. M., & Risley, T. R. (1968). Establishing the use of descriptive adjectives in the Spontaneous speech of disadvantaged preschool children. *Journal of Applied Behavior Analysis, 1*, 109-120.

Hart, B. M., & Risley, T. R. (1975). Incidental teaching of language in the preschool. *Journal of Applied Behavior Analysis, 8*, 411-420.

Hart, B. M., & Rogers-Warren, A. K. (1978). Milieu teaching approaches. In R.L. Schiefelbusch (Ed.), *Bases of language intervention* (Vol. 2, pp. 193-235). Baltimore: University Park Press.

Heflin, L. J., & Alberto, P. A. (2001). Establishing a behavioral context for learning for students with autism. *Focus on Autism and Other Developmental Disabilities, 16*, 93-101.

Heller, K. W., Forney, P. E., Alberto, P. A., Schwartzman, M. N., & Goeckel, T. M. (2000). *Meeting physical and health needs of children with disabilities: Teaching student participation and management*. Belmont, CA: Wadsworth.

Helmstetter, E., & Durand, V. M. (1991). Nonaversive interventions for severe behavior problems. In L. H. Meyer, C. A. Peck, & L. Brown (Eds.), *Critical issues in the lives of people with severe disabilities* (pp. 559-600). Baltimore: Paul H. Brookes Publishing Co.

Hemmeter, M. L., & Kaiser, A. P. (1994). Enhanced milieu teaching: Effects of parent-implemented language intervention. *Journal of Early Intervention, 18*, 269-289.

Hemmeter, M. L., & Ostrosky, M. (2003). Classroom preventive practices. In G. Dunlap M. Conroy, L. Kern, G. DuPaul, J. VanBrakle, P. Strain, et al. (Eds.), *Research synthesis on effective intervention procedures: Executive summary* (Chapter 4). Tampa, FL: University of South Florida, Center for Evidence-Based Practice: Young Children with Challenging Behavior.

Hemmeter, M. L., & Rous, B. (1997). *Teachers' expectations of children transitioning into kindergarten or ungraded primary programs: A national survey.* Paper presented at the Division of Early Childhood Conference, New Orleans, LA.

Herr, J., & Larson, Y. L. (2003). *Creative resources for the early childhood classroom* (4th ed.). Albany, NY: Delmar.

Hestenes, L., & Carroll, D. E. (2000). The play interactions of young children with and without disabilities: Individual and environmental influences. *Early Childhood Research Quarterly, 15,* 229-246.

Heward, W. L., Courson, F. H., & Narayan, J. S. (1989). Using choral responding to increase active student response during group instruction. *Reaching Exceptional Children, 21*(3), 72-75.

Hill, J. L. (1999). *Meeting the needs of students with special physical and health care needs.* Upper Saddle River, NJ: Merrill/Prentice Hall.

Hilliard, A. S. (1989). Teacher and cultural styles in a pluralistic society. *NEA Today, 7*(6), 65-69.

Hirayama, K. K. (1985). Asian children' s adaptation to public schools. *Social Work in Education, 7,* 213-230.

Hoier, T. S., MeConnell, S., & Palley, A. G. (1987). Observational assessment for planning and evaluating educational transitions: An initial analysis of template matching. *Behavioral Assessment, 9,* 5-19.

Holland, J. G., & Skinner, B. F. (1961). *The analysis of behavior.* New York: McGraw-Hill.

Holvoet, J., O' Nell, C., Chazdon, L., Carr, D., & Warner, J. (1983). Hey, do we really have to take data? *Journal of the Association for the Severely Handicapped, 8*(3), 56-70.

Horn, E., Lieber, J., Li, S., Sandall, S., & Schwartz, I. (2000). Supporting young children' s IEP goals in inclusive settings through embedded learning opportunities. *Topics in Early Childhood Special Education, 20,* 208-223.

Horner R, H., Albin, R. W., Todd. A. W., & Sprague, J. R. (2006). Positive behavior support for individuals with severe disabilities. In M. E. Snell & F. Brown (eds.), *Instruction of students with severe disabilities* (6th ed., pp. 206-250). Upper Saddle River, NJ: Prentice-Hall.

Horner, R., Day, M., Sprague, J., O' Bren, M., & Heathfield, L. (1991). Interspersed requests: A nonaversive procedure for reducing aggression and self-injury during instruction. *Journal of Applied Behavior Analysis, 24,* 265-278.

Horner, R. H., Dunlap, G., Koegel, R. L., Carr, E. G., Sailor, W, Anderson, J., et al. (1990).

Toward a technology of "nonaversive" Behavioral support. *Journal of the Association for Persons with Severe Handicaps, 15,* 125-132.

Horner, R. H., & Day, H. M. (1991). The effects of response efficiency on functionally equivalent competing behavior. *Journal of Applied Behavior Analysis, 24,* 7199-732.

Horner, R. H., & McDonald, R. S. (1982). Comparison of single instance and general case instruction in teaching a generalized vocational skill. *Journal of the Association for the Severely Handicapped, 7*(3), 7-20.

Horner, R. H., Sprague, J. R., O' Brien, M., & Heathfield, L. T. (1990). The role of response efficiency in the reduction of problem behaviors through functional equivalence training: A case study. *Journal of the Association for Persons with Severe Handicaps, 15,* 91-97.

Horner, R. H., Sprague, J., & Wilcox, B. (1982). General case programming for community activities. In B. Wilcox & G. T. Bellamy (Eds.), *Design of high school programs for severely handicapped students* (pp. 61-98). Baltimore: Paul H. Brookes Publishing Co.

Hoyson, M., Jamieson, B., & Strain, P. (1984). Individualized group instruction of normally developing and autistic-kike children: The LEAP curriculum model. *Journal of the Division for Early Childhood, 8,* 157-172.

Humphrey, G. (1962). Introduction. In J. M. G. Itard (Au.). *The wild boy of Aveyron.* New York: Appleton-Century-Crofts.

Hundert, J., Mahoney, B., Mundy, F., & Vernon, M. L. (1998). A descriptive analysis of developmental and social gains of children with severe disabilities in segregated and inclusive preschools in southern Ontario. *Early Childhood Research Quarterly, 13,* 49-65.

Hunt, J. M. (1961). *Intelligence and experience.* New York: Ronald Press.

Ilg, F. L., & Ames, L. B. (1955). *Child behavior.* New York: Harper & Row.

Illingworth, R. S. (1983). *The development of the infant and young child: Abnormal and normal* (8th ed.). New York: Churchil Livingstone.

Individuals with Disabilities Education Act (IDEA) of 1990, PL 101-476, 20U.S.C. §§ 1400 *et seq.*

Individuals with Disabilities Education Act (IDEA) Amendments of 1997, PL 105-17, 20 U.S.C. §§ 1400 *et seq.*

Individuals with Disabilities Education Improvement Act (IDEA) of 2004, PL108-446, 20 U.S.C. §§ 1400 *et seq.*

Irving Independent School District v. Tatro, 468 U.S. 883, 104 S. Ct. 3371, 82 L. Ed. 2nd 664 (1984).

Iwata, B. A., Dorsey, M. F., Slifer, K. J., Bauman, K. E., & Richman, G. S. (1982). Toward a functional analysis of self-injury. *Analysis and Intervention in Developmental Disabilities, 2,* 3-20.

Janney, R., & Snell, M. E. (2000). *Teachers' guides to inclusive practices: Behavioral support.* Baltimore: Paul H. Brookes Publishing Co.

Janney, R., & snell, M. E. (2005). *Teachers' guides to inclusive practices: Modifying schoolwork* (2nd ed.). Baltimore: Paul H. Brookes Publishing Co.

Jenkins, J. R., Odom, S. L., & Speltz, M. L. (1989). Effects of social integration on preschool children with handicaps. *Exceptional Children, 55,* 420-428.

Johnson, D. (1971). Black kinesics: Some non-verbal communication patterns in black culture. *Florida Reporter, 9,* 1-2.

Johnson, D., & Johnson, R. (1975). *Learning together and alone: Cooperation, competition, and individualization.* Englewood Cliffs, NJ: Prentice Hall.

Johnson, R., & Johnson, D. (1981). Building friendships between handicapped and non-handicapped students: Effects of cooperative individualistic instructional *American Educational Research Journal, 18,* 415-423.

Johnson, D., & Johnson, R. (1983). The socialization and achievement crisis: Are cooperative learning experiences the solution? In L. Bickman (Ed.), *Applied Psychology Annual 4* (pp. 159-164). Beverly Hills, CA: Sage.

Johnson, D., & Johnson, R. (1986). Mainstreaming and cooperative learning strategies. *Exceptional Children, 52*(6), 553-561.

Johnson, D. W., & Johnson, R. T. (1989). *Cooperation and competition: Theory and research.* Edina, MN: Intraction.

Johnson, L. J., Gallagher, R. J., Cook, M. J., & Wong, P. (1995). Critical skills for kindergarten: Perceptions of kindergarten teachers. *Journal of Early Intervention, 19*(4), 315-327.

Johoson, L. J., Pugach, M. C., & Hammitte, D. J. (1988). Barriers to effective special education consultation. *Remedial and Special Education, 9*(6), 41-47.

Johnson-Martin, N. M., Attermeier, S. M., & Hacker, B. J. (2004). *The Carolina Curriculum for infants & toddlers with special needs* (3rd ed.). Baltimore: Paul H. Brookes Publishing Co.

Jordan, C., & Tharp, R. G. (1979) Culture and education. In A. J. Marsella, R. G. Tharp, & T. Ciborowski (Eds.), *Perspectives in cross-cultural psychology* (pp. 265-285). New York: Academic.

Jordan, C., Tharp, R. G., & Vogt, L. (1985). *Compatibility of classroom and culture: General principles with Navajo and Hawaiian instances(Working Paper).* Honolulu: Kamehameha

Schools/Bishop Estate, Center for the Development of Early Education.

Jung. L. A. (2003). More is better: Maximizing natural learning opportunities. *Young Exceptional Children, 6*(3), 21-26.

Kagan, S. (1992). The strategic importance of linkages and transition between early childhood programs and early elementary school. In *Sticking together: Strengthening linkages and the transition between early childhood education and early elementary school* (Summary of a National Policy Forum). Washington, DC: U.S. Department of Education.

Kaiser, A. P. (1993a). Functional language. In M. Snell (Ed.), *Instruction of students with severe disabilities* (4th ed., pp. 347-370). New York: Macmillan.

Kaiser, A. P. (1993b). Parent-implemented language intervention. In A.P. Kaiser & D. B. Gray (Eds.), *Enhancing children's communication: Vol. 2. Research foundations for intervention* (pp. 63-84). Baltimore: Paul H. brookes Publishing Co.

Kaiser, A. P. (2000). Teaching functional communication skills. In M.E. Snell & F. Brown (Eds.). *Instruction of students with severe disabilities* (5th ed., pp. 453-491). Columbus, Ohio: Merrill.

Kaiser, A., Hendrickson, J., & Alpert, K. (1991). Milieu language teachng: A second look. In R. Gable (Ed.), *Advances in mental retardation and developmental disabilities* (Vol. I, pp. 63-92). London: Kingsley.

Kaiser, A., Ostrosky, M. M., & Alpert, K. (1991). Training teachers to use environmental arrangement and milieu teaching with nonvocal preschool children. *Journal of the Association for Persons of Severe Handicaps, 18,* 188-199.

Kalyanpur, M., & Harry, B. (1999). *Culture in special education: Building reciprocal family-professional relationships.* Baltimore: Paul H. Brookes Publishing Co.

Hamps, D., Walker, D., Maher, J., & Rotholz, D. (1992). Academic and environmental effects of small group arrangement in classrooms for students with autism and other developmental disabilities. *Journal of Autism and Developmental Disorders, 22,* 277-293.

Kanner, L. (1943). Autistic disturbances of affective contract. *Nervous Child, 2,* 217-250.

Kanner, L. (1967). Medicine in the history of mental retardation. *American Journal of Mental Deficiency, 72*(2), 165-170.

Kazdin, A. E. (1977) Assessing the clinical or applied importance of behavior change through social validation. *Behavior Modification, 1,* 427-452.

Kazdin, A. E. (2001). *Behavior modification in applied settings* (6th ed.). Belmont, CA:

Wadsworth/Thomson.

Kazdin, A. E. C. H., & Souza, G. (1995). Functional analysis and treatment of eye-poking. *Journal of Applied Behavior Analysis, 28,* 27-37.

Kennedy, C. H., Itkonen, T., & Lindquist, K. (1995). Comparing interspersed requests and social comments as antecedents for increasing student compliance. *Journal of Applied Behavior Analysis, 28,* 97-98.

Kern, L., & Dunlap, G. (1998). Curricular modifications to promote desirable classroom Behavior. In J. K. Luiselli & M. J. Cameron (Eds.), *Antecedent control: Innovative approaches to behavioral support* (pp. 289-307). Baltimore: Paul H. Brookes Publishing Co.

Key, M. R. (1975). *Paralanguage and kinesics: Nonverbal communication.* Metuchen, NJ: Scarecrow.

Kilgo, J. L., Johnson, L., LaMontagne, M., Stayton, V, Cood, M., & Cooper, C. (1999). Importance of practices: A national study of general and special early childhood educators. *Journal of early intervention, 22,* 294-305.

Kitano, M. (1983). Early education for Asian-American children. In O. N. Saracho & B. Spodek (Eds.), *Understanding the multicultural experience in early childhood education* (pp. 45-66). Washington, DC: National Association for the Education of Young Children.

Klein, M. F., Cook, R. E., & Richardson-Gibbs, A. M. (2001). *Strategies for including children with special needs in early childhood settings.* Albany, NY: Delmar.

Koegel, L. K., Koegel, R. L., Harrower, J. K., & Carter, C. M. (1999). Pivotal response intervention I: Overview of approach. *JASH, 24,* 174-185.

Koegel, R. (1987). A natural language teaching paradigm for nonverbal autistic children. *Journal of Autism and Developmental Disabilities, 17,* 189-200.

Koegel, R. L., & Rincover, A. (1974). Treatment of psychotic children in a classroom environment: I. Learning in a large group. *Journal of Applied Behavior Analysis, 7,* 45-49.

Koegel, R. L., Carter, C. M., & Koegel, L. K. (1998). Setting events to improve parent-teacher coordination and motivation for children with autism. In J. K. Luiselli & M. J. Cameron (Eds.), *Antecedent control: Innovative approaches to behavioral support* (pp. 167-189). Baltimore: Paul H. Brookes Publishing Co.

Kohler, F. W., Strain, E. S., Maretsky, S., & DeCesare, L. (1990). Promoting positive and supportive interactions between preschoolers: An analysis of group-oriented contingencies. *Journal of Early Intervention, 14,* 327-341.

Krantz, P. L., & Risley, T. R. (1977). Behavior ecology in the classroom. In K. D. O' Leary & S. O' Leary (Eds.), *Classroom management: The successful use of behavior management* (pp. 60-82). Elmsford, NY: pergamon.

Krashen, S. D. (1982) *Principles and practices in second language acquisition.* Elmsford, NY: Pergamon.

Krashen, S. D., & Terrell, T. D. (1983) *The natural approach: Language acquisition in the classroom.* Elmsford, NY: Pergamon.

Ladson-Billings, G. (1994). *The dreamkeepers: Successful teachers of African-American Children.* San Francisco: Jossey-Bass.

Lalli, J. S., Casey, S., & Kates, K. (195). Reducing escape behavior and increasing task completion with functional communication training, extinction, and response chaining. *Journal of Applied Behavior Analysis, 28,* 261-268.

LAParo, K. M., Pianta, R. C., & Cox, M. J. (2000). Teachers' reported transition practices for children transitioning into kindergarten and first grade. *Exceptional Children, 67*(1), 7-20.

Laturnau, J. (2001). *Standards-based instruction fir English language learners.* Honolulu, HI: PREL. Also available at www.prel,org/products/pc_/standards-based.pdf and www.prel.org/products/pc_/standards-based.htm

Lazzari, A. M., & Kilgo, J. L. (1989). Practical methods for supporting parents in early transition. *Reaching Exceptional Children, 22*(1), 40-43.

Le Ager, C., & Shapiro, K. (1995). Template matching as a strategy for assessment of and intervention for preschool students with disabilities. *Topics in Early childhood Special Education, 15,* 187-218.

Leith, S., & Slentz, K. (1984). Successful teaching strategies in selected Northern Manitoba schools. *Canadian Journal of Native Education, 12,* 24-30.

LeLaurin, K. D., & Risley, T. R. (1972). The organization of day care environments: "Zone" Versus "man-to-man" staff assignments. *Journal of Applied Behavior Analysis, 5,* 225-232.

Lieber, J., Beckman, P. J., Hanson, M. J., Janko, S., Marquart, J. M., Horn, E. & Odom, S. L. (1997). The impact of changing roles on relationships between professionals in inclusive programs. *Early Education and Development, 8,* 67-82.

Lipka, J. (1990). Integrating cultural form and content in one Yup' ik Eskimo classroom: A case study. *Canadian Journal of Native Education, 17,* 18-32.

Lipsky, D. K., & Gatner, A. (1997). *Inclusion and school reform: Transforming America' s class-*

rooms. Baltimore: Paul H. Brookes Publishing Co.

Losardo, A., & Bricker, D. (1994). Activity-based intervention and direct instruction: A comparison study. *American Journal of Mental Retardation, 98,* 744-765.

Losardo. A., & Notari-Syverson, A. (2001). *Alternative approaches to assessing young children.* Baltimore: Paul H. Brookes Publishing Co.

Lovass, O. I. (1987). Behavioral treatment and normal educational and intellectual functioning young autistic children. *Journal of Consulting and Clinical Psychology, 55,* 3-9.

Lovass, O. I. (2002). *Teaching individuals with developmental delays: Basic intervention techniques.* Austin, TZ: Pro-Ed.

Lovass, O. I., Koegel, R. L., & Schreibman, L. (1979). Stimulus overselectivity in autism: A review of research. *Psychological Bulletin, 86,* 1236-1254.

Lovass, O. I., & Schreibman, L. (1971). Stimulus overselectivity if autistic children in a two stimulus situation. *Behaviour Research and Therapy, 9,* 305-310.

Lucyshyn, J. M., Horner, R. H., Dunlap, G., Albin, R. W., & Ben, K. R. (2002). Positive behavior support with families. In J. M. Lucyshyn, G. Dunlap, & R. W. Albin (Eds.), *Families and positive behavior support: Addressing problem behavior in family contexts* (pp. 3-43). Baltimore: Paul H. Brookes Publishing Co.

Luiselli, J. K., & Cameron, M. J. (1998). *Antecedent control: Innovative approaches to behavioral support.* Baltimore: Paul H. Brookes Publishing Co.

Lynch, E. W. (2004). Developing cross-cultual competence. In E. W. Lynch & M. J. Hanson (Eds.), *Developing cross-cultual competence: A guide for working with children and families* (3rd ed., pp. 41-80). Baltimore: Paul H. Brookes Publishing Co.

Lynch, E. W., & Hanson, M. J. (Eds.). (2004). Changing demographics: Implications for training in early intervention. *Infants and Young Children, 6*(1), 50-55.

Lynch, E. W., & Struewing, N. A. (2002). Children in context. *Young Exceptional Children Monograph Series No. 4,* 83-96.

Lyon, S., & Lyon, G. (1980). Team functioning and staff development: A role release approach to providing integrated educational services for severely handicapped students. *Journal of the Association for the Severly Handicapped, 5*(3), 250-263.

McCathren, R. B., & Watson, A. L. (2001). facilitating the development of intentional communication. In M. Ostrosky & S. Sandall (Eds.), Teaching strategies: What to do to support young children's development. *Young Exceptional Children Monograph Series No. 3* (25-35).

DEC/CEC.

McClannahan, L. E., & Krantz, P. J. (1993). The Princeton Child Development Institute In S. L. Harris & J. S. Haneman (Eds.), *Preschool education programs for children with autism* (pp. 107-126). Austin, TX: Pro-Ed.

McCollum, J. A., & Stayton, V. D. (1985). Infant/parent interaction: Studies and intervention guidelines based on the SIAI Model. *Journal of the Division for Early Childhood, 9*(2), 125-135.

McCormick, L. (2003a). Policies and practices. In L. McCormick, D. F. Loeb, & R. L. Schiefelbusch (Eds.), *Supporting children with communication difficulties in inclusive settings: School-based language intervention* (2nd ed., pp. 155-188). Boston: Allyn & Bacon.

McCormick, L. (2003b). Ecological assessment and planning. In L. McCormick, D. F. Loeb, & R. L. Schiefelbusch (Eds.), *Supporting children with communication difficulties in inclusive settings: School-based language intervention* (2nd ed., pp. 235-257). Boston: Allyn & Bacon.

McCormick, L. (2003c). Language intervention in the inclusive preschool. In L. McCormick, D. F. Loeb, & R. L. Schiefelbusch (Eds.), *Supporting children with communication difficulties in inclusive settings: School-based language intervention* (2nd ed., pp. 333-366). Boston: Allyn & Bacon.

McCormick, L., & Feeney, S. (1995). Modifying and expanding activities for children with disabilities. *Young Children, 50*(4), 10-17.

McCormick, L., & Goldman, R. (1979). The transdisciplinary model: Implications for service delivery and personnel preparation for the severely and profoundly handicapped. *AAESPH Review, 4,* 152-161.

McCormick, L., & Kawate, J. (1982). Kindergarten survival skills: New directions for preschool special education. *Education and Training of the Mentally Retarded, 17,* 247-252.

McCormick, L., & Noonan, M. J. (1996). A "can do" inventory for 3-year-olds. *Teaching Exceptional Children, 28*(4), 4-9.

McCormick, L., & Noonan, M. J. (2002). Ecological assessment and planning. *Young Exceptional Children Monograph # 4*(47-60). Division for Early Childhood (DEC) of the Council for Exceptional Children. Longmont, CO: Sopris West.

McCormick, L., Noonan, M. J., & Heck, R. (1998). Variables affecting interaction and task engagement in inclusive preschool classrooms. *Journal of Early Intervention, 21,* 160-167.

McCormick, L., & Wengner, J. (2003). Supporting augmentative communication. In L.

McCormick, D. F. Loeb, & R. L. Schiefelbusch (Eds.), *Supporting children with communication difficulties in inclusive settings: School-based language intervention* (2nd ed., pp. 435-459). Boston: Allyn & Bacon.

McEachin, J. J., Smith, T., & Lovaas, O. I. (1993). Long-term outcome for children with autism who received early intensive behavioral treatment. *American Journal of Mental Retardation, 97*(4), 359-372.

McGee, G. G., Daly, T., Izeman, S. G., Mann, L. H., & Risley, T. R. (1991). Use of classroom materials to promote preschool engagement. *Teaching Exceptional children, 12*(4), 44-47.

McLean, M., & Crais, E. R. (1996). Procedural considerations in assessing infants and preschoolers with disabilities. In M. McLean, D. B. Bailey, Jr., & M. Wolery (Eds.), *Assessing infants and preschoolers with special needs* (pp. 46-68). Columbus, OH: Charles E. Merrill.

McMaster, K. N., & Fuchs, D. (2002). Effects of cooperative learning on the academic achievement of students with learning disabilities: An update of Tateyama-Sniezk' s review. *Learning Disabilities Research and Practice, 17,* 107-117.

McWiliam, R. A. (1991). Taregeting teaching at children' s use of time. *Teaching Exceptional Children, 23*(4), 42-43.

McWilliam, R. A. (1992). *Family-centered intervention planning: A routines based approach.* Tucson, AZ: Communication Skill Builders/Psychological Associates.

McWilliam, R. A. (1996a). Implications for the future of integrating specialized services. In R.A. McWilliam (Ed.), *Rethinking pull-out services in early intervention: A professional resource* (pp. 343-372). Baltimore: Paul H. Brookes Publishing Co.

McWilliam, R. A. (Ed.). (1996b). *Rethinking pull-out services in early intervention: A professional resource.* Baltimore: Paul H. Brookes Publishing Co.

McWilliam, R. A. (1996c). Service delivery issues in center-based early intervention. in R.A. McWilliam (ed.), *Rethinking pull-out services in early intervention: A professional resource* (pp. 3-26). Baltimore: Paul H. Brookes Publishing Co.

McWilliam, R. A. (2000). recommended practices in interdisciplinary models. In S. Sandall, M. E. McLean, & B. J. Smith (Eds.), *DEC recommended practices in early intervention/early childgood special education* (pp. 47-52). Denver, CO: Division of Early Childhood (EDC) of the Council for Exceptional Children (CEC).

McWilliam, R. A., Wlery, M., & Odom, S. L. (2001). Instructional perspectives in inclusive school classrooms. In M. J. Guralnick (Eds.), *Early childhood inclusion: Focus on change* (pp. 503-

727). Baltimore: Paul H. Brookes Publishing Co.

Meek, M., Fowler, S., Claflin, K., & Rasmussen, L. (1995). Mothers' perceptions of their NICU experience one and seven months after discharge. *Journal of Early Intervention, 19,* 288-301.

Meltzer, L. J. (1994). Assessment of learning disabilities: The challenge of evaluating cognitive strategies and processes underlying learning. In G. R. Lyon (Ed.), *Frames of reference for the assessment of learning disabilities: New views of measurement issues* (pp. 571-606). Baltimore: Paul H. Brookes Publishing Co.

Mesibov, G. B. (1993). Treatment outcome is encouraging. *American Journal of Mental Retardation, 97,* 379-380.

Mesibov, G. B. (2005). *What is TEACCH?* Retrieved May 23, 2005, from University of North Carolina at Chapel Hill, Division TEACCH Web site: http://www.teacch.com

Messick, S. (1976). *Individuality in learning: Implications of cognitive style and creativity for human development.* San Francisco: Jossey-Bass.

Michnowicz, L. L., McConnell, S. R., Peterson, C. A., & Odom, S. L. (1995). Social goals and objectives of preschool IEPs: A content analysis. *Journal of Early Intervention, 19,* 273-282.

Miles, M. C. (1993). Education and disability in cross-cultural perspective: Pakistan. In S.J. Peters (Ed.), *Education and disability in cross-cultural perspective* (pp. 167-235). New York: Garland.

Miller, R. (1996). *The developmentally appropriate inclusive classroom in early education.* Albany, NY: Delmar.

Mundes, G. (2000). *Building character: Five enduring themes for a stronger early childhood curriculum.* Upper Saddle River, NJ: Pearson Education.

Minke, K. M., Bear, G. G., Deemer, S. A., & Griffin, S. M. (1996). Teachers' experiences with inclusive classrooms: Implications for special education reform. *The Journal of Special Education, 30,* 152-186.

Montessori, M. (1964). *The Montessori Method.* New York: Schocken.

Mount, B. (1992). *Person centered planning: Promises and precautions.* New York: Graphic Futures.

Mount, B. (1994). Benefits and limitations of personal futures planning. In V. J. Bradley, J. W. Ashbough, & B. C. Blaney (Eds.), *Creating individual supports for people with developmental disabilities* (pp. 97-108). Baltimore: Paul H. Brookes Publishing Co.

Mulligan, M, Guess, D., Holvoet, J., & Brown, F. (1980). The individualized curriculum sequencing model (1): Implications from research on massed-, distributed-, or spaced-trial training. *Journal of the Association for the Severely Handicapped, 5*(4), 325-336.

Mullis, L. (2002). Natural environments: A letter from a mother to friends, families, and professionals. *Young Exceptional Children, 5*(3), 21-24.

Murphy, M., & Vincent, L. J. (1989). Identification of critical skills for success in day care. *Journal of Early Intervention, 13,* 221-229.

Napier, R. W., & Gershenfeld, M. K. (1993). *Groups: Theory and experience* (5th ed.). Boston: Houghton Mifflin.

Neef, N. A., Iwata, B. A., & Page, T. J. (1977). The effects of known item-interspersal on acquisition and retention of spelling and sight-reading words. *Journal of Applied Behavior Analysis, 10,* 738.

Neilsen, S. L., & McEvoy, M. A. (2004). Functional behavioral assessment in early education settings. *Journal of Early Intervention, 26,* 115-131.

Nieto, S. (2000). *Affirming diversity: The sociopolitical context of multicultural education* (3rd ed.). New York: Addison Wesley Longman.

Noddings, N., & Shore, P. J. (1984). *Awakening the inner eye: Intuition in education.* New York: teachers College Press.

Noonan, M. J., & Kilgo, J. (1987) Transition services for early age individuals with severe mental retardation. In R. Ianacone & R. Stodden (Eds.), *Transition issues and directions* (pp. 25-37). Reston, VA: Council for Exceptional Children

Noonan, M. J., & Ratokalau, N. B. (1992). Project PPT: the Preschool Preparation and Transition Project. *Journal of Early Intervention, 15,* 390-398.

Noonan, M. J., Ratokalau, N. B., Lauth-Torres, L., McCormick, L., Esaki C. A., & Claybaugh, K.W.(1992). Validating critical skills for preshool success. *Infant-Toddler Intervention, 2*(3), 187-202.

Noonan, M. J., & Siegel, E. B. (2003). Special needs of students with severe disabilities and autism. In L. McCormick, D. F. Loeb, & R. L. Schiefelbusch (Eds.), *Supporting children with communication difficulties in inclusive settings: School-based language intervention* (pp. 409-433). Boston: Allyn & Bacon.

Nordquist, V. M., Twardosz, S., & McEvoy, M. A. (1991). Effects of environmental reorganization in classrooms for children with autism. *Journal of Early Intervention, 15,* 135-152.

North Carolina at Chapel Hill, Division TEACCH Web site: http://www.teach.com

Northup, J. (2000). Futher evaluation of the accuracy of reinforcer surveys: A systematic replications. *Journal of Applied Behavior Analysis, 33,* 335-338.

Northup, J., George, T., Jones, K., Broussard, C., & Vollmer, T. (1996). A comparison of reinforcer assessment methods: The utility of verbal and pictorial choice procedures. *Journal of Applied Behavior Analysis, 29,* 201-212.

Notari-Syverson, A. R., & Shuster, S. L. (1995). Putting real-life skills into IEP/IFSPs for infants and young children. *Teaching Exceptional Children, 27*(2), 29-32.

Odom, S. L. (2000). Preschool inclusion: What we know and where we go from here. *Topics in Early Childhood Special Education, 20,* 20-27.

Odom, S. L., McConnell, S. R., & Chandler, L. K. (1994). Acceptability and feasibility of classroom-based social interaction interventions for young children with disabilities. *Exceptional Children, 60,* 226-236.

Odom, S. L., & McLean, M. E. (Eds.) (1996). *Early intervention early childhood special education: Recommended practices.* Austin, TX: Pro-Ed.

Odom, S. L., Zercher, C., Li, S., Marquart, J., & Sandall, S. (1988, May). *Social relationships of preschool children with disabilities in inclusive settings.* Paper presented at the Conference on Research Innovations in Early Intervention, Charleston, SC.

Ogbu, J. U. (1991). Immigrant and involuntary minorities in comparative perspective. In M. Gibson & J. U. Ogbu (Eds.), *Minority status and schooling: A comparative study of immigrant and involuntary minorities* (pp. 3-33). New York: Garland.

O' Neil, R. E., Horner, R. H., Albin, R. W., Sprague, J. R., Storey, K., & Newton, J. S. (1997). *Functional assessment and program development for problem behavior: A practical handbook.* Pacific Grove, CA: Brooks/Cole.

Pace, G. M., Ivancic, M. T., Edwards, G. L., Iwata, B. A., & Page, T. J. (1985). Assessment of stimulus preference and reinforcer value with profoundly retarded individuals. *Journal of Applied Behavior Analysis, 18,* 249-255.

Palincsar, A. S., Brown, A. L., & Campione, J. C. (1994). Models and practices of dynamic assessment. In E. Wallach & k. Butler (Eds.), *Language learning disabilities in schoolage children and adolescents* (pp. 132-144). New York: Macmillan.

Parents of Premature Babies, Inc. (Preemie-L) (n.d.). Retrieved July 18, 2005, from http://www.preemie-l.org/

Park, J., Turnbull, A. P., & Park, H. (2001). Quality of partnerships in service provision for Korean American parents of children with disabilities: A qualitative inquiry. *JASH, 26,* 158-170.

Parke, R. D., & Buriel, R. (1998). Socialization in the family: Ethnic and ecological perspectives. In W. Damon & N. Eisenberg (Eds.), *Handbook of child psychology, Vol. 3: Social, emotional, and personality development* (5th ed., pp. 463-552). New York: John Wiley & Sons.

Peck, C. A. (1995). some further reflections on the difficulties and dilemmas of inclusion. *Journal of Early Intervention, 19,* 197-199.

Peck, C. A., Furman, G. C., & Helmstetter, E. (1993). Integrated early childhood programs: Research on implementation of change in organizational contexts. In C. A. Peck, S. L. Odom, & D. D. Bricker (Eds.), *Integrating Young children with disabilities in community programs: Ecological perspectives on research and implementation* (pp. 187-205). Baltimore: Paul H. Brookes Publishing Co.

Pelco, L. E., & Reed-Victor, E. (2003). Understanding and supporting differences in child temperament: Strategies for early childhood environments. *Young Exceptional Children, 3*(3), 2-11.

Pellegrino, L. (2002). Cerebral palsy. In M. L. Batshaw (Ed.), *Children with disabilities* (5th ed., pp. 443-466). Baltimore: Paul H. Brookes Publishing Co.

Peterson, N. (1987). *Early intervention for handicapped and at-risk children.* Denver: Love Publishing.

Peterson, S. L., Bondy, A. S., Vincent, Y., & Finnegan, C. S. (1995). Effects of altering communicative input for students with autism and no speech: Two case studies. *Augmentative and Alternative Communication , 11,* 93-100.

Philips, S. U. (1976). Some sources of cultural variability in the regulation of talk. *Language in Society, 5,* 81-95.

Philips, S. U. (1983). *The invisible culture.* New York: Longman.

Piaget, J. (1952). *The origin of intelligence in the child.* New York: International Universities Press.

Piaget, J. (1954). *The construction of reality in the child.* New York: Basic Books.

Piazza, C. C., Fisher, W. W., Hagopian L. P., Bowman, L. G., & Toole, L. (1996). Using a choice assessment to predict reinforcer effectiveness. *Journal of Applied Behavior Analysis, 29,* 1-9.

Presler, B., & Routt, M. L. (1997). inclusion of children with special health care needs in early childhood programs. *Dimensions in Early Childhood, 5,* 26-31.

Pretti-Frontczak, K. L., Barr, D. M., Macy, M., & Carter, A. (2003). Research and resources related to activity-based intervention, embedded learning opportunities, and routines-based instruction: An annotated bibliography. *Topics in Early Childhood Special Education, 23,* 310-325.

Pretti-Frontczak, K., & Bricker, D. (2004). *An activity-based approach to early intervention* (3rd ed.). Baltimore: Paul H. Brookes Publishing Co.

Prizant, B. M., Wetherby, A. M., Rubin, E., & Laurent, A. C. (2003). the SCERTS model: A transactional, family-centered approach to enhancing communication and socioemotional abilities of children with Autism Spectrum Disorder. *Infants and Young Children, 16*(4), 296-316.

Putnam, J. W., Rynders, J. E., Johnson, R., & Johnson, D. (1989). collaborative skill instruction for promoting positive interactions between mentally handicapped and nonhandicapped children. *Exceptional Children, 55*(6), 550-557.

Quill, A. K. (2000). Do-Watch-Listen-Say: *Social and communication intervention for children with autism,* Baltimore: Paul H. Brookes Publishing Co.

Rainforth, B., & York, U. (1991). Handling and positioning. In E.P. Orlove & D. Sobsey (Eds.), *Educating children with multiple disabilities: A transdisciplinary approach* (2nd ed., pp. 79-119). Baltimore: Paul H. Brookes Publishing Co.

Rainforth, B., York, J., & MacDonald, C. (1992). *Collaborative teams for students with severe disabilities.* Baltimore: Paul H. Brookes Publishing Co.

Ramirez, M., & Castenada, A. (1974). *Cultural democracy bicognitive development and education.* New York: Academic Press.

Ratliffe, K. T. (1998). *Clinical pediatric physical therapy: A guide for the physical therapy team.* St. Louis: Mosby.

Reinhiller, H. (1996). Coteaching: New variations on a not-so-new practice. *Teacher Education and Special Education, 19,* 34-48.

Repp, A., & Horner, R. H. (Eds.) (1999). *Functional analysis of problem behavior: from effective assessment to effective support.* Belmont, CA: Wadsworth.

Rogers-Warren, A., & Warren, S. F. (1980). Mands for verbalization: Facilitating the display of newly taught language. *Behavior Modification, 2,* 361-382

Rogoff, G., & Wertsch, J. (Eds.) (1984). *Children's learning in the Zone of Proximal Development.* San Francisco: Jossey Bass.

Romski, M. A., & Sevcik, R. A. (1993). Language learning through augmented means: The process and its products. In S. F. Warren & J. Reichle (Eds.), *Enhancing children's communication: Vol. 2. Communication and language intervention series.* Baltimore: Paul H.

Brookes Publishing Co.

Rosegrant, T., & Bredekamp, S. (1992). Planning and implementing transformational curriculum. In S. Bredekamp & T. Rosegrant (Eds.), *Reaching potentials: Appropriate curriculum and assessment for young children* Vol. 1 (pp. 66-91). Washington, DC: NAEYC.

Rosenkoetter, S. E., & Squires, S. (2000). Writing outcomes that make a difference for children and families. *Young Exceptional Children, 4*(1), 2-8.

Rotholz, D. A. (1987). Current considerations on the use of one-to-one instruction with autistic students: Review and recommendations. *Education and treatment of children, 10,* 271-278.

Rous, B., Hemmeter, M. L., & Schuster, J. (1999). Evaluating the impact of the STEPS model on development of community-wide transition systems. *Journal of Early Intervention, 22,* 38-50.

Rowe, M. B. (1974). Wait time and rewards as instructional variables: Their influence on language, logic, and gate control. Part 1: Wait time. *Journal of Research in Science Teaching, 11,* 81-97.

Rubin, K. H., & Howe, H. (1985). Toys and play behaviors: An overview. *Topics in Early Childhood Special Education, 5*(3), 1-9.

Rule, S., Fiechtl, B. J., & Innocenti, M. S. (1990). Preparation for transition to mainstreamed post-preschool environments: Development of a survival skills curriculum. *Topics in Early Childhood Special Education, 9*(4), 78-90.

Rutherford, F. W. (1971). *You and your body.* New York: Signet Books.

Sailor, W., & Guess, D. (1983). *Severely handicapped students: An instructional design.* Boston: Houghton Mifflin.

Sainato, D. M., & Carta, J. J. (1992). Classroom influences on the development of social competence in young children with disabilities. In S.L. Odom, S.R. McConnell, & M.A. McEvoy (Eds.), *Social competence of young children with disabilities: issues and strategies for intervention* (pp. 93-109). Baltimore: Paul H. Brookes Publishing Co.

Sainato, D. M., & Morrison, R. S. (2001). Transition to inclusive environments for young children with disabilities. In M. J. Guralnick (Ed.), *Early childhood inclusion* (pp. 293-306). Baltimore: Paul H. Brookes Publishing Co.

Sainato, D. M., Strain, P. S., Lefebvre, D., & Rapp, N. (1987). Facilitating transition time with handicapped preschool children: A comparison between peer-mediated and an-tecedent prompt procedures. *Journal of Applied Behavior Analysis, 20,* 285-291.

Salend, S. J. (2001). *Greeting inclusive classrooms: Effective and reflective practices* (4th ed.).

Columbus, OH: Merrill/Prentice Hall.

Salend, S. J., & Salinas, A. (2003). Language diffrences or learning difficulties: The work of the multidisciplinary team. *Teaching Exceptional Children, 35*(4), 36-43.

Sameroff, A. J., & Chandler, M. J. (1975). Reproductive risk and the continuum of care-taking causality. In F.D. Horowitz, M. Hetherington, S. Scarr-Salapatea, & G. Siegel (Eds.), *Review of child development research* (Vol. 4, pp. 187-244). Chicago: University of Chicago Press.

Sameroff, A., & Fiese, B. (1990). Transactional regulation and early intervention. In S. Meisels & J. Shonkoff (Eds.), *Handbook of early childhood intervention* (pp. 119-149). Cambridge, England: Cambridge University Press.

Sandall, S., Hemmeter, M. L., Smith, B. J., & McLean, M. E. (Eds.) (2005). *DEC recommended practices: A comprehensive guide for practical application in early intervention early childhood special education.* Missoula, MT: Division for Early Childhood (DEC), Council for Exceptional Children (CEC).

Sandall, S., Mclean, M., & Smith, J. (Eds.) (2000). DEC *recommended practices in early childhood special education.* Longmont, CO: Sopris West.

Santos, R. M. (2001). Using what children know to teach them something new: Applying high-probability procedures in the classroom and at home. In M. Ostrosky & S. Sandall (Eds.), Teaching strategies: What to do to support young children' s development. *Young Exceptional Children Monograph Series No. 3*(71-80). DEC/CEC.

Santos, R. M., & Lingnugaris/Kraft, B. (1999). The effects of direct questions on preschool children' s responses to indirect requests. *Journal of Behavioral Education, 9*(3/4), 193-210.

Saunders, R. R., & Saunders, M. D. (1998). Supported routines. In J. K. Luiselli & M. J. Cameron (Eds.), *Antecedent control: Innovative approaches to behavioral support* (pp. 245- 272). Baltimore: Paul H. Brookes Publishing Co.

Schertz, H. H., & Odom, S. L. (2004). Joint attention and early intervention with autism: A conceptual framework and promising approaches. *Journal of Early Intervention, 27*, 42-54.

Schiller, P., & hastings, K. (1998). *The complete resource book: An early childhood curriculum with over 2000 activities and ideas!* Beltsville, MD: Gryphon House.

Schller, P., & Phipps, P. (2002). *The complete daily curriculum for early childhood: Over 1200 easy activities to support multiple intelligences and learning styles.* Saint Paul, MN: Consortium.

Schon, D. A. (1983). *The reflective practitioner: How professionals think in action.* New York:

Basic Books.

Schopler, E., Chort A., & Mesibov, G. (1989). Relation of behavioral treatment to normal educational functioning: Comment on Lovaas. *Journal of Consulting and Clinical Psychology, 57,* 162-164.

Schwartz, I. S., & Baer, D. M. (1991). Social validity assessments: Is current practice state of the art? *Journal of Applied Behavior Analysis, 24,* 189-204.

Schwartz, I. S., Billingsley, F. F., & McBride, B. M. (1998). Including children with autism in inclusive preschools: Strategies that work. *Young Exceptional Children, 1*(2), 19-26.

Schwartz, I. S., Garfinkle, A. N., & Bauer, J. (1998). The picture exchange communication system: Communicative outcomes for young children with disabilities. *Topics in Early Childhood Special Education, 18,* 144-159.

Schwartz, I. S., & Olswang, L. B. (1996). Evaluating child behavior change in natural settings: Exploring alternative strategies for data collection. *Topics in Early Childhood Special Education, 16,* 82-101.

Schwartz, I. S., Sandall, S. R., McBride, B. J., & Boulware, G. L. (2004). Project DATA (Developmentally Appropriate Treatment for Autism): An inclusive school-based approach to educating young children with autism: *Topics in Early Childhood Special Education, 24,* 156-168.

Seibert, J. M., Hogan, A. P., & Mundy, P. C. (1982). Assessing interactional competencies: The Early Social-Communication Scales. *Infant Mental Health Journal, 3,* 244-258.

Seibert, J. M., Hogan, A. P., & Mundy, P. C. (1987). Assessing social and communication skills in infancy. *Topics in Early Childhood Special Education, 7*(2), 38-48.

Shade, B. J. (1982). Afro-American cognitive style: A variable in school success. *Review of Educational research, 52,* 219-244.

Shade, B. J. (1994). Understanding the African-American learner. In E. R. Hollins, J. E. King, & W. C. Hayman, *Teaching diverse populations: Formulating a new knowledge base* (pp. 175-189). Albany, NY: State University of New York Press.

Shade, B. J., Kelly, C., & Oberg, M. (1997). *Creating culturally responsive classrooms.* Washington, DC: American Psychological Association.

Shearer, M. S., & Shearer, D. E. (1979). The portage Project: A model for early childhood education. *Portage project readings.* Portage, WI: Portage Project.

Sheikh, L., O' Brien, M., & McCluskey-Fawcett, K. (1993). Parent preparation for the NICU-tohome transition: Staff and parent perceptions. *Children's Health Care, 22*(3), 227-239.

Sheldon, K. (1996). "Can I Play too?" Adapting common classroom activities for young children with limited motor abilities. *Early Childhood Education Journal, 11,* 115-120.

Shonkoff, J. P., & Phillips, D. A. (Eds.). (2000). *From neurons to neighborhoods: The science of early childhood development.* Washington, DC: National Academy Press.

Siegel, B. (2000). Behavioral and educational treatments for autism spectrum disorders. *The Advocate, 33,* 22-25.

Siegel, D. J. (1999). *The developing mind: Toward a neurology of interpersonal experience.* New York: The Guilford Press.

Singleton, K. C., Schuster, J. W., & Ault, M. J. (1995). Simultaneous prompting in a small group instructional arrangement. *Education and Training in Mental Retardation and Developmental Disabilities, 30*, 218-230.

Skeels, H. M. (1966). Adult status of children with contrasting early life experiences. *Monographs of the Society for Research in Child Development, 31,* (serial no. 105).

Skeels, H. M., & Dye, H. (1939). A study of the effects of differential stimulation on mentally retarded children. *Proceedings and Addresses of the American Association on Mental Deficiency, 44,* 114-136.

Skinner, B. F. (1938). *The behavior of the organism.* Englewood Cliffs, NJ: Prentice Hall.

Skrtic, T. M. (1991). *Behind special education: A critical analysis of professional culture and school organization.* Denver, CO: Love Publishing.

Skrtic, T. M. (1995). Deconstructing/reconstructing the professions. In T. M. Skrtic (Ed.), *Disability and democracy: Reconstructing (special) education for postmodernity* (pp. 3-62). New York: Teachers College Press.

Slavin, R., DeVies, D., & Edwards, K. (1983). *Cooperative learning.* New York: Longman.

Smart, M. S., & Smart, R. C. (1967). Children: Development and relationships. In M. J. Guralnick (Ed.), *Early childhood inclusion* (pp. 49-58). Baltimore: Paul H. Brookes publishing Co.

Smith, G., & Rose, D. (1993). *Administrator's policy handbook for preschool mainstreaming.* Cambridge, MA: Brookline Books.

Snell, M. E. (1987). *Systematic instruction of persons with severe handicaps.* Columbus, OH: Merrill.

Snell, M. E., & Brown, F. (2006a). Development and implementation of educational programs. In M. E. Snell & F. Brown (Eds.), *Instruction of students with severe disabilities* (6th ed., pp.

111-169). Upper Saddle River, NJ: Prentice Hall.

Snell, M. E., & Brown, F. (2006b). *Instruction of students with severe disabilities* (6th ed.). Upper Saddle River, NJ: Prentice Hall.

Snell, M. E., & Gast, D. L. (1981). Applying time delay procedure to the instruction of the severely handicapped. *Journal of the Association for Persons with Severe Handicaps, 6*(3), 3-14.

Sobsey, D., & Wolf-Schein, E. G. (1991). Sensory impairments. In F. P. Orelove & D. Sobsey (Eds.), *Educating children with multiple disabilities: A transdisciplinary approach* (2nd ed., pp. 119-154). Baltimore: Paul H. Brookes Publishing Co.

Spitz, R. A. (1945). Hospitalism: An inquiry into the genesis of psychiatric conditions in early childhood. *Psychoanalytic Study of the Child* (Vol. 1), 53-74. New York: International Universities Press.

Spitz, R. A. (1946a). Anaclitic depression: An inquiry into the genesis of psychiatric conditions in early childhood, II. *Psychoanalytic Study of the Child* (Vol. 2), 313-342. New York: International Universities Press.

Spitz, R. A. (1946b). Hospitalism: A follow-up report on investigation described in Vol. 1, 1945. *Psychoanalytic Study of the Child* (Vol. 2), 113-117. New York: International Universities Press.

Spock, B. J. (1972). *Baby and child care* (Rev. ed.). New York: Simon & Schuster.

Stokes, T. F., & Baer, D. M. (1977). An implicit technology of generalization. *Journal of Applied Behavior Analysis, 10*, 349-367.

Stokes, T. F., & Osnes, P. G. (1988). The developing applied technology of generalization and maintenance. In R. H. Horner, G. Dunlap, & R. L. Koegel (Eds.), *Generalization and maintenance: Life style changes in applied settings* (pp. 5-19). Baltimore: Paul H. Brookes Publishing Co.

Stoneman, Z., & Rugg, M. E. (2004). Patnerships with families. In S.R. Hooper & W. Umansky (Eds.), *Young children with special needs* (4th ed., pp. 90-117). Upper Saddle River, NJ: Pearson Education.

Strain, P. S. (1990). Least restrictive environment for preschool children with handicaps: What we know, what we should be doing. *Journal of Early Intervention, 14*, 291-296.

Strain, P. S. (1995). The challenge of inclusion: Points well-taken and related challenges. *Journal of Early intervention, 19*, 195-197.

Strain, P. S. (1999). Sometimes there is more to a baseline than meets the eye. *Journal of Early*

Intervention, 22, 109-110.

Strain, P. S., McGee, G. G., & Kohler, G. W. (2001). Inclusion of children with autism in early intervention environments. In M. J. Guralnick (Ed.), *Early childhood inclusion* (pp. 337-363). Baltimore: Paul H. Brookes Publishing Co.

Strain, P. S., Wolery, M., & Izeman, S. (1998). Considerations for administrators in the design of service options for young children with autism and their families. *Young Exceptional Children, 1*(2), 8-16.

Sugai, G., Horner, R. H., & Sprague, J. (1999). Functional assessment-based behavior support planning: Research-to-practice-to-research. *Behavioral Disorders, 24,* 223-227.

Super, C., & Harkness, S. (1982). The development of affect in infancy and early childhood. In D. Wagner & H. Stervenson (Eds.), *Cultural perspectives on child development* (pp. 1-119). San Francisco: W. H. Freeman.

Super, C., & Harkness, S. (1986). The developmental niche: A conceptualization at the interface of child and culture. *International Journal of Behavioral Development, 9,* 545-569.

Taubman, M., Brierley, S., Wishner, J., Baker, D., McEachin, J., & Leaf, R. (2001). The effectiveness of a group discrete trial instructional approach for preschoolers with developmental disabilities. *Research in Developmental Disabilities, 22,* 205-219.

Taylor, S. J. (1988). Caught in the continuum: A critical analysis of the principle of the least restrictive environment. *Journal of the Association for Persons with Severe Handicaps, 3,* 41-45.

Tharp, R. G. (1989). Psychocultural variables and constants: Effects on teaching and learning in schools. *American Psychologies, 44,* 349-359.

Tharp, R. G., & Gallimore, R. (1988). *Rousing minds to life: Teaching, learning, and schooling in social context.* New York: Cambridge University Press.

Tharp, R. G., & Yamauchi, L. A. (1994). *Effective instructional conversation in Native American classrooms.* (Educational Practice Report No.10). Santa Cruz, CA, and Washington, DC: National Center for Research on Cultural Diversity and Second Language Learning.

Thompson, R. A. (2001). Development in the first years of life. *The future of children, 11*(1), 21-33.

Thompson, T., & Hanson, R. (1983). Overhydration: Precautions when treating urinary incontinence. *Mental Retardation, 21,* 139-143.

Thorp, E. (1997). Increasing opportunities for partnerships with culturally and linguistically diverse families. *Intervention in School and Clinic, 32,* 261- 269.

Thousand, J. S., & Villa, R. A. (2000). Collaborative teaming: A powerful tool in school restructuring. In R. A. Villa & J. S. Thousand (Eds.), *Restructuring for caring and effective education: Piecing the puzzle* (pp. 254-292). Baltimore: Paul H. Brookes Publishing Co.

Touchette, P. E. (1971). Transfer of stimulus control: Measuring the moment of transfer. *Journal of the Experimental Analysis of Behavior, 15,* 347-354.

Turbiville, V. P., Turnbull, A. P., Garland, C. W., & Lee, I. M. (1996). Development and implementation of IFSPs and IEPs: Opportunities for empowerment. In S. L. Odom & M. E. McLean (Eds.), *Early intervention/early childhood special education: Recommended practices* (pp. 77-100). Austin, TX: PRO-ED.

Turnbull, A. P., Summers, J. A., & Brotherson, M. J. (1983). *Working with families with disabled members: A family systems approach.* Lawrence, KS: University of Kansas Press.

Twardosz, S., Norquist, V. M., Simon, R., & Botkin, D. (1983). The effect of group affection activities on the interaction of socially isolate children. *Analysis and intervention in Developmental Disabilities, 13,* 311-338.

U.S. Bureau of the Census. (1996). U .S. Census Bureau: The official statistics[On-line]. Available: http://www.census.gov/[1998,October28].

U.S. Department of Education, National Center for Education Statistics. (1999). Teacther quality: *A report on the preparation and qualifications of public school teacher.* NCES 1990-090. Washington, DC: NCES.

Van Tatenhove, G. M. (1987). Teaching power through augmentative communication: Guidelines for early intervention. *Journal of Childhood Communication Disorders, 10,* 185-199.

Vandercook, T., York, J., & Forest, M. (1989). The McGill Action Planning System(MAPS): A strategy for building the vision. *Journal of the Association for Persons with Severe Handicaps, 14,* 205-215.

Vincent, L. J., Salisbury, C., Walter, G., Brown, P., Gruenewald, L. J., & Powers, M. (1980). Program evaluation and curriculum development in early childhood special education: Criteria of the next environment. In W. Sailor, B. Wilcox, & L. Brown (Eds.), *Methods of instruction for severely handicapped students* (pp. 308-328). Baltimore: Paul H. Brookes Publishing Co.

Walker, H., & Hops, H. (1976). increasing academic achievement by reinforcing direct academic performance and/or facilitative nonacademic responses. *Journal of Educational Psychology,*

68, 218-225.

Warren, S. F., Yoder, P. J., Gazdag, G. E., Kim K., & Jones, H. A. (1993). Facilitating prelinguistic communication skills in young children with developmental delay. *Journal of Speech and Hearing Research, 36,* 83-97.

Week, M., & Gaylord-Ross, R. (1981). Task difficulty and aberrant behavior in severely handicapped students. *Journal of Applied Behavior Analysis, 14,* 449-463.

Wehman, P., Moon, M. S., & McCarthy, P. (1986). Transition from school to adulthood for youth with severe handicaps. *Focus on Exceptional Children, 10*(5), 1-12.

Weikart, D. P., Rogers, L., Adcock, C., & McClelland, D. (1971). *The cognitively oriented curriculum.* Washington, DC: National Association for the Education of Young Children.

Werts, M. G., Caldwell, N. K., & Wolery, M. (1996). Peer modeling of response chains: Observational learning by students with disabilities. *Journal of Applied Behavior Analysis, 29,* 53-66.

Westby, C. E. (1985). Learning to talk-talking to learn. In C. S. Simon (Ed.), *Communication skills and classroom success* (pp. 181-218). San Diego: College-Hill.

Westling, D., & Fox, L. (2004). *Teaching students with severe disabilities* (3rd ed.). Upper Saddle River, NJ: Prentice Hall.

Whalen, C., Schuster, J. W., & Hemmeter, M. L. (1996). The use of unrelated instructive feedback when teaching in a small group instructional arrangement. *Education and Training in Mental Retardation and Developmental Disabilities, 31,* 188-202.

White, O. R. (1980). Adaptive performance objectives: form versus function. In W. Sailor, B. Wilcox, & Tharp, R. G. (1988, April). *Questioning and wait time: A cross-cultural analysis.* Paper presented at the annual meeting of the American Educational Research Association, New Orleans.

Wicker, A. W. (1979). Ecological psychology: Some recent and prospective developments. *American Psychologist, 34,* 755-765.

Widaman, K. F., & Kagan, S. (1987). Cooperativeness and achievement: Interaction of student cooperativeness with cooperation versus competitive classroom organization. *Journal of School Psychology, 25,* 355-365.

Will, M. (1984). *OSERS programming for the transition of youth with disabilities: Bridges from school to working life.* Washington, DC: U.S. Department of Education, Office of Special Education and Rehabilitative Services.

Winterton, W. A. (1976). *The effect of extended wait-time on selected verbal response characteristics of some Pueblo indian children.* Unpublished doctoral dissertation, University of New Mexico, Albuquerque.

Winton, P. J., McCollum, J. A., & Catlett, C. (Eds.). (1997). *Reforming personnel preparation in early intervention.* Baltimore: Paul H. Brookes Publishing Co.

Winzer, M., & Mazurek, K. (1998). *Special education in multicultural contexts* (2nd ed.). Upper Saddle River, NJ: Prentice Hall.

Witkin, H. A., Moore, C. A., Goodenough, D. R., & Cox, P. W. (1977). Field-dependent and field-independent cognitive styles and their educational implications. *Review of Educational Research, 47,* 1-64.

Wolery, M. (1994). Implementing instruction for young children with special needs in early childhood classrooms. In M. Wolery & J. S. Wilbers (Eds.), *Including children with special needs in early childhood programs* (pp. 151-166). Washington, DC: National Association for the Education of Young Children (NAEYC).

Wolery, M. (1996). Using assessment information to plan intervention programs. In M. E. Mclean, D. B. Bailey, & M. Wolery (Eds.), *Assessing infants and preschoolers with special needs* (2nd ed., pp. 491-518). Englewood Cliffs, NJ: Prentice Hall.

Wolery, M. (2000). Recommended practices in child-focused interventions. In S. Sandall, M. E. McLean, & B. J. Smith, (Eds.), *DEC recommended practices in early intervention/early childhood special education* (pp. 29-37). Denver, CO: Division of Early Childhood (DEC) of the Council for Exceptional Children (CEC).

Wolery, M. (2001). Embedding constant time delay procedures in classroom activities. In M. Ostrosky & S. Sandall (Eds.), Teaching strategies: What to do to support young children' s development. *Young Exceptional Children Monograph Series No.3* (81-90). DEC/CEC.

Wolery, M. (2004). Using assessment information to plan intervention programs. In M. McLean, M. Wolery, & D. B. Bailey (Eds.), *Assessing infants and preschoolers with special needs* (3rd ed.). Columbus, OH: Pearson.

Wolery, M., Anthony, L., & Heckathorn, J. (1998). Transition-based teaching: Effects on transitions, teachers' behaviors, and children' s learning. *Journal of Early Intervention, 21,* 117-131.

Wolery, M., Ault, M. J., & Doyle, P. M. (1992). *Teaching students with moderate and severe disabilities: Use of response prompting strategies.* White Plains, NY: Longman.

Wolery, M. R., & Dyk, L. (1984). Arena assessment: Description and preliminary social validation data. *JASH, 9,* 231- 235.

Wolery, M., McWilliam, R. A., & Bailey, D. B. (2005). *Teaching infants and preschoolers with disabilities* (3rd ed.). Upper Saddle River, NJ: Pearson Prentice Hall.

Wolf, M. M. (1978). Social validity: The case for subjective measurement or How applied behavior analysis is finding its heart. *Journal of Applied Behavior Analysis, 11*, 203-214.

Yamall, P. (2000). Current interventions in autism-a brief analysis. *The Advocate, 33,* 25-27.

Yamauchis, L. A., & Tharp, R. G. (1995). Culturally compatible conversations in Native American classrooms. *Linguistics and Education, 7,* 349-367.

Zanolli, K., Daggett, J., & Adams, T. (1996). Teaching preschool age autistic children to make spontaneous initiations to peers using priming. *Journal of Autism and Developmental Disorders, 26,* 407-422.

Zirpoli, S. B. (1995). Designing environments for optimal behavior. In T. Zirpoli (Ed.), *Understanding and affecting the behavior of young children* (pp. 123-149). Englewood Cliffs, NJ: Merrill.

[찾아보기]

인명

내용

[저자 소개]

• **Mary Jo Noonan 박사**

Noonan 박사는 미국 마노아에 위치한 하와이 대학교의 특수교육과 교수로서, 중도장애아 교육 석사과정 프로그램과 특수교육 박사과정 프로그램의 주임교수를 맡고 있다. 그의 주요 연구 분야는 유아특수교육, 교사교육 그리고 지도자 양성이다. 그는 자문가로 활동하고 있으며, 유아특수교육뿐 아니라 중증장애아 교사교육에 관한 논문과 책들을 저술하였다.

• **Linda McCormick 박사**

McCormick 박사는 미국 마노아에 위치한 하와이 대학교의 특수교육과 교수로서, 유아특수교사교육 프로그램의 주임교수를 맡고 있다. 하와이 대학교에 부임하기 전에 그는 행동장애아 교사들과 자문활동을 해 왔으며, 테네시 주 정신건강국의 외래아동환자 프로그램 소장을 역임하였고, 벤더빌트 대학교와 앨라배마 대학교의 교직원으로 일하였다. 그의 연구 및 전공영역은 조기중재, 유아특수교육, 언어중재, 통합과 협력교수 그리고 중도장애다.

[역자 소개]

• **김경숙**

미국 캔자스 대학교 졸업(철학박사)

현 전남대학교 유아교육과 교수

〈주요 저서 및 논문〉

유아특수교육개론(2판, 학지사, 2008)

교사를 통해 본 다문화 가정 유아 부모의 특성과 유치원 교육 참여에 대한 질적 연구(2007)

장애유아통합교육을 위한 일반교사와 특수교사 간 협력체제 연구(2006)

통합교육을 받고 있는 장애유아들의 개별화 교수목표 분석(2006)

• **백유순**

미국 오하이오 주립대학교 졸업(철학박사)

현 나사렛대학교 유아특수교육과 교수

〈주요 저서 및 논문〉

유아특수교육개론(2판, 학지사, 2008)

유아환경평가척도에 의한 유아특수교육기관과 일반유아교육기관의 환경실태 비교(2006)

청각장애의 조기발견과 중재를 위한 전신생아 청력선별검사의 제도적 실시를 위한 제언(2006)

예비유아특수교육교사의 전문성 향상을 위한 수행중심의 포트폴리오의 개발과 적용(2005

• **최민숙**

독일 훔볼트대학교 졸업(철학박사)

현 백석대학교 유아특수교육과 교수

〈주요 저서 및 논문〉

유아특수교육개론(2판, 학지사, 2008)

장애아동 교육을 위한 가족참여와 지원(2판, 학지사, 2007)

장애유아의 가족을 위한 가족지원 실행 모델(2004)

자연적 환경에서의 장애유아 교육방법

Young Children with Disabilities in Natural Environments

2008년 8월 20일 1판 1쇄 인쇄
2008년 8월 25일 1판 1쇄 발행

지은이 • Mary Jo Noonan & Linda McCormick
옮긴이 • 김경숙, 백유순, 최민숙
펴낸이 • 김진환
펴낸곳 • 학지사
121-837 서울특별시 마포구 서교동 352-29 마인드월드빌딩 5층
대표전화 • 02)326-1500 / 팩스 02)324-2345
홈페이지 • http://www.hakjisa.co.kr
등　록 • 1992년 2월 19일 제2-1329호

ISBN 978-89-5891-775-5 93370

정가 18,000원